中国社会科学年鉴

# 东西方哲学

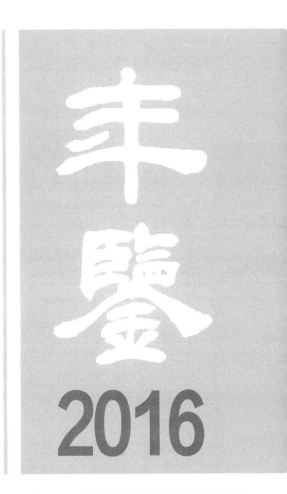

丰鑑
2016

YEARBOOK FOR EASTERN AND WESTERN PHILOSOPHY

谢地坤  朱葆伟  [德]汉斯·菲格(Hans Feger)  主编

中国社会科学出版社

**图书在版编目（CIP）数据**

东西方哲学年鉴.2016／谢地坤，朱葆伟，（德）汉斯·菲格（Hans Feger）主编.—北京：中国社会科学出版社，2017.8
ISBN 978 - 7 - 5203 - 0699 - 7

Ⅰ.①东…　Ⅱ.①谢…②朱…③汉…　Ⅲ.①哲学—世界—2016—年鉴
Ⅳ.①B1 - 54

中国版本图书馆 CIP 数据核字（2017）第 182303 号

---

| 出 版 人 | 赵剑英 |
| --- | --- |
| 责任编辑 | 马志鹏 |
| 责任校对 | 林福国 |
| 责任印制 | 张雪娇 |

---

| 出　　版 | 中国社会科学出版社 |
| --- | --- |
| 社　　址 | 北京鼓楼西大街甲 158 号 |
| 邮　　编 | 100720 |
| 网　　址 | http://www.csspw.cn |
| 发 行 部 | 010 - 84083685 |
| 门 市 部 | 010 - 84029450 |
| 经　　销 | 新华书店及其他书店 |

---

| 印刷装订 | 三河市东方印刷有限公司 |
| --- | --- |
| 版　　次 | 2017 年 8 月第 1 版 |
| 印　　次 | 2017 年 8 月第 1 次印刷 |

---

| 开　　本 | 650×960　1/16 |
| --- | --- |
| 印　　张 | 32.25 |
| 插　　页 | 2 |
| 字　　数 | 480 千字 |
| 定　　价 | 198.00 元 |

---

凡购买中国社会科学出版社图书，如有质量问题请与本社营销中心联系调换
电话:010 - 84083683

# 目　　录

序一　哲学:人类精神的圣火 ………………………… 李铁映(1)

序二　中国哲学的现状、问题和任务 ………………… 谢地坤(6)

序三　中国特有之哲学

　　——中国所产之哲学 ………………………… 汉斯·菲格(24)

## 公共领域与全球化

理性(推理)的公开性 ………………… 斯蒂凡·戈泽帕特(3)

数字化:公共领域的另一个结构性

　　转型? ……………………………… 罗宾·克里凯特(16)

## 公共领域的哲学基础问题

多元主义、自治与公共协商

　　——一个法哲学的视角 ……………… 伯恩哈德·亚克尔(35)

康德论公共领域及对阿伦特和当代跨文化讨论的

　　一些反思 …………………………… 安德拉·埃森(47)

公共性与判断力

　　——汉娜·阿伦特关于公共意见的论点 ………… 汉斯·菲格(60)

从技艺与机运的对立关系来看公共领域中的政治自由

　　——阿伦特与海德格尔的比较 ………………… 汪文圣(71)

哈贝马斯论公共空间的工具性推理 ………………… 周柏乔(92)

## 公共领域与伦理

共和性：一种公开论辩式的生活方式 ················ 京特·策勒（105）
改变帝国心态
　　——公法的公共领域 ················ 豪克·布伦克霍斯特（120）
沟通权力与公共领域：为协商政治模式
　一辩 ················ 瑞吉娜·克莱德（128）

## 东方文化中的公共领域问题

中国轴心时代视域下的公共领域和开放社会 ··········· 罗哲海（145）
如何共同决定该做什么
　　——对当代中国公共道德正当性理论的
　　考察 ················ 费利佩·布鲁诺奇（160）
与公共性和公正有关的儒家"诚"观念
　　——一种伦理学与方法论探索 ················ 奥勒·多林（184）

## 公共领域与民主

国家公共领域和国际公共领域及
　人权保障 ················ 格奥尔格·罗曼（205）
国际正义：公共理性的界限 ················ 赵敦华（216）
隐私和/在公共领域 ················ 贝亚特·罗斯勒（226）
语境、视角和方式：研究"公共性"应注意的
　几个问题 ················ 马俊峰（241）

## 公共领域与正义

中西正义观溯源 ················ 邓晓芒（251）

政治的与司法的代表概念：一些历史性的

　　追溯 ……………………………… 威廉·施密特—毕格曼（266）

宽容与法之正当 ………………………… 瓦特·普凡库赫（273）

正义、基本善品与公共理性 ……………………… 韩水法（288）

密告伦理

　　——正当的全球性公民不服从行为或对全球

　　公众的误解？ …………………………… 亨宁·哈恩（301）

# 年度文选

无神论或迷信？

　　——对某一当前问题的非当前性

　　考虑 ………………………………… 雷米·布拉克（319）

德国哲学研究的当代意义 ………………… 路德维希·西普（340）

什么使人成为人？ ……………………… 罗伯特·施佩曼（357）

作为"破坏的狂怒"的独立性

　　——黑格尔、施蒂纳和马克思的自我规定的

　　辩证法 ………………………………… 约翰·特拉劳（370）

论儒家的实践智慧 ……………………………… 陈　来（383）

认知科学对当代哲学的挑战 …………………… 刘晓力（395）

东西方意识哲学中的"意向性"与"元意向性"

　　问题 …………………………………… 倪梁康（409）

马克思的历史道路理论及其具体化承诺 ………… 吴晓明（430）

中国哲学的特点与中华民族精神 ………………… 李存山（452）

中国当代哲学中的乌托邦思想 ………………… 马里奥·文宁（470）

# Contents

Preface Ⅰ　Philosophy: The Holy Flame of
Human Spirit　……………………………………… Li Tie-ying（1）
Preface Ⅱ　The Current Situation of Chinese Philosophy:
Problems and Tasks　……………………………… Xie Di-kun（6）
Preface Ⅲ　Chinese Philosophy
——Philosophy in China　…………………………… Hans Feger（24）

## Public Sphere and Globalization

The Publicity of Reason（ing）　………………… Stefan Gosepath（3）
Digitalization: Another Structural Transformation of
the Public Sphere?　……………………………… Robin Celikates（16）

## Fundamental Philosophical Questions in Public Sphere

Pluralism, Autonomy and Public Deliberation
——A Legal-Philosophical Perspective　………… Bernhard Jakl（35）
Kant on the Public Sphere and Some Reflections on
Hannah Arendt and the Contemporary Intercultural
Discussion　………………………………… Andrea Marlen Esser（47）
The Public Sphere and the Faculty of Judgment
——Hannah Arendt's Theses on
Public Opinion　……………………………………… Hans Feger（60）

On Political Freedom in Public Sphere in View of the
Contrast between Téchne and Túche
——A Comparison between Arendt and
Heidegger ················································· Wang Wen-sheng (71)
Habermas on Instrumental Reasoning in Public
Sphere ·················································· Chow Pak-kiu (92)

## Public Sphere and Ethics

Republicity: The Forensic Form of Life ········· Günter Zöller (105)
Changing the Imperial Mindset
——The Public Sphere of Public Law ······ Hauke Brunkhorst (120)
Communicative Power and the Public Sphere: A Defense of a
Deliberative Model of Politics ·················· Regina Kreide (128)

## The Problem of Public Sphere in Asian Cultures

Public Sphere and Open Society from the Perspective of
Axial Age China ···································· Heiner Roetz (145)
How to Jointly Decide What Ought to Be Done?
——An Excursion into Contemporary Chinese Theories of
Public Moral Justification ·················· Philippe Brunozzi (160)
The Confucian Concept of "Cheng 诚" (Integrity) in
Relation to Publicity and Justice
——An Ethical and Methodological Enquiry ········· Ole Döring (184)

## Public Sphere and Democracy

National and International Public Spheres and the Protection of

Human Rights ·································· Georg Lohmann (205)

International Justice: The Limit of Public

Reason ·································· Zhao Dun-hua (216)

Privacy and/in the Public Sphere ··············· Beate Roessler (226)

Context, Perspective and Research Method: Several

Problems of the Research on Publicness ········· Ma Jun-feng (241)

## Publicity and Justice

Origins of Justice Theory in China

and West ·································· Deng Xiao-mang (251)

Representation, Political and Juridical: Some Historical

Deliberations ···················· Wilhelm Schmidt-Biggemann (266)

Tolerance and the Legitimacy of Law ······ Walter Pfannkuche (273)

Justice, Primary Goods and Public Reason ······ Han Shui-fa (288)

The Ethics of Whistleblowing

——A Justifiable Act of Global Civil Disobedience or a

Misconstruction of the Global Public? ······ Henning Hahn (301)

## Miscellaneous

Atheismus oder Aberglaube?

——Zur Inaktualität eines heutigen Problems ··· Rémi Brague (319)

Über den Sinn der Beschäftigung mit der deutschen

Philosophie heute ·································· Ludwig Siep (340)

Was macht Personen zu Personen? ············ Rober Spaemann (357)

Unabhängigkeit als "Furie des Zerstörens"

——Die Dialektik der Selbstbestimmung bei Hegel,

Stirner und Marx ·································· Johan Tralau (370)

Practical Wisdom in Confucian Philosophy ············ Chen Lai (383)

The Challenges of Cognitive Science to

　Philosophy ································································ Liu Xiao-li（395）

On "Intentionality" and "Meta-Intentionality" in Eastern and

　Western Philosophies of Consciousness ········ Ni Liang-kang（409）

Marx's Theory of the Historical Path and Its Commitment to

　Concretization ································································ Wu Xiao-ming（430）

Characteristics of Chinese Philosophy and the Chinese National

　Spirit ································································ Li Cun-shan（452）

Utopisches Denken in der Chinesischen

　Gegenwartsphilosophie ·························· Mario Wenning（470）

# 序一

# 哲学：人类精神的圣火

李铁映

欣闻《东西方哲学年鉴》即将分别由德国德古意特出版社和中国社会科学出版社出版，可喜可贺。这部由中国社会科学院哲学研究所与德国柏林自由大学联合创办的英汉双语刊物必是东西哲学交流的一个重要平台，也是中国哲学与世界哲学相互交汇的一个重要举措。应该刊中方主编谢地坤教授的约请，我想借此机会谈点对哲学的思考，以为序。

在我看来，一个国家、民族，要兴旺发达，拥有光明的未来，就必须拥有理论思维，拥有自己的哲学。哲学是思想的花朵，文明的灵魂，精神的力量；哲学锻造我们的思维，净化我们的心灵，照亮我们前行的道路。世界上任何一个民族，惟有拥有开创性的哲学思维，才会有振奋的精神和高尚的品格，才能屹立于世界民族之林。

但是，对"哲学是什么"这个问题，自古以来一直争论不休。从哲学诞生的那一天起，哲学家们就在不停地追问，每个时代的哲学家都给出了许多不同的答案，从而构成了哲学的永恒话题。

古希腊哲学家赫拉克利特在回答哲学的最初问题时，指出"世界是一团永恒的活火"。这种以火喻万物的表征，是坚信在事物运动的永恒性中存在着某种秩序，即"逻各斯"。哲学追寻的"逻各斯"乃是一切事物都要遵循的"道"的睿智。这种追寻在德国古典哲学家康德那里，演进为"人能认知什么"和"人应当做什么"的哲学思索。只是与此相背离的是，近现代欧洲哲学中出现了主客二分的形而上学，疏离了哲学理论与现实世界的联系。

中国是一个东方大国，有着丰富的哲学思想和学说，过去常常被称为"儒学""道""道学""玄学""理学"等。直到 19 世纪末，日本学者西周取汉字"哲"和"学"来表达思维智慧，中国学者认同并采用了这一表达。中国哲学的形成和最初的繁盛发生于春秋战国（公元前 722～公元前 221 年）的诸子百家时期。西汉时开始的"罢黜百家，独尊儒术"，使得儒学两千多年来在中国占据特殊地位。佛学的传入（东汉初年）和道家文化的产生发展，丰富了中国文化的内涵，儒释道三家感动呼应、彼此论辩又互相吸收，为后来的魏晋玄学、宋明理学的产生创造了条件。明末清初，欧洲文化开始传入中国，中国知识分子大胆吸收外来文化，逐步实现了中西会通，从此与西方哲学交相融会，使"思想史"上升为"哲学史"。

我以为，哲学实质上是自然史、社会史和人类思维史的总结和概括，是帮助人们认识自然规律和人类社会规律的一种方法，它是在人类文明发展到一定程度上必然发生的一种理论形态和文化自觉，是人的精神之精华。

哲学是人类智慧的产物。自然科学的发展在不断展现出大自然无穷复杂性的同时，也向我们昭示了人类认识自然界的无限可能性。每一次重大的科学发现，都宣告了先前所谓绝对真理的终结，都为人类认识和改造自然开辟了新的道路。然而，哲学是智慧而非具体的知识，它改变的是人们看待世界的方式，它关注的是世界的普遍性意义。质言之，哲学不是具体知识，但绝非抛弃知识，它是在广泛的科学知识的基础上，集中反映我们人类认识自然、改造自然的能力，是对科学知识的反思和超越。

哲学思想作为人类社会意识重要组成部分，是对人类实践活动的理论反思；反过来，它对社会的各个方面，特别是政治、经济、文化、心理、传统等产生很大影响。设想一下，假如西方历史上不存在古希腊、罗马时代，不存在古希腊、罗马哲学，那也就不存在对后世影响甚大的西方文化传统。同样，在中国如果没有春秋战国时期诸子百家的思想争鸣，尤其是儒、道、名等哲学思想的对阵，中华民族的文化宗旨亦会尽失光华。所以说，人类思想文化里面最精致、最核心的东西就体现在哲学思想之中。正是在此意义上，黑格尔说哲学是整个客观环境的自觉和精神本质，是对哲学恰如其分的评价。

哲学的这种本质表明，它是人们对客观世界、对人类社会及其人与自然关系的理性把握，为人类活动提供世界观和方法论的指导。哲学可以指导人们正确认识自然界、人类的历史发展，可以为推动生产力的发展、社会的变革和社会关系的调整提供理论和方法，可以提升人们的道德风尚，最终有助于促进人类社会的文明与进步。

哲学的这种本质还表明，它是人类文化自觉的最高表现形式，是一门把永恒性与历史性、普遍性与特殊性、思辨性与实践性结合于一体的学问，即是人把自我与自然、社会相融合的一种自觉智慧。哲学总是力图为人类知识寻求可靠而确定的基础，也总是对已有或给定的基础持一种再思的态度。因此，哲学在不断地为人们建构起合理的世界观前提、方法论前提和价值观前提的同时，也不断对这些前提进行哲学的自我审视和批判。这种批判是怀疑，更是反思，体现了人类思维的精邃，所以哲学是人的精神发展的结果。

由此观之，哲学是精邃的智慧，文明的精华，深沉的反思。哲学是一把圣火，始终燃烧着人们的精神！社会越是向前发展，人们的实践越是复杂，社会生活越是丰富多彩，时代的变革越是深刻剧烈，就越是需要哲学，并推动哲学发展！在人类的精神活动中，一切真正的哲学往往作为信念、理想而发挥着支撑作用。

从人类社会的变革和发展来看，任何一次巨大的变革和发展，总是以理论变革为先导，理论变革总是以思想观念的解放为前提，而吹响人类思想解放的第一声号角的，往往就是代表时代精神的哲学。马克思曾明确指出："这个解放的头脑是哲学。"这个比喻非常精辟地说明了哲学的社会意义和历史意义。从历史上看，哲学的发展，总是意味着人的思想的解放，哲学首先是"头脑的解放"即解放思想的科学；而思想的解放，又从来是启动和引导整个解放事业的中枢，从而成为"解放的头脑"。人类社会的一切发展、一切进步、一切革新，首先要解放头脑、解脱精神束缚，才能有创造的动力和创造的能力。哲学也需要不断得到解放，只有对一切知识和问题的不断追问，才能激起哲学的不断进步，进而起到不断解放人类思想的作用。

但是，哲学不是天马行空的产物，哲学发展的源泉和动力，是来自于各个民族的生活实践和社会实践。因此，哲学思维的发展又与某一个时代中的某一个民族有关，它在很大程度上反映一个时代、一个民族认识和驾驭自身及其与自然关系的能力。普天之下，一切民族的优秀文化成果，都是人类共同的精神财富。

中国古语曰："观乎人文，以化天下。"哲学作为文化之灵魂和内核，"判天地之美，析万物之理"，运用人的智慧思量世界上万事万物，仰观俯察，谈古论今，贯通宇宙人文。由于地域和历史条件的不同，文化传统和民族性格的差异，不同的民族会有不同民族性格的哲学。世界有多少种文化存在，就有多少种说理的学问！道与理都来自于存在，来自于人的实践。中国哲学的一个鲜明特征就是"推天道以明人事"。儒家的理念不仅强调修身治国平天下，而且也重视"为仁由己"的道德境界，所谓"己所不欲，勿施于人"已经成为当今世界的道德金律。道家则强调超拔世间、俯视万象，追求人与万物归为一体的理想，即天人合一。中国哲学的这些特点早在清代就已经受到西方学者的重视，现在不少西方学者都认为，不同民族的哲学存在着明显差异，可以取长补短，而这恰恰是当今世界哲学继续发展的动力和标志。

进入 21 世纪，世界已经演变为"地球村"。各民族的文化交流日益广泛而紧密，对话与合作成为当今世界哲学发展的必由之路。正是呼应这一现实诉求，中国与德国哲学学者历经三年多的探索商讨，迎来了 2015 年度《东西方哲学年鉴》的即将出版。《东西方哲学年鉴》是迄今为止中欧学者共同编辑出版的第一部大型哲学刊物，除去集中介绍东西方近年来最值得推荐的优秀论著以外，每年还将选取、讨论一个当今哲学界关注的热点问题，参与理论研讨的学者不仅有中德学者，还有东西方其他国家的学者。我衷心希望，这个平台能够集中展示当代东西方哲学的精粹，彰显出东西方哲学学者所点燃的圣火，肩负传承圣火的使命！我也希望，中国学者虚心向各国学者学习，以海纳百川的胸怀吸收各个民族的优秀成果，不仅要在中国哲学发展史上写出流光溢彩的一笔，而且要为中华民族的复兴和世界的合作共赢带来云消雨霁之彩虹！

（作者系中国社会科学院原院长）

2015 年 9 月

# 序二

# 中国哲学的现状、问题和任务

谢地坤

改革开放 30 多年来，我国的哲学事业发展很快，变化很大。一方面是这个学科取得了一定成果，不论是从这个学科的从业人数、专业杂志和业已出版的论著和译著来说，还是从哲学观念的确立和更新、研究主题的变化和转化来说，哲学作为一种关涉现实世界和人生存在的特殊理论形态，对现当代中国人已经发挥并正在发挥日益重要的作用。但另一方面，我国哲学的发展也确实存在不少问题。比如，迄今为止我们尚未产生具有世界影响的哲学家和哲学著作，我们的哲学作品缺乏原创性，我们的专业成果与我们的现实生活产生疏离和隔阂，我们的哲学教育及课程设置不适应时代的需要，等等。尤其是在当前市场经济大潮的冲击下，哲学这门学科如何能够回应理论和现实的挑战，充分反映建设中国特色社会主义的生动实践和基本经验，从而既能克服自身遇到的生存和发展的"危机"，又能教人"安身立命"，实现哲学原本担负的伟大使命，确实是当代中国哲学面临的巨大挑战。

下面，本文对哲学这个学科的三大二级学科，即马克思主义哲学、中国哲学史和外国哲学的发展状况、面临的问题予以逐一分析，并据此有针对性地提出中国哲学界所面临的历史重任。

## 一 马克思主义哲学

在现代中国，哲学界的最重大事件是马克思主义哲学的传入。马克思主义哲学产生于西方文明的土壤中，但它又不同于西方哲学。马克思主义哲学不仅反对西方哲学形而上学的抽象性，主张哲学的现实性和具体性，并且把自己的使命规定为用革命的实践改造世界。马克思主义哲学的这种实践性是它成为中国理论界主导学科的基本原因。

但是，1978年以前，由于指导思想的失误，我们的哲学照搬苏联模式，简单并且独断地把哲学限制在《联共（布）党史简明教程》第四章规定的四条原理上，极大地妨碍了马克思主义哲学在我国的发展。正是1978年马哲界开展的关于真理标准的大讨论，才引发了全社会的思想解放和深刻的社会变革，与此同时马哲界对哲学自身也展开了多方面的讨论，这才导致这一学科发生了巨大变化。

总起来说，改革开放30多年来，作为学术文化的马克思主义哲学得到了极大的丰富和发展。马克思主义哲学研究出现了多维视野，学者们从经典文本、思想史、本体论、认识论、价值论、历史观、解释学等多种角度进行研究，多种研究相互补充、相互促进，共同推进了马克思主义哲学的发展。如果说20世纪80年代讨论的热点问题主要是关于世界观、本体论、认识论、历史观和价值论等，它们基本上是集中在对哲学这个学科本身的反思上，那么，90年代关注的问题则分为两个方面：第一个方面是深化了80年代的讨论，并进而把这些问题上升为对哲学的理论性质、研究对象、研究形态、思维方式、派别冲突的发问和思考；第二个方面则是对源于现实生活中一些问题的哲学思考，如发展与代价、公平与效率、真理与价值、传统与现代、科学精神与人文关怀等，这些问题涉及当代中国人在深刻的社会转型中的生存方式、思维方式和观念的变革。①

进入21世纪以来，马克思主义哲学界主要有三大任务：

（一）马克思主义哲学的中国化研究。马克思主义在其中国化的过程中，形成了毛泽东思想、邓小平理论、"三个代表"和最近提出

---

① 有关马克思主义哲学理论在中国的传播和近几十年的发展和演变，参见杨谦《中国哲学的现代追寻——马克思主义哲学中国化的过程与机制》，中国社会科学出版社2007年版。

的"科学发展观"及"和谐社会建设"这样几个重要思想,它们是"中国化形态"的马克思主义。深入阐明这些思想在不同的历史阶段对马克思主义哲学的丰富和发展,围绕现代化建设,不断提出新思想、新观点,将为中国探索新的发展道路提供理论支撑。尤其是在当前从计划经济转向市场经济以及由此引发的一场中国社会的全面改革过程中,我们所要建立的中国化的马克思主义哲学将是代表一种未来发展方向的政治文明和意识形态,它将影响我们中国人的世界观、人生观和价值观,改变中国的社会面貌。

(二)《马克思恩格斯全集》历史考证版研究。此项研究以原文版 MEGA2(马恩全集原文第 2 版)为依托,从马克思主义哲学原理和马克思主义哲学发展史相结合的角度,通过对马克思和恩格斯在不同时期、不同手稿的比较和分析,并通过对马克思和恩格斯在创作过程中哲学思想的发展和转变过程的追踪研究,深入阐述马克思主义哲学理论的立场、观点和方法特征,为中国特色社会主义事业提供哲学基础。

(三)由中央有关部门和学术界共同组织全国力量编写"马克思主义哲学教材"。该教材不仅要准确表述马克思主义哲学理论的基本观点,充分体现国内马克思主义哲学研究的学术成果,而且还要着眼于把握时代问题,充分反映马克思主义中国化的成果,从而比较完整地体现马克思主义的世界观、认识论、方法论和价值观。

这三大任务在本质上是结合在一起的,因为我们首先必须坚持马克思主义的基本原理,必须在掌握马克思主义哲学理论的基本观点和方法的基础上去发展马克思主义;同时,我们的着眼点是为中国特色社会主义建设服务,要用从我国社会主义实践中提炼出的新思想、新观点为未来的发展提供理论支撑;而我们的"马克思主义哲学教材"则要体现上述两方面的内容,我们的目标就是力图建设有"中国特色、中国风格、中国气派的马克思主义哲学",从哲学的理论高度回答当今中国现实问题,通过对马克思主义哲学的基本原理富有创造性的灵活运用,使之在内容和形式两个方面都以有中国特色的方式得到丰富和发展。

然而，我们要想达到这个目标，还有很多问题亟待解决。

首先是如何看待马克思主义哲学的问题，是把它仅仅看作是一种实践需要，还是把它视为一种理论诉求与实践需要兼而有之的学说。马克思主义哲学的实践性特点是显而易见的，于是，这里就产生一个二律背反的问题，一门学说如果完全服务于现实，那么，其理论的超越性又如何体现呢？它又如何避免具体问题的纠缠，做到分析社会主义实践提出的重大问题，提炼出哲学概念和思想，具有既符合哲学规范、又有"中国特色"的表达方式呢？这个问题不解决，我们就难以解决由此带来的次一级问题：一是事实与问题的脱离，只见眼前具体事实而不见具有普遍性特点的理论问题，缺乏从具体事实中提炼出哲学问题的能力；二是与此相反，学术与政治的分离，脱离社会现实，把马克思主义哲学只是当作一种纯粹书斋式的学问，从而使马克思主义哲学丧失了其应有的活力。由这样的问题就引申出马哲界关于"哲学中的问题和问题中的哲学"的讨论，并最终归纳到我们如何实现马克思主义哲学的理论创新的大问题。"对这一问题的认识与理解表征着当代中国社会发展的历史进程、心灵历程与思想解放进程。"①因此，认识和解决这个重大问题，在本质上是当代中国理论界和思想界面临的一个极大挑战。

其次是思想不够解放，我们的马克思主义研究中还有一些禁区有待突破。比如，把马克思主义哲学解释为辩证唯物主义、历史唯物主义，或者是实践唯物主义，这本是在学术文化层面上的争论，它从一个方面扩大了我们认识和理解马克思主义的多维视阈，甚至是深化了我们对马克思主义哲学的认识。但是，有些人对这种正常的学术讨论横加干涉，不仅坚持早已批判过的日丹诺夫的独断论模式，而且还把它与政治联系起来。这种现象不能不说是一个倒退。再比如，马克思和恩格斯的哲学思想的差异问题，这理应是可以讨论的，因为我们由此可以了解马恩哲学思想的发展历程，加深马克思主义哲学史的研

---

① 孙正聿：《提出和探索马克思主义哲学研究中的重大理论问题——2006年〈中国社会科学〉若干哲学论文评论》，载《中国社会科学》2007 年第 2 期。

究。但是，如果我们把"差异"理解为"对立"，并以此禁止这方面的讨论，就会妨碍我们对马克思主义哲学史的研究。

三是不重视对当代国外马克思主义的研究，甚至还以各种借口拒绝、歪曲、否定国外马克思主义的研究成果。殊不知，发达的西方社会当今遇到的问题是全球性的，我们明天也可能遇到相同或相类似的问题。比如，当今的西方马克思主义者因为对生态环境的不满而提出的"生态马克思主义"，因为吸收现代西方哲学成果而产生的"分析的马克思主义"，因为对原来的西方马克思主义不满而提出的"后马克思主义"，① 因为不满意以美国为首的垄断资本对全球经济的控制而提出的"另一种全球化和另一种马克思主义"②，等等，对我们不仅有理论借鉴的意义，而且还有很强的现实意义。如果我们自视正统、故步自封，不愿意了解和借鉴国外马克思主义研究的新思想、新成果，那么，我们必定会为此付出代价。以前我们在这方面已经交过"学费"，但愿历史不再重演。

这些问题由来已久，之所以拖到现在尚未解决，最主要的还是我们的哲学观存在问题。一味地强调哲学的实践性和时代性，就只会把哲学当作一种政治工具；相反，过于看重哲学的理论性和超越性，就会使哲学变为一种无的放矢的空谈。不解决这些问题，不在哲学的实践性和理论性、时代性与超越性之间把握一个适当的维度，我们就很难真正建立有中国特色的马克思主义哲学。

## 二　中国哲学史研究

"哲学"这个概念本来就是舶来品，我们中国过去虽然有哲学思想，但没有完整系统的哲学学科。只是到了近代，因为我们这个古老

---

① 相关报道和研究，参见《国外马克思主义研究报告2007》，复旦大学国外马克思主义与国外思潮国家创新基地、复旦大学当代国外马克思主义研究中心、复旦大学哲学学院编，人民出版社2007年版。

② cf. Jacques Bidet et Gérard Duménil, "Altermarxisme, Un autre marxisme pour un autre monde", in *Quadrige*, Puf, 2007.

的文明体系遭遇到前所未有的挑战，我们传统的文明陷入了一种"失语状态"，迫使我们必须在传统文明与现代世界之间做出痛苦的抉择，我们不得不接受西方哲学，我们不得不用西方式的概念系统来表达我们的思想。

我们在接受西方哲学这个异质文化的时候，不是表现得矛盾彷徨、犹豫不决，就是走向非此即彼、或西或中的两极。这个特点在西学东渐之初就已经表现得很明显：从19世纪末的"夏夷之辨""中体西用"，到"五四时期"的民族虚无主义、全盘西化等，莫不是这个特点的显现。对此，我们的前辈们是有深刻认识的。王国维在20世纪初就提出"学无中西"的观念，李大钊则明确地说，东西文化各有所长，缺一不可，世界文明今后的发展将是两者互相融通，合为一体。冯友兰、熊十力、金岳霖、贺麟等一代大师，都是克服了这种非此即彼的两极模式，尝试用所把握的西方理性思维去探索、研究中国哲学问题，力图开创一条新哲学、新文化的理路，从而使得中国哲学呈现出前所未有的希望。

改革开放30多年来，我们在批判和克服了把哲学史理解为唯物主义与唯心主义"两军对战"式的独断论之后，中国哲学史研究便呈现出一幅波澜壮阔的图像。我们不仅在哲学史观、哲学通史方面获得长足进步，而且在断代史研究、学派和人物研究等方面都获得了丰硕成就。概括中国哲学史近几十年的研究，可以用一句话来表述其基本特色：经典文献研究与思想研究相结合，历史研究与现实问题研究相结合。

从断代史、学派、人物研究以及问题研究等方面来说，这些年中国哲学史界可以说是空前活跃，成果喜人。仅仅从儒、道、释三家哲学思想研究而言，就有不少蜚声海外的成就。

在儒学方面，先秦哲学、两汉哲学、宋明理学和近现代新儒家哲学等，都出现了专门研究的论著，这些研究集中在中国哲学发展的某一个方面，深化了对中国哲学发展过程的认识。前几年设立了《〈儒藏〉编纂与研究》的国家重大攻关课题，第一期项目现已按计划完成，整理儒家典籍500部，各为"儒藏精华本"。此外，20世纪90

年代以来出土的简帛文献，特别是 1993 年湖北荆门郭店楚墓出土了一批竹简，其中有不少儒家和道家的典籍残篇。这些出土文献提供的资料，有助于我们了解先秦哲学的演变，有助于我们发现中国早期哲学思想发展的某些环节（如孔孟之间、子思学派、儒道之间等），另一方面也促使人们对于宋儒围绕先秦中国思想的某些阐释提出质疑。

在道学研究方面，其最重要的成果是《中华道藏》的整理编纂工作的完成和《中华道教大辞典》的编纂出版，这两大工程是近 20 年来我国道学研究成果的总汇。此外，内丹学是道教文化的内核，也是道教中的绝学。内丹学与禅宗、密宗等修炼方法具有内在的一致性，国内外学术界对禅宗、密宗的研究比较清晰透彻，唯独对内丹学了解极为有限。现在，通过考察大量散落在民间的珍稀资料，笼罩内丹学的神秘面纱正被揭开，内丹学也由过去的江湖文化变为学术文化。

在佛教研究方面，我们首先是在 20 世纪 80 年代恢复了在"文革"期间几近解散的一些研究机构，重新刊行一批近现代佛教研究名著。90 年代不仅影印出版了《中华大藏经》和多种佛教藏经，更重要的成果是对敦煌藏外佛教文献的整理和研究（方广锠主编《藏外佛教文献》）。此外，从这个时候起，我们加强了对近代佛教的研究，尤其是对佛教在晚清思想界转换为儒家学术资源的探讨。当代佛教研究的重点在于：其一，在佛教史研究上，宗派史的研究渐成气候。宗派史的研究理念和方法，严格说来是脱离哲学史和思想史研究范式而把佛教史作为宗教史来研究的尝试，这方面更关注佛教教理与实践和组织的关系。其二，哲学界仍然坚持中国哲学史范式的佛教史研究，特别是将佛教作为哲学来把握，先后出版了《佛教哲学》和《中国佛教哲学要义》等书，将佛教中的许多观念提升到哲学观念的高度来加以检讨，使其具有普遍的理论意义。看来，这方面的争论将持续相当长一段时间。

目前，中国哲学史界在哲学史观和哲学基础理论方面最有争议的，是这样两个问题：一是如何理解中国哲学与外来哲学的关系，在当前就是中西哲学的关系；二是哲学史的研究如何与哲学理论的建构相统一。

　　关于哲学史观，我们首先是把中国哲学史理解为人类认识发展史或文化发展史的一个部分，同时我们也承认，中国哲学史与其他国家和民族的认识发展史既有区别也有联系。中国哲学史界的一个基本共识是：在人类认识的漫长过程中，不同历史时期和发展阶段肯定会产生不同的哲学流派、人物，他们对人自身、外在世界及人与外在世界的关系，必定会有不同的、甚至完全对立的立场和观点，但只要他们以其创造性的思想把握了部分真理，那就足以构成人类认识发展史的一个环节。基于这样的认识，我们对中国哲学史上各个流派及其代表性人物，如先秦的孔子、老子、墨子、庄子、孟子及后来的朱熹、王阳明等都予以比较全面的认识和评价；其次，注意中国哲学通史的整体性考察，关注的重点不仅有源流的疏通、流派的传承、史料的考证，而且还有对整个中国哲学发展史的内在规律的把握，对中国哲学的概念、范畴的细致分析等；再次，中国的哲学思想不是故步自封的，它是在与其他民族和国家的哲学思想的交往和联系中而不断发展起来的，因此，我们的哲学思想既有中华文化的特殊性，也有人类共有的普遍性。这方面的典型例子就是汉代印度佛教的传入。对此，陈寅恪先生分析说，中国古人"其言道德，惟重实用，不究虚理，其长短处均在此，长处即修齐治平之旨，短处即实事之利害得失，观察过明而缺乏精深远大之思"。这就是说，佛家思想之所以传入中国，就在于它弥补了中国缺乏超越性思想的不足。对魏晋以后的哲学家们来说，佛教是我们重新认识自己的文化传统，尤其是先秦经典的参照系，它必然会导致中国哲学思想发生变化，甚至会发生很大差异，如魏晋时期的玄学等。当然，我们在这里并不否定佛教本身也有一个中国化的过程。

　　前些年围绕"中国哲学之合法性"问题的争论，也是对中国哲学史观的一个辨析，它是对百年来"中国哲学"学科的建构与发展进行反思，而其中主要关涉的问题，即是如何处理"哲学"作为某种自西方引进的诠释方式和学科建制与中国本土固有的思想文化和典籍文献脉络之间的关系。相关的讨论参与者众多，在海内外学术界产生了广泛的影响。但是，这几年伴随着国学热的兴起，好像这个问题已经解决了，似乎我们中国人可以完全不理会外部世界的变化、坚守甚至回到我们的传统文明就可以独立自存。不过，一旦我们观察我们生存的现实世界，思考全球化对我们传统文明的挑战，就不难发现，"中国文明的价值世界与历史世界在传统中的自在关联，在现代出现了断裂，迫使文明必须从自在走向自为"①。假如我们一定要自我封闭，其结果必然是自我放逐，从而使自己处在世界文明的边缘。

其实，这个问题的提出并不是这几年才有的事情。当我们的传统文明在现代必须经过一番自我辩护的论证，方能立足于现代的时候，所谓"中国哲学"不仅引发中西之争，而且还集中地凸显了哲学的普遍性与特殊性的问题上。前文提到的王国维先生的"学无中西"的主张，金岳霖先生认为"中国哲学"名称不贴切，故而提出要以"在中国的哲学"替换之，都是对这个问题的一种深刻认识。而对冯友兰先生来说，"中国哲学"之所以是哲学，是因为中国思想史上具有哲学之一般的实质内容，加以"中国的"是指一个普遍抽象概念之下的具体特殊而已。这些前辈的看法和阐述并非穷尽了这方面的真理，但其中给出的启示是值得我们思考的。

在当下"国学热"的亢奋之中，重温这些哲学的基本问题，可以促使我们把眼界放开一些，而不是一味地抱残守缺，自以为是。不然，我们不仅不能发扬我们民族的优良传统，甚至会因为我们的狭隘而使我们裹足不前，更遑论为我们的学术、为国家、为民族做贡献。这里需要强调的是，在遇到学术选择与主观感情和价值冲突时，不能以主观价值去代替学术本身，更不能以感情偏执去代替科学的开放态度，而是恰恰相反，要以科学的态度去对待学术问题，要在前进中发现问题，才能使我们的哲学事业更好地发展下去。

关于哲学史的研究与哲学理论的建构的关系问题，我们不能把这两方面的研究割裂开来，而是要以发展和联系的观点来考察它们。不

---

① 张志强：《哲学·文明·现代性——"古今中西"之争中的中国哲学》，载中国社会科学院哲学研究所编《中国哲学年鉴2007》，哲学研究杂志社2007年版，第64页。

论是西方哲学史还是中国哲学史，都包含着各种各样的哲学思想，以及代表这些思想的各个流派、体系和人物。虽然这些流派、体系和哲学家现在被当作历史上的存在，然而，它们在其产生的年代却是哲学原创，反映了那个时代的哲学思考，是那个时代的理论精华。我们现在研究哲学史，不只是对哲学史进行梳理和辨析，更重要的是去认识和把握哲学史中所包含的哲学思想，并且在此基础上去继承、发展和创新，进而提出自己的新思想、新学说。历史上各个时代的哲学家，都是在学习、研究先前的哲学思想以后，再继承发展、推陈出新，才使哲学史演绎得如此生动和精彩。由此来看，哲学史的研究不只是一个以史论史的考证和释义工作，它还必须由此上升到史论结合、综合创新的阶段。再进一步说，哲学史的研究是我们进行哲学理论创新和建构的基础，而哲学理论的建构则是哲学史研究的方向和目的，两者不可分离。这也是在中国哲学史漫长的发展过程中，为什么"我注六经"和"六经注我"这两种方法长期并存的原因之一，因为"我注六经"是通过对哲学史注释辨析来为理论建构进行奠基，而"六经注我"则是在厚实的积淀中创造理论。

从上述观点来看，今天的中国哲学史研究决不能满足单纯的史料考证和梳理，更重要的任务是要在此基础上进行哲学理论的创新和建构，两者是联系在一起的。这里的难点不仅有前述的中国哲学与西方哲学如何相互交融的问题，还有传统文明与现实社会如何相结合的问题。故步自封、妄自尊大，完全埋头于故纸堆里，失去的不只是中国哲学的现代意义，更可怕的是断送中国哲学的延续性和生命力。所以，以海纳百川的胸怀吸收世界各民族的先进文化，以厚古"不薄今"的态度面对现实世界，用创造性的研究推动中国哲学史（更确切的说法是"在中国的哲学"）的不断前进，这才是历史赋予我们这一代中国哲学家的使命。

## 三　西方哲学研究

我国的外国哲学研究主要集中在西方哲学领域。这种情况与哲学这个学科的起源和发展有关，因为哲学本身就始源于西方，我们从一开始接受的也是西方哲学。现在虽然在少数研究机构和高校也有东方哲学研究，但其规模、研究水平和影响都不大，而且这个学科本身的定位和所涉及的范围也有待做出进一步讨论和规定。

与中国哲学史研究一样，自从我国哲学界在 20 世纪 70 年代末破除了哲学史是唯物主义与唯心主义的"两军对战史"的模式后，我们不再拒绝非马克思主义哲学的流派、人物和著作，更不会把马克思以后出现的各种西方哲学思潮统统当作非理性主义的、腐朽反动的东西而加以全盘否定，而是以严肃认真的态度去重新思考和研究我们曾经否定和批判过的西方哲学史上的各种流派和人物，以开放的心态去对待和分析各种各样的新思想、新流派，我们的哲学视阈大大拓展，我们的研究范围大大扩大。我们的方法不再是单纯地介绍和评析外国哲学，而是博采众长，既吸收西方哲学中的概念判断、逻辑分析、本质还原等方法，也继承中国文化中原有的形象思维、义理结合等传统，力图开创我们中国人特有的新理路、新方法，创造出中国特有的西方哲学研究新形态。

这样，我们对西方哲学的研究得到了恢复，不仅接续了此前一百来年的积累，而且以从未有过的广度和深度对西方哲学展开了全方位研究。这表现在两个方面：一是我们在这段时间翻译了大量西方哲学著作，二是出版了相当数量的西方哲学研究的论著。

在翻译方面，"文革"前的 29 年我们一共翻译了 160 多本西方哲学著作。改革开放 30 年来，西方哲学著作的翻译是"文革"前的数十倍，商务印书馆、人民出版社、三联书店和全国各地的各级出版社出版了大量西方哲学译著。这些年除了翻译一些单本的经典著作外，还出版了一些重要哲学家的全集本或选集本，其中有《亚里士多德全集》《柏拉图全集》《费希特选集》《维特根斯坦全集》《尼采文集》《康德全集》（已出 6 卷）等。还有一些重要哲学家著作的全集或选集正在翻译中，或者已经列入翻译出版计划，如两种版本的《黑格尔全集》《伽达默尔全集》《西塞罗全集》等。这样大规模翻译西方哲学著作是前所未有的，它对我们借鉴西方学者的研究成果，准确认识和把握西方哲学的本质及其内在发展脉络，更好地开展西方哲学的研究，具有重要的基础意义。

在翻译工作大规模开展的同时，我们对西方哲学的各个历史时期的主要流派、人物及其代表性著作都有一定程度的涉猎，尤其是对德国古典哲学、希腊哲学、近代经验论和唯理论哲学、现象学和存在主义、分析哲学和语言哲学，西方马克思主义哲学等，进行了比较深入的研究，出现了一大批具有较高学术价值的专著。在此基础上，我国西方哲学界不约而同地开始计划撰写西方哲学通史，因为通史不同于专题研究，它既要求高屋建瓴、通观全部西方哲学的发展历程，又要求能够涵盖西方哲学各个流派和人物、把握西方哲学的发展规律和内在逻辑。2005 年，由叶秀山、王树人主持的中国社会科学院重点课题《西方哲学史》（学术版）全部完稿并率先出版。尽管这部书还有这样或那样的不足，但总起来看，这部书有这样几个鲜明特征：其一，应用了从古至今的哲学史阐释范式，紧扣西方哲学发展的脉络，对以往国内较少涉及或没有涉及的人物、思想、流派都进行了比较深入和全面的介绍和研究，注意分析各个哲学家及其思想之间的联系，保证了这部书的系统性和完整性，为今后的进一步研究奠定了体系和结构的基础；其二，这部书的作者们重视对哲学原著的阅读、理解和研究，不是无根据地妄论空谈，而是把研究建立在对原著思想的把握基础上，结合对国外学术界最新研究成果的理解，继而独立思考，推演勾连，剖疑解难，因而做到了言之有据，言之成理，保证了这部书的学术品位；其三，这部书着力突出了"中国特色"，不仅在第一卷设专题讨论中西哲学交流问题，而且大多数作者力图通过自己的探讨，致力于对西方哲学的问题做出富于创造性的阐释。

总的说来，中国学者近几十年来对西方哲学的研究呈现出以下特点：

首先，中国学者的西方哲学研究工作担当着沟通马克思主义哲学与西方哲学的任务。在以马克思主义为指导对西方哲学进行研究的同时，拓展马克思主义哲学视野，既把马克思主义哲学放在整个西方古典哲学背景中来理解，也放在与现代西方哲学特别是西方马克思主义哲学的对话中进行考察，使马克思主义哲学与西方哲学保持碰撞与沟通。

其次，从研究的广度看，不再像以前那样多集中于德国古典哲学，而是关涉西方哲学的各个方面，近代的经验论和唯理论哲学、古希腊哲学、中世纪的宗教哲学得到了系统研究，而现代西方哲学，不管是欧洲大陆哲学，还是英美分析哲学，以及当下的后现代主义、政治哲学、应用伦理学、文化哲学等，更是得到了前所未有的关注和追踪研究，几乎与现代西方哲学的变化、发展保持同步。

再次，从研究的效应看，中国学者对西方哲学的研究，特别是对启蒙哲学、德国古典哲学、现象学、分析哲学和后现代哲学的研究，深刻影响了对中国哲学的阐释与理解。今天，我们可以说，中国学者对西方哲学的研究，实际上为中国学者研究中国传统哲学打开了一个背景性视野，从而为中西哲学的融通与中国哲学的新生提供了广阔资源。

但是，我们在看到这些成果的同时，却不能对我国的西方哲学研究现状盲目乐观，必须保持清醒头脑。目前这个领域最突出的问题是我们的研究与我国社会现实相脱离，与绝大多数人的现实生活相疏离。造成这种状况的原因很多，其中的客观因素是这门学科本身就属于"阳春白雪"式的精神创造活动，而西方哲学又是异质文化，与我们相距较远。但一些主观因素也是明显存在的，主要表现为以下几点：

（一）缺少以中国学者的眼光去研究西方哲学的文化自觉，盲目地跟随西方时髦，完全不顾中国社会现实，以西方的学术标准去衡量中国的学术，人云亦云。人家说保守主义，我们就说保守主义，人家说新自由主义，我们就说新自由主义，亦步亦趋地跟在外国学者后面"照着讲"，忽视自己的创造和建树，在丧失了我们自身独立性的同时，也丧失了西学在中国的活力。

（二）不把西学研究看作是一项创造性的劳动，而是当作简单地介绍和评述，不少学者在自身还没有完全理解的情况下，就用那种谁也看不懂的汉语去翻译和解说西方哲学，且乐此不疲，结果不仅一般读者看不懂，就是专业学者也感到费解。这种情况被戏称为"汉话胡说"或"胡话汉说"。

（三）学风浮躁，一些学者乐于标新立异，刻意炒作一些学派和人物，煞费苦心地去构造概念新词，但经常是将个人的一管之见予以泛化，以偏概全。比如，"transzendental"这个概念现在有各种新译法，如"超验的""超拔的""超绝的""超越的""超越论的"，表面看来都有道理。然而，我们的"诠释者们"却忽视这个概念的基本意义，即它是专指"先于经验现象的存在"，与之相联系的还有"transzendent""a priori""a posteriori"等概念。① 我们的前辈贺麟等先生把它们分别译为"先验的""超验的""先天的"和"后天的"，既注意了其哲学意义，也考虑了这些概念在同一个哲学家那里的细微区别，而且在汉语表达上都用偏正结构，可说是翻译得恰当精致。我们现在的所谓"创新"颇有画蛇添足之嫌，甚至误人子弟。

（四）缺少正常的学术批评氛围，不少学者明知问题的存在，有些甚至是明显错误，但碍于面子或其他原因，很少有人愿意或敢于公开提出意见。当然，出现这种情况还有管理体制的问题，管理者只是看学者发表文章和著作的数量，而学者们疲于应付，学术质量下滑，学风不正，已是公开的事实，因此，正常的学术批评反倒成为多余的。

解决西方哲学研究中的这些问题，关键还是在于我们学者的文化自觉，确实把西学看作是一项艰苦的劳动和"创造性的理论转变"，②主动地把西学研究与中国的文化、国情、现实结合起来，把中国人的视野和世界眼光有机地统一起来，要从"照着讲"进入"接着讲"，继而进入"自己讲"的自主创新的境界，从中寻求解决世界性问题和世界化了的中国问题的普遍原则，最终为中国积极参与国际秩序的构建提供思想理论资源。

---

① 有关这个概念的详细解释，参见 J. J. Kockelmans, "On the Meaning of the Transcendental Dimension of Philosophy", in *Perspektiven trandzendentaler Reflexion*, Bouvier Verlag, Bonn, 1989, pp. 27 – 50.

② 赵敦华：《关于"西学"的几个理论问题》，载《哲学研究》2007 年第 2 期。

## 四　历史的重任

　　30 多年前我国哲学界关于真理标准的大讨论，在给我国带来深刻的思想变革和社会变革的同时，哲学理论本身也因此经历了某些重要变化，接受了全社会的"洗礼"。今天，在反思我国哲学界的现状和问题时，我们从中获得的一个重要启示就是，30 多年前的那场大讨论是与当时的中国社会现实紧密联系在一起的，并且还是以"实践"为讨论的切入点，引起了理论界、思想界及各方面的密切关注，从而使哲学成为中国理论界的"晴雨表"。

　　今天，要使我们的哲学恢复"昨日的辉煌"，而且还要更上一层楼，恐怕我们的切入点还应当是"实践"。这即是说，我们的哲学理论不能脱离中国社会现实，而是要从当下复杂的社会现象中提炼出哲学问题，为中国的社会发展及其未来导向给出规律性的阐述和有力的理论支撑。尤其是在当前经济全球化和信息网络化的大背景下，处在前所未有的社会主义市场经济初期的中国人，面临着各种思想文化和意识形态的冲击，在一定程度上表现出方向的迷失、精神的萎靡和道德的滑落。已故哲学家高清海先生对当代中国人的这种精神状况甚表担忧，他重申哲学是"一个民族之魂"，说："创建当代中国哲学理论，乃是中国人反思自己的生命历程、理解自己的生存境遇、寻找自己未来发展道路的内在要求和迫切需要。"[①] 很显然，当代中国哲学的生命力和发展机遇仍然在于正确认识和解答中国社会发展的重大现实问题，在对现实的审视与批判中提出未来发展的合理构想，为当今中国人提供正确的理性思维、价值理想和人生境界，发挥其指导、规范和推动社会前进的实践功能。而要达到这一目的，哲学必须进行理论创新，不断拓展自己的理论内容和理论形态，在满足时代发展的要求前提下，不断促进自身的发展，真正实现"哲学是时代精神的精

---

　　① 高清海：《中华民族的未来发展需要有自己的哲学理论》，载《吉林大学社会科学学报》2004 年第 2 期。

华"这一伟大宗旨。

在确立了上述这个前提下，我们的哲学应当实现这样几个转变：

第一，从"体系意识"转变为"问题意识"，实现哲学范式的改变。虽然 30 多年来我们已经突破了日丹诺夫的哲学教科书的模式，但其影响还存在，我们的哲学思维仍然有意或无意地停留在哲学体系的范式上，总是把哲学问题归结为"本体论""认识论""辩证法"这几个方面。解决这个问题的关键，不只是在于我们是否要面向生活世界，而且还在于我们在何种程度上不依赖于我们的主观意识去客观地认识和把握现实社会的活生生的问题。"哲学的进步不在于任何古老问题的消失，也不在于那些有冲突的派别中一方或另一方的优势增长，而是在于提出各种问题的方式的变化，以及对解决问题的特点不断增长的一致性程度。"① 所以，要想使我们的哲学理论真正发生变化，适应时代发展的内在要求，我们就必须以"问题意识"为中心，自觉地对当代中国人的生存状态做出我们自己的深刻反思，在思维方式、认识方式和表达方式上做出改革，勇于解答当代的重大思想问题，引导和塑造时代精神的发展，从而实现哲学的当代价值。

第二，从"本土视域"转变为"世界视域"，努力扩大我们的哲学视野。哲学是特殊性与普遍性相统一的学问。我们中国的哲学当然要着力解答中国现实问题，但这只是中国哲学的特殊性和民族性的体现，它还必须面向世界，要对探索世界性的普遍真理做出我们中国人的贡献。更进一步说，当代社会的一个基本特征就是全球化，一个国家或民族的问题往往是与整个世界联系在一起的，它要求我们"改变只注重从一个国家、民族的视野来观察和谈论问题的方法，转向用全球化的观点来思考和研究社会发展问题，用全球性思维来补充和完善民族性思维"②。在这方面我们要处理好中国哲学传统和中国化的

---

① 阿尔弗雷德·艾耶尔：《二十世纪哲学》，李步楼、俞宣梦、苑利均等译，上海译文出版社 1987 年版，第 19 页。

② 丰子义：《全球化与唯物史观研究范式》，载《北京大学学报》（哲学社会科学版）2005 年第 4 期。

马克思主义哲学与其他文化传统及哲学的关系，主动迎接各种思想文化的挑战，以海纳百川、有容乃大的精神敞开我们的哲学境界，随着世界历史的变化而不断更新自身的研究方式，从而在世界哲学的发展图景中占有一席之地。

第三，从"马、中、西"三个学科的分立转变为三个学科的"视域融合"，逐步确立"大哲学"的观念。哲学原本就是包容自然科学和社会科学的基础性学科，直到近现代才与实证科学分离开来，但仍然保留其博大精深的本质特征。但我国哲学界近几十年来一直受三个学科的人为划分而壁垒分明，导致了眼界狭隘、思想僵化，甚至在某些共同性问题上缺少共同语言。进入 21 世纪后，哲学界自觉地召开数次全学科会议，开展了各个不同学科之间的对话，对中国哲学的发展起到一定作用。现在的问题是如何避免从事这些学科的学者各自表述自己学科的立场和观点，而以共同关心的哲学话题来带动思想的沟通和学科的交流，确实做到综合创新，使我们建构的中国特色社会主义哲学真正做到"穷通古今之变，会通天下普遍之学，达乎天下普遍之理"。

实现这三个"转变"，理应是我们中国哲学界的学科自觉和理论勇气，也是我们共同面对的历史重任！不过，在具体实现这些转变的时候，对各个学科而言，则重点和难点都有所不同。比如，实现第一个转变应当把重点放在如何恰当提出问题和合理解决问题上，我们不能因为重视现实问题而沦为一时一地的现实论证，同样，也不能囿于学术诉求而陷于形式主义，而是要使现实问题的研究与哲学的超越性相互关联、相互规定，以达到现实性与超越性的有机统一。实现第二个转变的重点，则是要拒斥一些学者抱残守缺、故步自封、妄自尊大的心态，提倡学者们以博大的胸怀兼容并蓄，融通中西，将古今中外的一切先进哲学思想为我所用。实现第三个转变的关键，则在于我们学者的理论自觉，如果我们没有融通中西哲学的勇气，就无法为中国哲学的新生提供广阔而深厚的文化资源和学术资源。

环顾世界，西方哲学在经历几百年的辉煌后，虽然还在"没落"中迎接挑战，然而近 20 年并没有让人看到"落日余晖"的希望。反观中国哲学，虽几经摧折，仍然能够自我修复，不断更新自生，兼容并蓄，发扬光大，显示出顽强的生命力。我们深信，"中国哲学随同中国文明一起，已经给了世界的哲学以'曙光'"。[①] 随着国家的强大，通过几代人的努力奋斗，我们的哲学事业必定会展现一番新面貌，创造出中国哲学的新天地！

只是要实现这一宏愿，无愧于先贤圣哲，我们必须时刻牢记我们这一代哲学工作者的使命，这就是：努力认识中国社会发展中遇到的重大现实问题，用我们的创造性理论推动中国特色社会主义的发展；努力改善我们的表达方式，用真正的汉话说哲学道理，让它与中国人的思维方式相契合；努力使我们的哲学为广大人民群众所接受，对中国人的精神世界和社会生活发挥广泛而深刻的影响。如此，我们才能发挥中国人的智慧，在世界哲学史上写出我们的新篇章。

（作者系中国社会科学院哲学研究所所长）

2015 年 6 月

---

[①]　叶秀山：《欧洲哲学发展趋势与中国哲学的机遇》，载《浙江学刊》2007 年第 6 期。

# 序三

# 中国特有之哲学
## ——中国所产之哲学

汉斯·菲格　文　李双志　译

　　究竟存不存在"中国特有之哲学"（Chinese philosophy）这一实体，还是仅仅有"中国所产之哲学"（philosophy in China），这个问题极少有人直接提出，但对该问题的间接回答依然主导了机构设置与学术研究的相关决定——东西方概莫能外。除了政治预设之外，与这一问题相连的难题则在于要将个人立场从中国之内转向中国之外——从政治上说便是由民族自豪感转向国际关系。这便是为何"中国特有之哲学"（以下通译为"中国哲学"）这一术语的内涵会存在某种暧昧不明，也便是为何有必要来讨论这内涵的边界所在。在种种纷争之外，更重要的问题是，中国哲学能否扩展哲学的视阈或弥补西方哲学传统的不足，以让其可处理"中国哲学"如此一种孤立实体。对双方来说这都是一个拓宽哲学概念的难题。正是基于这一点，我们努力将体现中国对哲学的自我理解的基础文本翻译出来，从而获得对该议题的内部观点，反过来也将阐述西方对哲学的自我理解的基础文本翻译成中文。

　　哲学中讨论异己与自我的论述，只是在非常有限的情况下才适合用来解释有突破性的发展。大多时候，得以为哲学开宗立派的起源思想都出自截然不同的传统之间的联合，在此过程中我们理性的合作禀赋便是连接之环。如果不曾有过与休谟和贝克莱的思想交锋，康德将有何为？或者没有了笛卡尔，胡塞尔又当如何？谁如果今天不加反思

地谈论某种中国特有或西方特有的哲学，他就低估了欧洲现代性从
17世纪以来对传统中国的知识秩序所施加的影响，也低估了欧洲哲
学传统本身一如既往所持有的格外显著的多样性，该传统必然要与最
为不同的影响发生碰撞交流。而与异己者的接触从来就不曾被阐释为
某种损失甚或挫败。源自战争对抗的这一类修辞也低估了如下问题：
在某人充分握有自己全部的精神力量时将其说服，这到底意味着
什么。

可惜，哲学的国际化在今天被等同于哲学的英语化。这一趋势压
制了对本民族书写文化的维护，在其头上强加了一套陌生的概念和文
字语汇的图景。认为情况可翻转，而国际性将优先于民族性，这样的
幻觉会让人误入歧途。对哲学的这种国际化，让哲学脱离了其民族与
文化的根脉，不会推动全球化，恰恰相反，只会导致思想日益狭隘，
而狭隘思想就像在经济中那样只懂得信息交换。如此这般的话，那种
哲学举世大同的设想，即将哲学化约为一种方法路径，比如分析哲学
的路径，将会是一场噩梦。这个设想会将向他山取宝的巨大财富之源
扼杀在其萌发之初。

哲学国际化的这一含混歧义也在语言层面上发生。英语作为世界
通用语，这样一个棘手的工具固然让最为不同的语言区彼此接触，但
也总是与交流受损相连。优秀译者熟知这一疑难，努力转舵斡旋。但
是每一个思想者就其自身也能体会到运用自己母语的长处。他在这门
语言中如鱼得水，知道以一种熟悉而本真的方式来反思其所思者与可
付诸言表者。自己思考所用的语言，对与陌生思想的相遇具有基础作
用。我们无疑也可以用英语阅读黑格尔。但是从德语读的话，不是会
对他理解得更好吗？如果将马克思和恩格斯从俄译本再译成中文，这
难道还不够荒唐吗？语言既如此，哲学也正如是。学习一门外语，不
是单纯的理解概念，这始终也意味着，更深入地把握自己的母语。这
一习就过程的阐释学是在两边发生的。只有对这一原则有所慎思，做
出的翻译才可称之为会意传神（kongenial）的。卫礼贤（Richard
Wilhelm）在将中国哲学译为德语时，就是以在中文区的哲学思考中
亲炙熏染为前提的。

与陌生思想的接触始终也助益于对自己思想的深入把握，这一公式也许是让那些担忧与异己相处会导致对自己思想的疏离的批评者意识到自己局限的（阐释学）妥协公式。推行如此一种哲学，将不仅是国际的（international），也是超国界的（transnational）。它会超越边界。曲折绕行将是回归之路。而这一回归还不止于此：它将"回到哲学，从而向哲学提出它自己不会提出的问题，从而探究哲学的基本决断"。① 探究经典，以"国学"之名让传统的世界观照与释义强势（重新）为中国的发展发挥效力，在上述视角下便能得到一种超越中国文化界限的全新维度。对于西方的接受而言，这也意味着，中国让我们能够"重新远距离反观我们自己所发源的思考，断开传承沿袭它的线路，从外部探问它的究竟"。②

不仅仅是在哲学中，就是在人生中，最难做的一项事也是在精神中与其有所隔离。唯有如此，我们才能将有异于我们自己的传统的声音听成并理解成出自异己思想的本真声音。在此意义上作为哲学家从事研究，便意味着，哲学家出身何处其实已不再有意义；我们会成为精神世界共和国的一员，这共和国有自己的秩序，正成长为一个自己的家族。也是在这个意义上，我祝愿《东西方哲学年鉴》成就斐然。

（作者系德国柏林自由大学哲学系教授）

2015 年 7 月

---

① F. Jullien, *Vortrag vor Managern über Wirksamkeit und Effizienz in China und im Western*［Speech for Managers about Effectiveness and efficacy in China and in the West］, Berlin：Merve Verlag, 2006, p. 15.

② Ibid.

# 公共领域与全球化

# 理性（推理）的公开性

斯蒂凡·戈泽帕特　文　何博超　译

## 一　问题与解决问题

日常生活中，在各种各样的情况和不同的生活领域里，人们都会遇到问题。当外部因素突然使得行动或决定成为必要，且人们对此毫无准备时，问题往往就产生了。但是，当特定的期望落空时，问题也会出现。由此，不测、失望、需要应对等特征构成了我们日常语言中所说的"问题"的要素。

按照实用主义的解释，理论或思想是解决问题的工具。那么，实践哲学的规范性理论和思想也都是如此。它们回答的是人类在试图决定自己的生活方式时——也即，人类在处理生存之外的问题时——所遇到的问题。换言之，理论和思想都隐含地或明确地宣称：对于自己回答的问题，它们正是充分的解决方案。理论和思想的正确与否，应该相应地由它们所能满足这一宣称的程度来判断。那么，按照这个标准，也许存在着若干充分的解决方案，但是，也存在着那些不能充分解决问题的方法。而且，并不存在能在客观意义上判断为"真"或"假"的理论；它们仅仅是对那些在人类的干预范围之外的"事实"的反思。不如说，只有更优和更差的理论，也即，对于所回答的问题，只有更充分或更不充分的理论。这样，应该把理论当作定义或概念：它们没有真假之别；相反，只有充分或不充分，有用或没有用。

这一立场与建构主义对实践哲学的解释相得益彰。实践理性或实践推理的建构主义解释无须涉及假定出来的、完全存在于外部、超出人类干预的客观真理或价值。它的目标更为务实，即，为人际互动中的最基本问题找到解决方法。这样，可以举一个最有代表性的例子，就是政治哲学的建构主义式理论。它试图解决的问题关涉这样一个事实，即，人类由多数人构成，这些人必然地在行动中互相影响，每个人很容易受到其他人行动的损害，但又共享同一个地球作为栖息之地，共享着地球提供的自然资源和人造资源。更具体而言，政治哲学回答的问题就是，当面对着"相互依存"这一初始条件时，我们要如何处理"每个人都想过上美好生活"这一事实。

但是，在现代时期，人们并不共享任何客观的、权威的，被所有人承认、因而能为互动中的问题提供简易答案的价值。故而，建构主义者希望找到一种建构性的解决方案——或者说，建构出一种解决方案——它可以被所有人接受，尽管他们都怀疑是否存在一种在客观的、毫无争议的意义上为"真"的解决方案。在这方面，值得注意的是，建构主义者的争论中也存在着某种张力，张力的一方是所谓的"有限度的建构主义者"，他们立足于这样一个前提：一般来说，人类总是而且已经承认彼此是自由和平等的存在者。因此，他们主张，建构主义的真正任务就是要确定出"规范性的理想和程序"，在理想的环境下，规范性理想和程序允许行动者在相互协同中找到让自己满意的互动方式。张力的另一方就是所谓的"无限度的建构主义者"，他们主张，就连人类的"自由平等的存在者"这一地位也是在行动者中通过竞争得来的，不可能想当然地认为这是以类似自然天赋的方式获得的。此外，在他们看来，需要解决的问题是，当人们一上来往往并不承认彼此是具有平等道德价值的人时，如何保证人们彼此之间还能或多或少地进行和平的互动。

由此，既然今日的政治哲学试图在萧条且人们严重不和的条件下寻求我们在公共领域中互动问题的解决方案，那么，这一问题之所以是一个问题，原因和条件仅仅在于：（a）我们试图要达到一个既定的目标——比如和平生活，在公共领域中和谐一致——或者让每个相关的人都拥有美好的生活；（b）对于我们想如何达到这一目的，我们还有着具体的理想。换言之，摆在我们面前的、人类互动的"问题"，并非是一个纯粹、简单、与我们的所作所为无关的问题。相反，它总是而且已经"沾染"了规范性含义——即，我们自己的隐含的和明确的规范性期待和价值。再换一种说法：所产生的问题，它们的前提仅仅是具体的、预设了有效性的目标和价值。它们仅仅出现在既定的、具体文化和历史中的、社会和规范性的语境之内，而且并非独立于这样的语境。

考虑到上述内容，那么，我们应该如何回应摆在我们面前的具体性的问题呢？建构主义提供给我们的答案是：借助于我们自己的实践推理，确切来说，借助于公开的推理，这样，我们就能充分解决我们的问题。在本文余下部分，我会简略考察在解决问题上发挥功能的个体推理和集体推理，我试图证明，为什么在这两种情况中——即在个体推理，尤其是在集体推理中——推理必定具有公开性。

## 二 解决问题的推理：公共理性的作用

### 1. 个体推理

我首先谈一下个体对问题的解决，也许我们在直觉上更容易理解这一类解决问题的情况。在个体情况中，正常来说，面临问题的行动者应该而且愿意思虑。他或她，寻找并评估他或她的理由，而且，当在既定情境中决定要做什么时，他会形成一种"考虑全面"的判断。虽然这些理由要么"取决于行动者"，要么"相对于行动者"，但推理本身并非"相对于行动者"，而是"中立于行动者"。这意味着，每个外在于这种推理过程的人，都应该能判断出：这是不是一个从该行动者角度来说的有效的推理。既然如上述，行动者的推理取决于"它是正确的或甚至是有效的推理"这样一个隐含的要求，那么在原则上，行动者必定时刻准备着接受公众监督的检验。在严格意义上，甚至于，个体针对只有个人关心的问题做出的推理也在原则上要求公众监督成为可能。但是，如果个人考虑到这样做并不合适，比如，如果推理的前提或结论是私人的或秘密的，那么，他未必会让他或她自己的推理公开（public）。在每一个推理情况中所隐含的对"正确性"的要求都仅仅意味着：可以假设，所要求的正确性能够以公开的方式向相关领域中其他有能力判断出有效推理的人加以证明。公众对一个人推理的判断有助于发现，比如，形式和非形式推理中的谬误、我们自认为有效的推理中的大量非理性成分、我们对自己推理的自欺欺人。比如，公众的判断会向我们揭示：虽然我们自认为是理性和合理的行动者，但是，我们的确受到了无意识的动机、错觉或情感的驱使。

2. 集体推理

适用于个体情况的内容，也适用于集体。我们假设，有一群人，其成员都有平等的道德地位（比如，他们全都有人类的尊严，因此具有平等的基本权利），这个群体面临着困扰他们所有成员的问题，当然，他们受到困扰的程度未必相同。如果人们以这样的方式面临着共同的问题，那么，他们就需要通过他们的集体推理得出一个问题的解决方案。简言之，集体推理就是，针对特定情况中的最优解而共同做出的推理（比如，最优的集体决定，以及由此做出的行动）。在这方面，可以区别出两种情况：一种是群体拥有一个政府，另一种是没有政府。

3. 由政府决策

在第一种情况中，群体拥有一个政府。政府就是那些掌握了统治的权威和合法性的人。这种权威可以立足于种种因素，主要有知识原因、优势或投票机制。即使是在这种权威性的解决问题的情况中，公众监督也是最起码应该具备的，它有许多方式：

（a）当政府对于共同问题的最优解作出推理时，至少要有一次，它必须将之公开，这是为了证明，政府成员寻找的最优解确实有利于所有人，而不是有利于他们自己。一般来说，理性的语言和无偏袒的动机，才会影响受众，带有利益指向的语言则不会如此。由于公众的存在，完全受到自私驱动，这变得尤为困难。概言之，这种文明的力量就是值得选择的"公开性"效果。① 与之相对，暗中商议的做法，

---

① 　J. Elster, "Deliberation and Constitution Making", in *Deliberative Democracy*, ed. by J. Elster, Cambridge: Cambridge University Press, 1998, pp. 97 – 122: p. 111; D. Naurin, "Does Publicity Purify Politics?", in *Journal of Information Ethics* 12 (1), 2003, pp. 21 –33.

却会允许那些特殊化的（particularistic）理由表达出来，而这样的理由却经不起实际存在的公共性的检验。（应当承认，虽然这些理由是"特殊化的"，但不一定意味着，它们就是自私的）这种现象揭示出了当今存在的一种重要而且根本的规范性期待，即：处于统治阶层的政治家，至少应该参考最低限度的普遍原则来证明自己立场的正当性。人民恰恰具有一种潜在的道德感：必须将论证公诸于众的做法提醒着政府，凡是人民同意的，政府断不可忽视。

（b）另一个规范性期待，它对于政府和人民的关系具有重要意义，即：一旦政府代表公开主张某个观点，那么，他们就不可以转向另一个观点，除非他们能证明这种出尔反尔是正当的。① 公共演说也要服从一致性约束（consistency constraint）。但是，如果认为，尽管存在着合理的论证，也仍然要对某个立场坚定不移，那么，这种看法同样有问题。② 而且这样一来，"合意"（consensus）就更难达成。此种情况，当"一致"仅仅通过合意才能达到时（如在审议或谈判之类的情况中），会变得颇为要紧。因此，公开性或许会不利于公然改变观念，而且在某些环境下，它也不利于同其他人的观点保持异议。

（c）第三，伊曼努尔·康德在《永久和平论》③的第二个附录中对公开性做过一个"反面论证"。他写道："一切与其他人权利有关的行动，如果与公开性并不相容，那么它们都是错误的。"为什么呢？因为，他继续解释道："既然一条准则（maxim），我若不泄露，就不会破坏我自己的目的，那么，如果它想要成功，就必须保密；既然，当公开承认某一计划时，会不可避免地激起对它的普遍反对，那么，如果我不能公开承认，则，可以先天预见到的必然而普遍的反对

---

① Elster, 1998, p. 104.

② Letter from J. Madison to Th. Jefferson, July 18, 1787, quoted in Elster, 1998, pp. 109 ff.

③ I. Kant, *Zum ewigen Frieden* [Toward a Perpetual Peace] (1795), Academy Edition, ed. by the Königlich Preußische Akademie der Wissenschaften and later by other academies, Berlin: de Gruyter, 1902 et seq., Vol. 8, p. 381.

就只能归咎于：这个准则会不正义地威胁到每个人。"①　那么，一项规范，如果它不能公开，它就不是正当的；相反，当公众知晓了它的内容，对它的普遍的遵守就会受到削弱。我们要注意，康德在"一项规范的内容正确性"及其"承受公开性检验的能力"之间建立的联系仅仅是反面的：准则或原则经得起公众监督，这仅仅意味着，它的道德正确性的一个必要条件得到了满足。但是在这种解释中，还没有更进一步的正面条件来保证：所有成功的准则都完全正确。即使公开性并没有让这个规范不可实行，但该规范仍然有可能是不正当的。与康德维护的那个观点相反的看法则是：一项既定措施或其准则的相对的机密性，不仅可以接受，甚至还是这项措施在道德上可以接受的必要条件。功利主义者有时也支持这样的说法，如他们主张，判断一个行动、措施或准则，要看它们带来的总体的好处。由此，在这种情况下，政府决策过程中的"保密"做法不仅可以允许，甚至为了选出最优解，它还是必需的。这正是康德反对的看法。

（d）约束性的规范也应该公之于众，因为服从这些规范的人都应该知晓"他们必须遵守某些规范"这个事实，也应该知晓规范都有哪些。在这一点上，公开性观念不仅仅涉及了一个普遍的认识，即，就个体而言，我们每个人都知晓了这些规则；它还涉及了一个相互性的认识：即，该社会群体中的其他所有参与者也都知道这些规则。通常被援引的、支持这种公开性要求的基本原理就是，人民需要知道什么是允许的，什么是不允许的。若一个人并不知道自己违反了现行的规则，那么对他的谴责或制裁都是不正当的。只有当某人在原则上能够知晓这些规范、知晓它们的约束力和内容时，我们才能认为，他或她要为自己没能遵守这样的规则/规范负责。法无明文不罚（nulla poena sine lege）——没有规范或法律，而且公众无法普遍知晓这些法律的实情和内容，那么，我们就不得惩罚任何人。

---

①　I. Kant, *Zum ewigen Frieden* ［Toward a Perpetual Peace］（1795）, Academy Edition, ed. by the Königlich Preußische Akademie der Wissenschaften and later by other academies, Berlin: de Gruyter, 1902 et seq., Vol. 8, p. 381.

（e）为了稳定，人民必须遵守的规范也应该被他们所接受，最起码来说，规范应该易懂，明白，合理。这很可能就是康德在《永久和平论》中表达的那个积极的要求：国家权力必须有规范性目的。也就是说，它要实现人民合理的公意（general will）。在这方面，公开性的功能就是检验政治规范是否在实际中有助于实现这个目的，也即有助于实现全民的福利。

这些是当一个集体拥有政府时，在它们解决问题的过程中，公众的实然或应然的参与方式。①

4. 由人民决策

但是，如果群体中没有人拥有特殊的权威来决定问题如何解决，那么，可供替代的最合理的手段就是一种真正普遍的推理和决策过程。与之相反，靠运气或抽彩票都不是好的选择，因为那是随意无常的规则，而正义恰恰是随意无常的反面。

共同推理首先意味着理由的交流。这个过程的第一个直接的好处就在于，参与者会了解彼此的观点、偏好和理由。这种了解当然是必要的，使得他们能为所有人发现最优解。第二个好处是，他们会彼此学习（学习事实，学习思想，学习行动）。公开性不仅可以让公民及其代表按照与他们的私人或公共利益有关的既定偏好行事，而且，参与者的互动也潜在地具有丰富的改造力。互相学习（而不仅仅是了解彼此）的重要性可以为公共协商提供有力的论证，因为它提升了推理的质量。一方面，公开协商迫使协商各方既提供最优的可能理由来支持自己的主张，同时又提供公共的理由，这种理由涉及公共利益，而且让一个多元社会中的广泛受众都会接受它；另一方面，真正的协商又影响着协商各方的信念。第三，最重要的是，当人们必须一同解决问题时，一是，他们不得不寻找一个共同的解决方案；二是，他们还要相互证明他们的行动是正当的，他们依赖共同的证明过程。共同解决问题的这两个特征，也被称为"正当化原则"和"民主制

---

① 在这里，还有一个问题，留待后面处理，即规范的接受者是不是也必须能知道意在约束他们的规范的正当理由。

原则"。我下面就谈一下这两个原则。

5. 正当化原则

为什么我们要面向那些受到行动影响的人来证明行动是正当的呢？根本的理由就建立在"人是理性和自律的行动者"这样的观念之上。我确信，这个观念已经为人们广为接受。也就是说，个体想要能行使他或她的"自律"（自治意义上的自律），这种志趣构成了"合法性"的最终基础，而且在一切情况下，都必须得到尊重。根本上来说，只有那些在实际中受到规范系统影响的人，方能在原则上支持这些规范并规划自己的（真正的）志趣以能避免任何形式的可疑的"他律"（heteronomy）。真正自律的也即自由、开明、理性的个体从不会心甘情愿地认可自己的尊严蒙羞（无论是哪种形式的蒙羞）。换言之，道德判断并没有表达"事实性"的个体意志或集体意志，它不是这样的命令。相反，道德判断是对"什么才是要做的正确之事"的种种主张。在实用主义的层面上，如我上面所述，凡作出一个道德主张，就要主动去提供支持这一主张的理由。当一个人声明这种主张时，他就表明了，自己准备去为那些受计划中的行动影响的人提供这一主张的正当理由（他也会被要求提供理由）。

为了与他人形成统一的道德共同体，我们必须能认可我们凭借理性和协商而一同服从的规范系统，如若不然，这一系统就是任意施加的，甚至也许还是强迫的。"施加任意的外部影响（包括强迫）"与"提供有说服力的正当理由"，这两者相互排斥。既然，规范得到接受的基础也只有这两者，因此，只要任意的外部影响被排除，那么，只有当一个人被他自认为真正充分的理由说服时，他才能认可道德规范或道德原则。

"不强制"这一标准也意味着，为了让道德原则合法化，即正当化，它就需要被所有人接受。必须向道德规范所适用的每一个人传达正当理由。[1] 当道德规范难以向一些人证明其正当时，这些规范就成了任意施加，甚至是强迫性的系统。不过，在大多数情况下，几乎不

① cf. R. Forst, *The Right to Justification. Elements of a Constructivist Theory of Justice*, New York：Columbia University Press，2012.

可能真正判断出：每个受到规范影响的人是不是都接受这一规范。因为通常来说，有些相关者没法询问，而另一些人又不太自由或自律。因此，当我们能使用"完全不强制"这一标准时，这就决定了，我们处理的是一个理想状态：从更哲学的角度来说，"不强制"标准要求所有的规范接受者都在原则上接受它，即，在一个他们都不受强制的假设的状态中接受它。

既然规范被所有人接受，这要以种种理由为基础，那么，当没有操纵和强迫之时，这些理由就成了主体间共享的理由；也就是来自受规范影响的个体共同证明规范的正当的理由。尽管这样，每个个体也有别的理由，能让他或她凭着清白的良知认同规范，比如宗教信念。不过，由于宗教信念并未被普遍接受，故而它在公共协商的过程中没有起到作用。人们都能而且应该认同人人都接受的规范，即使每个人还使用其他心中暗藏的形而上信念来认同规范。

上面提出的"道德正当化"概念，具有一个平等主义基础，因为它要求道德规范必须让每个人都觉得正当。按照它的标准，正当化要求即，"共同证明其正当"，最终要意味着，"为所有'应该平等地得到正当理由'的人证明其正当"。我下面就要详细讨论一下平等主义这个方面。

6. 平等主义和正当化

出自（知识、道德、政治）权威的论证并不充分，因为它们总是对这样一个正当化问题避而不答，即：为什么我应该接受他或她的说法？那种无可争议、可以毫无异议地认为能作出最高判断的道德权威并不存在。进入现代时期，形而上的、宗教的和传统主义的道德观不再被人广为相信。由此，一切依靠等级、依靠差异、精英式的、排外的道德观都难以获得正当的理由。虽然这个结论有些片面，尚需充分完整的论证，但是，有一个普遍的假设似乎是可信的：在今天，这些为不同人安排不同道德地位的"不平等主义"的观念，都不再能被人们普遍和共同地证明为正当。（各种类型的）人的地位的先天差别也不再能毫无偏见地被正当化。所有宣称能够证明这种先天地位差别的观念，它们所依赖的前提，都可以顺利地予以质疑。

只要正当化被理解为平等主义和自律的、而非威权的，那么每个人都有资格在正当化过程中得到平等的考虑。只要一件事情被每个人平等接受，那么就可以认为，它被证明为正当。"共同正当化"的观念要求能够证明：规范系统可以平等地被所有接受者接受为指导共同行动的总体方针。符合这些正当化要求的规范系统就是那种具有开明自由、平等尊重之道德性的道德原则。一个规则在道德上可以证明为正当，当且仅当，作为规范系统之组成的规则能够被所有接受者接受为指导共同行动的总体方针，且其理由以平等的方式成为普遍和共同的理由，并为那种在没有强制或操纵的情况下被普遍接受的一致性奠定基础。

如果一个人在回应正当化要求时，采取了他或她知道或有理由设想、但不可能被另一个人接受的方式，那么，他就没有对另一个人表示出上面所要求的尊重。所有主体间的规定，如果想被证明为正当，就必须依赖那些被所有自由、自律、平等之人接受并证明为正当的原则。所以，这一道德观念的基础并不是对独立内在的价值或善的本质理论的特殊理解，相反，它是"正当化原则"。只有当那些想要合理地借助规范来规定与自己共存的自由平等之人，为了这一目的寻求规定，并且能对该规范达成一致，我们才能认为，规范被证明为正当。① 这一

---

① 众所周知，对于"可普遍化"这一道德标准的更严格的条件，不同的拥护"义务论—自由主义式的道德观"的学者有着迥异的描述。但是，这些不同的哲学理论之间，重要的分歧却有一个，它与前面说的那种理想化状态有关。cf. I. Kant, "Groundwork of the Metaphysics of Morals", in *Practical Philosophy*, trans. and ed. by M. J. Gregor, Cambridge: Cambridge University Press, 1997a; J. Rawls, *A Theory of Justice*, Cambridge, MA: Harvard University Press, 1971; T. Scanlon, *What We Owe to Each Other*, Cambridge, MA: Harvard University Press, 1998, esp. chap. 5; J. Habermas, *Moral Consciousness and Communicative Action*, Cambridge, MA: MIT Press, 1990; B. Ackerman, *Social Justice in the Liberal State*, New Haven: Yale University Press, 1980, esp. chap. I; R. Forst, *The Right to Justification. Elements of a Constructivist Theory of Justice.* New York: Columbia University Press, 2012. 我自己的版本见 S. Gosepath, *Gleiche Gerechtigkeit. Grundlagen eines liberalen Egalitarismus*, Frankfurt am Main: Suhrkamp, 2004; "On the (Re) Construction and Basic Concepts of the Morality of Equal Respect", in *Do All Persons Have Equal Moral Worth? For and Against "Basic Equality" and the Principle of Equal Respect and Concern*, ed. by U. Steinhoff, Oxford: Oxford UP, 2014, chap. 7, pp. 124 – 141。

基本原则巩固了公平性观念，它最终主张，按照公平的"人际关系的规定"或"分配方面的规定"，当事者及其核心利益必须要在公共事务中得到平等的考量和考虑。

7. 民主制原则

对正当化的形式性或程序性加以理解，会让我们转向"共同解决问题"的第二个特征或原则：民主制原则。共同解决问题的过程，如果不仅需要理由的相互交流，还需要对交流条件——如交流的程序和规则——的明确的共同的理解，那么这一过程就可以称之为民主制。这样理解的民主制，它代表了一种国家政府的特殊的组织形式。在这种形式中，国家权威不仅仅来自作为参照点和合法性赋予者的人民，而且，国家权威的具体行使由公民确立，因公民合法，受公民管制，公民扮演的角色是自我决定和自我立法的人民。其中的含义并非"政权为民"或"与民同在"之类的套话所能表达，而是如亚伯拉罕·林肯的经典之言所说，它是"民有、民治、民享的政府"。从直觉来看，民主制的吸引力就在于，人民为自己立法，他们只受他们自己设定的规则约束。这样，权力的行使和决策的政治力，都在具体细节上、在制度上、在程序上得到了保护，以至于人民同时使用两种统治手段，一是借助每个公民投票普选，二是借助特殊形式的少数服从多数原则。一般来说，这些程序都要求一个稳定、能通过宪法具体表述出来、立足于法律规则的国家——这些规则即组织化的、有相关人员的、权力相互制约的分权制；独立法庭；法定原则；守法原则；对公民的全面的法律保护。但是，法律规则的原则未必就与民主制相联系，我们也不应该错误地将其与民主制画上等号。①

到此，通过上述可以清楚，一个平等、公正、公平的程序产生的所有结果并非都能被视为合法。完全从程序的角度来理解民主制——如，少数服从多数原则下的选举和决策——并不充分。为了能让民主

---

① cf. E. – W. Böckenförde, "Ist Demokratie eine notwendige Forderung der Menschenrechte?", in *Philosophie der Menschenrechte*, ed. by S. Gosepath & G. Lohmann, Frankfurt am Main: Suhrkamp, 1998, pp. 233 – 243.

制程序产生的结果被视为合法，公民必定有机会形成以论证为基础的舆论。在舆论中，所有存在的"理由"和"反对理由"都会得到考虑。民主制的程序和结果必须能容纳这些理由。只有辩论和讨论才能确保这一点。这两种形式不仅会出现在民主辩论里，还会出现在抗议活动和游行示威中。这种对民主制理想的要求，远非指投票和多数原则这样的纯粹的程序，它们通常都会放在"协商式民主"这个概念下加以讨论。理由的公开交流让公民可以确定哪些决定投票程序的偏好与/或舆论是真正最佳的。① 每种合理的实质性的民主制思想都应该让（与我们应该做什么有关的）理由的相互和公开交流处于核心地位。② 满足规范性需要的理想民主制，远不只是那些组织标准和法律标准。除此之外，它还要求推理和宪法方面的因素，一切为相关公民建立的合格的民主制立法过程，其结果正是因为这些因素才变得合法。③

概言之：正当化原则要求所有规范（道德规范或政治规范）必须向所有受到该规范影响的人证明其正当。反过来，这又要求所有会被计划中的规范影响的人应该加入到正当化过程中，即加入到理由的交流中。不让受到影响的人参与，正当化过程就不算有效。

与之相对，民主制原则要求在既定政体中，所有社会成员要平等

---

① 在民主制理论中，还有某种争议，它涉及了这样一个问题：从根本上来说，民主制投票和选举究竟是一种汇集个体偏好的方法，还是一种集体对社会状况或普遍福利作出判断的方法。我假设的是，偏好不会在所有情况中都确定不移，相反，它们始终会在公众的辩论过程中发展和变化。但是，如果它们本来就是确定不移的，使得政治过程不可能改变它们，那么，公众协商仍然能一直有助于决定哪种偏好最佳，最有效，应该追求。

② cf. J. Cohen, "Deliberation and Democratic Legitimacy", in *The Good Polity*, ed. by Alan Hamlin & Philip Pettit, Oxford：Blackwell, 1989, pp. 17 – 34; "Procedure and Substance in Deliberative Democracy", in *Democracy and Difference：Contesting the Boundaries of the Political*, ed. by S. Benhabib, Princeton：Princeton University Press, 1996, pp. 95 – 119.

③ cf. F. Michelman, "How Can the People Ever Make the Laws? A Critique of Deliberative Democracy", in *Deliberative Democracy*, ed. by J. Bohman & W. Rehg, Cambridge：MIT Press, 1997, pp. 145 – 171.

地既加入政治决策的形式化程序里，又参与公开论证的协商过程中。

总结：前面，我曾试图表明，我们面对的问题至少需要一个满意的解决方案。为了找到这个满意的解决方案，我们必须使用我们的推理能力。推理要求公开——无论是何种意义、何种程度上的公开。我想要作出的论证就是：只有当推理在实质性的正当化过程中公开，方能确保：从所有当事者的角度来看，理由被提出并因为确实中肯和关键而受到承认。在这个意义上，理由和理性的公开交流，提升了解决问题的效率。如果问题只出现在以某种文化价值为背景的、社会历史语境中，那么很可能，只有所有受到问题困扰、因而必须一同参与解决的人都加入解决问题的过程中，这一解决方案方能成功。

换言之，为了让"解决问题"在我们的社会语境中正当和有效，它就必须要成为一个公开的、共同的、最终是协商性的民主过程。

（作者系德国柏林自由大学哲学系教授）

# 数字化：公共领域的另一个结构性转型？

罗宾·克里凯特　文　陈永盛　译

## 一　公共领域及其在民主制度中的作用

尽管像政治哲学的其他关键概念，如民主和市民社会一样，公共性和公共领域的概念本质上具有争议性并不断被争论着，但是，至少在西方主流政治思想中，对不同概念间强烈的、相互构成的相互依存关系似乎有某种共识：很难想象一个民主国家没有市民社会和公共领域在整个社会和更狭义的政治制度之间进行调停；同样也很难想象，一个公共领域一方面不依赖与市民社会牢固的关系，另一方面又不依赖民主制度。虽然与来自中国的观点进行交流后可以表明，这可能是我们想象力在历史和文化方面有些狭隘的一种标志，但是接下来，我会以这种特殊的理解为起点，令人欣慰的是，这一立场在中国的过去和现在也可以被发现。①

德语词"Öffentlichkeit"汇集了英文中被区分的"公共领域"（即一种领域，在这种领域之中公众舆论通过演讲和商议而形成）和"公众"（即那些或多或少直接参与公共舆论的形成过程的参与者总和）。② 虽然它们可能乍一看似乎主要是社会学范畴，但这些概念很快显露出自己的规范维度，特别是当它们被用来指代那些交换论点和

---

① 关于中国历史中一个开放的公共领域概念的讨论，可以参见 Heiner Roetz 在本年鉴中的文章；关于现在发展的方面，可以参见马俊峰在本年鉴中的文章。

② B. Peters, "The Meaning of the Public Sphere," in *Public Deliberation and Public Culture*, Houndmills: Palgrave Macmillan, 2008, pp. 33 – 67.

信息的论述形式时，这些论点和信息是包括在但不局限于社会、经济或政治权力的不对称性，如教育、金钱或政治上的发言权（如通过媒体的力量）方面的不平等状况。此外，对公共话语的这种规范性的实质认识，预先假定了相对独立于国家和企业影响的媒体和沟通平台。这也假定了交际互动的形式，这种形式不可以简化为战略行动导向，并且不会被操纵公共舆论形成的企图所扭曲。在更规范的意义上，如在哈贝马斯（Jürgen Habermas）的著作中被最系统地阐述那样，公共领域是一种公开讨论的场所（forum），从涉及每个人（即所有公民）的角度上看，在这个场所中所讨论的问题是公开的、值得公众持续关注的，这些问题要以理性的方式进行讨论。然而，甚至粗略地看一下实际存在的公共领域就能够揭示，何为公共问题、公民以及理性的讨论方式，这些本身成为公共讨论的问题，而且涉及争论和霸权斗争，这些研究除了需要从规范性的角度建立理论和进行分析之外，还需要更多社会学模式。①

以此为背景，在西方政治思想里，公共领域已经被看作是所有民主政治体系的重要组成部分：它的任务是通过明确那些被加入政治体系中、并已成功地被认定为与之相关联的问题、信息和争论来调解市民社会和正式的政治制度之间的关系——超越那些很少像理论中描述的那么清晰的界限。同样，这表明市民社会和公共领域彼此互相依赖：只有当公共领域与作为其基础的市民社会同样重要时，市民社会才能有效地影响正式的政治和法律程序，只要存在一个正在起作用的公共领域，这将会导致形成集体约束力的决定。这种相互依存使得哈贝马斯着重强调，公共领域对一个整体的政治体系起到了功能性和规范性的构成作用。在他看来，它可以被看作是一种"话语污水处理系统"（diskursive Kläranlage），调解着非制度化的生活世界和正规公共空间中意见形成和意志形成之间的无政府的、自发的形式，尤其是

---

① 参见 Regina Kreide 和 Hauke Brunkhorst 在本年鉴中各自的文章。

在国家机构中，以此方式可以提高这些过程及其结果的合理性和合法性。①

然而，当今在许多社会中，这种联系似乎被打破（如果它曾经是完整的）：不仅实际存在的市民社会和公共领域被权力的不对称和不合理的力量、民粹主义、国家和企业的操控和递减的趋势所困扰，而且在相对稳定的代议制民主中，正式的政治机构似乎也逐渐脱离了来自市民社会和公共舆论的冲动和要求，并不受这些冲动和要求的影响，这些是自下而上地被阐述的，而不是从上而下策划的。这些趋势已呈现出结构性特征，即摆脱当今公共领域具体运行的那种仅仅局部的和有条件的特征，它们似乎已经成为本质特征，即不可轻易地摆脱这些起作用的领域。

当然这对熟悉哈贝马斯早期思想的读者来说并不陌生。早在其1962年的经典著作《公共领域的结构转型》（*The Structural Transformation of the Public Sphere*）中，哈贝马斯追溯了公共辩论的衰退可能在大众文化与大众传媒的双重压力下，受"更好论辩的软弱无力"所支配，已经逐渐把能推理的公众转变成大规模被动的消费者。② 正如评论家指出的，哈贝马斯对衰退的叙述似乎预先假定了一个高度理想化的公开辩论和"能推理"的公众——这是一个真实的由于阶级、性别和种族统治而支离破碎的公众——并忽视大量底层和非官方的公

---

① J. Habermas, "Political Communication in Media Society: Does Democracy still Have an Epistemic Dimension? The Impact of Normative Theory on Empirical Research", in *Europe: The Faltering Project*, Cambridge: Polity, 2009, pp. 138 – 183: p. 143（英语中，将原始的"*Kläranlage*"翻译成"filterbed"）；关于哈贝马斯更一般的方法，参见 J. Habermas, *Between Facts and Norms: Contributions to a Discourse Theory of Law and Democracy*, Cambridge, MA: MIT Press 1996, chap. 8；关于讨论哈贝马斯过于乐观地赞同市民社会并因此低估国家机构的合理化的可能性，参见 Chow Pak-Kiu 在本年鉴中的文章。

② J. Habermas, *The Structural Transformation of the Public Sphere: An Inquiry into a Category of Bourgeois Society*, Cambridge, MA: MIT Press, 1989 [1962].

共领域和反公众的政治意义。① 尽管如此，他对现在主要由消费者构成的公众的批判性分析似乎已经失去了任何意义，这些消费者是非政治化、商业化、政治操纵和再封建化过程中的客体，而不是主体。事实上，这些过程继续破坏着对规范的合法性与功能的有效性的双重诉求，并仍与公共领域的古典理想（classical ideal）相关。②

哈贝马斯本人最近通过探究民主是否仍然是一个实证（epistemic）维度，而更新了他的早期分析。他的回答远非一个无条件的"是"。虽然不是不可能把协商民主理想的实现和公共领域的严格概念（或者说：公共领域分散式网络的不稳定统一）的实证条件概念化，但是哈贝马斯指出，这些受到所谓的"政治交往的病症"与结构性障碍阻碍。③ 这些障碍主要有两种形式：（1）从国家干预和公司利益中破坏媒体系统独立性的"临时去分化"，以及（2）媒体系统和日益迟钝的市民社会之间反馈的系统性缺乏，这种缺乏归因于社会与文化的排斥和剥夺以及被市场需求和公司利益"殖民化"的公共领域。在这些情况下，潜在的战略伪交往倾向于取代真正的交往行为。

然而很重要的是，不要低估"殖民化"的解构性力量，哈贝马斯已经通过单独地考虑它以及把伪交往简化为个人为获取比较优势而采取的操纵性策略的方式，对此作出了确认：真正的问题是"系统性扭曲的交往"，这不可简化为个体行动导向，因为它在"结构的"

---

① cf. *Habermas and the Public Sphere*, ed. by C. Calhoun, Cambridge, MA: MIT Press, 1992, and especially N. Fraser's contribution (chap. 5) and Habermas's response (chap. 17); see also A. Allen, "The Public Sphere: Ideology and/or Ideal?", in *Political Theory* 40, 2012, pp. 822 – 829.

② N. Fraser, "Transnationalizing the Public Sphere: On the Legitimacy and Efficacy of Public Opinion in a Post-Westphalian World Theory", in *Culture & Society* 24, 2007, pp. 7 – 30.

③ J. Habermas, 2009, pp. 173 – 181.

和"源于体制的"双重意义上（而不是生活世界）是系统性的。①因此，在《交往行为理论》（*The Theory of Communicative Action*）中，哈贝马斯把相应的"对交往的系统限制"描述为一种"结构性暴力，虽然并没有显露出如此，但这种解构性暴力控制了可以理解的主体间性形式"。② 这种判断的一个政治意义似乎是，当前的民主——与它们的行政体系相伴随，成为"体系"的一部分，并且变得对来自生活世界的冲动越来越不敏感——遭受着系统性和结构性的民主赤字（democratic deficits），在现有的制度框架或政治参与的传统正规渠道（如投票，写信给你的国会议员或加入一个政党）中，不太可能有效地解决这些民主赤字。

类似的，尽管还达不到理论上的严密性，但这些判断最近也被其他人提出了，包括著名的作家，如科林·克劳奇（Colin Crouch），他认为我们生活在"后民主"时代，其特征是：由于私人利益和经济需求使得政治体制殖民化，公民简化为消费者，以及为了形成忠诚度和赞同而用人格化的和操纵性的企图来取代公众辩论。③ 无论我们认为这些判断的详细信息如何，它们从根本上质疑了两种诉求：第一种诉求是公共领域的规范的合法性，如关于何人可以参与和哪些诉求应该被讨论；第二种诉求是与正式的政治制度相关的功能的有效性。

## 二　政治争论的实证作用和政治作用

在这样的背景下，民主、公共领域、政治主张和争论之间的关系，具有了特殊的特点。各种形式的政治主张或争论，远非置民主于

---

① cf. R. Celikates, "Habermas: Sprache, Verständigung und sprachliche Gewalt", in *Philosophien sprachlicher Gewalt*, ed. by H. Kuch & S. Herrmann, Weilerswist: Velbrück, 2010, pp. 272 – 285.

② J. Habermas, *The Theory of Communicative Action*, *vol. II*: *Life-world and System*: *A Critique of Functionalist Reason*, Boston: Beacon Press, 1987 〔1981〕, p. 187.

③ C. Crouch, *Post-Democracy*, Cambridge: Polity, 2004.

危险——这里是在广泛意义上使用的，是由查尔斯·蒂利（Charles Tilly）介绍用来指各种通过破坏性行为来表达政治主张的方式，如游行示威、罢工、暴动或非暴力反抗①——对振兴剩下的公共领域的无政府主义的政治能量，可以说十分重要，同时对于推动或"鼓励"机构更注重在公共领域里被种类繁多的或多或少有组织的活动者表达的观点和要求来说，也十分重要。

　　在我转向公共领域的数字化以及数字行动主义（即政治争议最近发展出的一个特别有趣的新形式）之前，有必要说一些一般性的意见，是我刚想起的关于争论与民主之间联系的言论。首先要提出的是非常实用的一点：以稳定性为由，过分强调一致性、盲从和机会主义，可能会对社会造成非常高的成本，而异议对发起和维持社会进步和学习过程起到重要作用。通过跟随大多数人、为之调整我们的行为并因此使自己作为个人或少数人而保持沉默，我们就个人地和集体地拒绝了社会给我们的关于我们知道的、我们想要的和我们相信的重要信息。从民主的角度来看，这显然是一个问题，因为民主恰恰是与每一公民和他们全体想要的东西相关。然而这也是有问题的，因为它处理社会和政治问题的过程和结果不够理想。实证研究表明，那些持有少数意见的人会受到惩罚，而且根据他们自己的成功标准，因循守旧被认为是非常糟糕的：在公司、政治机构和法院，根据这些组织的标准，这种倾向增加了被视为错误决策的可能性。② 阿马蒂亚·森（Amartya Sen）在一个著名的研究中实质性地表明了一个相关的看法，他指出，民主国家不会出现饥荒，因为信息是免费获取的，抗议是可能的，甚至是受鼓励的，而且公众可以向政府施压使之认识这个

---

① cf. C. Tilly & S. Tarrow, *Contentious Politics*, Oxford: Oxford University Press, 2007, pp. 4 - 6.

② 关于更详细的分析和实证证据，参见 C. Sunstein, *Why Societies Need Dissent*, Cambridge, MA: Harvard University Press, 2003。关于从更有原则的角度评价基于论证的舆论和意愿的形式，参见 Stefan Gosepath 在本年鉴中的文章。

问题并采取措施。①

即使在标榜自己民主的政治制度里，发表不同意见的个人和团体经常被描绘成是危害集体利益的人——甚至是叛徒。但在现实中，墨守成规的人常出于自私的动机，保持沉默，甚至当集体根据其标准（或者被大多数人所接受的标准）要采取错误的决定时，他们也保持沉默，这些人才是真正危害集体利益的人。当偏离的成本过高时，即反对者面临严重的社会或法律制裁时，自我审查是一种个人理性的策略。显然，在这样的情况下，很容易看到个人理性的策略是如何导致集体非理性的结果的。如果未表达的意见是正确的或指向了严重的问题，那么所造成的伤害是最明显的。但即使他们只是部分正确或完全错误和具有误导性，那么大多数成员会错过一些机会，即开拓更广阔的图景、达成更好的理解的机会，通过在公开的辩论中捍卫自己来为其观点辩护的机会。当然，这基本上概括了约翰·斯图亚特·穆勒（John Stuart Mill）支持言论自由的著名论证，这一论证基于三个诉求：我们可能是错的；即便错误的观点也可能包含部分的真理；有陷入教条主义的持续危险。② 因此，穆勒的论证也可以被改写——和激进化——成为关于一个开放的、充满活力的和有争议的公共领域的重要性的论证。

当然，将需要更详细的论证去解决一些人的怀疑论，这些人害怕如果没有适当的"道德的"个人态度和共享文化，那么"运作良好的"公共领域将在最初就不会发展。然而，按照哈贝马斯的观点，在他们可以被信任地参与公共话语之前，公民首先要形成适当的政治文化和个人态度，这样的主张可以被看作遵循了一个错误的时间逻辑并本末倒置：只有通过参与公共领域，即集体学习做一件事情的过程，公民才能成为公民并发展其政治身份和观点。因为不能从上而下

① A. Sen, *Poverty and Famines*: *An Essay on Entitlement and Depression*, Oxford: Oxford University Press, 1981.

② cf. J. S. Mill, *On Liberty*, Cambridge: Cambridge University Press, 1989 [1859], especially chap. II: "Of the Liberty of Thought and Discussion".

地（from above）策划这些，所以根本就没有办法绕过相对自主的公共领域的、本质上无政府主义的过程，这一过程伴随着所有的风险，这里的风险主要是从担心政治稳定性的角度出发的。这并不是否认公共领域的出现和运作也有一定的经济、社会和文化的前提，而是承认这些前提开辟了一个统一体而不是一个严格的二分法，并且正是在这种统一体中，公共领域无法控制的力量及其学习过程在历史上得以展现。

　　群体，尤其是一旦他们已经获得制度化的权力，通过依靠其既定的思维和行为方式去抵制批评和质疑，从而使"领头煽动者"（first movers）、"密告者"（whistleblowers）和其他持不同政见者屈从于格外高的代价，这种现象可以被理解为集体保守主义的一种形式。通过创造制度环境和支持表达不同意见的其他公共领域，政治制度和市民社会制度必须从这个死胡同中找到一条出路。依靠所谓的"专家意见"和多数人观点，看似必需，但能抑制潜在的有效争议，从而变得无法顾及甚至无法意识到问题和解决方案的其他框架。在这样的情况下，即使一个反对的声音都可以形成巨大的差异，并有一种国际性披露的影响，从而有可能改变政治辩论中的条款。

　　诚然，并非每一种不同政见和异常都是"好的"或会导致有效的争议或学习过程，但在大多数情况下，当权者似乎是在一个特别糟糕的位置（在政治上，也在实证方面）来评估反对意见的合理性——弗雷德里克·绍尔（Frederick Schauer）称之为"政府无能的争论"①。从这个角度来看——这是一种务实的和有原则性的角度——应该存在一种支持竞争的假设。这可能听起来比实际上更为激进。正如德国社会学家尼克拉斯·卢曼（Niklas Luhmann）——他自己肯定不是政治激进分子——指出的，对于20世纪70～80年代的德国环保运动，抗议具有一种实证的和社会的功能，最终能变成稳定性增强的补偿自反性赤字（reflexivity deficits）和社会制度的盲点（例

---

① F. Schauer, *Free Speech*: *A Philosophical Enquiry*, Cambridge: Cambridge University Press, 1982, p. 86.

如，重视选举周期的政治制度），这些掩饰了他们没有能力去检测和拟定问题（如环境污染），遑论解决问题：

> 抗议的反思做了任何其他地方都没有的一些作为。它信奉的主题是，无论是政治系统还是经济系统，宗教系统还是教育系统，科学体系还是立法体系，没有一个功能系统会认可自己。它抨击了自我描述，其产生的原因是功能系统中的功能分化的主导地位。……它弥补了现代社会中反思的明显不足之处——并不是通过做得更好，而是通过做的不一样。①

更具体地，争论的民主价值和审议价值可以从其常常产生的以下影响中看出：

- 发起并重新开放审议，特别是当公民面临着"政府的辩论或实施重要政策选择的失败，其中这些选择的讨论或实施遭受审议惰性现象阻碍"；②
- 扩大参与和代表人数（特别是那些受到影响，但被排斥或边缘化的人们）；
- 传播信息、观点和论据（从而增加宣传），采用绕过主流媒体的结构性偏差的方法；
- 刺激对其他可能性的想象，也反对霸权或意识形态的话语、词汇和假想；
- 推动行动、决策和结果，其中机构遭受政治惰性的痛苦。③

---

① N. Luhmann, *Risk: A Sociological Theory*, New Brunswick: Transaction Publishers, 2002, pp. 142 f.

② W. Smith, *Civil Disobedience and Deliberative Democracy*, London: Routledge, 2013, p. 9.

③ I. M. Young, "Activist Challenges to Deliberative Democracy," in *Political Theory* 29, 2001, pp. 670 – 690; and F. Dupuis-Déri, "Global Protesters Versus Global Elites. Are Direct Action and Deliberative Politics Compatible?", in *New Political Science* 29, 2007, pp. 167 –186.

需要注意的是，凭借成为政治事件的额外的制度形式，争论可以准确地产生变革影响，这种民主的和民主化的潜在可能性已被从阿伦特（Hannah Arendt）经由哈贝马斯到詹姆斯·塔利（James Tully）的理论家所强调。[①] 这些情节式的、非正式的、额外的甚至是反体制的政治行动形式让公民（甚至可能且特别地和那些被排除在这一状态之外的人，如"非正式移民"和"非法移民"[②]），去抗议并参与，当——这也是在相对良好运作的代议制民主里常有的情况——行动和交往的官方和正规机构渠道向他们关闭或在接纳他们的要求和反对意见不起作用时（当然，这也是在自由主义传统里至少被部分地承认的观点——参考罗尔斯在《正义论》里关于公民非暴力反抗的讨论[③]）。此外，正如我们所看到的，这些制度和渠道往往不仅是有限的，而且被证明是这样的方式，即公民们不可能或者至少很难陈述这些限制——那么这些制度和渠道本身也成为民主行动的障碍。

在此背景下，民主赤字似乎是实际存在的自由主义国家的结构性部分，政治争论可以作用于纠正民主赤字。当参与被制度化的政治进程阻塞而不是被增强的情况下，政治争论可以使参与得以实现。在这种情况下，公民必须寻找"争夺抑制公共领域正常运作的话语阻碍"的替代形式。[④] 这往往会涉及寻找替代传统公共领域的渠道。因而，不同种类的政治争论在民主中拥有了恒定的地位，不是简单地作为极

---

[①] cf. H. Arendt, "Civil Disobedience", in *Crises of the Republic*, New York: HBC, 1972, pp. 49 – 102; Smith, 2013; and R. Celikates, "Civil Disobedience as a Practice of Civic Freedom", in *On Global Citizenship: James Tully in Dialogue*, ed. by D. Owen, London: Bloomsbury, 2014, pp. 207 – 228.

[②] cf. E. Balibar, "What we Owe to the Sans-Papiers", accessed 1 November 2014, http://eipcp. net/transversal/0313/balibar/en. For a more general discussion see *The Irregularization of Migration in Contemporary Europe: Detention, Deportation, Drowning*, ed. by Y. Jansen, R. Celikates and J. de Bloois, London: Rowman & Littlefield, 2014.

[③] J. Rawls, *A Theory of Justice*, Cambridge, MA: Harvard University Press, 1971, §§ 55 – 59.

[④] W. Smith, 2013, p. 60.

端情况下或例外情况下的暂时性反应，而是作为所有复杂的民主社会的一个组成部分，后者的组成制度缺陷让这显得必要。

## 三　数字行动主义及其问题

近年来，作为政治行动的工具和一个政治上有争议的空间的互联网的兴起，更具体地说网络行动主义的兴起，特别是以泄漏（想想维基解密，Wikileaks）和"黑客行动主义"（想想匿名者，Anony-mous）的形式，已经把公共领域和竞争方式的数字化问题（包括公民的非暴力反抗）同样置于理论家和实践者的议程里。尽管媒体和互联网研究都对这些发展表现出了极大的兴趣①——理论上也受到启发——并且一些行动组织（activist groups）也想自己尝试把实践理论化，② 但是哲学家尚未充分解决概念和规范性问题，这些问题的提出采用了数字化过程、参与和争论（越来越跨国）的新形式，其中参与和争论利用了迅速扩大的技术机会，但也回应了互联网开辟的滥用职权的新可能性。

虽然这些新可能性遇到的热情——或恐慌——往往是由于一个夸张的观点，即一般的公共领域和特殊的政治争论的数字化意味着什么③，但是低估交往互动和政治行动从线下到线上方式的改革潜力，将是一个错误。这种转变大规模扩展了"抗争剧目"（repertoire of

---

① cf. e. g. G. Meikle, "Intercreativity. Mapping Online Activism," in *International Handbook of Internet Research*, ed. by J. Hunsinger et al., Dordrecht：Springer, 2010, pp. 363 – 377；C. George, "The Internet as a Platform for Civil Disobedience", in *A Companion to New Media Dynamics*, ed. by J. Hartley, J. Burgess & A. Bruns, Oxford：Blackwell Reference Online, 2013；G. Lovink, "Techno-Politics at Wikileaks", in *Networks Without a Cause*, Cambridge：Polity, 2011, pp. 176 – 186.

② cf. e. g. *Critical Art Ensemble*, *Electronic Civil Disobedience and Other Unpopular Ideas*, New York：Autonomedia, 1996.

③ cf. E. Morozov, *To Save Everything Click Here：The Folly of Technological Solutionism*, New York：Public Affairs, 2013.

contention），①即这在数字行动主义的情况下覆盖了许多各种不同的形式，从相对温和的如博客、论坛和在线请愿，到相对有对抗性和破坏性的如分布式拒绝服务（DDoS）或"攻击"行为，这些攻击行为也常常被称为虚拟封锁（blockades）或静坐抗议（sit-ins）。考虑到数字化公共领域这一复杂的新景观，不论是把这些新的发展当作一种会拯救民主公共领域的解围方式（deus ex machina）来理想化，还是把它们当成这个理想的致命一击来诋毁，似乎都是过早的和片面的。相反，似乎最好先仔细看看数字化的一些结构特征，然后再解决其引起的一些概念上的、规范上的和政治上的问题。

当然，公共领域的数字化指的是一个更普遍的趋势，即一般的互联网、Web 2.0 和特殊的社会化媒体成为产生公共性的工具、参与超越公共领域的传统（语言、文化、空间等）限制的公开辩论的工具、传播信息的工具、组织动员和筹资的工具、维持运转和协调集体政治行动的工具，这些作用都日益突出。这是一个重要的趋势，它已经使得如何组织公开辩论和政治行动发生了显著的变化。社会化媒体已在"编排"（choreographing）集体行为中具有重要角色，而且"它们与公众集会新兴形式的互动和调解，尤其是与已成为当代流行运动标志的大量静坐抗议的互动和调解"，对"公共空间的象征性建设"发挥了至关重要的作用，"这个公共空间促进和引导了高度分散的个性化选区的自然组合"。②

在转向数字行动主义的更多具体案例和其看似引起的一些问题之前，又有几个一般说明需要交代。首先应该注意的是，在结构方面，很多情况下通过新媒体所实现的数字交往和互动的新形式，处于水平的、分散的、跨国的、无领袖的、包容的、有活力的和像网络一样的状态时，可以媲美这些媒体的结构逻辑。这导致一些观察家论及一种围绕并通过数字媒体来组织的新型联网式集体或"连接的行动"，其

---

①　cf. Tilly and Tarrow，2007，pp. 4，16 – 17.

②　P. Gerbaudo，*Tweets and the Streets*：*Social Media and Contemporary Activism*，London：Pluto，2012，p. 5.

特点是很少或只有松散的组织协调能力，并有别于更传统的社会运动抗议活动。① 沿着这些思路，建议如下：

> 新的在线技术考虑到了更多样式的群体形式和个体之间的支持，甚至在社会中最被边缘化的行业里一些关心类似问题的人，因为志同道合的人更容易在网络空间（cyberspace）找到。……公民在传统广播媒体与国家精英外更容易参与直接的市民交往。②

这还涉及的事实是，至少在原则上，在 Web 2.0 中，相关的东西不是在发布前由被选定的几个确定的，就像主流媒体和传统的公共领域那样，而是在发布后由用户自己确定的（当然，这也是一个有某种理想化和反事实的诉求）。相对于作为传统公共领域特征的角色的静态和固定的划分，基于它在功能上有明显的分化——一方面是可以接近政治家和媒体渠道的记者和"舆论制造者"的一个相对封闭的精英；另一方面是一个相对被动的、匿名的、沉默的观众——虚拟的公共领域，虽然不会完全超越这些不对称，但是通过使多种观点和角色之间的交流和包涵（至少在原则上）成为可能，能够显著地拉平被质疑的等级制度。正如詹姆斯·博曼（James Bohman）指出，网络交往的创新潜力"不仅在于它的速度和规模，而且在于说话技巧或互动的新形式：作为交往的多对多模式，它从根本上降低了与不确定和潜在的大量观众的互动成本，特别是采用了不需要大众媒体成本的扬

① W. L. Bennett & A. Segerberg, "The Logic of Connective Action: Digital Media and the Personalization of Contentious Politics", in *Information*, *Communication & Society* 15, 2012, pp. 1 – 30; S. Milan, "WikiLeaks, Anonymous, and the Exercise of Individuality: Protesting in the Cloud", in *Beyond WikiLeaks*: *Implications for the Future of Communications*, *Journalism and Society*, ed. by B. Brevini, A. Hintz & P. McCurdy, Basingstoke: Palgrave, 2013, pp. 191 – 208.

② V. Carty, "The Internet and Social Movements", in *The Blackwell Encyclopedia of Social and Political Movements*, ed. by D. A. Snow, D. D. Porta, B. Klandermans & D. McAdam, Oxford: Blackwell Reference Online, 2013.

声器作用"。① 当然，不是每个在网上阐明意见的人都被聆听或有"话语权"，数字公共领域已经开发了它自己的规范、惯例、等级制度和过滤器。尽管有这些持续性的限制，但是很难高估这种范式转变的历史意义，这种范式的转变首次把大众媒体和互动媒体的特性结合在一个媒介里，使得大多数接受者转变成（至少是潜在地）积极用户。②

哈贝马斯承认这种潜力并指出："互联网不仅产生好奇的网民，而且恢复了一个被历史淹没的现象，即一个拥有通过读和写进行交流的伙伴和用户的平等的公共场所"。但他仍然担心，"遍布全球的数以百万的'聊天室'以及全球网络化的'问题公众'的出现，会更倾向于让大量公众变得碎片化，不管这种趋势有多大，其在公共领域里是同时集中于同样的问题"。③ 支离破碎的虚拟公共领域缺少一些等同于传统公共领域结构的功能，这些结构能用合成的方式占用、选择和编辑来自各种更专业的公众的分散的信息流。当然，不止哈贝马斯一个人怀疑数字化公共领域的政治和民主的潜力。不否认他在此指出了一个问题，我们应该尽量避免由这个判断引发的两种有问题的推论：第一个推论是，由于公共领域的特有概念而高估一个所谓"统一的"国家公共领域的重要性；第二是低估了互联网的能力，即通过不同于传统公共领域运行的方式，互联网可以提供一个"公众的社会"（public of publics）的能力。④

所以，在一般情况下，似乎更适合谈及多样的——有几分地方性的，有几分整体性的，有几分官方的和制度化的，并有几分数字化

---

① J. Bohman，"Expanding Dialogue: The Internet, the Public Sphere and Prospects for Transnational Democracy", in *After Habermas: New Perspectives on the Public Sphere*, ed. by J. M. Roberts & N. Crossley, Oxford: Blackwell, 2004, pp. 131 – 155: p. 134.

② cf. S. Münker, *Emergenz digitaler Öffentlichkeiten*, Frankfurt am Main: Suhrkamp, 2009.

③ J. Habermas, 2009, pp. 157 f.

④ cf. J. Bohman, 2004, p. 139.

的——公共领域，而不是一个统一的公共领域："公共领域，在其最常见的意义上，是一个复合的公共领域，它是多样化公共领域之日新月异的历史万花筒。"①因此，数字化不应被理解为一个均匀的、单向的过程，即正在改变一个连贯的和先前非数字的公共领域的过程，而应被作为一个复杂的、多层次的过程，即转换和产生各种不同公众的过程，这些公众以复杂的数字与非数字划分的方式相互联系和相互交叉。

以这些更普遍趋势为背景，我们也可以观察到，出现了数字行动主义的更具破坏性的（以及经常非法的）变体，它们把直接的电子行动与大规模的象征性行动结合在一起，当面对日益反应迟钝的强大的政治或企业行动者时，常常要诉诸这些象征性的行动。这种新的数字行动主义主要采取了两种形式，这两种形式经常被混淆，但是实则应该被区分开。一方面，存在 DDoS 行为（通常不以为然地称为"攻击"），其中 DDoS 代表分布式拒绝服务，即通过用大量的请求去重载服务器，企图中断一个网站或在线服务器的可用性。另一方面，还有很多不同行为通常被归入"黑客"，这往往又分为"黑帽"黑客（有犯罪意图）和"白帽"黑客（出于安全原因），而且这些行为常常但不总是破坏、偷窃、修改数据或修改一个网站的代码从而修改网站的显示内容。考虑到数字行动主义的一揽子犯罪（blanket criminalization）的强烈倾向，而且出于概念和规范的原因，似乎重要的是不能忽略 DDoS 行为和黑客行为两大类别之间的区分：暂时阻止访问网站（通过人为地制造大流量）不同于更改网站的结构或内容（例如，通过丑化）。除了数字行动主义的这些破坏性形式，当然还有一系列的项目——如 Tor 项目——在自组织的努力下，其目的是建立替代性的基础设施（在 Tor 项目中，在加密工具的

---

① J. Tully，"On the Global Multiplicity of Public Spheres. The Democratic Transformation of the Public Sphere?"，in *Beyond Habermas：Democracy，Knowledge，and the Public Sphere*，ed. by C. J. Emden & D. Midgley，New York：Berghahn Books，2013，pp. 169 - 204：at p. 170.

帮助下可以建成在线匿名网络）。

特别地，数字行动主义的更激进和更具破坏性的形式引起了一些概念上的、规范性的和政治的问题，最后，我想指出其中三个。第一个是关于匿名的问题：网上辩论和数字行动主义的参与者经常保持匿名，这经常被认为是与公共性和个人责任的要求互相矛盾的，这些要求表现为线下世界里公开辩论（甚至非暴力反抗）的基本特征。然而，我们应该承认，匿名也可以作为一个重要的精神气质、一种美学和具有决定性政治观点的行为而发挥作用，即抵制国家和企业试图强加给网民的那种对可识别性和可跟踪性的普遍需求。[1] 第二个问题，从最后这句话开始，并涉及严肃的问题。许多观察家担心，互联网行动的门槛和参与成本都比较低，这会导致一种严重的侵蚀和一种已经可以被称为"懒汉行动主义"（"slacktivism"）的现象，即伪政治活动——不包括比点击一次鼠标更多的那些活动——不会影响真正的政治结果，而只让参与者感觉更好。这肯定是一面之词；但另一面，当然是低门槛和参与成本有一个平等的作用，并增加虚拟公共领域的开放性和包容性，至少在原则上，使那些地理上分散的、处于社会边缘的或政治上被剥夺公民权利的人能够参与。我想提出的最后一个问题涉及语言和非语言交流之间的关系。许多评论家已经注意到了，政治辩论，特别是政治争论，具有日益增长的可视化和美学上的调解，以及不断跨界共享的视觉语汇的扩散，这些都发生在各种情况下——从占领运动（Occupy movement）（想想无处不在的盖·福克斯面具），到中国新浪微博里图像的使用（通常被操纵），这是中国新兴的数字公共领域的重要驱动力。[2] 虽然，这种发展确实已经在更传统的大众媒体和公共领域中进行着，但是一旦伴随社会化媒体的更加开放、横向的和包容性的媒体基础设施，它会获取新的品质。新兴的语言和非

---

① cf. G. Coleman, *Anonymous in Context：The Politics and Power Behind the Mask*, Internet Governance Paper No. 3, Waterloo：CIGI, 2013.

② T. Poell, J. de Kloet & Zeng Guohua, "Will the Real Weibo Please Stand Up? Chinese Online Contention and Actor-Network Theory", in *Chinese Journal of Communication* 7, 2014, pp. 1 – 18.

语言之间的互动形式，很好地说明了线上和线下的话语和行为是如何在重叠和越来越跨国的公共领域里走到一起的，这改变着这些领域运作的方式，并兴起了争论的一个新的跨国文化。①

最后，让我回到我的标题：数字化的进程——数字化公共领域和数字化竞争的兴起——真的等同于公共领域的一个新的结构转型吗？看来，答案是一个合格的"是"，因为数字化不仅显著地改变了传统的公共领域及其媒体运作的方式——从调查性新闻业到娱乐业，而且更重要的是，虽然它无法逃避非数字化公共话语的所有限制和扭曲，也产生了一些属于它自己的限制和扭曲，但是可以说它也产生了一种新型公共领域。在这种公共领域中，进入、参与和互动以及它们的政治影响，被不断地重新定义和重新商定。从这个发展得出的一个经验是，公共领域的结构转型不单纯是展现在我们背后的一个统一的和客观的、或预定的过程。相反，它是一个涉及多个场所和领域的、本质上开放的社会进程和政治进程，其形式和结果基本上是有争议的，并且部分政治斗争是发生在公共领域中的，这不亚于它们在这样争论的过程中从事并生成公共领域。

（作者系荷兰阿姆斯特丹大学哲学系教授）

---

① 关于全球的人权制度，Georg Lohmann 在本年鉴中的文章里强调了这一点；关于媒体在基本的和表示行为上的角色，参见 Gertrud Koch 在本年鉴中的文章。

# 公共领域的哲学基础问题

# 多元主义、自治与公共协商

## —— 一个法哲学的视角

### 伯恩哈德·亚克尔　文　杨顺利　译

　　不同的个体各自有相当不同的生活。就此而言，人类可以说是自由的，并且在某种程度是独立的。对一些人来说，每个个体的生活计划都能够被看作是一个整体性的生活处境的效应或体现。对于那些持社群主义立场的人，集体的承认或者客观的价值是他们的规范性世界的本质。① 相反，另一些人提出，"多元主义的事实"是任何关于有集体效力的规范基础之讨论的出发点。② 因此，所有的男人和女人都享有的平等关切与尊重的个体权利，就是自由主义立场的核心规范性预设。③

　　但是，在"社群主义"与"自由主义"的理论差异之外，还有一个客观的挑战：多元社会之下的不同的个体和群体在行使个体自治的时候会产生利益冲突。如果我们想要为这些冲突找到协调性的解决方案，尤其是通过公共协商的方式，那么，这些问题就成了关注的焦点：什么样的理据有效力？那些极抽象与客观的道德概念能使人信服吗？或者，我们应该指望那些非常特殊的、主观的理据吗？怎么来处理"公秩"或"良法"之类的模棱两可的概念呢？

---

① eg. A. MacIntyre, *Der Verlust der Tugend. Zur moralischen Krise der Gegenwart*, Frankfurt am Main: Suhrkamp Verlag, 1997, pp. 278 – 283.

② cf. J. Rawls, *Political Liberalism*, New York: Columbia University Press, 1993, pp. xv – xvii.

③ eg. R. Dworkin, *Taking Rights Seriously*, Cambridge, MA: Harvard University Press, 1978, p. 182.

本文探讨的是多元主义、自治和公共协商之间的关系，它分为四个部分。首先，借由区分法律和伦理来处理实践主体的多元化问题。接着，我以公序为例阐明法律的私人自治概念及其保护的结构。随后，探讨关于这一保护的道德、社会及政治哲学的理据。基于这一背景，我最后对通过公序广泛承认私人自治提出了辩护。

## 一 实践主体的多元论

在现代社会，实践主体的多元论至少以两个维度展开：社会学维度和规范性—哲学的维度。

从社会理论的角度对社会进行的社会学考察，是关于多元化的经验分析。不同的人追求不同的生活目标，而这又导向了关于何为一个成功生活的不同构想。[①] 一些人甚至分析"多样现代性"，要求对人权或个体需要之外的文化差异予以尊重。[②]

从启蒙的法哲学的视角对法律主体进行规范性—哲学的考察，揭示出歧异的、完全不相同的主体。按照这个观点，多元化也发生构成性规范的层面，在其中，不同的实践主体得以形成。

根据启蒙的法哲学的一个杰出代表康德的看法，如果我们在理论哲学与实践哲学之间做一个区分，那么，主体一方面似乎是完全被决定的，而另一方面又能够独立地、自由地行动。[③]

---

① eg. U. Beck, *Risikogesellschaft. Auf dem Weg in eine andere Moderne*, Frankfurt am Main: Suhrkamp Verlag, 1986.

② cf. S. Randeria, "Verwobene Moderne: Zivilgesellschaft, Kastenbindungen und nicht-staatliches Familienrecht im (post) kolonialen Indien", in *Konfigurationen der Moderne. Diskurse zu Indien*, eds. by S. Randeria, M. Fuchs & A. Linkenbach, Baden-Baden: Nomos Verlag, 2004, pp. 155 – 178; S. N. Eisenstadt, *Die Vielfalt der Moderne*, Weilerswist: Velbrück Verlag, 2000.

③ cf. I. Kant, *Kritik der praktischen Vernunft*, Akademie Textausgabe in 11 Bd. (AA), Band V, unveränd. Photomech. Abdr. d. Textes d. v. d. Preußischen Akademie der Wissenschaften 1902 beg. Ausg. v. Kants ges. Schriften. Berlin: de Gruyter, 1968, p. 31.

　　康德把实践哲学中的这个自由的、独立的行动主体进一步细分为伦理主体，为了实现她的生活目标，该主体必须给予她的自由以一种自我—激发的形式。①

　　自从康德的实践哲学建立以来，该"伦理主体"被要求要尽可能前后融贯地追求她自身的生活目标，她自身被要求广泛地对这一目标开放（也就是说，形成融贯的、一致的生活计划）。在这样做的时候，伦理主体应该接受绝对命令之普遍化检测，接受"自身的完满""外在的幸福"（以与他人的幸福相一致）之客观目的的引导。②

　　相反，主体在法律的支配之下所面临的挑战是：她不仅要接受她的自由要受到她与其他自由存在者的关系的限制，而且，还必须赞同由正当的、合法的力量所形成的对她的个体性自由的界分，该界分是以具有社会相容性的方式而得以实现的。③ 在这个意义上，建立一种广泛的平和模式，就成了无武力胁迫之下启蒙的法律反思的出发点。

　　如果接受康德的观点，我们进一步将既有的私法系统视为容纳个体自由的尝试，那么，自由的、个体性的意愿及其与其他自由存在者之间的关系问题，就变成了一个法律的问题。④

　　从这一康德式基础看，对任何法律秩序而言，这都是不言自明的：在多元社会条件之下，现代宪政国家只是把主体性的同一性形成的单个的一些领域考虑进去了。个体自由只构成主体性的一个很小的部分，然而，它是形成复杂社会秩序的必要的先决条件。

---

　　① cf. B. Jakl, *Recht aus Freiheit. Die Gegenüberstellung der rechtstheoretischen Ansätze der Wertungsjurisprudenz und des Liberalismus mit der kritischen Rechtsphilosophie Kants*, Berlin: Duncker & Humblot, 2009, pp. 121 – 126.

　　② cf. A. Esser, *Eine Ethik für Endliche. Kants Tugendlehre in der Gegenwart*, Stuttgart-Bad Canstatt: Frommann-Holzboog, 2004, pp. 201 ff.

　　③ eg. I. Kant, *Metaphysik der Sitten-Rechtslehre*, AA VI, p. 318. Also W. Kersting, *Kant über Recht*, Paderborn: Mentis, 2004, p. 80; O. Höffe, "Ein transzendentaler Tausch", in *Philosophie der Menschenrechte*, eds. by S. Gosepath & G. Lohmann, Frankfurt am Main: Suhrkamp, 1999, p. 34.

　　④ cf. Jakl, 2009, pp. 126 – 131.

## 二 私人自治及公共秩序对它的保护

个体意志的自由表达为正式的和非正式的法律义务提供了理据，它将私人自治带入人们关注的焦点。以契约自由为规范性核心①的私法系统与民法典，是以不同方式来保证私人自治的典范体现。比如，我们能够在这样的系统和法典中找到关于错失、欺诈、威胁等行为的传统规制，这些行为反映了形成意向声明时的直接的情形。② 特别是，至少就欧洲而言，在通过立法的文本契约法中（契约法的文本中），有一个所谓的"具体化"，它是用来规制提出意向声明时的契约情境的，比如，对于一般条款和交易条件的权利。③

这里我将讨论保护私人自治的第三种形式，即由"公序"（public order）来进行保护的形式。"公序"作为法律意义上的"良俗"（good morals）的功能，在德国民法的规章中体现得很典型。

根据德国民法典 138 条第 1 款，侵犯了"良俗"的法律交易是无效的。与此相类似的规范是大多数的私法体系的一部分。④ 在这种背景下，在国际和欧洲的私法之内，公序是更晚一些的表述，但它的

---

① cf. § 311 par. 1 German Civil Code（BGB）；Art. II – 1：102 Models Rules for European Private Law. Draft Common Frame of Reference（DCFR）；Art. 1 of the Proposal for a Common European Sales Law COM（2011）635（CESL）；Art. 4；Art. 14 ff. United Nations Convention on Contracts for the International Sale of Goods（CISG）.

② cf. S. Vogenauer，*Die Auslegung von Gesetzen in England und auf dem Kontinent. Eine vergleichende Untersuchung der Rechtsprechung und ihrer historischen Grundlagen*，Tübingen：Mohr Siebeck，2001，Band I，pp. 229 – 231，662 f.

③ cf. C. – W. Caris，"Wandlungen des Schuldvertragsrechts. Tendenzen zu seiner'Materialisierung'"，in *Archiv für civilistische Praxis* 200，2000，pp. 273 – 364.

④ 关于一般条款揭示德国法律和美国法律缺陷的作用，参见 M. Auer，*Materialisierung，Flexibilisierung，Richterfreiheit. Generalklauseln im Spiegel der Antinomien des Privatrechtsdenkens*，Tübingen：Mohr Siebeck，2005，pp. 2 f。

规范性结构对应于德国民法典中的"良俗"。①

无疑，通过宣布违背"良俗"的法律交易无效，"良俗"（或公序）规定了契约自由的限度。因为这个原因，"良俗"通常被认为是对契约自由的限制，它的作用是对私人契约自由的滥用或误用进行制止。②

鉴于此，德国民法典关于德国联邦宪法法院的管辖权的第138条第1款（1953年制定）具有一个公共的维度，因为它是用来保护私人自治的。③自从它制定以来，公共范畴在这个领域的影响有了根本性的增加。相应地，国家规制可以也应该采用正确的方法来确保私人自治从权利到自由行动的根本权利（德意志联邦共和国基本法第二条第一款＝GG）和确保社会福利国家的原则（派生自第20条第2款和第28条第1款第1项），在这种情况下，只有通过契约法来对基本权利进行保护，才能保证其基本权利。④

然而，出于公共宪政保护而进行干预的门槛是很高的。谈判能力的纯然的失衡，不足以为契约中的宪法干预提供理据。⑤如果契约各方在能力上重大失衡，导致的缔结合约的结果对弱势一方通常是难以

① cf. B. Fauvarrqu-Cosson & D. Mazeaud（ed.），*European Contract Law. Materials for a Common Frame of Reference*：*Terminology*，*Guiding Principles*，*Model Rules*，München：Sellier，2008，pp. 122 – 149.

② Sack & Fischinger，"§ 138 Par. 1"，in *Kommentar zum BGB*，Buch 1，Allgemeiner Teil 4a，15. Aufl.，ed. by Staudinger，Berlin，2011（＝Staudinger-Sack/Fischinger）；Ellenberger，"§ 138 Par. 1"，in *Kommentar zum BGB*，74. Aufl.，eds. by Palandt & Bassenge，München，2015（＝Palandt-Ellenberger）；Armbrüster，"§ 138 Par. 1 – 3"，in *Münchener Kommentar zum BGB*，6. Aufl.，eds. by F. J. Säcker & R. Rixecker，München，2015（＝MüKo – Armbrüster）.

③ cf. *German Federal Constitutional Court Decisions*（＝BVerfGE）7，p. 198. 有关重要评论，参见 T. Gutmann，"Some Preliminary Remarks on a Liberal Theory of Contract"，in *The Public Dimension of Contract*，*Law and Contemporary Problems*，Vol. 76，2013，pp. 39f。

④ cf. Decision of the German Constitutional Court（＝BVerfGE 89），p. 214.

⑤ cf. Decision of the German Constitutional Court（＝BVerfG），in *Neue Juristische Wochenschrift*（＝NJW），1996，p. 2021.

承担的，并且对利益的协调显然是不适当的。①

出于对私人自治的保护，德国联邦宪法法院（BVerfG）视宪法干预所需的门槛为高利贷情形中的越界（就德国民法典第二版第138条所规定的）。② 比如说，高于通常的市场利息100%以上的借贷协议，被认定是无效的。③ 不管法律规制是不是存在，"良俗"之类的一般性的词汇在这里被使用。从公共的、宪法的角度，"良俗"也在这里发挥着禁止逾越的作用。

## 三 保护私人自治的公共理据

在把"良俗"解释成为法律所接受的公共秩序形式时，道德哲学的、社会理论的和政治哲学给出的保护私人自治的理据，彼此相互冲突。相应地，保护私人自治的效果，也要根据这些理据予以不同评价。并且，由"良俗"来给出的关于私人自治的基本公共理据的三种路径，能够根据私人的和公共的之间的关系来进行区分：（1）诉诸当前的社会与经济的俗习，（2）诉诸社会变革，及（3）诉诸通过民主化和公共商谈来进行的理据。

### （一）当前的社会与经济俗习

自由，这里特指选择自由，通常与契约义务联系在一起，这一义务又与任意的、不一致的行为主体事后的意愿相悖。在这点上，对违背合同的规制，事实上旨在促进私人自治，而旨在促进私人自治的规定，从行动主体的角度看总是他律（heteronomous）的规则。

因此，在相关德国民法典的法律文献中，人们都同意：这里所考

---

① BVerfG NJW, 1994, pp. 36, 38; NJW 1994, pp. 2749, 2750; NJW 1996, p. 2021; NJW 2001, pp. 957, 958.

② BVerfG NJW 1994, pp. 36, 39.

③ eg. *Decisions of the German Supreme Court for Civil Matters*（= BGHZ）110, p. 338.

量的道德概念，不应该是纯粹个体性的规范性观念。①

并且，他律的观念，部分是与有文化背景的经济与社会道德放在一个层面，它们的伦理概念在法律体系所有的规范的解释中被考虑。

因此，这里有一个在自治和他律的俗习之间的严格区分。② 既然就"应该做什么"提出规约的"良俗"不可能是自治的、自我选择的伦理规范，那么，这些规约就必须被理解成是他律的。就是说，这些伦理规范是从外部施加的。不仅仅根本性的规范都属于这一范畴，而且，规制违背"良俗"（作为道德原则）行为的条款范围中包括的旨在解决利益冲突的所有规范，也属于这一范围。

以当下的法律和社会伦理中的标准的重要性为前提，③ 一些人论述说，在德国的法律体系中起作用的，是一般性的公共意见，它被理解成具有特殊性的西方或基督教传统的表达。④ 一般性公共意见所产生的更进一步的决议，并不会把某些有移民背景的人口信持的道德观点考虑在内。⑤

然而，在自治的与他律的伦理间的这类区分，不仅与法律体系内存在的私人自治的公共维度相冲突，⑥ 而且与法律的和哲学的开明性相冲突，还与民主原则相冲突，这里民主原则被当成了对约束性的规范性标准的更迫切、更强的证成模式。

设定了法律的和哲学的开明化以及相伴随的法律的理性化，就能够做这样的预设：作为法律概念，自治自身不应该被理解成纯粹个体性的自我—立法。⑦ 自治总是以诉诸一般公众的形式出现。因此，在

---

① cf. Staudinger-Sack/Fischinger, § 138 *Par.* 2, Palandt-Ellenberger, § 138 *Par.* 2 f, MüKo-Armbrüster, § 138 *Par.* 4 f.

② cf. Staudinger-Sack/Fischinger, *Par.* 19 – 24.

③ cf. J. Eckert, "Sittenwidrigkeit und Wertungswandel", in *Archiv für civilistische Praxis* 199, 1999, pp. 337, 345; Staudinger-Sack/Fischinger, *Par.* 19 – 24.

④ cf. Staudinger-Sack/Fischinger, § 138 Par. 19 – 24.

⑤ Staudinger-Sack/Fischinger, § 138 Par. 19 – 24.

⑥ 关于从公共角度"良法"发挥禁止逾越的作用参见第二部分。

⑦ cf. H. Dreier, "Der freiheitliche Verfassungsstaat als riskante Ordnung", in *Rechtswissenschaft* 2011, pp. 11 – 38.

社会契约的法律和哲学传统中，对法律规范的接受，同时也意味着它的可接受性是对于所有的参与者而言的。①

选举经由的民主合法化，恰恰旨在实现人们对他们自身及其事务的自治的、自决的管理。② 为避免与民主原则相冲突，自我—给予的构成性的规范，不应由受外力支配的规范所制的法律来实施。我们应该区分纯粹个体的自我—立法与互动性的自我立法。显而易见，唯有将互动性的因素考虑在内的、不独只依赖特殊的文化和道德概念的那些规范，才可能给出强的、可靠的规范性理据。在多元社会的条件下，唯有这样的标准——与法治相符的标准——才能够成为法律规范。③

因为这个原因，某个特殊的道德哲学也好，文化价值或传统也好，不管是基督教的、西方的或其他的，某些族裔的道德观念，都不可能成为对作为法律规范的"良俗"的法律解释之关键。

因此，在法律的支配之下，可以确定的是，对于"良俗"的保护所给出的理据，只可能是由民主立法和基本法予以合法化，从而是体现了人权的，而不仅仅只是某个价值共同体的特殊底线标准，或者某个特殊的伦理信念。因此，像"良俗"或"公序"这样的模棱两可的概念，也能够基于实证的法律视角来得到解释，这一视角所包括的不仅是当下的私法现状，还包括它对公法的参照。

---

① cf. J. Rawls, *Eine Theorie der Gerechtigkeit*, Frankfurt am Main：Suhrkamp, 1998, p. 29, pp. 35 f. ；从哲学视角，参见 W. Kersting, *Die politische Philosophie des Gesellschaftsvertrags*, Darmstadt：Primus, 1996, p. 271。

② 关于美国对《联邦主义者文集》的讨论，参见 B. Brunhöber, *Die Erfindung "demokratischer Repräsentation" in den Federalist Papers*, Tübingen：Mohr Siebeck, 2010, pp. 112 ff。

③ eg. J. Raz, *Praktische Gründe und Normen*, Frankfurt am Main：Suhrkamp, 2006, p. 210. 关于从宗教的到世俗的构成性规范的历史转变，参见 L. Siep, T. Gutmann, B. Jakl & M. Städler, "Einleitung", in *Von der religiösen zur säkularen Begründung staatlicher Normen. Zum Verhältnis von Religion und Politik in der Philosophie der Neuzeit und in rechtssystematischen Fragen der Gegenwart*, eds. by Siep, Gutmann, Jakl & Städler, Tübingen：Mohr Siebeck, 2012, pp. 1 – 32。

（二）社会变革

卢曼的系统—理论—功能主义路径，是揭示社会理论建基于法的某种功能的范例。根据卢曼的观点，法律将社会期待稳固化。[①] 一般款项和它们的概念需要进一步的解释，比如德国民法典第 138 条第 1 款的"良俗"，它们被赋予三个功能：接受、转化和合法化。相应地，"良俗"概念开启了对于那些尚未被立法吸纳的道德概念的积极权利（接受），因此能够将社会道德概念中的变化吸收进来（转化），并且能够通过司法决议进一步促进法律的发展，以此来为这种变化提供理据（合法化）。[②]

然而，社会—理论对法律的功能化并没有融贯的说服力。首先，甚至是接受的功能与系统理论关于法律体系要隔离于其他社会体系诸如经济、宗教与政治这一根本预设相冲突。[③] 再者，德国民法典之138 条的规范性目的，即，保证契约自由，已经被扭曲到相反的方向。法律体系并没有反映、调节法的社会理论观念之中的新的人际环境，但新的生存条件持续不断地改变着法律体系的规范性地位。从司法的角度看，这意味着法律的这一重要的、规范性的权能被错误地隐藏起来了。约束性、规范性的秩序之至为关键的规范性基础，即，与意志相符及通过私人自治来对它们进行协调，因此不再被包括在内。

（三）民主化与公共范畴

从政治—哲学的角度看，由于私法体系中的公共维度越来越显

---

① eg. N. Luhmann, *Das Recht der Gesellschaft*, Frankfurt am Main：Suhrkamp, 1993, pp. 277 f.

② cf. G. Teubner, *Standards und Direktiven in Generalklauseln*, Frankfurt am Main：Athenäum, 1971, pp. 65 ff; D. Wielsch, *iustitia mediatrix. Zur Methode einer soziologischen Jurisprudenz*, FS Teubner, pp. 395 – 414. 关于法哲学视角，参见 F. Bydlinski, in *Rechtsdogmatik und praktische Vernunft*, eds. by Behrends et al, Göttingen：Vandenhoeck and Ruprecht, 1990, p. 189, pp. 198 ff。

③ cf. N. Luhmann, *Das Recht der Gesellschaft*, Frankfurt am Main：Suhrkamp, 1993, pp. 43 f, p. 242.

著，确实发生了从法治之下的自由主义国家到社会福利国家之间的范式转移。比如说，根据尤尔根·哈贝马斯的观点，与法律的演化相伴随的是对私人自治理解的改变，因为，自由主义对法律的理解，只是把焦点放在个体自治上，这样的理解限于经济社会，而不是一个非强制的领域。事实上，对哈贝马斯来说，如果以法律支配之下的行动自由的最大化来理解私人自治的话，就私人自治观念而言并没有什么变化。然而，变化了的社会条件也改变了法律领域，既然法律自由现在产生于带有自治的政治维度的私人自治与公共自治之间的相互关联，而这一关联又能够追溯到某种社会性的关联。①

从话语—理论的角度看，私人自治，尤其契约自由，似乎已经从主体间的联系中可疑地撤退了，因此很难说是合法的。② 对于哈贝马斯来说，任何可能限制私人自治的国家行为，都只能被视为是一类实现为着所有人的同一个行动的主观自由时的"负面影响"，被视为是对特权的消除。③ 对于阿克塞尔·霍耐特来说，私法总是独白式的、主体中心的思考方式，此方式应该被克服。从霍耐特的角度看，私法商谈只能够通过对所有生活领域的规范进行广泛的公共争议来进行，且带有社会进步的目的。④

然而，广泛诉诸公共范畴和民主化——我们还可以说是诉诸法的广泛政治化，似乎是抛弃了对私法体系的根本的、关键的规范性评价，它与契约自由这一私人自治的规范性核心相关。在这个意义上，商谈—理论的、社会—哲学的规约未确定的法律概念的策略，从政治哲学的视角看很难有说服力。在出于系统—理论的理据来确定"良俗"或"公序"的内容的时候，诉诸诸如商谈理论之类的规范性社会—理论的构想被排除在外，因为，必须对纯然政治决议予以抵制，

---

①　cf. J. Habermas, *Faktizität und Geltung*, Darmstadt: Wiss. Buchges. , 1994, p. 153.

②　Ibid. , p. 135, 155.

③　Ibid. , p. 483 f.

④　cf. A. Honneth, *Das Recht der Freiheit. Grundriß einer demokratischen Sittlichkeit*, Berlin: Suhrkamp, 2011, p. 132, 169, 613.

正是区分法律、伦理和政治后的根本的法律界分之正当性所在。

"私法的观念优先性"① 在对公法的基本权利的解释中也得到了承认，这更加是成立的。契约自由自身就被归属于一个人过他自己的个体生活之基本权利（比如德意志联邦共和国基本法第 2 条第 1 款），因此它享有宪法的地位。

比如，在某些限制框架之内，相符于各自的私法编撰（比如德国民法典）的法律规定或规则，每个公民都必须在根本上能够自己决定他与其他公民一道应该接受什么样的义务。在现代法律中，个体私法主体享有其自由决定意愿应受国家和公共范畴尊重的权利。

## 四　结论：私人自治及其法律形式

就内容而言，对私人自治的道德—哲学的、社会—理论的和政治—哲学的各类解释，使得"良俗"可以被理解成"公序"。在将私人自治解释关于"良俗"的一类具有法律效力的理解时，我们能够呈现一个关于人类能动性的不同的、法外的概念化模式。一些观点就是这样尝试将关于公共与道德的不同法外模式确立成为法律体系的一部分。

然而，恰恰是在对"良俗"的解释中，法外概念逐渐被私法滤除了，因为其重心转向了契约义务，该义务独立于当下的社会与经济俗习、独立于它的社会—理论的描述和政治—哲学的证成话语而发挥作用，并且也能够独立于它们而得到理解。

---

① cf. M. Ruffert, *Vorrang der Verfassung und Eigenständigkeit des Privatrechts. Eine verfassungsrechtliche Untersuchung zur Privatrechtsentwicklung des Grundgesetzes*, Tübingen: Mohr Siebeck, 2001, p. 52. 关于基本权利的法哲学理解，参见 B. Jakl, "Absoluter Grundrechtsschutz oder interaktive Grundrechte?" in *Von der religiösen zur säkularen Begründung staatlicher Normen. Zum Verhältnis von Religion und Politik in der Philosophie der Neuzeit und in rechtssystematischen Fragen der Gegenwart*, eds. by Siep, Gutmann, Städtler & Jakl, Tübingen: Mohr Siebeck, 2012, pp. 239 – 268。

因为把重心放在契约义务，最终，法外道德概念及社会—理论的规导都不能够被用来以一种具有法律说服力的方式来决定"良俗"的内容。通过解释"良俗"对私人自治的保护，要求表达已经各自被法制化的个体自治和公共自治。

在保护私人自治的其他的情形中，对"良俗"或"公序"这类模糊的法律概念的解释，所面临的挑战是：同时考量契约自由及其法律形式，以便能够确保促进私法主体的法律行动能力。而这能够成功，仅当为实施调控以保护个体决策自由所提供的理据充分满足以下两个重要条件：

（a）解释的出发点必须是实践主体的多元化，从而，法律和伦理作为不同的规范性秩序必须能够共存；

（b）其次，法律之内的私人自治和公共自治之间的规范性联系，可以通过二者间的相互关联来保证私法主体的作为自治的自由。这里，重要的是，在不服从尊重与承认私人自治的规范性要求的条件下，要实现道德—哲学的、社会—理论的和政治—政治学的理据的间接效果。

私人自治因此就成了个体自我—实现的核心要素。在这种程度上，它应该受到每个公共秩序的尊重。考虑到对"良俗"的解释的历史变革，人们怀疑它能否总是成功，即便是在法治之内。然而，从法律的拟定、实践或学术而言，诉诸公共范畴来保护私人自治所出现的错失，总是私法主体的同一性逐渐形成的组成部分。

（作者系德国明斯特大学助理教授）

# 康德论公共领域及对阿伦特和
# 当代跨文化讨论的一些反思

安德拉·埃森　文　汤云　译

在《什么是启蒙运动》一文开篇，康德写下了下面这句著名的话："启蒙运动就是人类脱离自己所加之于自己的不成熟状态。"康德继而用如今常被引用的"要有勇气运用你自己的理智"来解释这一启蒙格言。[①] 然而人类思想要从偏见和不成熟的受监护状态解放出来却不仅仅是个人行为。依照康德的观点，"勇气"包含一种独立的思考，而即便当事人声称这是一种"为己的思考"，该思考也仅仅只能在康德所谓的公开的对理性的"公共"运用中才能实现。和那个时代对理性的一般理解不同，康德是在私人个体或私人公民意义上理解理性的，后者是指作为有学养的作家（或按康德的说法是指"学者"）以书写的方式、在不受政治权威干扰的情况下自由和公开地在公众面前表达他们的思想；我们也可以说这些人能够向世界这个共同体表达自己。而另一方面，康德认为那些为公共部门做事的人们的言论和表达也可以被看作是"私人的/私领域的"，前提当然是这些言论和表达是在特定的公共部门的权力职能之内的，因而不会也不应该对世界共同

---

① 本文中关于康德的参考文献 *Kants Werke*，ed. by Preußische Akademie der Wissenschaften，Berlin，New York：De Gruyter Verlag，1900 ff. 简称 AA。I. Kant，"Beantwortung der Frage：Was ist Aufklärung"，in *Kants Werke*，ed. by Preußische Akademie der Wissenschaften，Berlin，New York：De Gruyter Verlag，1900 ff.，vol. 8，p. 35（AA 8：35）；英文版见 I. Kant，"An Answer to the Question：What is Enlightment"，ed. and trans. by M. Gregor，in I. Kant，*Practical Philosophy*，Cambridge：Cambridge University Press，1996，pp. 17 – 22。

体（world community）产生影响。但是，如果赋予作家或学者足够的时间，他们是可以启蒙大众、并将消极的市民转化为积极的公民的，在这个意义上启蒙的影响也就不会受到政治国家的限制，而能将一国的公民转化为世界公民，将民族国家转化为世界共同体之一员。

以上表达的当然是一些被普遍认可的对康德哲学的反思和结论。在通常情况下这些观点都是用来支持关于"公共领域"的讨论的，而与此同时它们也为关于这些问题的讨论提供一个跳板。对康德在这一问题上的贡献的研究无法取得进一步的进展这是一个事实，而这一事实的产生或许一方面是因为康德距我们的时代已过久远，而另一方面或许也是因为有一些实质性的原因。因为在东西方的争论中确实有一些对康德论点的看似非常严厉的批评。第一，康德的公共领域概念通常被看作是"个体的"、是"独白"（霍耐特《自由的权力》一书用语）或者"精英主义的"。① 康德对公共领域的理解也被批评为"不够具体"②"不够复杂"，过于"枯燥""形式化"，并且有鉴于实然的历史经验和当下的真实情形，也"过于乐观"（甚至"理想主义"）。③

---

① 韩水法对哈贝马斯的公共领域和对大众文化的批评本身有一个严厉的批评，他指出后者仅仅只包括"智识上优越的精英阶级"（参见本年鉴韩水法文）。然而，正如韩水法强调的，恰恰是现代的大众文化让公众得以能够欣赏高雅的精神产品，不管这些产品来自遥远的外国还是藏于深宫大院，而且也恰恰是这些产品让人们参与到公共生活和辩论中来。韩水法的批评之理据可能让他的批评同时也指向康德的公共理性概念，因为在一定教育标准和从专门个人和纯粹"私人"的立场进行抽象的能力方面，康德对参与公共领域作了限制。

② 如果中国社会在转向现代社会的过程中遇到的问题需要在建构"有现实的和有参考作用的体系"中解决，那么，正如万俊人所强调的，康德的公共领域这一形式性的概念可能无法实现这一观点。

③ 关于这一批评符合康德的"世界国家"（World State）概念，参见 K. Anderson & D. Rieff，"Global Civil Society：A Sceptical View"，in *Global Civil Society*，eds. by H. Anheier，M. Glasius & M. Kaldor，London：Sage，2004/2005，pp. 28 - 39. Anderson 和 Rieff 不接受将"理想化的全球公民社会"看作是有用的分析概念，也不接受将其视为一个乌托邦理想。他们建议把全球国家（Global State）看作一个将范围有限的欧盟模式普遍化的运动。关于对康德全球公民社会和公共理性可能的批评，参见 R. Celicates，"Zivilgesellschaft und Öffentlichkeit"，in *Globalisierung. Ein interdisziplinäres Handbuch*，eds. by A. Niederberger&P. Schink，Stuttgart + Weimar：J. B. Metzler，2011，pp. 362 - 368：p. 366.

所有这些批评都在公共领域讨论的核心问题上激起许多讨论。因此，当下对公共领域的研究对所有导向普遍启蒙的方案都非常怀疑，同时对认同康德哲学的理论进路也抱怀疑态度。而对于这些研究而言，一个统一的公共理性概念（即在平等主义的、民主的和普遍的根本原则意义上的）在高度异质化的、全球化了的世界中获得发展不再是自明的——即便科技媒体和各种交流平台都流行这一看法。公共领域概念被视作有问题的，还因为它指向的是个体行为者。在当前的讨论中，公共领域是否以及如何在政治话语中获得明确的含义，抑或它就是一种能够对应各种复杂关系的概念，这一点也是有异议的。① 最后，当代公共领域理论面对来自一个应然/实然区分的挑战，即描述性—分析性调查所获得的并不乐观的材料如何和我们对公共领域规范性和评判性的理解建立恰当的关系（该问题由哈贝马斯和霍耐特具体提出）。②

　　这些批评以及其他由关涉公共领域的思考所引出的问题，让我们不能简单直接地运用传统中所能提供的资源。我们必须首先对康德的反思作一个细致而又区别对待的（careful and differentiated）分析，看它和上述涉及的诸问题是什么样的关系，这是第一步。启蒙和公共领域概念在康德哲学中是密不可分的，但它们也和康德哲学中其他面向有紧密关系。因此，这两个概念的重要性及其批判功能要在系统地理解它们和康德其他方面的关系之后才能获得全面的认识。这一点放到第三批判即《判断力批判》这一背景中尤为明显。因此之故，作为第二个步骤，我将探讨这两个概念在《判断力批判》中是如何扩展和发展的。在这一点上，我相信阿伦特对这两个概念的解释是有益的。但总体上而言，我将论证康德在第三批判中发展的"反思判断"为思考公共领域问题开启了一个重要且极具启发性的视角。而在我看来，只有以反思判断作为背景，康德的反思的最终意义和目的才能够

---

① cf. Celicates，2011，p. 362.

② eg. J. Habermas，*Strukturwandel der Öffentlichkeit*，Frankfurt：Suhrkamp，1962；A. Honneth，*Das Recht der Freiheit*，Berlin：Suhrkamp，2011，p. 474.

被揭示出来。认识到这一点不仅有益于我们理解启蒙和公共领域这两个概念，同时也有益于进一步澄清和推进我们这个时代的问题。这是本文在结论部分的观点。

## 一 康德对"公共领域"的认识：一个近距离的解读

作为第一步，我将讨论康德启蒙和公共领域的概念，并且尝试提供一种参考了对它的批评的同时又有区别对待的理解。首先，我想强调的是，虽然康德认为自己从启蒙精神中获益良多，但他的批评性的学说又赋予了启蒙和公共领域一个独立而又非常具体的含义。因此，"公共领域"不仅仅意味着公共在量的意义上的扩大，或者说讨论的主题通过交流和网络在更大的群体范围内变得易于理解。因为康德将公共领域这一概念和其他一些影响广泛的规范性概念联系在一起，所以，"公共领域"理应在我们关于社会的思考中产生质的影响。然而和其他启蒙的支持者不同，康德并不认为关于公共领域的讨论应该被"流行化"。恰恰相反，在很多著作中，康德都明确表示反对他那个时代的"流行哲学"，并从"科学的"哲学思考（即在性质上是严格的系统的思考）这一理想的角度展开他的哲学考察。然而康德并没有因此将"公共地运用理性"只限于少数个人、以书写介入公共生活的精英团体或有产阶级，这一点需要进一步的说明。至少初看起来"要有勇气运用你自己的理智"，在康德那里是指向个别个体的，它要求个体"运用他自己的理智"而不是简单地为图方便或者出于"懒惰和胆小"[①] 而接受他人的判断和意见。但是，这种看起来有具体目的，而且个体需要投身于这一目的的启蒙运动，事实上是一个政治的，甚至世界公民的方案。因而"启蒙"才被康德定义为一个社会进程，在该进程中个体需要在和其他个体的联系中才可能完成启蒙。而"受监护状态"中的个体能从这种状态中自己走出来这一表面上的"矛盾"，是通过康德对动态过程的强调解决的，而这一过程

---

① AA 8：35.

之所以能出现，是因为人们不管是以口头还是书面的方式都参与交流中来，因而能够形成公共的思想交流。[1] 正是这个动态过程让政治权威下的市民变为公共生活（或者我们今天所说的"批判性的公共领域"）的参与者，并在这个过程中相互启蒙。那些认为自己能够独立地自我启蒙的人，即那些认为不需要和他人交流的人，或者那些认为自己需要就事实、环境或者看问题的角度问题指导他人因此才能将他人提升到自己的高度的人，他们在上述意义上没有"启蒙"任何人。因为在上述情形中，我们只是在降格的、"个人主义的"或者根本上是非公共性的意义上理解启蒙的过程。这将会阻碍一种自我反思性的交流和非个人性的参与，后者在康德看来是区别于其他人类交往方式的公共理性运用的特征所在。因此，公共的思想交流不是关于信息的交流，也不是关于教育他人，而是关于对那些明显或隐含的预设，那些在交流中表达出来的声称、断言和信念的后果的批判性反思。

依照康德的观点，这一过程能够实现的唯一条件是政治的权威允许参与者有某种自由的形式，即有"在所有情形中公共地运用理性"的自由。[2] 康德区分了理性的"公共运用"和理性的"私人运用"。康德意义上的自由在这一问题上是不能退让的，因为后一种理性运用方式包含公民因为其社会角色和职务而来的承诺。因而作为公务员、军队的领导或者牧师，人们必须完成与这些身份相符的工作。于是就有了一些实用的考量，因为这样才可以让社会得以在可信赖及可预测的情况下运转；否则，人们将只能就一些根本的原则作无休止的辩论。

康德一开始将公开运用理性的要求限于学者这个群体有两点原因。第一，拥有社会职务的人们只有作为学者才能够相对于他们职务

---

[1]　cf. W. Bartuschat, "Kant über Philosophie und Aufklärung", in *Kant und die Zukunft der europäischen Aufklärung*, ed. by H. F. Klemme, Berlin + New York: de Gruyter, 2009. 关于公共领域概念的历史发展，参见 L. Hölscher, "Die Öffentlichkeit begegnet sich selbst", in H. – W. Jäger, *Öffentlichkeit im* 18. *Jahrhundert*, Göttingen: Wallstein 1997, pp. 11 – 31: p. 28。

[2]　AA 8: 36.

的功能性要求有某种自由，而只有在这种情况下，他们才可以不用害怕审查和限制，才可以面对"严格意义上的公共领域，即世界"言说、辩论和发表他们的观点。① 第二，康德认为在他那个时代大多数民众都没有受到足够的教育或者没有足够的实践经验参与讨论。因为公共地运用理性首先要求具备一种能够从完全个人的或者纯粹"私人"的视角出发的能力，这种能力要求人们不混淆个人和公共利益。因而，公共地运用理性和"私人"事务其实没有实质性的联系。公共言说和如何改善或优化与职务的功能相关的事情上没有任何关系（比如行政程序如何能够获得更好的安排，军事决定如何能够被更有效地执行，或者与宗教相关的主题如何能够获得更合适的交流）。公共言说和当下流行的话题，和取悦于大众、保障一批稳定的受众，也没有关系。在康德的理解中，公共言说不等同于今天通过公共媒体和社会网络的"公众交流"，因为它不是一个交流关于个人的纯粹私人事务的平台。从这一点看，公共地运用理性亦受到一些规范性的限制。它是一个面向"世界"的讨论问题的平台，这些问题必须在基本层面上和人的社会生活相关；它可能关涉一个社会的私人领域的目的的合法性、政治权威影响的范围、正义和经济分配问题以及宗教的限制问题。虽然这种形式的关于观点的公共交流最开始被康德局限在作家和学者的自由讨论范围内，但他所有关于法律和政治的作品中所表达的希望是所有本质上不公正的司法原则都应该被拒斥，而这里相关的原则是，"所有与他人的权力相关的行为，只要其背后的原则是与公共性相悖的，那它就是不公正的"，② 而只要这么做了，关于司法原则公正性的怀疑就都会消失。康德希望公共言说的普遍适用能够逐渐让更多的人受到公共领域的影响。通过这种方式，启蒙就能最终影响整个社会，而我们也向一个"启蒙的时代"更近了一步。③

　　然而，康德并不认为这一过程中必不可少的自由是政治权力的持

---

① AA 8：38.

② AA 8：39.

③ AA 8：40.

有者或一个国家的代表的特权。恰恰相反，康德把这种自由看作是"人性固有的权利"（right of humanity），它能够在人性或人类理性的职业中找到其基础。康德的解释是，我们的理性致力于扩大知识的范围并从错误中完善自身，因此它能够增加科学知识并能够改善我们生活的社会、政治条件。通过这种方式，康德认为理性还能进一步推进他所称之为"启蒙"的历史进程。① 公共地运用理性因此是一个动态的过程，一旦开始它就会不断地行进并最终导向世界公民和世界政治秩序这一格局。所以，公共地运用理性这一启蒙要求不大可能被限制。限制公共地运用理性无异于妨碍对人性固有的权利的应用：② 正如康德所明确表达的，限制观点的自由交流、言论审查以及惩罚在公共领域中的自由言论是一种罪恶，而任何合法的政治权力都不应该犯下这一罪恶。这种形式上的启蒙应该而且必须"一步步地从宝座上下来并且影响政府的原则"。③ 同时这也要求权力的执行者——不论是君主、政党还是民选议会——的行为、规定和原则都需要依照我们的理性能力和基于此能力的尊严基础上作出。作为论证的方式，或者作为任何合法的立法机构的"基石"，康德认为在这些情形中我们都需要问一个问题："人们是否会将这一法律加之于自身。"④ 答案是包括君主和政治权威在内的任何人都不能希望、更无法论证阻碍或放弃促进理性的公共运用这一启蒙进程的观点。⑤

如上所述，启蒙和公共领域这两个概念是紧密联系在一起的。康德的这两个概念和其他在启蒙时代获得辩护的概念之不同，在于康德在恩斯特·卡西尔（Ernst Cassirer）所谓"功能性概念"的意义上发展了这两个概念。也就是说，康德用它们表达的仅仅是程序、过程和行为方式的形式化的条件，它们指向的是积极而且反思性地投身于普

---

① AA 8：39.

② Ibid.

③ AA 8：28；英文版见 *Idea for a Universal History from a Cosmopolitan Point of View*，in *Kant on History*，tans. by L. W. e Beck，1959。

④ AA 8：39.

⑤ Ibid.

遍目的的理想。这也就是为什么这些条件只有在运用到现实中的时候才展现出它们批判的潜能和重要性，而如果仅仅看它们本身的话，它们不过是普遍而又不明确的条件的原因。所以，公共地运用理性是否或者以什么方式表达了启蒙的条件，不是通过诉诸某种"实质性的"独立于具体社会和历史发展的理性就能发现的，它也不适用于所有时代。它的重要性不能通过诉诸人的某种目的论或本体论的理性本性或通常意义上的常识而获得保障。因此，启蒙和公共理性概念以及它们的相互关系和"应用条件"（Ausführbarkeit）① 必须不断地在"对启蒙的启蒙"（Günter Zöller 语）② 中被重新定义和论证。

　　正如汉娜·阿伦特清醒地认识到，启蒙和公共领域的批判性和这种动态的性质可以反抗那种专制或集权维护自身不接受变革的企图，而这也是康德哲学最有益的一个面向。

## 二　《判断力批判》中关于公共领域的三个准则及阿伦特的创造性解读

　　下面在论文的第二个部分，我想集中讨论康德是如何在《判断力批判》中具体论述上述方案的，然后，我将简要说明这里为阿伦特所认同的一些政治理论的资源。

　　在第三批判中，康德讨论了"常识"意义上的启蒙和公共领域问题（这里的常识意指"共同体的意识"，即德文的 Gemeinsinn 而不是 gesunder Menschenverstand）。这里涉及的问题比较复杂，因为康德是在为美学判断或"关于品味的判断"奠基这个背景中运用的常识概念。然而在《判断力批判》的第 40 节，康德引入了一个涉及其他更普遍性反思的讨论。在该节中常识（共同体的意识）是和一个公共领域具体

---

　　①　cf. AA 5：456 – 457，471.

　　②　G. Zöller，"Aufklärung über Aufklärung. Kant Konzeption des selbständigen，öffentlichen und gemeinschaftlichen Gebrauchs der Vernunft"，in *Kant und die Zukunft der europäischen Aufklärung*，pp. 82 – 99.

概念联系在一起的。康德不仅仅只是强调常识作为我们行动的实践性理想的规范性地位，因为在这一节中康德还阐述了关于个人和机构应该如何"公共地"行动、关于它们以什么角度出发考虑问题以最好地启蒙社会的三条准则。因此，这些准则可以帮助我们获得"共同体的意识"，而在康德看来，真实存在的社会只能有限地获得这种意识。

第一条准则（a）要求我们以没有偏见的方式考虑我们自身。阿伦特早已洞察到这一准则所涉及的不是以毫无限制或不受前见干扰的方式思考，而是指不断地从人际间的角度出发、根据他人的建议进一步反思普遍意见、基本观点、惯常的态度的意愿和决心。[1] 这一过程当然既针对个人，同时也针对机构。但是，只要上述意义上的偏见还有表面上的自明性，并且还被人们所接受，这一过程就不是个人能实现的。举例而言，这里的偏见可以是某种"认知上的不公正"，即认为真正的知识或能力有赖于等级或权力，有赖于在特定社会群体、宗教、种族或性别中的身份。这种不公正也可以指原则或标准被等同于传统中拥有某种特定角色和地位的人的行为方式，即使这些人并没有意识到他们是否忽视或违背了平等参与和机会平等原则。

第二条准则（b）要求我们从其他所有人的角度出发思考问题。正如阿伦特指出，这不仅仅意味着人们需要检验自己的准则和出发点的逻辑普适性，同时也意味着（对个体和机构而言均如此）考虑生活和判断的那些具体条件，意味着考虑他人判断事务时的社会、文化和历史背景，并将它们也纳入自己的判断中。这无疑是一个理想，但是一旦它被认识到之后就会让我们能够得以进一步地向这一理想迈进。因此就上文所说的"认知上的不公正"而言，理想能让我们更加意识到在何种程度上政治体制和机构所做的决策是能够代表我们的。在《刺猬的正义》一书中，德沃金表明，只有当人们和他们的

---

① 在下文中我引用的均为阿伦特的演讲，参见 H. Arendt, *Das Urteilen*, München：Piper, 2012。

代表之间有某种程度的相似性的时候，他们才会认为被恰当地代表了。① 因此，表面看来每一个社会群体被来自他们自身群体的代表就足够了（不论这个代表是来自于同一个阶层、同一个种族还是可以被看作有同样的利益诉求），因为这样一来代表就能改善这个群体的福祉。但是经验告诉我们，这种"类"模式仅仅依靠自身是不成功的。为了完成代表应该完成的，我们仍需要作为功能性的康德的"学者"概念。因为，首先它意味着一种从个人的偶然判断中抽象出来的能力，从而避免"认知上的不公正"，也避免由于过分强调自己的价值、承诺和模式化的见解而对其他可能观点造成误解。而扩展自身思维范围的一个有益的条件是彻底而准确地代表了某个群体或成员的具体经验。这反过来又需要批判的能力，而且人们不能简单从一个群体对经验的自我描述中认识到什么是需要代表的，这样会陷入"解释学的不公正"：人们由于不能理解和不能就社会经验的重要方面和他人交流，而毫无批判地接受关于经验的某种描述。这里的没有能力不是由于具体的个人原因，而是由于内在于解释群体可能性的"鸿沟"。阿伦特认识到应用政治判断的重要性，她同时也指出这里所需的"思想的扩展模式"（the expanded mode of thinking）并不局限于狭义的思想范围，而是本身的可能性有赖于我们同时使用感官、代表的官能、幻想的能力或者康德所谓的"想象的能力"。但是正如阿伦特强调，运用不同视角的能力不是承认和重视它们就足够了，它还需要人们就这些视角和他们所代表的方式同时尝试"反思自己的判断"② 并认识其局限。

因此，依照这种观点，政治判断是为了型塑或影响社会环境和具体安排的，而我们用以形成政治判断的视角只能通过承认（而不是简单的采纳）和分享可能而具体的其他视角而形成。阿伦特强调，在这个意义上康德的"思想的广泛模式"（broad-minded mode of

---

① R. Dworkin, *Justice for Hedgehogs*, Cambridge MA: Harvard University Press, 2011, p. 380.

② AA 5: 295.

thinking）需要和心理的移情区分开。前者是一种必须发展和使用的美学能力。在阿伦特的演讲中，她以一种愉悦的方式表达了这一思想，认为如果我们想兼容并包他人的视角，就应该"让我们的思想学会飞翔"。这里需要的是仔细而又区别对待的观察，以及一种关于想象和概括的能力。最后，我们还需要具体地表达这些观察和概念的能力，它们要能够被其他拥有康德所谓"共同体性"（communicability）的人们所理解和欣赏。我们可以通过视觉艺术、文学、戏剧、电影、音乐以及用描述来认识他人的观点和视角，来学习和运用上述这些能力。

在我看来，通过对康德方法的进一步运用和创造性的发展，阿伦特表明，在公共检验和自由考察阙如的情况下，政治判断和决策在表达社会环境和具体事态上从一开始就有被腐坏的危险。正因如此，她才提醒我们关于代表和被代表的"解释学"之重要，因为只有这样批判的反思才首先不仅仅停留在明确判断的层次。

康德在《判断力批判》中提及的第三个也就是最后一个准则（c），要求我们以自洽的方式思考。而要实现这一准则预设了对前两个准则的遵守，以及不断的反思以修正遵守前两个准则，从而以确定修改哪些已经采纳的立场或视角能在遵守这些准则的时候带来批判性的纠正，而哪些需要归结为未经理性审查的预设或偏见。因此，这一准则所要求的自洽性思维——正如不矛盾原则一样——是一种在我们的思想和行动中确定不自洽因素的手段，同时它还是激励我们不以人为或不成熟的方式与我们自己思想的后果及内在含义分离开来的手段。

## 三　康德对今天"公共领域"讨论的贡献

这一想法把我们带到了这篇论文的第三节，也就是最后一节。在这一节我将简要论述在多大程度上康德的"反思判断"澄清了公共运用理性和启蒙过程的认知地位，及第三个准则"自洽的思想"如何找到与此相关的运用的。因为这将不仅仅有利于阐明上文提到的康德所谓的理性本性或本质，同时也为在"以极为清醒和现实的方式展现历史"① 和过于积极或理想化的世界观②这两种表面上的可能性之间打开了一个系统性的可能视角。

康德的《判断力批判》部分处理的正是如何能够应对这两种可能性的问题，因此处理的是如何融合作为自由和自律的存在（不论作为个体还是社会一员）这种实践性自我理解和关于社会—历史世界的理解的问题，以期能够克服这两种视角所带来的矛盾。如果我们与实践性的自我理解保持一致，致力于达成与此相关的道德要求，那么我们就必须认为（!）我们的本性和世界仿佛（虽然我们不能就此得出结论认为世界本就是如此)③ 是如此被安排的，以至于我们的自由和道德要求可以在这样的本性和世界中实现。只有我们接受了这种世界观，我们才能认为通过运用理性，我们能够建立和发展稳定、有保障的秩序，以此我们的世界和生活的社会条件可以逐渐变得理性，并能不断获得改善。这种世界观不是关于事物的一种描述性—分析性的描画，其本身亦无法在历史叙事的基础上被证明。它不是建立在事实的基础之上的，而它的基础是我们从道德的角度出发对人类社会生活的某种解释。也就是说，它是从人类生活在何种程度上能够被看作是我们正在朝向某个理想迈进这个角度出发的解释。虽然作为道德要求这些目的是我们需要实现的，但观点、理想和目的都不是事实上或经验给定的，也不是在世界中观察得来的，而是我们感知到的。因此，如果我们想要"以道德自洽的方式思考"④，那么我们就必须关心关于这些目的的"应用的条件"，并如此改善我们的社会条件以至于它们能在这个世界中被实现。这样一来我们也就能够用反思判断所设想的目的打开作为促进道德进步的历史的人类史；同样，只要我们对其他目的、自然的美和目的性以及人类历史中的历史事件都有所警觉，

---

① Honneth, 2011.
② Ibid. ; Celicates, 2011, p. 367.
③ cf. AA 5：456f.
④ AA 5：450.

它也能使我们解放的努力变得可以实现。我们也可以将这些事件看作是我们、我们的政治目的和相应的努力（即为了这些目的的社会斗争）"属于这个世界"的肯定，也是对我们能够在这个世界中实现我们的道德理想的肯定。当然，我们并没有接受这一世界观直接的道德义务，但是我们却不得不"以道德自洽的方式"思考。与此相关，当我们把扩展我们的知识和致力于启蒙看作理性的目的的时候，我们也可以看到康德所谓道德目的论的影子。然而我们也应该认识到，这些观念是从实用的角度而来的，不是作为客观描述出现的。我们当然没有义务解释这种目的论的视角，但如果我们承认启蒙作为一个目的是值得为之奋斗的，即是说它是善的，那么只要我们自洽地思考，我们也就必须看到我们不得不接受为了达到这一目的的手段，否则我们就不得不放弃目的。事实上，我们确实需要"关于人类作为整体成功和失败的叙事史"①，沿着该叙事我们能看到它指向一种启蒙的社会秩序。但是，这种历史是反思判断的产物，是一种实用的假设，如果我们在政治决策中跟从它，它就能事后通过清醒的和现实的历史叙事展现出某种能够被描述的现实，同时也能为在上述两种排他的可能性之间构建某种桥梁。因此，如果我们不想拒绝启蒙社会作为一种评判现实社会的规范性参照，而是希望通过例如扩展康德的"公开地运用理性"这种程序性的概念来实现这一理想，我们就同时需要这两种视角。正如康德在《世界公民观点之下的普遍历史观念》的第八个命题所言：

> 人类的历史大体上可以看作是大自然的一项隐蔽计划的实现，为的是要奠定一种对内的、并且为此目的同时也就是对外的完美的国家宪法，作为大自然得以在人类的身上充分发展其全部禀赋的唯一状态。②

（作者系德国耶拿大学哲学系教授）

---

① Honneth, 2011, p. 623.
② AA 8：27. 此段为何兆武译。

# 公共性与判断力

## ——汉娜·阿伦特关于公共意见的论点

### 汉斯·菲格　文　　胡怡红　译

> 如果仅为自己，那么一个遗弃于荒岛的人，
>
> 既不会装饰他的茅屋或去找寻花朵，
>
> 更不会去种植它们。
>
> ——康德

如果人们要询问一个公共性的哲学的话，那么就必须首先面对这样一个问题：哲学家习惯于把意见置于与真理和判断相对立的地位。莱布尼茨在这方面曾很坚决：必须把判断与意见区别开，因为意见是"不确定的"。[①] 但在 18 世纪晚期，即在"公共意见的时代"，[②] 公共意见已作为一种独立的道德权威出现，与宗教信仰和国家权力并列，构成了第三个独立的立法来源。它促使哲学家们去面对这样一个问题：判断的能力，甚或思想的能力本身，是否以其他人的在场为前提。约翰·洛克把公共意见（public opinion）看作是通过一种自然共识从而和平地实现道德标准的一个审判者。[③] 大卫·休谟赞颂公共意

---

①　G. W. Leibniz, *Nouveau essais sur l'entendement humain*, Chap. XIV, §1.

②　F. von Holtzendorff, *Wesen und Werth der öffentlichen Meinung*, Müchen: M. Rieger, 1879, p. 24.

③　cf. J. Locke, *Essay Concerning Human Understanding*, 1689.

见对政府的影响。① 就连托马斯·霍布斯也赋予人的自然共识能力相对于自私的个体利益而具有的独立的空间，② 虽然他通常不加限定地把"兴趣"（interest）和"意见"（opinion）混同使用。法国人——例如起先在卢梭那里——虽然认为公共意见（opinion populaire）是政府的一个脆弱的工具，用以影响民众的习惯和行为方式。③ 但至迟在法国大革命阶段，公共意见（opinion public）在这里也获得了升值，成为国家的最高裁判和合法发言人。这一概念的规范用法不断扩大，以至于"'公共的'这一修饰语与此前在德语中不为人知的'普遍'一词的意义"④ 联系了起来。公共意见被认为可以来批评那些无定见和错误的意见，并最终将它们纠正为一种为所有人承认——特别是指无朋党偏见的——意见。

只有到了康德那里才出现了一个从知识论角度来评价公共意见形成过程的决定性改变。在洛克、休谟及法国人那里占优势的关于公共意见的社会哲学论点，由此通过一个"拓展了的思想方式"的理论而获得了补充。有关公共性、"公共意志"以及"公共权力"的问题被作为一个"理性的使用"的问题来探讨，要把政治的诉求与道德的诉求联系起来，那么这个"理性的使用"就是必须的。这一公共性的概念之所以对我们所讨论的问题具有现实意义，是因为它不是通过一种政治的社会学，而是通过意识和判断的本体哲学来解释公共性概念。我的观点是：我们可以从康德那里学习到，我们只有通过一种公共的理性使用才会对我们的认知的概念性内容有一个肯定的态度，而这种态度则促使我们做出决定。由此，公共性可以作为权力机关来

① D. Hume, "Whether the British Government Inclines more to Absolute Monarchy or to a Republic", in *Philosophical Works*, eds. by T. H. Green & T. H. Grose, London: longman, 1882–86; reprinted Darmstadt: Scientia Verlag Aalen, 1964, pp. 3, 125.

② cf. T. Hobbes, *Leviathan*, Book I, Chapter XVII.

③ cf. J.–J. Rousseau, *Nouvelle Héloïse*, ed. by Musset-Pathay, 1823.

④ *Historisches Wörterbuch der Philosophie*, eds. by J. Ritter & K. Gründer, Darmstadt: Wissenschaftliche Buchgesellschaft, 1992, Vol. 5, col. 1026.

描述，它把我们的知识的自我感受与一种有意向的意识联结起来，亦即它把"我能知道什么"的问题拓展为"我要知道什么"。①启蒙并非始于知道任意一些东西，而是始于自我了解，即要去知道想要知道的东西。启蒙首先是与向公众表达自己意见的勇气相关联的。它并非止于那些被认为是正确的说法，如果这种认为某一认识是正确的肯定的态度没有先得到解释的话。

这一论点并非是理所当然的，而是在围绕着公共性对我们的意识的价值的讨论中，是在汉娜·阿伦特晚期开拓性的、虽不完整的思考里，才重又引起关注。②在19世纪，德意志的"没有民主的法制国家建设"更多的是延缓了国家与社会的融合，压制了关于公民社会和公共意见的机构化影响的可能性。黑格尔对这一讨论的影响直到19世纪晚期，他在《法哲学原理》中认为通过代理人来代表人民以及把议会分为两个部分是必要的，因为由此可以保障避免意见形成的偶然性。③他把公共性作为一个中介机关的看法有些自相矛盾：他乐见公共性作为民众教育的手段；但在"要说出并说出了他的意见的兴奋刺激的本能中"，④黑格尔更多的是看到了对于国家的威胁和自我欺骗的危险。因而公共意见是"它自身固有的矛盾"。⑤约翰·罗尔斯在《法哲学原理》第309节的注释里还重复了这一担忧，当他把

---

① H. Feger & Wang Ge, *The Fate of Reason. Contemporary Understanding of Enlightenment*, Würzburg: Königshausen & Neumann, 2013.

② "只有到了康德的《判断力批判》才使这种能力成为了一个重要思想家的重要课题。"（H. Arendt, *Lectures on Kant's Political Philosophy*, *Postscriptum to Thinking*, ed. by R. Beiner, Chicago: University of Chicago Press, 1989, p. 75）

③ G. W. F. Hegel, *Philosophy of Right*, trans. by T. M. Knox, London: Oxford University Press, 1952; G. W. F. Hegel, *Grundlinien der Philosophie des Rechts*, in G. W. F. Hegel, *Werke* in 20 Bänden, Band 7, Frankfurt am Main: Suhrkamp Verlag, 1970, p. 481（§§ 312, 313）.

④ 但在这里也可看出，"一个活跃的、相互交流和说服的、共同探讨的集会"（ibid., § 309）也是一个"关于普遍的主观意见"（ibid., § 308），由此而使普遍得以"言说"（ibid., § 314）.

⑤ Ibid., § 316.

各阶层会议描述为一个协调讨论会，在这里各个方面均有权力陈述理由，而这些理由应被作为论据而得到尊重。在罗尔斯那里，公共的理性使用是被排除在政治自由主义的范围之外的。他关于公共理性使用的考量已预设了"平等公民"的前提，其规矩则"由国家权力认可"，但这种规矩并不构成国家权力。①

康德是在较晚的时候，即在他的第三批判《判断力批判》中，才揭示了公共意见的认识论方面的价值。他强调，这种判断在其纯粹形式中只能在美学现象，亦即只能在不确定的反思中才能得以研究。只有在不确定的对于美的（和高贵的）对象的反思中，具体和活生生的人才能够典型地给出一个自身及自身规定性的图像。这一判断就其结构来看是反思式的，即它面对的是特殊之物，但在这特殊之物上寻求的是一种普遍性，这一判断在认知及意识形成的过程中的发生（从逻辑上看）要早于任何一个确定的知识。如果人们把公共性阐释为判断力的政治而与自由意志的政治区别开来，那么公共性的范围就是一种理性使用的范围，即如反思式判断的结构，这一范围始于特殊，所以也就不能归属于普遍的概念和规则之下。因而，公共决定和意见形成的有效性不取决于其是对或是错的标准，而是取决于他人对这一判断的接受性，也就是取决于理解和赞成不同立场的共存的能力，或如康德所说："以他人的立场来思考。"② 这种接受性只能通过一种公共的讨论才会实现，也就是说，利用自由"使其所有的理性的组成部分为公共所用"。在这一公共使用中会出现许多经验的比

---

① 在罗尔斯那里，关于共同生活的公共秩序的共识业已存在。为了现代多元社会的稳定，则须有一个各种意见所共有的论证和适用基础，这一基础只能并必须由一个公共的理性使用而获得。罗尔斯对"公共"和"非公共"的区分也并非指向康德对公共的和私人的理性使用的区分。（cf. Kant, "What is Enlightenment?" from 1784）罗尔斯的"公共"是指关涉共同生活的社会秩序的根本性的宪政和正义问题（即关涉程序正义的问题），亦即关涉在政治公共场合所表述的诸如自由、平等、正义等政治理念和价值。与此相对应，所有其他领域，如科学共识、大学、利益团体、教会和职业共识等，则属于"非公共"的背景文化。

② Kant, *Critique of Judgment*, § 40.

较，这种比较最终可以（但不必须）汇成一种公共意识（sensus communis），并由此又可以对作为整体的公共政策产生影响。一个压制这种可能性的公民社会会失去其同质性。

汉娜·阿伦特从康德那里撷取了这个只可在公共情况下表达的反思判断力的基本特征，并把它与下列思考连接起来："当这种只可在公共环境下表达自己的独特的判断缺失的话，就会出现现代的灾难：标准的缺失——这的确定义了现代世界的真实性，并不可能被任何形式地回到那美好的旧日来替换或用任意颁布的新标准和价值来替代——所以，当有人假设人们实际上并无能力判断事物本身，认为他们的判断能力不配作出独特的判断，那么这就是一个道德世界的灾难。"[1] 这样，极权主义就以对意见和行为的裁判的角色出现，并使自身成为全面的现实的否定，就如现代宣传机器所做的那样。"极权领袖的艺术在于在可经验的现实中找出适合于他的臆想的因素，并在使用这些因素时，让它们以后与所有可检验的经验保持分离。这种情况的发生是由于把经验因素孤离出来并将其普遍化，也就是使这些经验因素脱离其所据以获得在世界中所处位置的判断力的领域，以使其变成不依赖于正常人的理智的、被从其普遍的整体关联中撕裂出来的经验而被驱向与其逻辑相关的极端。由此而达到了一种同调和一致，现实世界和未被绝对化的经验决不可能与之相比。而极权行为的组织则与这种在宣传中所达到的一个臆想世界的一致性极其相符。"[2] 因而宣传就是一种臆想编造，它极为精确地重复了在非现实领域的公共意见的那些特征，而这一非现实性即是要在现实中建立这一不真实的领域。它蒙蔽式地代替公共意见的地位，并由此侵蚀了人与自身及与世界的关系。汉娜·阿伦特观察了在德国法西斯时期对判断力的这一

---

① H. Arendt, "Introduction into Politics" (1956/7), in *The Promise of Politics*, ed. by J. Kohn, New York: Schocken, 2005, p. 104.

② H. Arendt, *The Origins of Totalitarianism*, 3rd ed. with new prefaces, New York: Harcourt Brace Jovanovich, 1973, p. 362.

破坏，特别是在艾希曼审判事件中。① 艾希曼典型地代表了一个共同体的最大危险，即放弃判断。在《人的境况》这部书中，阿伦特揭示了宣传机器所构建起来的毫无现实内容的意识关联的不可避免的结果，就是把所有行动都化简为"工作任务"。

人们在这里会问，判断力的这一政治维度与对高贵和美的对象的（美学的）反思有什么关系，亦即与康德在《判断力批判》中所考察的有关品味的判断有什么关系。这可以从三个方面来看：

1. 公共意见与对美的和高贵的对象的"无功利的愉悦"一样，是一个反思判断，它与概念性知识的规定性判断是相对立的。作为反思判断，它不考虑对象，而是针对由这一客观对象所引发的主观的状态。这一主观性的替代表述在每一公开发表的意见中表述自己，它和品味判断一样，其目的不是为了说服其他人，它的意图首先是要在世界中找到一个成功的自我认同的模式，产生一个"共同的意义"。② 因而判断力首先是能使判断具有可交流性的判断能力。它所具有的约束性是不确定的，因而判断也只是一种参与的要求，只是一种建议，即建议以同样的方式来反思。正如艺术展示的是一个世界，一个"如果世界是自在的，即没有我们的干涉而意义完满地构建起来的世界"③ 一样，公共意见是一个关于构建政治合目的性的机关。

---

① "在这些审判过程中我们所要求的是，即使人们在除了自己的判断之外别无其他依据时，仍然有能力区别公正与不公正，即使这种自己的判断在这种情况下与他们所处的整个环境所一致认同的意见明显地针锋相对。当我们知道只有少数人毫不谦让地只相信自己的判断，而与那些谨守旧的价值尺度或者遵循教会信仰的人毫不相同时，那么这一问题就更为重大了。因为整个主流社会以这样或那样的方式成了希特勒的牺牲品，那么这种决定社会构成的道德圭臬和决定共同体构成的宗教律条仿佛已不存在。那些判断着的人自由地判断；他们不依附于任何规定，而把个别事件归类于这一规定之下，他们更多的是按照个别事件所呈现的那样来决断每一个别事件，好像对此不存在普遍的规定一样。"（H. Arendt, *Eichmann in Jerusalem. A Report on the Banality of Evil*, New York: Viking Press, 1963/1987, pp. 294f. ）

② Kant, *Critique of Judgment*, B 64ff.

③ R. Bubner, *Ästhetische Erfahrung*, Frankfurt am Main: Suhrkamp Verlag, 1989, p. 126ff.

2. 对于康德来说，相较于纯粹理性的思想方式，判断力是一个"拓展了的思想方式"。这种思想方式只有通过人放弃主观判断的私人条件、从一个普遍的立场（他只有通过把自身置于别人的立场才可以确定这一普遍立场）来反思自己的判断而得以实现。① 公共意见因而不是个体声音和利益的混杂物，而是一个自我关联的立场，但这一立场可以被其他人所分享。和美学判断一样，政治判断力可以无功利地据此判断各种情况是否对共同生活有利或有害。这种判断的表达方式是同意（感兴趣）或不同意（不感兴趣）。这种判断不以道德的或法律的考量为根据，或以感觉和情绪，或仅以"人的正常理智"为根据，而是以内在的、公共的意义为根据，这一公共意义使我们构成一个共同体。在这种反思式的判断的形式中，人们把他的判断与其他人的可能的判断进行比较，或者如康德所说：人们以"整个的人类理性"来判断，并由此而论证这些判断。对汉娜·阿伦特来说，这正是她如下推断的根据：公共意识（或常识，sensus communis）构成了"本真的人性"。② 总括地说，判断力的原则一是自主的思想（启蒙原则），二是要设想别人的立场（拓展了的思想方式的原则），三是与自身相一致（无矛盾原则）。

3. 汉娜·阿伦特在很多文章里都把康德对审美判断力的批判称为其政治哲学真正的核心。③ "文化与政治……是属于一起的，因为这里的关键不是认知或真理，而是判断和决定，是关于公共生活领域和共同世界的理性的意见交流。"④ 没有这样一种判断力就不可能产生一种政治判断能力。各种立场相互孤立存在，无法被理解。反过

---

① Kant, *Critique of Judgment*, § 40.

② H. Arendt, *Lectures on Kant's Political Philosophy*, Chicago：Chicago University Press, 1982, p. 76.

③ cf. H. Arendt, "Kultur und Politik", in *Merkur*, Year 12, Vol. 130, pp. 1122–1145；H. Arendt, "Wahrheit und Politik", in *Wahrheit und Lüge in der Politik. Zwei Essays*, München, 1972, p. 44ff.

④ H. Arendt, *The Crisis in Culture：Its Social and its Political Significance*, in *Between Past and Future：Eight Exercises in Political Thought*, New York：Penguin Books, 1968, p. 223.

来，人越是通过这"拓展了的思想方式"统一起来，那他们就会更持久地和更郑重地作出一个（政治的）判断，超越争论和冲突。对于汉娜·阿伦特来说，判断力的反思式的认知能力是如此的根本，以至于她从自然法角度来论证它：康德是以类推的方式来推导的，即这种判断"出自一个由人类自身控制的原初的契约"。① 汉娜·阿伦特说道，关于品味的判断基于所有人的契约的一个理念，因而，绝对命令须重新表述为一种新的政治命令，即："按照这样的准则行动，通过这一准则，这原初的契约可以在一个普遍的法则中实现。"② 政治的"行动者的准则和那些观众关于世界舞台剧作出判断所依据的准则合而为一"。③ 这样，正如美本来并没有要促进社会性的旨趣或意义，公共性的"对于无利益的兴趣"④ 基于要去理解别人的意向、意见和判断，并且它们也只能这样被理解。对汉娜·阿伦特而言，思想并不仅仅由"我思"来伴随，而且也伴随着意向性的意识，即"我要思"。

如果把汉娜·阿伦特关于公共意见的理论总结一下的话，那么她的理论的长处在于她把反思着的判断力的主观反思与一种主体间的思想联系了起来，从而克服了康德的个人与公共的二元对立。个体观察者通过与他人的交流行动成为政治行动者，且并不因此而成为一个遭受宣传折磨的集体行为者。公共意见的判断并非产生知识的认知能力，而是——如在康德那里一样——一种美学式的反思判断，它在主体间判断，而不追从一种客观的认知要求。他的贡献其实只是在于，要"试着以世界为家"。⑤ 棘手的是要收回绝对命令，从而从不同的角度来衡量政治自由的道德论证：那些在康德那里只是作为政治行动者的义务而可以交流的东西，到了阿伦特那里则作为自由的一种自然

---

① Kant, *Critique of Judgment*, § 41.

② H. Arendt, 1982, p. 75.

③ Ibid.

④ Ibid. , p. 73.

⑤ H. Arendt, "Understanding and Politics", in *Partisan Review*, Vol. XX, No. 4, 1953, pp. 377 – 392：p. 380.

法性质的关联的结果在政治交流中自然而然地出现。在康德那里，道德始于作为道德义务的最终依据的自由（即道德法则的存在依据，ratio essendi）；与之相反，整个的法律——政治伦理领域则只关联于外在行动（由此，自由在这里被理解为"独立于一个其他人任意的强制"，并以其最大可能度的实现为政治共同体的目标和目的所用）。而汉娜·阿伦特的构想则铺平了内在和外在行动的这一对立。但人们可以怀疑她是否如此就是正确的，即把判断力批判作为理论理性和实践理性之间的桥梁。汉娜·阿伦特在这里看到了康德政治哲学的一个缺失，并从判断力批判的角度论及康德的"两个彼此很不相同的政治哲学"。①

人所熟知，康德把政治定义为一种付诸实践的法学理论，它并不带给世界一种道德的进步，而只是要使法律秩序获得改善。公共性在这里只有一种功能，即来检查政治的法律决定。阿伦特自己对判断力的阐释就是要试图弥补这一缺失。对她而言，公共性本身为政治提供了法律基础。它不是像在哈贝马斯那里是所谓的一个公共话语的领域，通过更好的论证即可成为准则。汉娜·阿伦特针对公共性作为规范诉求的领域提出，一个制订规范的公共性必须先有一个制订法律的公共性。规范只是在意见的自由表达中才产生，而不是规范构建了意见表达。哈贝马斯批评阿伦特的政治理论，② 说她不认为政治判断具有真理性和认知性，因为她的公共性理论不把"对实际问题的讨论作为理性的意志塑造来理解"。③ 但哈贝马斯忽略了阿伦特所说的公众意见虽然不是一种认知能力，却是一种判断能力。如果人们从一开始就赋予公共判断一个知识论的性质——如哈贝马斯所做的那样，那

---

① 一方面，康德想要把"国家的组织问题与他的道德哲学——即与实践理性的强制——统一起来"（Arendt, 1982, p. 17）；另一方面，康德又看起来"不想在合法性和道德性之间作详细区分，也不想不加任何中介地让道德成为法律的源泉"。( ibid., p. 97)

② J. Habermas, "Hannah Arendts Begriff der Macht" (1976), in *Philosophisch-politische Profile*, Frankfurt am Main: Suhrkamp Verlag, 1983.

③ Ibid., p. 247.

人们正好就破坏了对于产生一个交流共同体的判断的典范式的有效性。与其他人联合起来，并与其他人意见一致地行动是一个反思式的行动，它源出于人的社会性，但它不是一个出自于论证交流的理智活动。

福尔克·格哈特在他的近作《公共性：意识的政治形式》中认为，意识是我们"开启世界的器官"："其实就是意识创造了世界公共性，每一个作为世界公民的个人都必须从政治方面胜任这一意识。"[1] 作为意识形式的公共性，作为社会器官的意识，它要求普遍的可理解性，要求一种不对任何人封闭的论证，要求普遍的参与，并瞄准解决所讨论问题的可能性。这样看来，它首先满足那些哈贝马斯为其公共性的商讨模式设定的先决条件，并与阿伦特的构想相近。格哈特把这一问题的视角放得更加宽泛，试图在意识中来探讨主观性和客观性、个体性和普遍性、个人和公众生活的互换式关联及其各自的联系和界限，并以此把它们人文化。"如果社会公共性建立于各参与个体的意识之上，并从整体上可以表述为社会意识的话，那么问题显然就是个体的人的意识是否就已可以被理解为公共性的一个基本的形式。"[2] 这样，公共性就是社会和个人的本质构成的根本因素——而且恰就是按照这种顺序。但这样不就质疑了公众与私人的平等性（作为互补的功能）吗？这样，个体的和普遍的意识在公共性的概念中不可分离地纠缠在一起。格哈特总结道："意识——这也是基本的认知——是公共性最初的和基本的形式。它是人类自我组织的高度文明形式，个体在这一形式中与某一事件的直接关联既存在于自身，又同样存在于他人之中，只要他们关于同一事件进行商讨。"[3] 但因此来决定其公共性理论的真理度的东西不就也只能又是公共性本身了吗？格哈特无法避免这种循环论证。但这种思考对我而言是有启发意

---

① Gerhardt, *The Public Sphere: the Political Form of Consciousness*, Munich: C. H. Beck Verlag, 2012, p. 11.

② Ibid., p. 30.

③ Ibid., p. 41.

义的，即它以一种主体概念为基础，按照这种概念，自我须被理解为一种与自身和与世界的关系，而自我是在与他人的关系中并通过这种关系来构建自身的。

（作者系德国柏林自由大学哲学系教授）

# 从技艺与机运的对立关系来看公共领域中的政治自由

## ——阿伦特与海德格尔的比较

汪文圣

　　此论文将始于讨论亚里士多德对于政治作为一种技艺（téchne）的理解，他定义了技艺对反于机运（túche）。因此，政治学既非一种精确的科学，也非一种偶发的意见；它毋宁是一种面对机运的技艺之学。我们将确立技艺与机运并非彼此对立，前者并非去对后者克服，而是对后者作一种技巧的回应。基于这个论点，本文将探讨汉娜·阿伦特（Hannah Arendt）如何将公共领域中的政治自由诠释为多数之公民的意志，面对的是一个可被诠释为机运的不确定未来，但企图去化解集体自我的不安。当我们继续对于海德格尔基于理解"此—在"（Da-sein）的意志与从"存在"（Sein；Being）的本有（Ereignis；er-owning）而来，而有其对公共领域中的政治自由理解之后，我们可诠释政治对于海德格尔而言是如何面对机运的，从而可做介于阿伦特与海德格尔之间的一个比较。

## 一　技艺之对立于机运的意义是什么？

　　在《形而上学》著作的开始，亚里士多德刻画出技艺的意义。他将技艺区别于感觉、经验与智慧：经验不只产生于感觉，也产生于记忆，它涉及的只是一个个别的概念；但"技艺之产生在于，当许多经验的概念形成了针对许多相似的对象之一个个别的普遍性判断"。① 科学并不像技艺一样以实用为目的，故被看作是一门更有智慧的学科。而智慧所属的人们"在尽可能之下是全知的，但不对于每个东西个别地认知"。也就是说，智者"全知的意义是对于所包含的特殊东西的全知"，而探求的是第一原理与原因，是"在整个自然中的至善"。②

值得注意的是，当亚里士多德区别经验与技艺时，谈到了机运这个概念。他提到过去普罗斯（Polos）说的一句话："经验产生技艺，但非经验造成机运。"③ 其他关于技艺与机运的描述可见于《尼各马可伦理学》："在一种意义下技艺与机运运作在同样的范围内，如同阿嘎同（Agathon）所说：'技艺爱着机运，机运也爱着技艺。'"因而，技艺与机运一方面处于对立，另一方面不可分；这两者关系间明显的歧义必须加以厘清。

技艺在许多方面区别于科学。除了科学不以实用为目的之外，"科学知识的对象是必然的"，④ 但技艺与机运涉及的不是必然的对象，因此它们运作在同样的范围内。一个对象的必然与否，在于对象是否是不变的。科学所探究的第一原理与普遍的东西是永恒不变的，故科学的对象是必然的。相反的，技艺的对象是可变的，故就需要审度与估算。⑤ 虽然如此，技艺即使不像科学一样对象是必然的，但也像科学一样是有目的的，而机运却是无目的的，故技艺与机遇处于对立。

惟上面对于技艺与机运对立的简短说明对我们进一步的讨论并不

---

① 981a 5。这种标注表示亚里士多德全集的边页，本论文所引用的《形而上学》与《尼各马可伦理学》版本为：Aristotle, *Metaphysics*, trans. by H. Tredennick, Cambridge, Mass.: Harvard University Press, 1933 和 Aristotle, *The Nicomachean Ethics*, trans. by J. A. K. Thomson, revised with notes and appendices by H. Tredennick, London: Penguin, 2004。

② 982a 8；21；7.

③ 981a 4.

④ 1139b 23.

⑤ 1139a 6 – 10.

足够，科学、技艺与机运有无目的的特性尚需探讨。

在《形而上学》第 7 卷，在亚里士多德区别物体生成的三种方式时，指出了技艺与机运的意义是什么。这三种方式为："有些是自然生成的，有些是人为生成的，其他是自发生成的。"自然生成的也就是自然，它被如下所定义："自然的生成是这些物体的生成，它们的生成是天生的。它们的生成所来自的东西被称为质料。"因为被生成的东西是形式，故换言之，形式是被同样的物体之质料所生成。亚里士多德接着定义技艺为："被人为生成的物体是那些东西，它们的形式被包含在心灵里。"和自然与人为生成较明确的定义相比，亚里士多德对自发的生成与机运的发生之说明似乎有些困难。①

亚里士多德另称非自然的生成方式为"制造"，且认为"所有制造不是被技艺，就是被潜能或思想所推动"。他进一步说："它们之中也有自发与机运生成的，就像是物体自然地生成一样；因为有时候甚至在自然界，同样的物体既从种子也从非种子而生成。"② 这句话的意思为何？制造与自然是否可包括机运呢？

事实上，自发性介于技艺与自然之间，所以它仍是有目的的。因为在自发的生成中缺少技艺所需的审度思维，故技艺就过渡到自然。亚里士多德在技艺的脉络中说明自发的意义，故让我们再看一次他对技艺的刻画："被人为生成的物体是那些东西，它们的形式被包含在心灵里。"鉴于此，"一座房子来自一座房子，也就是说，有质料的房子出自于没有质料的房子"。③ 它的意思是：对于被制造的房子而言，它的形式来自于一位建筑师的心灵，而非从它的质料本身。事实上，房子的建造有两个部分：知识与制造。知识"从起点与形式开始运作"，制造则"从知识的结论开始运作"。④ 换言之，在制作的过程中，心灵中的形式被应用在质料上，在应用中思想被实现在房

---

① 1032a 13；16 – 17；1032b 1.
② 1032a 26 – 30.
③ 1032b 12 – 14.
④ 1032b 15 – 16.

子里。

然而，从疾病到健康的制造有不同的表现。它被亚里士多德特别用来刻画自发的生成特性。房子的制造总需要被一位行动者有目的的促成，但在从疾病到健康的过程中技艺与自发皆会出现，因为被摩擦生热的身体能自动地迈向身体在和谐条件下的健康状态。① 故而在导向健康的过程中有三个步骤：第一，知识：形式被产生在心灵里；第二，制造：摩擦让身体生热；第三，自发：身体自动地成为健康。第一与第二步骤合称为技艺，第三个步骤像是自然的过程。所以亚里士多德有个清楚的批注："这个问题可能会被提出，为什么有些东西是既技艺又自发地生成，例如健康，其他则否，例如一座房子。原因是在有些情形质料可激发自身的运动，在其他情形并不如此。"②

因此，从技艺解放出的自发性尚不是机运，因自发的生成依然是有目的的。但对于有目的的自发性、技艺与自然，我们还有进一步探究的必要。

根据上面对于自然与自发生成的界定，显而易见的是，它们所指向的目的蕴含在像是一个人热的身体或植物的种子，在它们的质料里。它常被表示为"为自己着想"（on its own account）或"为自己之故"（for its own sake）。基于此，因为科学与智慧探求自然的第一原理，而它们不是在技艺与实践领域中所具的实用性，故亚里士多德评价它们为"为了知识之故"，且评价探求它们的人为"为自己而存在"的独立人。③

但是技艺的目的性特色远为复杂，因为技艺基本上包含制造（poíesis）与实践/行动（prâxis）两方面，但这似乎未被亚里士多德所明确表示。在《尼各马可伦理学》里他甚至说："技艺必须只关涉制造，而非行动。"④ 然而，我们赞成汤姆·安吉尔（Tom Angier）

---

① 1032b 7，25；1034a 12.

② 1034a 9.

③ 982a 15；982b 25.

④ 1140a 16.

的观点:"亚里士多德伦理与政治的著作真正在以技艺所提供的模式与例证为要求。"① 关键在于亚里士多德是否承认技艺为高于制造与行动的概念,以至于技艺和行动有着同样的目的性特色,而不论"制造不以自己为目的……行动则以自己为目的";或者"制造指向一个异于自己的目的,但这不可能发生在其目的只是在做得好(doing well)的行动上"。②

事实上,亚里士多德并不排除结果论,致力于幸福是其哲学的最终目的。完满的幸福属于智者生活的沉思活动。亚里士多德认为和人的生活不同的是,智者的生活具有神性,而人在伦理活动中追求的幸福只是第二义的。因为沉思依然是人的最终目的,故问题是,伦理行动是否确实是在其自身的目的。此外,伦理德行需要审度的思考(logízesthai)以及选择(prohaíresis),它们是致力于即使为第二义的幸福的方法,故结合伦理德行与实践智慧(prudence;phrónesis)有其必要,以让"德行保证我们指向目的的正确性,而实践智慧保证指向目的之方法的正确性"。③ 根本上,德行包含了作为原则的实践智慧,它可被譬如教育所培养出来,这即是技艺的运作。所以,技艺是比制造与行动更高的概念。在此意义下,我们看到在《尼各马可伦理学》的开端:"每一个技艺与每一个调查研究,同样的每一个行动与探究,皆被考虑去指向某个善。"④

根据我们的研究,包括制造与行动的技艺更指向最高的善,而它原本是自然生成完全实现下的结果。因此,自发性扮演着从技艺到自然的中介角色,它凸显了技艺仍可达到自然生成的最高成就,只不过是过渡到自发性的状态,这个状态仿佛是自然生成的,这些皆如同前面疾病到健康的过程所显示。另外当亚里士多德主张"伦理德行既

---

① T. Angier, *Techne in Aristotle's Ethics*, *Crafting the Moral Life*, New York: Continuum, 2010, p. 36.

② 1139b 2;1140a 2 – 5.

③ 1177b 30 – 1178a 10;1144a 6 – 8;1144b 27 – 28.

④ 1094a 1 – 2.

非被自然引起在我们身上，也非相反于自然"，① 也就是当德行可被称为第二自然时，这也表示作为技艺的实践正指向着自发性的状态，实践最终也仿佛是自然生成一样。

然而，技艺所要企图达成的目的并不可靠，甚至亚里士多德也认为："在涉及技艺的事情上，机运大大地进入其中，例如在军事战略上与航海当中。"② 鉴于此，玛塔·娜丝宝（Martha Nussbaum）提出了"善的脆弱性"（the fragility of goodness），虽然她引用了希波克拉底（Hippocratic）的话语："如果人不想要朝向机运这赤裸裸的面容，那么他就将自己转过头来面向技艺。"③ 这样就成为如安吉尔所说的："只要技艺真正地存在，它就排除了机运，以及和机运相关的不可靠性与不可预期性。"④

但技艺果真足以排除机运吗？或技艺必须屈服于更有威力的机运？约瑟夫·邓恩（Joseph Dunn）曾建议我们应该学习技艺如何响应机运，对他而言，"技艺与机运的辩证关系远较直接以两极关系的呈现更为复杂"，因此，"成功是落在这些人身上，他们并不把眼光固定在先掌握的形式而加诸物质之上，毋宁以一弹性的反应方式去面对物质本身的动态性"。⑤ 邓恩将机运放在和时机（kairós）同一的层次，故根本上这是掌握时机的方法。对于前面阿嘎同所说"技艺爱着机运，机运也爱着技艺"，邓恩之见做了一个颇有启发性的脚注。⑥

事实上，对机运作技巧的响应并不消除技艺与机运的对立，"技艺爱着机运"等字句表示技艺可以和机运和平共处。我们要注意，对机运的反应与掌握时机的方法不只属于自发性的过程；自发性让技

---

① 1130a 24.

② 1247a 5 – 7.

③ M. Nussbaum, *The Fragility of Goodness*, *Luck and Ethics in Greek Tragedy and Philosophy*, Cambridge：Cambridge University Press, 2001, p. 89.

④ T. Angier, *Techne in Aristotle's Ethics*, p. 38.

⑤ J. Dunne, *Back to the Rough Ground*, *Practical Judgment and the Lure of Technique*, Indiana：University of Notre Dame Press, 2001, p. 255, 256.

⑥ Ibid.

艺过渡到自然，也就是让人为目的参与自然目的。相形之下，机运总是超出我们的掌握能力以外。针对技艺如何技巧地响应机运的问题，阿伦特和海德格尔表现出不同的方式。他们对于这个问题的不同回答，将开展出其在公共领域中不同的政治自由理念。

## 二 阿伦特论公共领域中政治自由

我在下面处理阿伦特政治自由的课题，是根据她的最后著作《精神生活》的第二部分"意志"篇。我认为当她对于意志的意义反省时，这个问题连接到机运的概念。对她而言，意志指涉未来；在这个时刻我们的精神并不关心"对象"（objects），却关心"计划"（projects）。她了解到计划可自发地形成或可成为一个对于未来情势的预期反应，这让我们想到亚里士多德的自发性与技艺的概念。但当她进一步强调未来的主要性质是不确定，不论预期有多大的或然性，① 这即显示她对于亚里士多德脉络里的机运处境有强烈的自觉。意志是我们作为人如何对于不确定的未来做出反应，而未来根本上是被机运所掌握的。

事实上，阿伦特提到亚里士多德所使用的希腊字：kata symbébekos，它原表示偶发的或适然的。她了解到这个语词指的是因机运而发生的事，而不关系到譬如自发性的意义，但这不是此处的重点。对她而言，适然发生在一个意志行为未被执行时；而意志总是自由的意志，除非它"对不论欲望或理性所提议出来的只做一个辅助的执行器官"。因在这种情形下，发生的事件是适然的。阿伦特的理由是亚里士多德的一些字句已经暗示了这种情形，但他的目的论理念掩盖了适然的思想，这本来可促成他创造出真正的意志思维的。②

————————

① H. Arendt, *The Life of the Mind*, Two/Willing, San Diego/New York/London: A Harvest Book Harcourt, Inc., 1978b, pp. 13 – 14.

② Ibid., pp. 14 – 15.

这目的论的理念为阿伦特透过制造（poieín）的说明强调出来："人所制造的东西，这个形式与质料的组成物，……被亚里士多德理解为在被人的手工实现以前已预先地潜在。"① 她了解这个潜在为自然生成所推导出来，"在这里每一样出现的东西皆出自于潜在地包含了已完成的制造物"。② 在阿伦特将目的论理念延伸到对未来的计划下，本具不确定意义的未来就被否定了。所以对阿伦特而言，亚里士多德并没有真正意识到意志。③

根本上，阿伦特的论点基于她认知到亚里士多德的循环与永恒的时间概念。从而她强调亚里士多德幸福（eudaimonía）的概念为德行活动所决定，而幸福之所以是永恒的，因为德行活动值得被记忆。④ 但她并没有进一步诠释德行之不被遗忘是因为如亚里士多德所示：实践智慧之获得是透过持续的操练——致使德行成为第二自然，以及基本上在获得幸福上"自然生成的结果当然是最好的可能性"。⑤

确定的是，亚里士多德与阿伦特皆主张，对人而言幸福靠我们的德行来实现——靠的不是智慧，而是实践智慧。他们皆强调永恒的幸福对反于"偶然的情境"（túchai）。⑥ 故亚里士多德指出："幸福是永恒的事而完全不轻易做改变，但幸运的轮子经常把同样的人搞得乱七八糟。"⑦ 事实上，虽然阿伦特根据亚里士多德的文本强调技艺可克服机运，这却不能否定从整个亚里士多德哲学来看机运始终能跳脱技艺之外。

尽管如此，我们可就技艺如何克服机运的观点来掌握阿伦特的意志概念，但克服的条件不归功于基于循环的时间概念，致使人的机运可简单地同化于永恒的技艺。即这不归功于："借着将未来同化于过

---

① H. Arendt, *The Life of the Mind*, Two/Willing, San Diego/New York/London: A Harvest Book Harcourt, Inc., 1978b, p. 15.

② Ibid.

③ Ibid.

④ Ibid., pp. 16 – 17.

⑤ 1140b 28 – 39；1099b 20 – 24.

⑥ H. Arendt, 1978b, p. 17.

⑦ 1100b 2 – 4.

去而完全将未来的时态取消了。"① 阿伦特关心的以及所做的是，我们如何在一个线性的时间概念下以技艺去克服机运，而这正展现出我们在公共领域中的政治自由。

对阿伦特而言，亚里士多德没有意识到意志，因为他没有不确定的未来的概念。故以意志去克服不确定性是不必要的。如果我们谈自由，那么它指的是去克服不确定未来的意志能力。但饶具意义的是，阿伦特区别了政治自由与哲学自由，并主张唯有政治自由关系到公共事务。她关心的正是在公共领域中的大众如何克服共同所面对之未来的不确定性。

哲学自由的关键问题在于，即使哲学家始于面对不确定的未来，但对其克服不是以行动，而是藉思考。根本上他们不与在世上的机运对抗，毋宁超越了世界，通过思考在从世界撤离中也脱离了机运。哲学思考运作在哲学家与自己的对话中，他只是执行自我反思。② 超越世界意味着忽视"无限的'他们'——所有不是我自身……的他者"，他们像我一样有个体性。③ 机运指的即是在世界中人的"复多性"（plurality）与"新生性"（natality）。但如何从上述开展出这两个概念，还要做说明。

阿伦特翻译 túchai 为"偶然的情境"，它的确可被刻画为世界中人类的无限复多性与新生性。如果对亚里士多德而言，机运跳离自然与技艺的过程，但仍遵循时间的循环，那么对于阿伦特来说，机运被指明在线性时间流程中，而这个时间观本源于基督宗教。与之相关，"新生性"的概念也源于奥古斯丁。奥古斯丁曾用 initium 这个字去描述上帝创造亚当作为人类的开端，阿伦特引申去描述每个人的出生，这个出生于世是走向死亡的。与 initium 不同的 principium 表示上帝所创造出作为天与地，以及人类以外的其他东西的开端。阿伦特强调每个人以单数（in the singular），而非多数（in numbers）的形态被创

① H. Arendt, 1978b, p. 36.
② Ibid. , p. 195, 200.
③ Ibid. , p. 195.

造，并主张"人们是一再进入时间上先行于他（她）们之前的世界的新生儿"。① 这表示相较于世界的开端（principium），每一个人呈现为相对的开始。但鉴于他们自己的生与死，每一个人呈现为绝对的开端（initium）。②

阿伦特回溯基督教与奥古斯丁之上帝创世概念并表示："上帝把人创造为时间的造物；时间与人一起被创造出来。"③ 然而，她始终重视每一个人的出生（与死亡），她说："每一个人把其生命归功于出生，是一个新的创造物的进场，他（她）作为完全新的东西出现在世界的时间连续体中途。"④ 每一个人作为其自己的开端，区别于鉴于世界与时间的开端。因此，新生性被刻画为"个体性原则"（principium individuationis）。另一方面，每一个人联系到世界中的其他人，特别是基于出生的概念，这即刻画出人的复多性。对于阿伦特而言，新生性与复多性构成公共领域的两个要素。

由于对公共领域的关心，政治思想家以和哲学家不同的方式面对不确定的未来。阿伦特对这两者区别的关键点在于哲学家只关心"我要"（I-will），政治思想家则关心"我要"（I-will）与"我能"（I-can）两者，且最后关心"我做"（I-do）与"我们做"（we-do），以克服在世界中作为机运的未来不确定性。

哲学家不关心"我能"，因为哲学思考忽视以人的复多性来表示的他者与我的不同。只是片面的关心"我要"基本上有两个原因：第一，哲学家，像苏格拉底，能够独自爱智慧与爱哲学活动。他能对自己负责，而说："毋宁被犯错也不要做错"，以及"对我较好的是……宁愿多数人与我不一致，而非我，为一个人，与我自己不一致与和自己冲突。"⑤ 因此，"我要"能够被自己执行。第二，哲学家，

---

① H. Arendt, 1978b, pp. 108 – 110.

② Ibid. , p. 110.

③ Ibid. , pp. 216 – 217.

④ Ibid. , p. 217.

⑤ H. Arendt, *The Life of the Mind*, One/Thinking, San Diego/New York/London: A Harvest Book Harcourt, Inc. , 1978a, p. 181.

像亚里士多德、雅斯贝尔与布伯，只将我与自己的哲学对话延伸到一个"复数的我们"（plural We），而这尚非"行动的真正复数"（the true plural of action）。①故"我要"不能扩展为"我们要"，而首先"我能"必须再列入考虑。

换言之，哲学家以"我要"所面对的，呈现出被他所专断决定的未来；"我能"则显示出有限的我，面对的是不确定的未来，故是否"我能"的问题就被提出来。既然不确定性是因为对人之复多性的考虑而产生，因而我会认真地关心"复数的我们"。据阿伦特之见，在意志中之我的不宁静不能被哲学家的思考所安定，"因为意志的计划预设的'我能'绝不能被保证"。鉴于"我能"的考虑，"我做"就取代了"我思"（I-think），成为去安定意志不宁静的方式。②

我们从阿伦特对亚里士多德的讨论得知，一方面她不同于亚里士多德对于意志的不自觉，另一方面，她像亚里士多德一样称许德行（不只是伦理的，也包括智慧的德行，也就是实践智慧），让人类的幸福得以可能。政治自由也被德行、特别是实践智慧来实现，"行动"与"我做"就建立在实践智慧之上。

政治自由的实现必须仰赖判断的能力，这个讨论在阿伦特的《精神生活》第三部分并未完成。在《康德政治哲学演讲录》，我们知道阿伦特继承康德的"审美判断"，并延伸到"政治判断"的领域。在这两个判断形式，我们始于在我们各自立场下的生活经验，然后经由"扩大的思维方式"过渡到他者的立场，以便获得更宽广的视野。③换言之，我们始于自己的习性（éthos），建立出伦理的习俗（êthos）。在此时刻，我们学习如何面对未预期的未来，而在适当的时机（kairós）作出适当的判断。在这"扩大的思维方式"过程中，"共通性"（common sense；sensus communis）也被发展起来，实践智

---

①　H. Arendt, 1978b, p. 200.

②　Ibid., p. 37.

③　H. Arendt, "Appendix/Judging: Excerpts from Lectures on Kant's Political Philosophy", in *The Life of the Mind*, Two/Willing, 1978b, pp. 255 – 272: p. 257.

慧则在操练中被建立起来。① 在这个意义下，不确定的未来能够被行动或"我做"所安定，政治自由即可被实现。

阿伦特认为人不应该离开世界：他（她）既不应该独自存在于形上的沉思的世界，也不应该忽视不停地以复多性与新生性出现于世的无限他者。因为我们的沉思活动根本上关系到过去的时间，所以反过来面对不确定未来的意志活动，成为我们存在于世的真正方式。在这个意义下，阿伦特特别意识到机运的概念；这也显示她对于人有限的自觉。然而，她在另一方面对于技艺的力量颇具信心；技艺以行动、做或实践智慧的形式表现出来，而能够实现她的政治自由理念。就此而言，阿伦特似乎仍相信技艺具备克服机运的本性。

但我们回到这个问题：阿伦特如何巧妙地以技艺回应机运？这答案已显示在她在不确定的未来、无限的他者、复多性与新生性的观点下对于机运具体化，在做、行动与实践智慧而非哲学思考的意义下扩展了技艺的概念。我们也从这样的观点，理解到阿伦特是如何主张在公共领域中的政治自由的。

## 三 海德格尔论公共领域中的政治自由

对于技艺如何巧妙地响应机运的问题，海德格尔的回答会是什么？我将以希腊悲剧作为讨论的引导性议题，因为悲剧是技艺对机运回应的一种结果。如果对亚里士多德而言，悲剧来自技艺无力地对自然之外的机运对抗，那么对于海德格尔，悲剧一度也来自无力的技艺对抗机运，但因机运是从存在之本有而来，历史命运——包括西方形上学与科技——也整合在其中，故悲剧或许已转换成另一种意义。下面我将检验海德格尔在 20 世纪 30 年代与其晚期，如何主张技艺在不同方式下响应机运的。

近来有不少学者，例如丹尼尔·史密特（Dennis J. Schmidt）、瑞

---

① K. Held，"Phenomenology of the Political World"，in *Lectures at the National Chengchi University*，Taiper，Taiwan，2004.

那·史尔曼（Rainer Schürmann）、威尔·麦克奈尔（Will McNeil）、戴维·塔贝希尼克（David E. Tabachnick）等，关联到希腊悲剧来讨论海德格尔的思想。

根据史密特的研究，虽然在海德格尔的作品里悲剧的议题已在20世纪20年代出现，但他首次谈到希腊悲剧应在1919年。① 1930年以后，"悲剧的议题变成海德格尔致力于表达历史……了解社群生命的特性的中央舞台"。② 首先，著名的校长就职演说《德国大学的自我主张》开启了史密特讨论悲剧议题。

史密特强调海德格尔的校长演说（1933年）企图影响或教育他当时的国家社会主义政权。像柏拉图一样，他相信"政治意志易于臣服于哲学的力量"。③ 这显示他对于知识力量的信仰。

但为什么海德格尔谈到普罗米修斯（Prometheus）的悲剧角色呢？我们知道，一方面他承认普罗米修斯是第一位哲学家，但另一方面他引用普罗米修斯的话："然而知识远远不比必然性有权力。"④ 海德格尔本身也承认这两面性，基于他认为哲学家必须知道其限制。故他说："对于事物的所有知识停留在具压倒性的命运之前，并在它面前付之阙如了。"⑤

事实上，在校长演说中海德格尔强调理论知识，且依然将原始希腊对 theoría 的理解诠释为"对于真正实践的最大实现"，因为"科学

---

① D. J. Schmidt, *On Germans & Other Greeks. Tragedy and Ethical Life*, Bloomington & Indianapolis: Indiana University Press, 2001, p. 227. 这里要指出一些和悲剧有关的概念如："事实性诠释学"（hermeneutics of facticity）、"毁坏"（ruin）、"命运"（fate, destiny），等等。1919年涉及的是安提戈涅的合唱。

② Ibid., p. 227.

③ Idid., p. 233.

④ "*Téchne d'ánágkes ásthenestéra makrῶ*"，海德格尔将 téchne 翻译为知识，翻译 ánágke 为必然性或命运，这些源于西方科技，被我理解为区别技艺的机运。（cf. M. Heidegger, "Rectorship Address: The Self-Assertion of the German University", in *The Heidegger's Reader*, ed. by G. Figal, trans. by J. Veith, Bloomington & Indianapolis: Indiana University Press, 2007, pp. 108 – 116: p. 110.）

⑤ Ibid., p. 110.

是……对整个人民与国家的存在最内在的决定中心"。① 海德格尔之谈到普罗米修斯，乃企图显示知识为"我们作为人民之精神存在的基础事件"。② 然而知识的力量的确比表现在人民历史命运的必然性来得小，但海德格尔还是主张大学的教师与学生必须致力于知识，且对抗命运的力量，而非在命运之前只流于无力，即使造成令人遗憾的悲剧也不反悔。

因此，强调对机运的奋斗（Kampf）是海德格尔引述普罗米修斯的原因。他自觉到时代历史的命运，但在校长演说里仍然相信知识能够对抗必然性，也就是技艺能克服机运。而除此以外海德格尔似乎别无他法。

史尔曼分析《对哲学论稿（从本有而来）》（*Beiträge zur Philosophie* ［*Vom Ereignis*]）（1936—1938）的著作，且针对海德格尔在恢复悲剧逻辑的立场下对于形上学逻辑的批评。海德格尔批评形上学奠基的理念为将个别性与他者皆臣服在一种铺天盖地的规范力量下，这种力量将存在转换为存在者的幽灵。③ 鉴于对奠基之实体或主体的排斥，海德格尔刻画此—在为"深渊无底的"（abysmal；abgründig），并表示："对于深渊的握持属于此—在的本质。"④ 对海德格尔言，不只要复原个别性和他者性，也要复原存在的内在争执（strife；Streit）。因而此—在争执于自己之内，"本有"就可被了解为原始的争

---

① "*Téchne d'ánágkes ásthenestéra makrô*"，海德格尔将 téchne 翻译为知识，翻译ánágke 为必然性或命运，这些源于西方科技，被我理解为区别技艺的机运。（cf. M. Heidegger，"Rectorship Address：The Self-Assertion of the German University"，in *The Heidegger's Reader*，ed. by G. Figal，trans. by J. Veith，Bloomington & Indianapolis：Indiana University Press，2007，p. 111.）

② Ibid.

③ cf. R. Schürmann，"Ein brutales Erwachen zur tragischen Bestimmung des Seins，Über Heidegger's *Beiträge zur Philosophie*"，in *Martin Heidegger. Kunst-Politik-Technik*，Hrsg.：Christoph Jamme und Karsten Harris，München：Wilhelm Fink，1992，S. 261 – 278.

④ "Dieses Festhalten des Abgrundes gehört zum Wesen des Da-seins……" ibid.，S. 276. M. Heidegger，*Beiträge zur Philosophie*（*vom Ereignis*），GA Bd. 65，Frankfurt A. M.：Klostermann，1989，S. 460；*Contributions to Philosophy*（*from Enowning*），trans. by P. Eman & K. Maly，Bloomington & Indianapolis：Indiana University Press，1999，p. 324.

执。此—在本有（enowns itself；ereignet sich）并自我争执。如果存在仍可被时空来解释其意义，那么深渊是时空的原始单位。① 鉴于此，海德格尔喜欢使用另一个字表示存在：Seyn，它是本有、争执与时空的原始场所（tópos），诚如海德格尔所说的："存—在：本有"（Be-ing：enowning），"深渊：作为争执的时—空"。②

史尔曼将此—在的内在争执连接到希腊悲剧的此—在，基于海德格尔在文本里提的问题："究竟在希腊悲剧中的这个'此—在'如何'本有'呢?"③ 史尔曼在其论文开始指出悲剧基于一种法理上无所遁逃的两难（legal double-bind）。他提到安提戈涅、克里昂、俄狄浦斯、阿伽门农、厄忒俄克勒斯等必须活在遵守城市法律与家庭习俗的两难下。但在对此无法承受之下，每一个英雄人物不得不选择一条路。惟他们必须付上对此觉醒的代价，如同俄狄浦斯虽解脱混杂不清的盲目（hybrid blindness），却造成了视觉盲目（visional blindness）的结果。④

海德格尔对形上学奠基之逻辑的批评，反映在他对于 20 世纪 30 年代文化的批评上，时代文化被海德格尔标示为"计谋"（Machination；Machenschaft）与"巨大性"（the Gigantic；das Riesenschaft），⑤ 体现在不只是西方的科技，也在对美国主义、国家主义、犹太教与基督教的一视同仁当中。因为"所有它们的基准皆被霸权的'我思'所设定"。⑥ 海德格尔对于悲剧逻辑的恢复反映在他的两难情境：一方面他对形上学的奠基逻辑保持距离，因它体现在第 275 节所显示的"整体的存在者""作为自然科学的对象与科技所剥削的自然"等当

---

① Schürmann，1992，S. 273 - 274.

② "Das Seyn：das Ereignis. ""Abgrund：als Zeit-Raum des Streites. "ibid. , S. 276；Heidegger，1989，S. 346；1999，p. 242.

③ "Inwiefern ［ereignet sich］ solches ［Da-sein］ in der griechischen Tragödie?"in Schürmnn，1992，S. 277；Heidegger，1989，S. 374；1999，p. 261.

④ cf. Schürmann，1992，S. 261；277.

⑤ Heidegger，1989，S. 126 etc. , 135 etc. ；Heidegger，1999，p. 88 etc. , 94.

⑥ Schürmann，1992，S. 264 - 265.

中；另一方面他对于此逻辑说"是"，以至于他卷入了政治运动里。① 因为其主张："这种转化唤起文化的历史更新，推动此更新在人民之中扎根，并努力于去沟通每一个人。"② 似乎让他卷入另一个奠基于国家社会主义的形上学逻辑当中。因此史尔曼评论道："并没有将德国人民个别化，以呼应着希腊人，政党反而让人民支配于流行化，这并不比在美国或苏联里的浅薄与迟钝为少。觉醒是发生了，但结果是所有的东西都一错再错。"③

史密特对校长演说的评论是："相信理论的力量能够领导着文化出于其精神的困顿，这实是其傲慢的标志。"④ 比之于此，史尔曼对海德格尔的批评更为严厉。但"自我主张"与《论稿》皆表示海德格尔察觉到时代命运体现在西方科技、美国主义，甚至国家社会主义之中，等等。海德格尔相信只有一种积极的觉醒才能让人民与大学去开创一个"新的开端"，⑤ 尽管他之卷入国家社会主义并不表示他的支持。

海德格尔要奋斗的对象是归于西方形而上学与科技的政治环境。但是如果人们忘了此一在的深渊性，那么他们用技艺奋斗的对象，也就是作为科技的命运，反而是一种技艺的扭曲变形。因为遗忘与扭曲不可避免，所以人们陷入了悲剧的两难律则里。在此观点下，海德格尔刻画人生为无家可归（uncanny；Unheimlich）。这个德文字是海德格尔从希腊字 deinón 所转译的，此为"索福克勒斯的安提戈涅的合唱"的主题，此合唱被海德格尔翻译与诠释在《形而上学导论》

---

① Heidegger，1989，S. 496；Heidegger，1999，p. 349；Schürmann，1992，S. 267.

② Heidegger，1989，S. 496；1999，p. 349.

③ Schürmnn，1992，S. 269.

④ Schmidt，2001，p. 236.

⑤ Heidegger，"Rectorship Address：The Self-Assertion of the German University"，p. 116。又前已述及之海德格尔在《明镜杂志访谈》说道："在当时我看不出有什么替代方案"就显示了此言论。（M. Heidegger，"Der Spiegel Interview with Martin Heidegger"，In *The Heidegger's Reader*，Supplement 1，ed. by G. Figal，pp. 313 – 333：p. 316.）

（1935 年）里。①

海德格尔注意到安提戈涅将人生描述为 pantopóros ä poros 与 hypsípolisäpolis。前者被译为："旅游所至，无非虚空"；后者被译为："从其场所（Stätte；place）升起，他反而最后失去了场所"。② 海德格尔企图扩大这里所提 pólis 的意义为场所，如他所说："Pólis 一般翻译为城市或城市国家，这并没有把握到整个意义。Pólis 更意味着'场所'，它是历史的此—在场所之处，它也作为历史的此—在。Pólis 是历史的场所，在这里、从这里，以及为了这里历史发生着。"③ 因此，海德格尔关切的根本上不是"政治的"事物，而是作为历史之此—在的事物。

史密特说得好，海德格尔主张要奋斗的，是"去达到另一个、非形而上学的关于人类对某某关系的思维方式，从这个某某出发，政府、法律、机关、人际关系能重生出来"。④ 但是在 20 世纪 30 年代以及第二次世界大战期间，海德格尔采取了积极的思维方式，想去创造一个人们对于 pólis 的新关系。希腊式悲剧表现在他对于形而上学与科技在 pólis 上影响的反动力量（counter force），也就是较强烈的反应上。后来的海德格尔采取了较为消极的思维方式以对之响应。⑤ 如果我们仍回到 téchne 与 túche 的主题来，那么 téchne 将被发展为艺术与诗，让此—在去面对关联到 pólis 的 túche。由于论文篇幅的限制，我将从晚期的三种著作来举证出这种看法。

首先，在《艺术作品起源》（1935/1936）里海德格尔理解人民为艺术作品的保存者。艺术作品的起源问题事实上是人民的、"人民

---

① Heidegger, *Einführung in die Metaphysik*, Tübingen：Niemeyer （dritte unveränderte Auflage）, 1966, S. 112 – 115；*An Introduction to Metaphysics*, trans. by R. Manheim, New Haven and London：Yale University Press, 1959, pp. 146 – 150.

② Heidegger, 1959, pp. 147, 151；147 – 148.

③ Ibid. , p. 152.

④ Schmidt, 2001, p. 248.

⑤ Ibid. , p. 240；D. E. Tabachnick, "Techne, Technology and Tragedy", in *Virginia Tech*, Vol. 11, No. 1, Fall 2007.

历史存在的"起源问题。此一在的内在争执转换为世界与大地之间的争执，而这是"作品之作品存在"。因此，在争执所获得的开放领域不只针对作品，也针对人民。这是从艺术作品观点来看的 pólis 的起源。海德格尔进一步认为人民更在保留语言，"首度将存在者作为存在者带向开放性"。语言则保留诗的原始本质，此本质同时是所有艺术的本质。[1] 就此而论，首次出现在《人文主义书信》中的海德格尔的名言，——"语言是存在之家"[2] 的确引起我们去思考，是否存在之家，也就是语言，是 pólis 的起源。但是诗与语言的意义究竟是什么，需从其他著作再获得答案。

其次，在上述《人文主义书信》（1946 年）里，海德格尔把思考理解为一种"行动"（deed；Tun），"它同时凌驾在所有的实践之上"，且"胜过行动与生产"，但不因其"成就的伟大"，也不因其"影响的结果"，而是因为"毫无成果之实行活动渺小不足为道"。而思考的行动"只将对存在未说出的字词说出来"。[3] 再者，海德格尔提到亚里士多德在其《诗学》中所说的鲜为人注意的话语，也就是"作诗比对存在者的求知更为真实"。[4] 对亚里士多德而言，如麦克乃尔所诠释的，诗意味着既非对过去的探讨，也非对伟大行动的保留，而是指向具普遍性的东西（universals），但这些不能被"哲学的理论活动"（theorein of philosophy）揭示为同一的整体性，而是像被悲剧所揭示的："被神话所编织的整体东西不能够被悲剧英雄所预见"。[5] 对未来的不可预期性则显示给我们一种诗的"冒险"（adventure）特性。事实上，海德格尔提到了诗，旨在回答庄·波弗雷特（Jean

---

[1]　Heidegger, "The Origin of the Work of Art", in *Basic Writings*, ed. by D. F. Krell, London: Routledge, 1996, pp. 213 – 265；202；175；198 – 199.

[2]　Heidegger, "Letter on Humanism", in *Basic Writings*, p. 217.

[3]　Ibid. , p. 262.

[4]　Ibid. , p. 264.

[5]　W. McNeill, "A 'Scarcely Pondered Word'. The Place of Tragedy: Heidegger, Aristotle, Sophocles", in *Philosophy and Tragedy*, eds. by M. de Beistegui & S. Sparks, Minneapolis & Oxford: University of Minnesota Press, 2000, pp. 169 – 189: pp. 178 – 182.

Beaufret）写给海德格尔信里一个问题："我们如何能保留所有研究里的冒险元素，而不简单地将哲学转为冒险家？"[1] 真正的哲学思考就像诗一样，它面对的整体东西是一不可预期的未来。这样的思考如何可能？但如何在对不可预期的未来怀着冒险的态度下，哲学的作为不是冒险之举呢？海德格尔的回答是："思考是涉及作为到来者的存在。思考作为思考是通往存在的到来。存在已经将自己差遣到思考去。存在作为思考的命运而存在。但是命运在其自身是历史的。其历史已经在思想家的道说中来到语言中。"[2] 海德格尔将思考的意义扩展到不只对过去揭示，就像阿伦特所理解的思考一样，也对于未来揭示。因此思维也扮演着意志的角色，面对着不可预期的未来，也如同阿伦特所强调的。诗和思考的等同性，显示海德格尔企图让透过它们所表现的技艺向命运嵌合（Fügen），而命运呈现在存在的"到来"或"差遣"里。[3]

最后，根据海德格尔在《向科技问题追问》（1953 年）里的看法，作为技艺（téchne）的原始揭蔽与作为科技（technology）的强求揭蔽共同属于我们历史的命运。[4] 然而，命运本身具有授予的力量，我们被要求去分享命运的授予能力，或"被归属在真理的本有（er-owning；Ereignis）当中"。[5] 海德格尔诉诸艺术与诗，因为诗可以让"存在命运"（historicity of Being；Seinsgeschichte）完全显示其授予力量。[6]

从前述三点，我们了解到诗作为一种特殊的技艺与根本的艺术作品，不再与机运相对立，却被嵌合在作为从存在本有的机运当中。海德格尔将机运具体化为西方形上学与科技的样态，但它们被整合在存

---

①　Heidegger, "Letter on Humanism", p. 263.

②　Ibid. , p. 264.

③　Ibid. , pp. 263 – 264.

④　Heidegger, "The Question Concerning Technology", in *Basic Writings*, pp. 307 – 341: pp. 330 – 332.

⑤　Ibid. , p. 337.

⑥　Ibid. , pp. 339 – 340.

在本有自身。他将技艺的意义扩展到艺术与诗性语言。他对于技艺如何技巧地响应机运问题的回答，展现在技艺之被嵌合在机运当中。海德格尔关心的是历史的此—在到底是什么。存在于争执中的此—在必须被释放开，从而这就反映海德格尔对公共领域中的政治自由理念，这也当然要通过他对于 pólis 起源的诠释来理解。

## 四 结论：阿伦特与海德格尔之比较

我们可最后下个结论：问题不是技艺如何克服机运，而是技艺如何技巧地回应机运。我们将阿伦特与海德格尔的回答连接到他们所关心的政治领域。阿伦特相信技艺对机运回应的可能性，在于她视机运为不确定的未来，且不断以无限他者的复多性与新生性来呈现，另外将技艺的意义延伸到行动、做或实践智慧。与之相比，海德格尔将机运理解为存在的本有，而历史命运——包括西方形而上学与科技——整合于其中；技艺则首先表现在一种主动的思考方式，为了去创造人对于 pólis 的新关系，后来以被动的思考方式，也就是一种诗性思考，去面对就 pólis 来看的机运。

在此观点下，公共领域的原始意义对于阿伦特与海德格尔而言仍可做个比较。对于阿伦特，新生性与复多性构成公共领域的要素，但它们常被哲学家所忽视。对于海德格尔，公共领域正是所谓的"场所"、历史的此—在或此—在本身，这个此—在并不只存在于内在争执中，更存在于世界与大地的争执中，而这正是 pólis 的起源。

最后，若我们进一步比较他们的政治自由理念，我们发现对于阿伦特政治自由并不基于"我要"与"我能"，而是基于"我做"与"我们做"，以便克服作为在世界中机运的不确定未来。对于海德格尔，意志的行为最终被整合在诗性思考中，它不再与机运对立，却嵌合在作为存在本有的机运当中。在这个意义下，阿伦特指出了海德格尔的意志概念为"不去意志的意志"（will-not-to-will），① 更遑论她批

---

① H. Arendt，1978b，p. 172.

评了海德格尔非政治的（非反政治的）与非世界的思考，而这毕竟是基于她对于政治的东西与世界的了解之下。①

（作者系台湾政治大学哲学系教授）

① D. R. Villa, *Arendt and Heidegger*: *The Fate of the Political*, New Jersey: Princeton University Press, 1996, p. 230.

# 哈贝马斯论公共空间的工具性推理

## 周柏乔

## 一 引言

哈贝马斯所称道的社会政治实体,既赞同公义的政治秩序,也让自己与一个相当自由的政治文化连成一气。[①] 这里,他所谈到的实体,包括了两种社会存在(界别)作为组成部分,它们分别是生活世界和体系。在生活世界的领域里,社会生活就是行为者选择了交往行为,让这样的行为来促成同侪之间的互相理解和共识,从而找到公共的利益和获取的途径。至于体系则主宰着人们的工具性的行为模式,从来就不会(有机关)多尽一点力,让行为者知道工具性的行为所指向的终极目标是什么。体系就凭着一贯的作风,促成了另外一种社会生活,不像生活世界那样尊重开放、平等和自主。哈贝马斯把我们的注意力带到18世纪的英国、法国和德国的咖啡店,让我们知道一些普通人走在一起,公开讨论公众所关心的议题。他相信这样的安排会演变成为一个空间,在这里,"国家当局公然地被人们见多识广而又有批判性的论说所监察着"。[②] 这就是大家所知道的公共空间。既然政府是在体系这个领域之内所找到的最具代表性的政治体,它以工具性的推理来指导其政府行为,以公益的名义实行调配国民对国家

---

① cf. *Die Nachholende Revolution*, Frankfurt: Suhrkamp, 1990, p. 152.

② *The Structural Transformation of the Public Sphere: An Inquiry into a Category of Bourgeois Society*, trans. by T. Burger &F. Lawrence, Cambridge Massachusetts: The MIT Press, 1989, p. xi.

的承担份额以及分配个人所得，那么，公共空间，就其本性而言，是不可能在找到政府的领域里找到它。人们选择公共空间来交换意见的用意在于使大家都知道，国民以其个人身份提出承诺，愿意与彼此平等对待的人们展开不受干扰的讨论，让自己的理性在讨论中发挥作用，推演出一些关乎公共事务的独立而又公正的说法。正是这样的作风，使这些国民做到远离各式各样的私人和政府利益。这种公众交谈是典型的交往行为，只在生活世界中得到实践。近几十年来，我们目睹了这样的实践得到愈来愈多的利益团体所认同，并且发展到一个地步，由利益团体合并起来后，转化成一个现代的公民社会。在这个社会里，为大家提供共有的意义和交往理性的资源增加了，行为者也就凭着不断增加的共有意义和交往理性，在怎样求得公益的问题上提高达致共识的机会，并且在监察政府方面完成有素质的工作。哈贝马斯确信在当今的时代里，公共空间占据着至今为止算得上是最好的位置，让那里的交谈者能够把政府处于严厉的审查之中，并以此推动政府纳入民主监控之内，就像参与交谈的公众人士在生活世界里受到管制一样。事实上，不是所有的政府都同意接受监察。但是，哈贝马斯相信，一个以民主福利国家的体制为基础的政府乐意接受监察。因为他发现，这类政府比那些排斥公民社会的政府更有能力制定社会秩序；而他认为这正是政府擅长吸取公民社会的提议的结果。那么，我就有这样的问题：为什么公民社会的提议比国家行政所作出的贡献更重要、更能保证良好管治？这里，我得说清楚，局部答案取决于公共空间里的工具性推理的恰当说明是怎样的。为了申明这个看法，我得要先整理一下哈贝马斯的论证，这些论证不惜以削弱工具性推理的可靠性为代价。跟着下一步是驳斥这些论证，从而得出全新的图像，以此展示工具性的推理如何在公共空间里巩固其受到尊重的地位。

## 二 两种工具性的推理

哈贝马斯提出了论证，让抗拒工具性推理的观点得到维护。在驳斥这些论证之前，我先研究他怎样批评自由民主和公民共和主义，以此弄清楚他是怎样设想行为者在各种目标不同的交谈中所表现的工具性理性。

据他说，自由主义者确信每个人有自己的利益，而且有权维护追寻利益的自由。这样的权限可扩张，只要他人的同等自由不受冲击即可。在这样的情况底下，人们对政治制度有期望，要求它容许每个人选择自认合适的生活，只有在他人的自由受到威胁时才实行干预。那么，政治制度之所以被视为有工具价值，完全在于它充当了保障个人权益与机会的工具。自由主义者也许会在一次实用性的交谈中要求那些反对改变现行政治制度的人提出政治辩解，说明他们为什么到了维护自由成为疑问的时候仍然拒绝改变。不过，自由主义者如果能够自由地追寻他们的利益，即使没有成功，也不会因此而责怪他所属的政治制度。他们都明白，政治制度不是照顾个人利益的社会机器，他们认为政治制度是利益中立的。

至于公民共和主义者则有所不同，他们要求被采纳的政治制度体现广为接受的价值。让我们设想一个制度，其中的人民原本对制止捕鲸一事所赋予的价值就不高。不过，不知道为什么很快就改变了。正如所料，到了足够的人数采取行动制止捕鲸的时候，保护鲸鱼的文化便会壮大起来，紧接着便是立法护鲸，这次也许是在共和主义者的赞助下完成立法。然而，立法者心有所虑，他们关注禁止捕鲸会否威胁一些渔民及其相关社群的生活方式和身份认同。因此，在通过保护法令之前会咨询公众意见。在咨询过后并据此完成立法，禁止捕鲸，共和主义者便可以指出政治制度所推荐的一堆价值，当中就包括了保护鲸鱼。至于一个政治制度可以合理地体现哪些价值，则是伦理交谈所关注的事情。

按照哈贝马斯的说法，研究哪些政治体制可被合理地确认，当牵涉道德、伦理和实用的考量。正如上面所说，自由主义者只有实用的考量，因为他只需要倚仗工具性的推理去为他对一个制度所作出的唯一的政治承诺辩解，那就是说明他为什么容许这个制度不会因为他而牺牲别人的自由。不过，政治不会按照自由主义者的意愿而自限于保障那些与个人利益有关的个人权利与自由。让我们再一次考察一下日本的捕鲸事件。那里，有些人纠集起来支持捕鲸，鉴于国外对捕鲸的压力不断加大，他们的政府要做点事来应对。对于共和主义者来说，日本政府的合法性和群众的拥护度完全取决于它所促进的那些集体利益是否因为考虑了日本人民所希望保存的价值而被确认下来。看来，日本人民倾向于保存捕鲸的传统，这或可用于解释为什么日本政府不愿意禁止捕鲸。如果在伦理交谈中得出的正确论述指出禁止捕鲸危害文化认同，影响日本社区的团结；那么，（日本的）共和主义者，（若有这样的政治人物的话）便会支持这个论述，他们借重伦理交谈来证明日本政府以文化认同的名义来避免禁止捕鲸是否恰当的判断。

哈贝马斯却另有想法。在他而言，即使日本国内对捕鲸已有共识，我们仍然要弄清楚这个共识是否为某一类种族中心的偏见。为此，我们要检查一下几个方面的情况：首先，无论一个日本人是否受到正面或者负面的影响，我们都想知道他究竟有没有平等的机会，就着捕鲸活动怎样与自我认识和集体认同关联起来这一问题，独立地表明其立场；第二，我们要检查一下他们在自我认识和集体认同等两个方面的观点是否经过大家在伦理交谈中互为主观地（检定）之后而得出的；最后，我们也要弄清楚他们对于赋予捕鲸价值的那种生活方式所形成的伦理主张是否也只是经过大家在伦理交谈中互相主观地（检定）之后而推演出来的。按照平等、独立与互为主观性的原则来审查上述的伦理主张，用意就在于检视有关的伦理交谈是否依照着交谈的规矩而展开。一言以蔽之，交谈若遵守规矩，就不会排斥受影响的人而不让他们在交谈者达成谅解和共识之前参与质询、或者提出一些见解。我们可以采纳这样得出的捕鲸的共识，作为日本社会的有效的伦理主张。

然而，伦理的考量之外还有道德的考量，我们希望能够查明选择捕鲸会否推动参与者进入道德交谈之中，商讨捕鲸的正确性。在哈贝马斯而言，伦理规范指明什么是好事，道德规范指明什么是公义和正确的事。如果两种规范发生冲突，我们就要牺牲好事以保留正确的事或者公义。这是因为没有个人或者集体活动可以摆脱有效的道德主张所定下的规则。道德规范置身伦理规范之上的凌驾性得到道德规范的普遍适用性所维护。它们具备了普遍性，所以在跨越不同文化之后仍然保持有效。至于伦理规范则具有文化局限，因此带有明显的价值倾向。在出现价值冲突和文化冲突的情况底下，人们当以道德规范为准作出判决。道德考量为伦理考量圈定范围，并以此作准，审议伦理主张是否有效。如果有一天，日本人认为捕鲸是不道德的，因而放弃捕鲸，大家也不应该感到奇怪。这样的事情说明了道德规范对于伦理规范的凌驾性。

正如哈贝马斯所说，伦理价值也许会因着环境或其他什么变化而随着人类的发展而改变，至于道德规范却是绝对的而又不可变的。平等、不偏袒、独立、（接受）互为主观（的看法）都是交谈中不可或缺的道德素质。上面所提过的共和主义者若主导着伦理交谈，就会招来所有受到影响的人加入，让这些有能力独立思考的人在平等的基础上与其他人一起不受压抑地仔细思量，从而求得一个互为主观的主张，借此说明哪些是他们的生活方式所应体现的价值。对待交谈伦理，他们都很严肃。不过，自由主义者以权利和自由为前提而思考政治的时候，并不这样做。他们各自揣度的是政治系统出现了牺牲个人的自由以成全他人利益的情况时是否仍算是合理的问题。哈贝马斯批评自由主义者，他所针对的是那些视人为单干的思考者的人，（这些人）所经营的政治只关注人类社会形成之前就已出现的个人权利与自由。这样的政治推动着自由民主的政体，由它来维系自由与权利之间的平衡，以便保障个人所可能得到的最大利益。在推动的过程中，每个人都被视为另外一些人的工具。哈贝马斯反对只把他人视为工具。因此，也反对如此粗鄙的自由民主体制。

不过，他不反对另一种工具性的推理，这是在我们根据道德交谈而尝试去消除价值冲突时所使用的推理。就举个例子吧！设想日本人因着环境保护的道德考虑而禁止捕鲸，正在草拟一个重置受影响的渔民的计划。他们当可参加实用性的交谈。这个交谈会尊重交谈伦理，因为他们想通过集体的努力来确定一下，是否存在着一个效用高的重置计划，能够保障新的生活方式。工具性的推理在互为主观的脉络中确有价值。我们要警惕自己，推理若被唾弃，绝不是因为它的工具性，而是因为它脱离了交谈伦理的约束。

## 三　在交往和现代化中的工具性推理

无论如何，哈贝马斯对工具性推理仍有很大的保留，导致有所保留的原因一部分缘于工具性推理在说话行为里所起的作用，另外一部分原因则见于现代化的过程中这种推理所起的作用。让我们先讨论它在说话行为中的作用。

哈贝马斯的话语认识论是较大的交往行为理论的一小部分，他借重这个大理论来说明人们怎样利用语言协调（说话者的）行为。不过，协调未必实现，除非语言使用者让自己的说话承担起促进理解和共识的任务，并且相信他的对手也当仁不让，以其说话承担着相同的任务。在他们来说，语言因为满足了交往的需要，才显得有意义。所以说，凭着语言去认识一个人所要表述的意思的确是一件互为主观的事，传统的意义论却采用了不同的研究进路，它假设每一位说话者都是孤零零的个体，单凭个人之力，依据自己观察说话者做过什么来确定说话的意义。由此可知，所说的话只能在一个观点上营造其工具意义。哈贝马斯认为传统的理论有两处错了：第一，没有理会意义问题要从互为主观的角度加以梳理；第二，没有正视意义的多样性。这两个错误足以反映传统理论没有像哈贝马斯的交往行为理论一样，做到更好地引领大家去理解别人。不过，他的理论还不足以证明工具性的推理在他的大交往理论中用于反复灌输意义时仅发挥了次级推理所能起的作用。

哈贝马斯借着语言行为理论被纳进交往理论之便，再度处理交往脉络中的工具性推理的问题。首先，他依照标准的语言行为理论，分开以言行事和以言取效两种语言行为的作用。以言行事的作用在于促成共识和理解，至于以言取效则是促成共识和理解等效果之外的其他语言行为的作用。其次，他指出以言行事的语言行为的作用是公开可见的，而以言取效则不然。以"着火了"这句话为例，人们听到这句话便立刻逃跑，显示了这句话有以言取效的作用。这句话之所以有这样的作用，就在于它让人们知道发生火警，然而，这是以言行事的结果，目的在于促成理解和共识。哈贝马斯认为，这个以言行事的作用是可见的，所以说，无论在理论上或是在实用上，它比以言取效的效果更为基本。最后，以言取效的作用被察知，显示工具性推理起作用，人们把这句话解作避险，无形中便赋予这句话工具性的意义。在哈贝马斯看来，这是话语对人们起着以言取效的作用，工具性推理使以言取效的作用变得更突出，与强化理解和共识无关。所以说，工具性推理寄存于其他别的推理。

上述的"寄存"论证的问题在于没有足够的语言用例支持。就拿"着火了"这句话来说，我们先认识它的以言行事的目的，然后才认识它那以言取效的目的。这次，以言行事的作用容易察觉，在别的情况底下则不然。让我们再举个例子看看，设想我们在国际机场听到有人高喊"艾博拉"，纵使我们不清楚是否真的有艾博拉病例，也会马上转身跑开。"艾博拉"这句话对我们有着强烈的以言取效的作用，至于以言行事的作用却不明显。在这一刻，赋予"艾博拉"这句话工具性的意义也许是唯一可做的事情，用以促进理解和共识。那么，不以工具性推理作为次等的推理是合适的。

除了上述所讨论过什么使哈贝马斯对工具性推理有所保留之外，他还觉得工具性推理单凭它在现代化过程中所扮演的角色也应该受到责备。据他说，政治分为正式和非正式两种。在正式政治的一方，我们设有国会、内阁或者政党，由它们来作出决定、通过法律、拟定和执行政策。在非正式的一方，人们聚集起来，建立交谈的网络，因而催生了个体意见与意向的流通程序，人们可以组织团体来维持这样的网络，哈贝马斯为这些团体起个名字，称之为"公民社会"。如上所说，公民社会在生活世界中安家落户，而正式的机关则落籍于系统的范围之内。生活世界的行为者依据他们在交谈中所得出的彼此都认可的主张来协调他们的行为。这样的行为被标记为交往行为，为的是要申明这样的事实，那就是他们的行为经过理性的深思熟虑之后作出集体决定而产生的，这些行为是自愿履行的。不过，系统却把预定的工具性行为的模式强加于人民，没有商量的余地。哈贝马斯指出，工具性行为的模式驱使人民为不尊重个人自主性的目标而活。正是通过这样的方式，生活世界在现代化的过程中被系统殖民化了。在这个过程中，资本主义经济和行政系统渐渐与非正式政治脱节，远离民主的监控。结果，我们的社会被推到一个境地，饱受社会秩序不稳、社会凝聚力被腐蚀以及愈来愈多的人感到无助和没有归属感的情况所困扰。

哈贝马斯为这个"病变"作出了诊断。据他说，系统所运用的工具性推理把每个人当作交易的筹码，这个看法正好解释了系统把生活世界殖民化之时为什么人们会感到无助、而社会秩序又会瓦解。反制措施成为渴求的对象。哈贝马斯指出，系统范围内的决策机关会做得好的，只要有一个正确的渠道，让公民社会的提议影响机关的施政便成。他指出公共空间是个合适的地方，让那个渠道有个起点，而我们就从那里着手处理现代化的问题。

哈贝马斯责备工具性推理给现代化造成不利的后果。不过，他所责备的应该局限于两种工具性推理的其中一种。他所议论的那一种工具性推理把别人当作棋子，随时可以牺牲，以换取更多利益。另一种工具性推理在实用性交谈中出现。这里，交谈伦理得到实践。这样的交谈目的在于达成怎样寻得公共利益的共识。这里的推理无论如何是不会把人当作工具，来促成上述的目的。让我们以美国高等法院在1973年所作出的堕胎裁决为例，详细说明这种工具性推理是怎样运作的。高院作出裁决之时，堕胎在全国范围内已成为民间和政界的热议题目，政治家和社会活动分子们基本上分为"撑选择"和"撑生命"两大阵营。

一般而言，"撑生命"的团体以生命神圣为由而唾弃堕胎，至于"撑选择"的团体则支持妇女对自己怀孕一事作出抉择的权利，包括合法堕胎的选择。双方都组织了社会团体，这些团体的观点大都得到成员们互为主观地审核过，他们都能够在平等基础上参与讨论。这些团体除了恪守交谈的规则之外，在游说的进程中还一直不偏离道德的指引。可是，双方遵循了两组不肯通融的道德指引。高等法院因应请求，开庭解决僵局，颁布的裁决有两个优点：第一，裁决在反对和支持堕胎双方之间取得平衡；之所以有此裁决，所依靠的是在国家对胚胎存活的关注与怀孕过程中不断增长的胚胎存活力之间所建立起来的对应关系。这样，便说明了堕胎所涉及的公平与人道问题实际上是妇女权利与胚胎生命之间如何取得平衡的问题，这样看待公平与人道，为堕胎这一议题的敌对双方提供一条达致道德谅解以平息纠争的出路。人们发觉高院为公众极度关注的问题促成共识与理解要比生活世界的行为者做得更好。第二，高院在思虑有道德含义的法律裁决之时，容许不断发展的医疗服务担当重要的角色。高院走出这一招，使得科学进展发挥作用，减低人们在妇女权利与胚胎生命之间保持平衡的难度。这是由于医疗检查若以先进技术为基础，便能够准确地判断某个时刻所执行的堕胎究竟是终止了一条性命，还是让胚胎终结。

如果是这样，工具性推理的影响力便会从科学的领域扩展到道德的领域。这种工具性推理珍惜人道，有别于哈贝马斯所说的第一种工具性推理。按照他所说，机关在系统的领域之内作出决策，如果受到公民社会所提建议的影响，便会有良好的运作。不过，我们却发现，高院推论而得的道德指引，比"撑选择"和"撑生命"的团体所依循的指引更好。高院作为系统领域内的决策机关，对着生活世界里作为公民社会一部分的利益团体所造成的影响，要比它受到这些团体的影响为多。哈贝马斯应当把天平从非正式政治朝向正式政治的一方稍作倾斜，并且修订他对工具性推理有所抗拒的观点，从而得到更好的现代化理论。意思是说，他所提出的公共空间当是决策机关和公民社会之间的双向渠道的起点。因为实在难以令人相信只有决策机关才会生病，而公民社会一定会提供所需的药物。

在现代化的进程中，不仅是决策机关会沦为第一种以人民为交易货品的工具性推理的牺牲品，公民社会里的利益团体同样会沦为这种推理的牺牲品。我们可以从美国的枪械政治里找到这个情况。据报，美国的"拥枪派"与"控枪派"双方的利益团体都在其宣传活动中结合了政治游说，以影响国会。不过，这样做没有增加让人们营造一个以通过理性交谈而达致共识为目标的公共空间的机会。无论什么时候，只要枪械辩论炽热起来，再有政客加入辩论，拥枪者便会担心更严厉的控枪措施将很快出台，于是抢着多购枪械，毫不理会究竟哪一方的舆论在政坛上占据了上风。这里，从公民社会通往决策机关的渠道不起作用。在这种情况底下，公民社会没有良药可以提供。哈贝马斯为公民社会描绘的美丽图画，与现实不符。

## 四　结论

政治之所以称得上符合人道精神，完全在于政府和公民社会的活跃团体都约束自己，拒绝只是把人民当作工具来看待。这个主张没有要求我们放弃那个在追求公共利益时有所作为的工具性推理，哈贝马斯的现代化理论被他那抗拒工具性推理的观点所毒化。

（作者系香港专业进修学校社会科学研究中心副主任）

# 公共领域与伦理

# 共和性：一种公开论辩式的生活方式

京特·策勒　文　陈龙　译

> 离开国家，就没有幸福可言。
>
> ——康德

本文把现代欧美的（大西洋地区的）公共性（Öffentlichkeit）概念置于西方共和主义政治传统的历史与系统语境中，表明在希腊城邦国家（polis）和罗马共和国（res publica）的双重传统中，国家属于政治审议和决策的公共领域；进而分析在现代早期的政治思想中，公共与私人之间界限的重划，审视了在对高度现代化的商业社会与公民社会的政治与哲学反思中，公共与私人之间区分的转变。全文考察的焦点是政治生活中的法治和自治的共和主义要素。

## 一　公共优先于私人

与"启蒙运动"（Aufklärung）的概念类似,[①] 公共性的概念[②]是一个关于复杂文化变迁的概念——它涉及跨越了久远历史和不同地域

---

①　关于德国对启蒙运动的讨论，参见 G. Zöller, "Enlightenment About Enlightenment. Kant's Conception of the Autonomous, Public and Communal Use of Reason", in *The Fate of Reason. Contemporary Understanding of Enlightenment*, ed. by Hans Feger, Würzburg: Königshausen und Neumann 2013, pp. 155 – 169。

②　德语 Öffentlichkeit，英语可以翻译为 "public sphere"，即"公共领域"，但这种译法并不能表达 Öffentlichkeit 的全部意思。

的多元文化传统，从希腊和罗马到西欧和北美——只有到 18 世纪，在北大西洋地区的政治学领域里，公共性一词才得到术语化的表达和概念性的描述。作为一种批判性概念——它旨在陈述和评价作为社会政治现象的散漫的共同体，即有学问的公众，他们热衷于分享思想并推动对公益的思考——公共性概念出现的时间更晚。哈贝马斯第二篇学术论文（教授资格论文）的标题为《公共领域的结构转型》。① 从 1962 年开始，随着该论文多个版本和多种译本的陆续出版，公共性概念已经成为一种陈述性的范畴，同时，它也带有规范性意义，旨在表征西方发达社会中一个阶层——知识分子、学者与作家，这一阶层热衷于互相启发，致力于合力推动那些有着重大理论和现实意义的知识的状况，即解放性潜能的释放和修正主义的衰退。

在哈贝马斯那里，并且在哈贝马斯之后，"公共性"这一概念已经逐渐成为知识获取和认识成果的载体，并且逐渐成为认识成果监视控制和商品化的对象。在哈贝马斯后期的马克思主义分析中——这种分析更多地从社会学而非哲学角度展开，公共性构成了启蒙内在辩证法的一部分，它不仅在进步主义与妥协主义之间，来自下层的革命主义与来自上层的改革主义之间摆动，还在对现状的异议及批判与通过强权政治及市场经济对异议的驯化和匡正之间摆动。

从启蒙到娱乐，从社会批判到消费主义的广告，公共性及其社会关联即公众的命运荣辱交错，在众多欧洲语言中，我们现在用以表达公共或公众含义的那个词，事实上都直接源于公共性概念（意大利语为 publicità，法语为 publicité）。在哈贝马斯对这一概念进行开创性论著的五十多年后，公共性已经变为一种媒体管理式的存在，它受到了各种力量的控制，其中既有精心编织的信仰，也有有理据的信念，而前者的影响力就算不比后者大，也与后者不相上下。在公众视线里，并在其审视和监察下，公共性受到了赞许，也受到了谴责与批评。

---

① J. Habermas, *Strukturwandel der Öffentlichkeit. Untersuchungen zu einer Kategorie der bürgerlichen Gesellschaft*, Neuwied and Berlin: Luchterhand, 1962.

基于这些背景，当我们今天在哲学会议中谈论公共性和公共领域时，特别是在当今中国开创性地谈论这些问题时，也许不应当采取回到法兰克福及其学派的方式，而应当更广泛地考察较为古老年代学派的思想，以及这些思想在近期的影响，即考察那些最初出现于希腊和罗马的学派，以及它们更为现代的传承，包括费城这一大陆会议召开的地方，所有被考察的对象都象征和代表了公共性的遗产和公共领域，这种公共领域并不局限于对话和讨论，相反，它要求在对话和讨论的基础上展开政治活动，并实行改良论者的政治主张。在对公共性的这种新理解中，特殊政治语境下的政治活动、公共性和公共领域就不意味着有距离的批判，而意味着审慎的决定和热情的参与。我们所讨论和所需要的公众不是一个听众或观众，而是一种强有力的能动主体和真实的力量。简而言之，公众的或公共的是政治的。公共领域是共和体（res publica），一个真正的共和体，而不是大家熟知的文字的共和体。公共性——请允许我这么说——是共和性。

通过概念性的政治化和历史性的授权，公众变成了公民（civitas），至少在理想状态中或者只有在反事实的状态中，这一主体之和既是统治者，又是被统治者或者公民、臣民；另一种与之互补的状态是公民即立法者，这种状态使得公民服从他们自己创立和同意的法律。这种以统治与被统治的互惠性和交换性为特征的治理模式就是自治，更准确地说是自我立法或自律。公民自治的历史根源可以追溯到古希腊，更具体地说，可以追溯到拥有一种双重独立性的城邦国家建立之时：独立于异国统治和本国霸权。本质上，希腊人自治的目标是反对君主政体：它从内外两方面反对王国的统治霸权；主张将城邦国家的管理交给一部分或者大多数民众，特别是那些地方精英，例如追求高贵的家族，或者出现在公元前 5 世纪雅典城邦的特例之中的一个不断扩大的、使大众自治（demokratia）得以短暂实现的群体。此时的雅典城邦的本质特征是法律公平合理地适用于每一个公民（isonomia），并且每个公民都有公开演讲（parrhesia）的权利，这一本质特征被那些政治悲剧作家（如埃斯库罗斯）、政治历史学家（如修昔底德）、政治哲学家（如亚里士多德）等类似的学者总结出来。

在概念层面，从晚古风时期开始，直至希腊化与罗马时期帝国统治的到来，古希腊城邦国家在这一时期所发明和实行的自治体系，不仅包括雅典式的直接民主，而且包括孟德斯鸠所思考的共和国的贵族政治，[1] 在这种政体中，政治权力被授予或多或少的一部分人，而他们与那些没被赋予权力的人的差别体现在社会文化属性方面，例如家族、财富和教育。古希腊的自治包含自主立法，这种自治以及从那时开始一直到 19 世纪中叶的共和主义[2]现实的核心并不是民治（government by the people），而是民享（government for the people）——统治精英对福利的重要关切，而无论这种福利如何定义与衡量；对城邦的重要关切，包括共和国整体或共同体整体以及它们的主要部分。

民主主义政治哲学与共和主义政治哲学在概念上的区分与历史上的差异导致了一种双重的规范性评价，这种评价影响了西方大多数的政治思想和政治实践：一方面，政治统治所需要的认知与意志能力只为少数人具有，大多数人都缺乏这些能力；另一方面，彻底的民众统治（直接民主）会使政治陷入平民主义（populism）之中，进而威胁到独立的、不自由的"自由的"自主立法、"多数人暴政"（托克维尔）外衣下隐藏的多数人的准独裁体制。[3] 在共和主义思考治理问题的过程中，正是如下观念构成了这种思考的持续特征：政治统治涉及

---

① cf. Montesquieu, *De l' esprit des lois*, Book 2, Chap. 2, 1748. 为方便使用不同的版本和译本，本文全文在引用古典政治哲学文本时，只指出所涉及文献的相关部分，而不引用某一特定版本的页码。由于每一部著作都是如此引用的，因此在列出的第一个参考文献中，附加说明了该著作第一次出版的时间。

② 对现代共和主义背景和内容的具体论述，参见 G. Zöller, "Res Publica. Plato's 'Republic'", in *Classical German Philosophy*, Hong Kong: The Chinese University Press 2014; "*Homo homini civis*. The Politico-Philosophical Actuality of German Idealism", forthcoming in *German Idealism Today*, ed. by A. M. Rasmussen, Berlin/Boston: De Gruyter; and "'True Republic.' Kant's Pure Doctrine of Law on the Mode of Government and the Forms of State", forthcoming in *Kant's Philosophy of Right*, eds. by J. – C. Merle & C. F. von Villiez, Berlin and Boston: De Gruyter。

③ cf. A. de Tocqueville, *De la démocratie en Amérique*, Part 2, Chap. 7, 1835/1840.

遵守规则，包括统治者一方自己要遵守规则，即他们不能按照其个人偏好和私利行事，其行为应当出于对共和国共同事业（res publica）的关切和考虑。

被认为能够促进和导向共和国治理的公民精神，主要涉及伦理教育或者对习性与民德的教诲，而这些教育的目的在于使人们能够负责任地行使公职权力。在古典共和主义看来，为公民服务做准备并不是现代个人主义意义上的个人道德问题，而是一种与社会有关的卓越教育，这种教育更重视公共的而非私人的，政治的而非个人的。在古希腊，纯粹的私人存在方式（idiotes）意味着有缺陷和无法实现一种自由公民（polites）应当具有的公开论辩式的生活方式。在希腊人看来，正如在柏拉图和亚里士多德的政治哲学著作集中体现的那样，只有沉思的哲学生活方式（theoria）才能胜过政治的生活方式（praxis）——其理由并不是因为沉思包含更高层次的私人性，而在于哲学的深刻见解及这种见解所鼓励的生活超越了私人范围，甚至到达了元政治领域。

作为希腊人发明的一种政治生活方式，古典共和主义的另一个标志性特征表现为公民与统治者之间的平等状态得以建立和维持。与等级制形成了鲜明的对比，在家庭与经济领域（在希腊人看来二者可归为一类，都涵盖在"家政 oikos"这一术语中）等级制国家实行"垂直的"社会管理，而公开论辩的生活方式使得公民政治家能够以平等人或者"水平的"方式交往互动。诚然，我们所讨论的希腊人的平等，本质上是规范性的，范围上是公民的，它涉及将一些群体（妇女、外邦人、奴隶）完全排除在平等状态和平等对待之外。相应地，亚里士多德对伦理与政治领域的正义（dikaiosyne）做了如下著名定义：平等地对待平等的人，不平等地对待不平等的人。①

希腊人将政治自由理解为平等人之间的自治，同时也是对平等人和不平等人的自治。希腊人的这一理解在罗马共和国的政治理论和实践中得到了改进和提升。在这些改进与提升中，最重要的是通过建立

---

① cf. Aristotle, *Politics*, Book 3, Chap. 9; 1280a7 – 22.

一系列固定规则（民法）并构建一种有助于监管法律执行的司法体系，从而使得公民之间的法律关系正式确立下来。罗马法学家与政治家编撰法典的工作——它促进了大陆法体系在中世纪和现代的发展——的共和主义意义在于，它表达了法治的规范性观念，或者说它表达了这种规范性观念：为免于任意决策和不平等对待，应该用一致同意的规则来管理公民之间的关系。将这一观念扩展到政治领域，罗马的律法主义者试图把以不平等和腐败为标志并被诟病的"人治"转变为以平等和公平为特征的"法治"。

随着公民关系的合法化，罗马共和国建立了一个广泛的公民观念，这一观念不再基于或限于部落联盟（例如在雅典城邦中的村社），相反，它完全由法律规定，并且还可以扩展到那些愿意在罗马法的要求和保护下生活的殖民地和被占领地区的人民。最后，罗马的共和主义传统包含着对爱国观念模式的培养，这种观念模式由两种要求结合而成，即献身于公共服务和致力于维护共和国的完整，特别是使共和国免于国内外的霸权统治。

可以确定的是，随着罗马帝国的崛起，共和国逐渐变成其前身的一个影子。在这一过程中，曾经位于罗马广场（Forum Romanum），涉及争议与审议、决定与裁决的公共领域被转换为法庭，这一众所周知的充满阴谋、贪腐和虚伪的场所。在罗马帝国——西罗马帝国而不是东罗马或者拜占庭帝国——衰落之后，共和主义的生活模式幸存下来，并在中世纪和现代早期的北意大利商贸共和国中（最著名的是热那亚和威尼斯），以及在德国南部和西部的自由帝国城市中重新展开。在这个过程中，共和国的权力核心由广场和元老院转变为市政厅和行业协会。

## 二　公共与私人的分离

在中世纪之后的现代早期欧洲，随着中央管理的区域性国家的兴起和蔓延，公共与私人之间关系的问题经历了一场彻底的价值重估。一般而言，政府治理效率在不同层面的提升会使得公共领域从一种自由交流和互动的领域转变为一种需要系统表达和精确陈述的领域。在相反的方向上，个人生活的私人领域成为一种反隐私性与私密性文化的焦点，这一文化始于现代早期的宗教改革，到浪漫主义早期结束。但是，现代社会对私人领域的全新关注与持续重视，弥补了新生公共权力不自量力行为所造成的影响。从本质上看，如果不是有意地编造，现代国家政治权力的目的仅限于开启和维护一个无约束的公民与社会空间，从家庭到公共组织再到商业活动，私人生活的"自由"行为可以通过多种多样的方式呈现。

在现代公共与私人之间，新均衡关系的政治与哲学基础发展了私法与公法之间的区分。在中世纪，政治生活已经被一种复杂的、在历史中生成的、规定相互责任的网络所管控，从国王或皇帝到地方统治者再到其臣民，这一网络在封建领主与其奴隶之间相互嵌套的层级中运行。虽然本质上是政治的，但封建纽带的实质是个人的，性质是私人的。与此相反，现代人认为，政治统治的运行不能依靠统治者的个人财富和权力，而要依靠公共财产和公共权力，并且这种公共权力是受法律认可和制约的。这样的法律不关注私人个体之间的关系，而关注所有这样的私人个体与他们归属的政治全体之间的关系，在此的政治全体是一种崭新的实体，大多数西欧语言都用一个源于意大利语、表示"状态"和"机构"的词"国家"（lo stato）来命名这个实体（state，état，Staat）。

与新的法律资格相对应，新生的现代国家既是强大的，也是有限的：虽然它能强有力地独揽政治，但也要受到法律的制约，而法律规定了政治权力的来源和范围。虽然在构建过程中，现代国家受到了法律的限制，但是它依然可以表现为共和国，依然可以延续古典共和主义对共同善的关注。现代国家应当具有绝对的政治权力（主权），这一主张的首要思想家让·博丹将其开创性的著作命名为《共和国六论》（Les Six Livres de la République）。托马斯·霍布斯因其建立全能国家（all-powerful state）的主张而备受诟病，他让绝对主义者的国家为"共同体"或者"公民"服务，并且认为建立这种国家的目的就在于保护与促进共同体或公民。① 霍布斯在法律层面对国家进行了隐秘的共和主义论述，这种论述涉及君主应当服从一种超越成文法的法律（自然法），② 自然法要求政治权力应当建立并维护集体公民的福利（安全）。③

在概念层面上，随着对国体与政体的区分，现代早期在创造和解释国家的过程之中激发出了共和主义灵感，④ 国体包括君主政治、贵族政治和民主政治这三种经典类型（以及在这些观念模式上建立起来的混合制度），政体包含在两种体制之间的选择，即出于个人利益与私人偏好的专制统治，以及从政治共同体利益出发的共和主义统治。虽然博丹和霍布斯表达了对君主制的审慎偏好，但是他们都明确地同意，政治统治可以被一种由多数人构成的管理组织执行。⑤ 不管其外在形式是什么（君主制、贵族制或者民主制），博丹和孟德斯鸠所展望的现代国家都是法治国家（Rechtsstaat），在这种国家中，公民享受法律的保护，从而免于他人和统治者的侵犯。因此，当霍布斯和博丹在论述国家时，将下面两方面结合起来就不足为奇了：一方面，对公共权力的起源、合法性和范围的关注；另一方面，与前者互补的，对保护公民私人利益的关切——对公民而言，法律既有允许又有限制。

从霍布斯开始，运行最高政治权力的证明基础是社会契约的合法订立，社会契约将隐然或明确的同意引入政治权力的构建过程之中。⑥ 不同于社会契约的原型，这一原型取自私法，而私法关注独立个体之间的关系，被视为建立在共同体或国家基础上的公共契约是全社会的（社会契约），并且与公共领域的建立相关，而建立这一领域

---

① cf. T. Hobbes, *Leviathan*, Introduction, 1. and Part 2, Chap. 26, 1651.

② Ibid. , Part 1, Chap. 14.

③ Ibid. , Part 2, Chap. 17.

④ cf. J. Bodin, *Les six livres de la république*, Book 2, Chap. 2 and Book 6, Chap. 6, 1576.

⑤ Ibid. , Book 2, Chap. 3, 6 and 7; cf. Hobbes, 1651, Part 2, Chap. 19.

⑥ cf. T. Hobbes, 1651, Part 2, Chap. 17.

的目的在于运行政治权力。一般而言，虽然政治社会的契约论起源说不能被设想为一种历史事实，但作为证明装置则具有启发性的功能，如果这种功能并非虚构，它让我们能借助私人契约的模型来模拟公共权力状态。

通过私人契约与公共和政治的契约之间的类比，社会契约的一种更深入的特征表现出来：契约约束是互惠的和相互的，它明确了君主与臣民之间的关系，即使二者之间存在不对称的权力关系。通过契约建立主权者（利维坦），虽然从规范性角度看这一观点是不容辩驳的，但是，这一过程被认为受到一些先在和外在于契约的规则或法律的约束，并且这些规则或法律不受谈判和选择的支配。在霍布斯的论述中，我们可以看到，在最绝对的情况下，现代国家的政府仅仅是一个代理人。在霍布斯戏剧化的语言中，它仅仅是一个潜藏着的集体能动主体的"扮演者"，仅仅是公共权威的"撰写者"，通过聚合和转移，它使权力运行起来。① 从这个视角看，正是全体中的私人个体构成，甚至控制着公共机构和政治权力。

在论述国家时，后来契约论者——例如约翰·洛克的观点——认为正在共同形成的个体优先于已经形成的公众整体，这种优先性的存在比主权权力的建立更重要，同时，这种优先性还意味着人们享有不可剥夺的权利（自然权利），自然权利在限制臣民的同时也限制君主。② 更加激进的观点由卢梭提出，他将集体公民而不是统治者置于主权者的地位（人民主权论）。③ 在卢梭看来，公民的联合不仅为政治统治提供了源头和证明，而且还发挥着如下功能：一方面，它持续不断地给政治统治授权；另一方面，它构成了申诉和废止国家越权行为的根据。④

对私人反对和对抗公共权威进行政治授权的理论基础在于：作为

---

① cf. T. Hobbes, 1651, Part 1, Chap. 16.

② cf. J. Locke, *Two Treatises of Government*, Book 2, Chap. 11, 1690.

③ cf. J. - J. Rousseau, *Du contrat social ou Principe du droit politique*, Book 1, Chap. 7, 1762.

④ Ibid. , Book 2, Chap. 4.

一种人造实体的国家完全是由其公民成员组成的（身体政治）。① 霍布斯最先展开对国家的拟人化描述。在霍布斯看来，巨大的怪兽即国家（利维坦）让人类即其臣民通过集体参与和协作配合，共同提供了人造超人所需要的来源、物质和形式。霍布斯认为，正是私人个体自身承担了他们的这一转化，即从多元的私人性转化到政治的公共性，在此过程中，为了实现作为一国公民的公共人（角色），人类超越了作为个体的私人身份。

在国家的契约式建构过程中，私人个体使自己成为公共的人，公共的出现将一种共和主义元素引入现代早期的君主制国家之中，而这一元素也对抗并挑战着那些体现在现代政治社会中的自由主义（更确切地说，早期自由主义）特征。自由主义认为，现代国家不仅需要足够的权力，而且也应当受到必要限制，它仅限于为其公民提供一种私人空间，在这种空间中，公民可以进行在规则控制下的、不受约束的"自由"活动与合作（"自由"）。从新共和主义的视角看——孟德斯鸠在分析法律治理公民生活时集中表达了这些观点，现代公民新近拥有的个人自由并不在于，只要没有法律禁止这种行为或者提倡相反的行为，个人就可以按其喜好行事。相反，共和主义所关注的政治共同体中的自由在于这种能力，即能做那些公开建立的规则和法规（法律）所推崇的事情，同时不去做那些法律禁止的事情，作为共和主义的一个限制性条款，法律必须被公正地制定和管理。② 自由主义自由的核心在于允许，而共和主义自由的核心则在于关心（consideration），关心他们的同胞公民，最重要的是关心共同体。

孟德斯鸠及其之后的卢梭指出，纵观历史并着眼于现在，共和主义治理的标志性基础在于政治的教育和教育的政治，二者使得人类由自私的个体转变为负责任的公民，从被动的臣民转变为主动参与的爱

---

① 关于"身体政治"的重要政治隐喻，参见 G. Zöller, *The Body Politic. Biomorphic Models of the State From Classical Greek Philosophy to Classical German Philosophy. Lecture Series Given at Huozhong University of Science and Technology* (*HUST*), Wuhan, P. R. China, March 2014。中译文版本正在准备中。

② cf. Montesquieu, 1748, Book 6, Chap. 4.

国者。孟德斯鸠和卢梭认为，要实现共和主义的人的政治化转变，其核心在于培养公共生活中的一种专门的政治美德（vertu politique），这种美德能增进个人道德的发展，使个人具有一种公共服务意识，甚至使个人为共合体作出牺牲。① 共和主义政治精神的进一步扩展由卢梭引发，并由那些自称是卢梭学生的人们在法国大革命中短暂实现，这一扩展表现为一种公民宗教信仰和宗教崇拜（公民宗教）的创立，公民宗教的目的在于将一系列有助于人们履行其公民义务的信念灌输给公民。②

## 三　公共与私人的对立

以自由为中心的自由主义，和以责任为中心的、对现代国家政治统治和公民的共和主义，二者之间最初的分歧和之后的对立随着商业社会的兴起变得更加明显。按照自由主义的观点——这种观点从约翰·洛克开始到伯纳德·曼德维尔和亚当·斯密再到约翰·密尔逐步形成，要想增进公民社会的总体福利和繁荣兴盛，自私个体所追求的私利并不需要受到社会政治的驯化和匡正。与此相反，相较于政府干预和政府的社会与公民管理，自由和无约束地让各种利益展现出彼此之间的冲突和竞争关系，这一做法被认为能够带来更多的社会善。用曼德维尔的语言风格来表达——曼德维尔以养蜂场为比喻对社会作出了著名论述《蜜蜂的寓言》，该书具有讥讽意味的标题体现了这种语言风格——"私人恶德"最终产生出"公共利益"。③

在市场中，各种表面上不受控制的力量背后隐藏着一只"看不见的手"（亚当·斯密语），然而，自由主义对"看不见的手"的援用并不能反映出现代政治社会的一个毫无争议的共识。现代社会的商

---

① cf. Montesquieu, 1748, Book 4, Chap. 5.

② cf. Rousseau, 1762, Book 4, Chap. 8.

③ cf. B. de Mandeville, *The Fable of the Bees*, *or Private Vices*, *Publick Benefits*, 1714.

业化并不总被视为一种进步和发展。特别是像孟德斯鸠和亚当·弗格森这样的哲学家和政治思想家，他们将现代对个人收入和利润的迷恋，与强调公众团结和公民支持的古典精神对立起来。然而，回到古典共和主义之史诗般过往的怀旧观点，以及对公共生活而非个人生活的原则性偏好，都因为清醒地意识到现代生活的平庸性而有所缓和：现代生活中，市场和证券交易所已经取代了广场和公共集会场所。

面对现代商业社会的事实，一些政治哲学的支持者试图发掘并描述出这种专注于私人追求的生活对个人的益处，只要他们还不是狭隘的自私，而且相反地致力于个人的提升和丰富。本杰明·贡斯当对古代与现代自由进行了著名比较（"古代人的自由"和"现代人的自由"），① 他认为，将政治统治交给专业政治家和公仆使得现代人从直接和费力的政治事务中解脱出来，因此，现代个人可以自由地享受一种以社会为中介的自我实现生活。在自由主义阵营中，约翰·密尔主张一种从本质上看是精英主义的自由生活观念，这种观念包含理论与实践上的自我完善，同时也包含将那些不适应或不适合自我完善要求的个体排斥在社会之外，使其成为公民中的边缘人物。②

黑格尔从术语和概念上区分了公民社会（bürgerliche Gesell-schaft）与国家（Staat），并将它们视为规范性思考社会存在（Sittlichkeit）的两种不同表现。③ 通过这种区分，黑格尔对现代公共与私人之间的分离作了最好的阐述。通过将公民社会定位于这两个领域之间，即家庭的初等社会文化领域，以及国家的最终领域，黑格尔成功识别并分离出一种处于中介地位的社会阶段：它处于私人领域与政治领域之间，具备一种特殊的公共性；它同等程度地抽离于家庭的和公开论辩式的生活方式，遵从自己的统治，并拥有自己的共同体精神与商业主义精神。相较于家庭的私人领域，黑格尔及其之后的公民社会

① cf. B. Constant, *De la liberté des Anciens comparée à celle des Modernes. Discours prononcé à l'Athénée royal de Paris*, 1819.

② cf. J. St. Mill, *On Liberty*, 1859.

③ cf. G. W. F. Hegel, *Grundlinien der Philosophie des Rechts*, Part 3, 1820.

的关注点在职业团体和商业竞争,因此公民社会呈现出公共或公众的特征。相较于国家,公民社会似乎是一种从私人领域向更广泛社会领域的扩展,它甚至与我们强调的公众或公共相对立,确切地说,与黑格尔称之为"政治国家"(politischer Staat)的国家的政治领域对立。①

黑格尔将重要的政治国家从这两个领域中分离出来,即家庭的前政治领域,以及公民社会的外政治领域。黑格尔的这一分离创造性地调和了现代个人主义与古代公民主义之间的关系,自由主义自由与共和主义自由之间的关系,以及公民自由与政治自由之间的关系。诚然,黑格尔并没在对等的基础上对待(公民的)社会与(政治的)国家这两个领域。相反,(政治的)国家被认为在规范性上超越于(公民的)社会,在概念上优先于(公民的)社会,这正如在共和主义传统中,公共的人超越于私人,公民生活超越于商业生活。但与古典的"公民"共和主义不同,在黑格尔看来,为国家服务以及一种爱国观念模式(Patriotismus, politische Gesinnung)的实现,并不在于英雄事迹和巨大牺牲,而在于履行公共义务,特别是被任命或被选举出的公仆应当负责任地行使其公共职权。②

同时,在黑格尔那里——就像在他之前的康德和费希特那里——现代国家的共和主义特征在很大程度上限于司法上的共和主义,它主要包含公平法律的建立和实行(法治),以及对统治与管理的制度性分离(立法权与行政权)。古典共和主义的自治在制度上要求公民积极参与公共事务;与此相反,在现代国家中,参与事务的公民从直接涉事转变成为了间接影响。如同现代早期和现代晚期几乎所有的政治哲学家一样,黑格尔也反对直接民主,他将直接民主等同为暴民政治或暴民统治;同时,在间接参与的可能性方面,黑格尔也给予了很低的重视与评价,在黑格尔看来,代议制民主是一种"代表"制度,而这一制度建立在那些业已形成的利益集团,例如专业社团和地方团

---

① cf. G. W. F. Hegel, *Grundlinien der Philosophie des Rechts*, Part 3, § 273.

② Ibid., § 268.

体的巨大影响之上。①

现代共和主义政治哲学的一种更为显见的模式——它同时协调了两种声音，即古典自由主义对自治的要求，以及隐藏在政治平民主义身后的对潜在暴政危险的忧虑——出现在那场旷日持久的广泛讨论中，即美国在北美建立的过程中，人们围绕如何现实且慎重地建立起共和政体所展开的讨论。其中，尤为重要的是所谓的《联邦党人文集》，该文集由亚历山大·汉密尔顿、詹姆斯·麦迪逊和约翰·乔伊三人匿名撰写，以报刊文章的方式在 1787 年 10 月至 1788 年 8 月间发表，它推动了美国宪法的批准，记录了一场关于政治之直接与长期意义的公共争论。

《联邦党人文集》的第十篇文章由詹姆斯·麦迪逊以"普布利乌斯"笔名写成。文章引证了广泛且不同的观点，这些观点被引入政治审议和决策过程中，而这一过程通过如下方式完成，即把统治权授权给一个相对小的被选举出来的公民团体，这一团体能代表较为广泛选民的经过反思的利益。通过对不同观点的讨论，文章详细阐述了在有着广泛地域和多元人口的社会中，共和主义治理体系（共和制）比大众治理体系（民主制）更具有优势。此外，麦迪逊（普布利乌斯）还指出由各成员国构成的联盟（联邦）所具有的另一个优势，即联邦利益的重要性和广泛性有助于缓和个体成员国的特殊利益要求。作为美国建国的政治和哲学基础，共和主义在大西洋的遗产为要求法治和自治的古典共和主义增添了新面貌，同时也为自治的现代变革即代议制政府增添了新特征。②

今天，距离公共政治的创制大约过去了两千五百年，距离联邦共和主义的出现大约过去了四分之一个千年，欧洲以（经济和民族方面）国家主义的兴起和（政治与文化方面）分裂主义的复活为特征

① cf. G. W. F. Hegel, *Grundlinien der Philosophie des Rechts*, Part 3, § 301 and § 309.

② cf. A. Hamilton, J. Madison & J. Jay, *The Federalist Papers*, No. 10 (Madison).

并且因此饱受诟病。这样的欧洲正面临着巨大挑战，即将那些不断增长的微小民族国家转变为一个在政治上而不仅仅是在经济上足够强大的联盟，从而经受住内外威胁，以实现自治。在大西洋区域之外，共和主义在政治思想方面的遗产，即要求法治前提下的自治政治，对全球的专制主义统治和平民主义统治提出了挑战。

（作者系德国慕尼黑大学哲学系教授）

# 改变帝国心态

## ——公法的公共领域

豪克·布伦克霍斯特　文　王琦　译

当今的现代法律是世界法律。世界法律有多种来源，它是来自于世界所有地区的很多法律传统的混合搭配。德国社会学家卢曼（Niklas Luhmann）写道，在当今世界，没有地方会期待像一个被剥夺公民权的陌生人那样被对待。即使是反对这种观点的法学家也能够环游世界。[①]

几乎所有地方的现代法律都有着高度的相似性。甚至朝鲜也拥有一部宪法，其第 67 条是保障言论自由的。相似度高的原因是现代法治的内在跨国特性。由于全球公众的存在，国家法律强烈依赖于相互借鉴和复制法律教科书、法律手段和法律传统。[②] 今天，就像一位哲学系系主任在他的介绍性发言中说，谁想要建立中国哲学就必须学习德国哲学。这句话倒过来也是成立的，也适用于世界各地所有的科学工作者。不仅是想要建立德国哲学的人必须学习中国哲学，那些想要建立欧洲公法的人也必须学习中国公法。这一直是这样，至少自从交际比较的合理性（Vernunft des Vergleichs）代替了对应的本体论的合

---

① N. Luhmann, *Das Recht der Gesellschaft*, Frankfurt am Main: Suhrkamp, 1995.

② cf. R. Nickel, *Conflict of Laws and Laws of Conflict in Europe and Beyond-Patterns of Supranational and Transnational Juridification*, Antwerp: Intersentia Publishing, 2010, Ius commune europaeum; 88, 2010 (Chapter 12. "Transnational Borrowing Among Judges: Towards a Common Core of European and Global Constitutional Law", pp. 239 – 260).

理性（Vernunft des Vernehmens）开始。①

此外，现代法律到处都如此相似是由于相对较高水平的国际法的形式化，这些产生于一般的声明、具有普遍约束力的契约、章程、判决书、条例、决议和法律行动的执行（具体化），是由数量越来越多的各式国际组织、国际集会和国际法庭控制的。②

至少有一个特征是所有法律共有的，即现代（今天所有的法律都是现代的）：它的压制和解放的双重结构。在欧洲，这种结构起源于 11 世纪和 12 世纪罗马教皇的法律革命时期。当时，技术先进的罗马民法（这只是一个协调帝国统治阶级的利益的法律）与声称平等和解放的救世的基督教道德法律是结合在一起的。作为新的、学术上专业化了的教规，民法和公法从 18 世纪后期开始完全世俗化，特别是在法国和美洲的大西洋宪政革命之后。那个时期的德国哲学家将其自相矛盾地定义为自由的法律：Dasein der Freiheit（自由的存在）。这意味着，基于主体权利和人民主权的新创建的宪法，仍然代表了旧的压制和解放的双重结构。法律，特别是公共法和宪法，在其从未有过的合法力度和社会包容性下，现在有助于解放。然而，同样的法律也是存在（Dasein），这种存在具有压制性，因此也具有真实性和阶级正义。③

今天，压制和解放的双重结构是世界法律的主要特点之一（它不只是应用于贸易规则）。法律解放的力量往往是隐藏的，而压制的

---

① N. Luhmann, *Grundrechte als Institution：Ein Beitrag zur politischen Soziologie*, Berlin：Duncker & Humblot, 1965. 类似的论证可以追溯到 20 世纪现代哲学的语言学转向，参见 Rorty, *The Mirror of Nature*, 1979。而且系统理论的批评者，如阿佩尔和哈贝马斯，也会反复地提出类似论证，参见 K. - O. Apel, *Transformation der Philosophie*, Frankfurt am Main：Suhrkamp, 1973；J. Habermas, *Wahrheit und Rechtfertigung. Philosophische Aufsätze*, Frankfurt am Main：Suhrkamp Verlag, 1999。

② cf. A. von Bogdandy & I. Venzke, *In wessen Namen？ - Internationale Gerichte in Zeiten globalen Regierens*, Berlin：Suhrkamp, 2014.

③ cf. Brunkhorst, *Critical Theory of Legal Revolutions-Evolutionary Perspectives*, London：Bloomsbury, 2014.

功能更占主导。然而，尤其是公共法的解放的力量是可以被激活的，并且这种激活是通过公共冲突引发的。下面我将举三个例子。

我的第一个例子来自20世纪20年代的中国。1925年5月30日这一天不仅标志着在上海爆发了中国很大的一场革命，而且我们也可以观察到从帝国时代到国际化时代的模式转变，或者至少，后帝国国际法的开始。20世纪20年代中期，上海是在军事压力下被迫签约不平等条约的中国通商口岸之一。这些条约包括有利于英国、日本、法国、美国、意大利、荷兰、葡萄牙和比利时等帝国主义列强的某种特权的特殊区域——即所谓的公共租界。5月30日，在由罢工工人支持的学生和平抗议中，有11位示威者丧生于英国人的枪下。血腥事件引发的暴乱是由冷静和平淡的法律报告的管理业务引起的，这次暴乱不仅是共产党崛起的开始及社会主义和反帝国主义的重要联手，也是触发国际法的帝国心态的一个惊人的内部变革。

暴动过后，为了进行调查，一个国际法官委员会被召集了起来。[1] 该委员会声称代表法律的规则，但经常赞成指责中国人和粉饰西方帝国主义的代理机构，这清楚地说明帝国主义法律具有阶级和种族偏见，因此是压制性法律。由于非正式帝国（英国/美国/日本）的法官认为中国法官具有偏见和片面性，因此他们被委员会排除在外。[2] 正如预期的那样，三个法官中的两个，香港最高法院首席法官戈兰（Sir Henry C. Gollan）和广岛上诉法院首席法官须贺（Kitaro Suga），完全肯定了帝国心态。他们把责任

---

① cf. R. W. Rigby, *The May* 30 *Movement*: *Events and Themes*, Canberra: Dawson, 1980; *Shanghai Incident Collection*, MS 399, Special Collections, Milton S. Eisenhower Library, The Johns Hopkins University, 2012.

② 右翼保守党派领袖张伯伦（Austen Chamberlain）非常赞成将中国人排除在外。张伯伦写信给英国驻上海的代表："我不认为应该包括任何的中国代表"，他给出的理由是中国代表在和解方面没有法律资格，而且他们"坚持希望用上海事件作为不同的更大事件的论据，而不是严格地按照事件本身的价值去评价它"。（张伯伦转引自 Rigby, *The May* 30 *Movement*: *Events and Themes*, p. 92）

归咎于中国人，并"免除了对警察和上海市政委员会官员的所有指责"。

但下面这个情况是不同的。完全出乎意料的是，第三位法官，菲律宾最高法院陪审法官，来自美国的约翰逊（E. Finley Johnson），持有反对意见，并将罪责延伸至公共租界的帝国主义列强和他们的领导人和警察部队。由于对"上海外籍团体的愤怒"，约翰逊不仅"谴责警察"，而且把重要的历史和社会背景考虑进去，"似乎佐证了中国的立场，即枪击案不能恰当地被视为孤立事件"。① 约翰逊论证说，首先，"骚乱"有一个"持续多年的原因"，并且这个原因在于一个对国际法的习惯性违反的长长的清单，涉及如下几点：

（1）国际会审公堂的非代表性的法律地位；

（2）上海政府缺少中国代表；

（3）犯罪分子总是中国人，法官总是外国人的事实；②

（4）中国"丧失领土的主权"；

（5）一边倒的"修改条约"；

（6）道路建设在中国境内却未经授权；

（7）"在中国领土内篡夺立法、司法、行政和警察特权"，等等。

随后的第二个长清单列出"直接和近似的原因"，这些原因大多数在于不合法地使用特权法导致的侵权行为：

（1）采用那些能创建新的刑事罪行的法规；

（2）市政委员会的法规，授权股票和产品交易、惩罚言论自由；

（3）警察部队压制集会自由。

约翰逊的两个清单必须被视为违反现有的国际法的典范。约翰逊

---

① R. W. Rigby, *The May* 30 *Movement*：*Events and Themes*，p. 94 ff.

② 这是名义宪政制度（nominal constitutional regimes）的典型特征，参见 M. Neves，*Zwischen Subintegration und Überintegration*：*Bürgerrechte nicht ernstgenommen*，Frankfurt am Main：Suhrkamp，1990，pp. 363 - 389。

的清单中只有少数和次要的内容是指责中国人的。①

这是一种有趣的论证，因为约翰逊依旧采用了帝国的法律框架，但同时"误用"它来达到摆脱它的目的。对于中国人来说，约翰逊在当时的异议不是不重要，而是持续两年并视为中国大革命序幕的第一次内战使其失色很多。然而，约翰逊使公众沉默并默许了帝国主义的司法。由于更好的法律论证力量的缺乏，他使不平等条约、公租界的特殊制度和非正式帝国在国际法中没有任何后盾的事实变得显而易见。他的报告在华盛顿和伦敦找到了愿意阅读的聚精会神的读者。其效果是巨大的，因为它动摇了自 1899—1900 年中国义和团运动（Boxer Rebellion）所确定的帝国心态的道德框架：一种假设，即来自欧洲、美国和日本的"文明"势力必须保护他们自己（和他们的公共保护区）来对抗"野蛮的"中国人，而主权国家之间法律平等的范围因此只能仅限于"文明"国家。② 事实上，1887 年关于非洲未

---

① 约翰逊的最后一点直接攻击了帝国心态的本质区分，即文明的和非文明的、半文明的或还未文明的人民之间的区分。即使约翰逊仍然保留了发达的西方与其他不发达的国家之间的教育地位的不对称，但是他颠覆了帝国的心态，指出："外国人忽视了，在过去的 10 年中，中国人民在公民学（civics）、政府的基本原则和更好地理解法律保护下的个人权利方面，比起他们整个历史中的任一百年都取得了很大的进步。"（Rigby, *The May* 30 *Movement*: *Events and Themes*, pp. 94 – 95）约翰逊关于文明在中国的进步的最后一点，连同帝国势力的指责，只能得出结论：在这种情况下，在 1776 年《美国独立宣言》（*American Declaration of Independence*）中提到的"文明国家"是中国，而且《美国独立宣言》的同一句中提到的"无情的野蛮人"是美国人、英国人、日本人和国际和解（the International Settlement）的所有其他外国。《美国独立宣言》中"文明国家"的概念标志着现代帝国法律的开始——而约翰逊的法律报告标志着帝国法律的结束。在美国内战前夕关于奴隶制的辩论中，"文明国家"和"无情的野蛮人"之间的固定关系已经开始转变。后来，整个 20 世纪，文明的和不文明的、发达的和不发达的人民之间的区别一再被翻出来，而且被用来批评"文明国家的标准"和反对在关塔那摩（Guantanamo）和其他西方世界的酷刑，或者用来捍卫对美国例外主义的宪法借款。文明和不文明国家之间的等级制的颠倒，对关于全球化排除不平等现象的反霸权民主对话，是至关重要的——这种情况同时也是跨国借款程序和复制国家宪法法律的典范。

② J. Osterhammel, *Shanghai*, 30. *Mai* 1925, Müchen: DTV, 1997, p. 21.

来的臭名昭著的柏林会议的协议也相应地指出：审判权是属于西方国家的，普通权利属于其他国家。

争辩性法律依据的缺失对于有歧视性和种族主义情节的框架是致命的，基于它是一种法律论据的认知模式，它也容易受进一步论证的攻击。直到1925年，特许权的帝国制度对于西方的帝国心态来说似乎是永恒的。1925年后，它也受到来自帝国权力话语内部的质疑。该系统仍然盛行，但它已经失去了合法性的假象。

我的第二个例子是关于中国的宪法。1946年帝国主义在中国进入尾声，中国人民建立了自己的政治、法律和社会共同体，这个重新建立的组合——就像每个全球社会的组成成分一样——在今日是众多世界各地区和法律传统组成元素的混合搭配。就中国的情况而言，据我所看到的，它是如下的组合：

（1）苏联共产党章程（具有强大的党的特权）；

（2）美利坚合众国的民主宪法的一些语义元素；

（3）只简单地和含蓄地提到的（不过现在很重要的）中国历史上的宪政传统（儒家思想）；

（4）中国革命传统；

（5）马列主义、毛泽东思想和邓小平理论的思想渊源。

像每个宪法一样，中国宪法主要有两个部分：

（1）关于公民权利和人权的列表；

（2）程序性法律，用来规定在宪法中提到的不同权力之间的关系，并将它们与人民的意愿结合在一起。

同每一个现代法律，尤其是宪法一样，中国宪法的法律具有压制—解放的双重结构。就像德国、巴西、印度、尼日利亚或法国宪法一样，在宪法范围内它可以被用来反对统治精英或阶级的霸权主义的解释。例如，中国《宪法》第33条可以用霸权和反霸权的方式进行解释，这类似于约翰逊对中国1925年前的城市—港口宪法的解释："中华人民共和国公民在法律面前一律平等。"

宪法作为文本已经包括了现代共产主义所需的所有"基本权利"："思想、宗教、言论和集会的自由以及抗议和举行示威的权利明确受到《宪法》的保护。"(《宪法》第 2 条："中华人民共和国的一切权力属于人民。")

我的最后一个例子是关于 2003 年的伊拉克战争及反对它的全球性示威活动。世界法律的存在已经在逻辑上暗示着西方法律的结束，但是——再次重述——并不是意味着阶级制裁、霸权法律、法律话语与不着边际的权力缠结的结束。国际法和 21 世纪早期的国际法律行为显然是由"管理性"的霸权主义话语来主导的。[①]

2003 年的伊拉克战争表明，帝国法律的基本特征是，不再是不受全球公众的许多声音质疑。国际法的压制性基础受到它自身的解放性潜力的挑战。在 2003 年这段时间，国际法解放性潜力的拥护者是人民自己。他们的全球抗议活动第一次让国际法的公众性变得明显。[②] 最终，全球公众反对伊拉克战争的抗议足以证明，国际法是存在的，它是作为一种社会阶层、人民和创建联合国及其法律的个人的真正的行动（马克思语），而不再仅仅是作为国际律师和外交官的日常事务。后者被剥夺了所有的法律合法化，并被迫把美杜莎（Gorgon）的权力之头赤裸裸地展示于全球公众。许多律师主张现有的国际法已被国家惯例改变，而他们被人们用"不。——为什么？"进行驳斥。因为在最近的 2003 年，我们，世界人民——我引用芬兰的国际律师科斯肯涅米（Martti Koskenniemi）的话——认真地对待了国际法的"解放性诺言"，并"谴责"美国侵略战争，一致认为它是国际法的"普遍违反"（universal violation）。科斯肯涅米观察到，人民对选举的呼声使得政治领导人、"外交官和学者"的被选举声音沉默。它没有改变但明显打断了霸权话语。人民的呼声已经摧毁了将国际法

---

① cf. M. Koskenniemi, *Constitutionalism as Mindset. Reflections on Kantian Themes about International Law and Globalization*, in *Theoretical Inquiries*, Vol. 8, 2007, pp. 9 – 36.

② 关于公共性和公共争论原则的作用，参见 Bogdandy, *Grundprinzipien von Staat, supranationalen und internationalen Organisationen*, e-manuscript 2012, forthcoming in *Handbuch des Deutschen Staatsrechts*。

还原成那种以人类解放的社会之名的资产阶级政治解放（马克思语）。①

此外，全球人民在 2003 年的"不"，展现出一个双重的学习过程：一个是（马克思的）从专家在政治上专业法到社会上相关的人类解放，这是人民的法律及他们的选举权，而另一个（超越马克思的）从国家到跨国的宪法（和选举权）。

所有三个例子可以看作证实了德国宪法律师穆勒（Friedrich Müller）的陈述："规范文本，尤其是宪法，可以建立于虚假的意图。但最终不可能不受惩罚就这样做。它们可以反击。"②

（作者系德国弗伦斯堡大学哲学系教授）

---

① 科斯肯涅米认为，国际律师和其他学者（不仅是学者）仍然可以并且应该从马克思及其对 1793 年雅各宾律师对政治限制性人权解释的著名批评中学习的就是这个。（Koskenniemi, *What Should International Lawyers Learn from Karl Marx?*, p. 245. cf. Marx, "On the Jewish Question", in *The Marx-Engels Reader*, ed. by R. C. Tucker, New York: W. W. Norton & Co., 1978）当时，人权的现金价值是私人财产的法律保障。然而，20 世纪国际人权的人类解放克服了它们对私人财产先前的和唯一的承诺（它们仍存在于黑格尔《法哲学原理》第 209 节，在该节中，它们只有在全球市场中作为"外部必要的、对特定利益的保护"而被接受。然而，对于黑格尔来说，一旦"国家的具体生活"成为"国际大都市"，人权就立即失去其"无限重要性"，因此是"有缺陷的"）。

② F. Müller, *Wer ist das Volk? Eine Grundfrage der Demokratie, Elemente einer Verfassungstheorie VI*, Berlin: Duncker & Humblot, 1997, p. 56.

# 沟通权力与公共领域：
# 为协商政治模式一辩

瑞吉娜·克莱德　文　　杨顺利　译

全球范围之内，民主压力重重。乍看来，我们面临着两个不同方向的趋势：民主似乎同时既在下降又在上升，就像一体两面。一方面，在西方社会公民与民主体制的政治异化愈演愈烈。但另一方面，并非全世界的公民都处在政治被动或麻痹的状态。恰恰相反，近年来，我们已经看到各式各样的挑战政治现状的公民抗议和行动：在欧美很多城市发生占领行动、聚众抗议和骚乱，从伦敦、纽约到里约热内卢，所谓的"阿拉伯之春"，希腊、土耳其等的抗议。

不过，问题要比这复杂。在我看来，民主在实践中的日渐弱化，恰好反映了民主在理论上的日益挥发。民主的衰微有很多表现形式：因为民主要实现于一个全球化世界，就被认为在规范性上要求过高，它在现实中没有制度屏障；因为提出一个错误的、子虚乌有的集体主体观念，就遭到讥嘲；因为不能对付"数字转向"，就被认为太古板老套；有时民主在理论上被稀释为技术管治，被化约为责任制，或被转化为理性协商。关于民主的这些保留意见向来有之。

但这些批评都成立吗？我以为不然。它们既没有抓住经验现实，也不符合恰当的规范性标准。

协商民主已成为众矢之的，它发现所有阵营都在猛烈攻击它。正如我想在这里表明的，没有所谓的一点点的民主。这比一个果子有一点点熟还没有意义——只要不熟，它就仍会尝起来很苦。接下来我将要分五步来捍卫协商民主概念，它能够提供理论工具来构建一个防护棚以抵抗枪林弹雨，它还能够对复杂多元社会里的不同民主形式予以恰当的概念化及合法化。

## 一　理想主义

我从一个简短的澄清开始。协商民主理论不同于约翰·洛克等的自由民主理论的地方在于，即便它也提出平等的公民权利和自由，它仍然要赋予民主参与以更大的权重。自由主义传统偏好作为私人的公民的自由，而协商民主更强调作为公共人的公民积极参与民主决策过程。① 如果公民能够参与容纳了众多不同观点的生机勃勃的公共领域，而且就重要议题达成成熟的公共意见，那么，我们就可以在理想的层面谈论协商民主公共领域。亚里士多德、卢梭和阿伦特传统的共和主义立场，直到所谓的新共和主义路向，都捍卫一个强的公共性概念，并且都建立在人民主权之上。然而他们停留在意志的表现性表达的层面，而协商民主理论同时还考虑到决策的质量，由此能够提供一个合法性标准。②

民主的光环日渐暗淡，协商民主被指控说它过于理想化，人们说它一开始就建立在错误的判断之上。美国政治科学家科林·克劳齐（Colin Crouch）将民主令人哀叹的处境归因于如下事实：全球经济和金融系统管制的不可把控，几乎没有给民主代议留下任何决策空间，并且，关起门来进行的政治决议过程正导致公民的挫败感与日俱增。③ 与之相反，一些说法语的哲学家——尤其查特尔·墨菲（Chantal Mouffe,）、阿兰·巴迪乌（Alain Badiou）和其他"左翼海德格尔主义"思想家——他们对民主急剧崩溃的解释非常不一样。他们论述说，克劳齐所发现的那些起作用的外部因素，比如全球精英的霸权，不是对民主不满的根本原因，当然更不是唯一原因。问题的

---

① J. Habermas, *Europe. The Faltering Project*, trans. by C. Cronin, Cambridge/Malden: Polity Press, 2009, p. 141.

② Ibid., p. 143.

③ C. Crouch, *Post-Democracy*, Cambridge: Cambridge University Press, 2004.

症结在民主自身，尤其在极度理想化的、协商性的民主概念——它将我们所说的民主与社会中的那些不可证成的、偶然的、争议性的东西都筛选掉了。[①]

这些作者绝不会把终极的、本体论的基础之缺失当成是一个缺陷。恰恰相反。比如，根据德国哲学家奥利弗·马恰特（Oliver Marchart）的说法，我们既不能为社会或政治权力找到先验的合法性根基，也不能假设在所有人或所有选民的意志之下有一个统一的意愿主体。终极证成的（虽然不是一般性的理由的）缺席，及对偶然性的足够清醒的认识，打开了通向其他视角的空间，比如关于事件（the event）或政治范畴（the political）的视角，它们并不受基础逻辑的支配，而是导向了冲突，因此导向了管治实践与制度的持续不断的问题化。这样，我们又回到了熟悉的地方。

然而，如果我们更仔细地考察这一反对意见，一开始就很明显，并非只有海德格尔主义者和后—海德格尔主义者才捍卫社会的终极非基础性及偶然性。从杜威通过布兰登（Brandom）到哈贝马斯，这一批判形而上学的阵营，至少就共享这一观点。从"语言学—实用主义转向"后，世界的揭示性不再是与意识相关的事情，而被理解为在理由的可错性条件支配下的一个语境性的、沟通性的实践。沿循查尔斯·桑德斯·皮尔士、维特根斯坦和伽达默尔，哈贝马斯用主体间性的沟通行动取代了主体性的认知行为，[②] 由此使认知自身变成了所有人都要尽可能参与其中的一个社会事件。[③] 这也影响了我们对民主的理解。如杜威所言，现代民主具有一种实验性。它视自身为范围—广泛的、目的—开放的实验。[④] 这一预设是：解决复杂问题的最好办法是诉诸普罗大众的而不是少数几个人的认知。

---

① O. Marchart, *Die politischeDifferenz*, Berlin：Suhrkamp, 2012, p. 336.

② J. Habermas, *The Theory of Communicative Action*, Vols. I and II, trans by Thomas McCarthy, Boston：Beacon Press, 1987.

③ H. Brunkhorst, *Habermas*, Stuttgart：Reclam, 2006, p. 30.

④ H. Brunkhorst（ed.）, *Demokratischer Experimentalismus. Politik in der komplexen Gesellschaft*, Frankfurt am Main：Suhrkamp, 1998.

这就把我们引向我们在这一背景之下反复提到过的第二点。人们说，协商民主理论把重心放在共识上，仅此就可以说它过于理想化。但是，认为协商理论就是心平气和地征求意见以达成共识，很难说不是一个误判。这里我们需要作一些区分。哈贝马斯区分了导向理解的语言用法——也就是，以达成对于声称、志愿和偏好的相互理解为目的的——及导向同意的语言用法。前者是日常沟通实践的一部分。在对话中，我们不可能不去试图理解我们的对话者，如有可能，我们也要尽可能用论证来说服他或她接受己方观点的正确性。这样一来，语言之不可避免的、理想化的前提预设就成了社会性事件。[①] 只有第二个，即导向同意的语言用法，才涉及共识观念，它指的是为目标自身的选择所给出的规范性理由。[②] 然而，这样的共识不应视为所有沟通的目的。恰恰相反，我们也可能同意要保留我们的不同意：我们同意要保留不同意（one can"agree to disagree"）。社会必须接受有正当理据的共识，该共识在历史上总是剧烈冲突的后果，这如同是一道堤坝，人们用以抵抗其他力量的冲刷——经济的、工具政治的或者法律的需求。

## 二 经验主义——规范性

第二条意见批评说，协商理论在经验现实和规范性之间不当地建立了一种联系。让我们再一次提及"左翼海德格尔主义"，比如奥利弗·马恰特就将民主中的偶然性经验视为施加给公民的严重的"心理强迫"，[③] 由此，人们不断渴望超验的回归，渴望民主的新的实现形式，渴望公民共同体的新的定义甚至它的中介，都没什么好奇怪的。

---

① J. Habermas, 2009, p. 148.

② J. Habermas, *Wahrheit und Rechtfertigung. Philosophische Aufsätze*, Frankfurt am Main: Suhrkamp, 1999, p. 116.

③ Marchart, 2012, p. 337.

在这一点上，在我看来，我们的确需要进行经验性研究来弄清楚，逼迫得人们不堪承受的是那些深层的偶然性经验，还是对全球化市场要求引起的"生活世界的殖民化"（哈贝马斯语）的切切实实的体验，包括情感剥削和经济剥削、文化的经济化、精英话语及政客们关于 TINA（"There is No Alternative"，"事已至此，别无他法"）的说辞。很多国家的公民都以抗议及其他抵制形式来回应这些东西。的确，查特尔·墨菲和雅克·朗西埃（Jacques Rancière）也承认，大多数人并无参与的、霸权下的共识总是存在，这构成当代民主的严重问题。虽然如此，大肆渲染民主（偶然性）带有的缺陷，既是一种理论上的同时也是一种经验上的目光短浅，它没有把社会生活的实际唯物的条件考虑进去。与此紧密相关的，是拒斥社会学、社会理论、社会哲学，拒斥一般性的经验证据（因此也是拒斥唯物论）。如此一来，某个重要的东西就遭到了压制，甚至可能与这些作者自身的意图相悖，他们原本要对民主出现的问题提供唯物的分析。并且，在表述该问题时，持有如下假设：民主和资本主义之间有不可克服的冲突，经济对生活世界和政治领域的改造的程度之深，几乎到了无法被更多的异议阻止的程度（虽然更多的协商也不能）。

然而，民主理论绝不拒绝社会理论分析，相反它需要更多这样的研究。唯有这样，它才可能有效地评估行动和参与面临的障碍。[1]

## 三 政治差异

另外一种保留政治差异的办法是由阿兰·巴迪乌和奥利弗·马恰特提出，我最后一次提到这些作者。他们诉诸海德格尔在《存在与时间》中提出的"本体论差异"，即"存在"与不同的"存在者"之间的差异，其中，人也是一个由对自身的存在之关切形塑其生存模

---

[1]　R. Kreide，"Repressed Democracy. Problems of Legitimacy in World Society"，in *Democracy in Dialogue*，*Dialogue in Democracy*，eds. by K. Jezierska & L. Koczanowicz，Farnham：Ashgate，2015.

式的存在者。然而，其出发点各自不同：对海德格尔来说是本体论差异，对这些思想家们来说是政治差异。"政治（political）范畴"占据"存在"的位置，而"政治/管制"（politics/police）占据存在者的位置。

在理由的不可企及性与政治行动之间的一道不可填补的鸿沟，存在于政治差异中，而且贯穿了政治差异。黑格尔已经有所预示的"非同一性"，渗透于所有的社会中。相应地，民主必须被设想为与它自身相异化的一个企划。多元主权从来不可能是完整的，公民们也从来不可能与它自身相等同。这构成了反对抵制施行同一性与完整性、抵制同化与压制他者的一道栅栏。

强调公民不可被国家同化非常受欢迎。它是自由的一个条件。可是：它为什么需要一个政治意识形态？并且，政治差异自身的本体论地位如何？问题在于，这一本体论是否真的符合它自己的声称，就是说，它没有一个基础。① 它有一个超历史的、彻头彻尾统一性的甚或是普遍主义的进路吗？存在可以有很多表现形式。恩斯特·图根哈特（Ernst Tugendhat）区分了生存式的、证实性的（真理—条件的）和述谓式的存在。② 在中文可能没有与"存在"对应的词。阿多诺认为，没有存在者也就没有存在，因此，没有已经存在的东西也就没有存在。存在（Being）是共性的东西，但所有"是"（is）的形式都可以被否定，因此其自身向争议开放。从而，问题就是：政治本体论学说跟存在有何亲缘性？它向论争开放到什么程度？

相反，从协商的角度，在世之在总是意味着向社会关系和指涉性间的关系敞开。差异渗透所有的沟通实践。沟通并不从说话者的第一次谈话开始，而是从说话对象所处的是/否立场开始。因此不是从自我开始而是从他我开始。③ 在沟通中主体性总是去中心的，而他者总

---

① M. Saar, "What is Political Ontology?", in *Krisis* 1, 2012, www. krisis. eu.

② E. Tugendhat, *Selbstbewusstsein und Selbstbestimmung*, Frankfurt am Main: Suhrkamp, 1979.

③ Brunkhorst, 2006, p. 28.

是共同—介入的。拒绝认可一个立场、一个答复或一个言语上的反对是压制差异的社会学意义上的信号，这是"报复性的暴力"，它在无限制的沟通被压制时爆发出来。① 而民主能够防止这个事情发生。

## 四 数字转向

另一个批评是我们常常听到的，它说，协商民主没有对社会的多样性做到公正，因为它假定了事实上并不存在、也不可能存在（不再）的一个统一体、一个"我们"。② 根据韩秉珠（Byung-Chul Han）的说法，"数字"理性化的时代早就取代了"模拟"时代。③ 该观点提出，协商民主理论已经错失了"数字转向"。Twitter、脸书和其他社交媒介产生了"去政治化"的效果。因特网所带来的是一种"个性化"，根据伊莱·帕理泽（Eli Pariser）的说法，④ 通过大多数搜索引擎的个性化的、以销售为导向的算法，这种"个性化"所带来的是我们曾经熟悉的公共领域的无止境的碎片化、离散化和离心化。我们困陷在"滤泡"⑤ 中，大多数时候，甚至不曾留意是什么人在为我们将这个世界预先分门别类、预先对它作出解释。如维列姆·弗拉泽尔（Vilem Flusser）所说，在公共空间被规避、私人空间随之四处扩散时，公共空间的解体也就发生了。⑥ 话语正在消解，政治主体正在被转化为私人主体，这里再也没有任何沟通合理性的问题了。⑦ 韩基于该分析对症下药地提出群民主（swarm democracy），它超越了任何形式的代议制民主，同时也超越了直接民主。这个群不是使得个体消

① Brunkhorst，2006，p. 31.

② B. – C. Han，*Digitale Rationalität und das Ende des kommunikativen Handelns*，Berlin：Matthes & Seitz，2013，p. 10.

③ B. – C. Han，2013.

④ E. Pariser，*Filter-Bubble. What the Internet is Hiding From You*，London：Penguin，2012.

⑤ Ibid.

⑥ cf. V. Flusser，*Medienkultur*，Frankfurt am Main：Fischer，1997.

⑦ B. – C. Han，2013，p. 7，18.

弭于其中的大众，而是政治领域之中的一类"看不见的手"；通过这只手，那些不在沟通中的自我能够被聚合到一起。[1]

这一分析当然部分是真的。社交媒介毫无疑问导致了一种离心化趋势，它改变了我们对公共领域的理解。[2] 而因特网自身无以反对这些离散趋势。因此，如果有可能，我们可能需要选择性的、聚合型的及综合性的制度安排的力量，来促进政治系统对因特网议题的反应能力。

然而，当这些作者支持在公共领域与私人领域、合理性与非理性之间的强二元对立时，就像自由主义立场那样，他们似乎将孩子连同洗澡水一起泼掉了。正如对不同的博客进行粗略的考察所显示的，论辩在社交媒体中并非完全缺席。我们能够将 Twitter 中的诽谤活动与其他平台中公开进行的论争关联起来（比如，在德国的"喊出来"讨论活动中，人们就日常生活中的歧视妇女形式进行论争）。

此外，还有另外一点，"公共空间之衰落"命题忽略了由于因特网的分离效应影响所带来的真正的问题。公共领域通常由不同的、相互区分的部分组成：议会、政府和法院构成了制度框架；大众传播由市民社会中的人们、政治家与说客所构成；在市民社会中，公民，还有专家们，他们参与非正式的互动和社交网络。[3] 在这一框架之内，协商民主理论能分析出政治参与存在的阻碍及沟通存在的扭曲或病理，而这是"蜂群理论"发现不了的。我可以对此给出几条简短的评论。

沟通的病理——就是说，对沟通条件的悖离，在这些条件之下，政治公共领域有助于政治系统的合法性——在上述所有领域都有体现。一个问题是，政治系统日渐将自己与公民们隔绝，具体的决议由专家而不是受到影响的相关方作出。这样一来，权力系统对于公民们

---

[1]  B. – C. Han, 2013, p. 12.

[2]  cf. J. Dean, *Democracy and Other Neoliberal Fantasies. Communicative Capitalism and Left Politic*s, Durham & London：Duke University, 2009.

[3]  J. Habermas, 2009, p. 160.

的真实问题及公民所支持的解决方案的反应能力就遭到了损害。在大众传播领域的另一个问题是，（其实不限于）传统媒体日渐被经济化。媒体与政治的媾和之势日盛，不止欧洲如此。经济方面的影响，诸如全民覆盖的广告、腐败及国际媒体机构的私有，只是其中的一些迹象。再一个问题就是日渐转向"人情味"报道，这些报道主要诉诸销售和收视率的形式来开展，但是它所起的作用是将人们的注意力从重要的政治议题中转移。最后，社交媒体越来越多地被那些对民主公共领域带有政治敌意的人如极端右翼或基要派恐怖主义者等使用。协商民主理论能够发现这些病理，不仅只是通过社会学的分析手段（这也是我们为什么要将社会理论和民主理论关联起来），它还能够从"理想的"参与的规范性视角，把它们当成"殖民化"现象来加以批评。协商民主没有抹平差异，而是使对差异的压制变得可见——它指出，此处预设的这个"我们"，没有把所有相关方都包括进来，仅指那些决策者而已。

## 五　广场与领域

最后，协商民主是否能与街头的那些实际冲突在理论上相匹配？换句话说，它是否只是一种适用于闲暇的理论，最合适它的是圆桌会议？非常有趣的是，因特网出现后的那个年代，政治动乱总是在街头尤其在广场发生。群民主理论关于自我—类型的分析，对这一事实视而不见。最近以来的抗议聚集点都在"广场"（Maidan）。值得注意的是，在波斯语、阿拉伯语、乌克兰语及俄罗斯语中，"Maidan"指的都是广场（square）。[①] 一个阿拉伯或波斯词汇又回到欧洲，这就能够在观念史上与亚里士多德式安戈拉（agora）建立起广泛的联系。

但我们切勿自欺欺人。亚里士多德将公共空间分成三个广场：首

---

① A. Widmann："Plätze als Teilchenbeschleuniger"，in *Frankfurter Rundschau*，5. Mai 2014，http：//www. fr-online. de/kultur/plaetze-als-teilchenbeschleuniger，147 2786，27034846. html.

先，属神和贵族当政者的；然后是安戈拉，该场所属自由公民，而工匠、农夫、商人及妇女都理所应当地被排斥在外；最后是市场，交易场所，想交易的人都能来。到后来，属灵的和宗教的力量，教会和市政当局，都在为广场上的建筑性的最高权力而斗争。街垒、燃烧的轮胎、垒砌的沙包和搭建的帐篷，此类景象似乎都显得过时。但广场在今天也是争议之所。不是所有人都能在那儿找到出路，不是所有人都带着同样的武器战斗。它仍然是武装力量的战场。比如，在乌克兰，"反广场"的力量很快就被集合起来，一帮兜里揣着临时领的薪水的工人和雇佣者发起貌似独立的运动，在为另一边游行示威。① 不过，广场上政治在场的体验激励了基辅的两个活动家，在封锁线被突破、当权者被推翻后，模仿马克思的《共产党宣言》结尾的那段话，他们写道："除了广场，我们没有什么可失去。"②

这与协商民主理论又有什么关系？在我看来关系匪浅。我们常常碰到这样的偏见：协商民主根本不触及权力关系（广场之内和之外的）。事实上，沟通权力在其中起着至为关键的作用。追随汉娜·阿伦特，哈贝马斯用沟通权力指称创造一个把所有人都包含在其类别之中的空间的积极自由。③

沟通权力是一种政治权力。在一般意义上，它指的是公民对不受限制的沟通自由的公开运用。这里要特别强调它三个方面的特征。就认知维度而言，沟通权力要求在公众中信息和理由能自由处理、相关议题和贡献能自由处理。沟通权力建立在一个预设之上：结果必须是根据正确的程序达成的，并且因为这样，这些结果在某种程度上是理

---

① K. Mishchenko, "Einschwarzer Kreis", in *Euromaidan. Was in der Ukraine auf dem Spiel steht*, eds. by J. Andruchowytsch & Y. Belorusets, Frankfurt am Main: Suhrkamp, 2014, pp. 26ff.

② K. Mishchenko, 2014, p. 23.

③ H. Arendt, *Was ist Politik? Fragmente aus dem Nachlass*, ed. by U. Ludz, München/Zürich: Piper, 1993/2003, pp. 9 – 136.

性的。① 由此，沟通权力有一个关注结果的理性的维度，虽然它并不总是固定的。其次，沟通权力必须被集体行使，它产生的是能够被反复质疑同时某种程度上又能获得主体间认可的共享的信念。这些共享的信念有某种意动力，驱使着人们去进行协商，去创造更多的权力可能性，去接受具有行动相关性的某些政治义务。② 第三，沟通权力——这里又要说到阿伦特——指的是在一个无强制的沟通领域之中的形成共同意志之可能性的权力。与该权力相应的，不仅是行动的能力，而且是协同行动的能力。③ 正如汉娜·阿伦特所表述的，在不受限制的沟通自由下，每个人在每个重要环节上都能公共地运用它的理性，由此，公共争辩和意志—形成的政治过程就实现了"扩展的心智"所具有的创造性的力量，于是，沟通权力就产生了。④

　　然而，根据哈贝马斯对阿伦特的解读，沟通权力似乎只局限于关注形成正规的法律。这是一个不必要的限制。即便沟通权力关注的是合法化的法律的产生，把它还原为此一过程也是一个误判。很多事情发生在拟定法律之前。就社会分析而言，我们需要一个能反映出不同的压制形式的民主观念。我认为我们能够而且应该把沟通权力解释为——正如我所说——一种使得产生共享的信念和促使意志—形成的理由能自由处理的能力，同时又不会只偏重法律的拟定。

　　为什么？因为论证和意见的施为性（performativity）——施为性即能作用于生活世界的权力——在影响公民的很多事务中都能发现。当革命者夺取了分散于街头的权力时；当人们以血肉之躯来被动地抵抗外来入侵者的坦克时；当前德意志民主共和国的公民通过沉默的抗议为一个专制政权敲响丧钟时；当马德里的抗议者开始越过坐在太阳广场的某个人，宣称说他们不愿再像现在被生存的艰难榨干时；当少数群体质疑现行的法律、投身公民不服从运动时；当行动的热浪在政

---

　　① J. Habermas, *Between Facts and Norms*, Cambridge MA: The MIT Press, 1996, p. 147.

　　② J. Habermas, 1996, p. 147.

　　③ H. Arendt, 1993, p. 45.

　　④ Ibid.

治运动中扩散时。

当然，沟通权力已经被转化为协商的、拟定—法律的过程①和论辩性的证成②。这也是它的一个方面。不过，沟通权力不仅仅是相关于协商并提供论证。事实上，沟通权力直接指向现行的制度、环境和实践。它是提出质疑的权力。当革命的势头被利用时，在针对压迫和剥削的抵抗、反抗行动中，沟通权力非常清晰地表达了它自身，既以被动的又以主动的形式。它是抵抗——不管是雄辩滔滔还是缄默无语。在社会性的不公正及殖民化（剥削、货币化、不正当的控制、排斥，等等）的后果中，它找到了它的理据，并且在政治行动中得以发展。沟通行为所带来的是集体性的问题的解决，它的实现激励公民能在事情告一段落时将政治成就当成至少部分是他们自己的东西。

开始时给出的判断——也就是，西方民主现在处于"后民主"阶段——对于世界其他某些地方的哲学家来说并不新奇。比如说，就民主的效率、公民参与政治过程实际享有的机会，一些中国思想家一直就在表达他们的保留意见。最近，韩水法就批评哈贝马斯，说他的民主理论没有能够把现代社会的实际要求考虑进来，因为它没有赋予决策的效率及其影响足够的重要性。③

那么，民主该如何回应西方—东方之批判性的联姻呢？首先，我希望，我在通过回应批评和怀疑来捍卫协商民主时，已经表述了几个关键点。总结如下：民主能够被理解成一个连续性地自我更新的工程，它能反思自身的前提条件，因此能回应针对它的批评。协商民主，就其激进的构想而言，能够对公共领域与民主程序之中的政治参与的前提条件进行反思，并把它关注的重心放在这些程序上。这里说的不只是实质性的前提条件，或用约翰·罗尔斯的话来说是"公平的政治自由价值"，若没有它，对政治平等的任何谈论只是一具空

① cf. S. Benhabib, *Another Cosmopolitanism*, Berkeley Tanner Lectures, Oxford: Oxford University Press, 2008.

② cf. R. Forst, *The Right to Justification*: *Elements of a Constructivist Theory of Justice*, trans. by J. Flynn, New York: Columbia University Press, 2010.

③ 参见本年鉴韩水法《正义、基本善品与公共理性》。

壳。唯有对所有人都有约束力的决定是民主自反性地应用于自身的结果时，我们才能够讨论"激进民主"。这里的约束指的不仅仅是政治性的约束，同时也指具有社会约束力的决策。认真对待民主，在这个意义上意味着不只把它限制在议会选举的层面，而是把它延伸到不同的社会领域。政治和经济之间的界限，政治和管理之间的界限，地方的、区域的和全球事物之间的界限，自身就是自我—自反性民主的对象。政治过程的安排、设计和范围——简言之，社会共存——成为一种民主实践。对民主之现状的批评自身就是民主的一部分。若无自我反思、自我更新，它自然也包括实际的效力和参与的机会，民主将会僵化为威权式的家长制，它对公民的需求几近麻木。

其次，还有人可能会对协商民主观念及公共领域内的平等参与观念之范围探问究竟。难道这些跨地域甚至是普世主义的关于民主的预设，就置地方性或所在地的价值于不顾了吗？比如，赵汀阳就反对说，论证的相互性交换，既对接受这些论证于事无补，对一开始的更好合作也毫无助益。他使用社群主义的术语表述："以心换心"（change of heart）唯有在共享价值的情形中才可能发生，作为普遍原则它有语境—特殊性。

要回应这一批评，我们不妨后退一步，提出这个问题：什么时候一个社会能够声称是合法的？我认为一个较少争议的答案是：当现行的日常实践与规则获得广泛的认可时，社会能够声称是合法的。当社会成员对它们的正确性有了解后，事实上志愿接受这个社会持有的价值和信念，这样的认可才建立起来，从社会的内部视角看是如此，从外部视角看也是如此。① 这指的是在这个社会的规则系统中反映出来的规范与价值，它首先反映在宪法中，同时也反映在政治、科学、文化、医疗、运动诸领域。对社会规则在事实上的接受，关键的先决条件就是政治自决理念的实现。政治自决观念在理想的意义上就应该是政治实践的内在组成部分。在恰当的社会化条件下，自决的习惯应该是社会习得过程的产物。当然，这并非总是事实。

---

① Forst，2010，p. 203 – 228.

　　这里立即就产生了一个更进一步的问题：对任何一个社会的人，政治自决的理念都应该是可接受的吗，不管它是不是已经属于所说的这个社会的文化成分的一部分？尤其是，当社会成员清楚地拒绝了这样的自我询问的机会：在自由的条件之下——包括言论、公共论辩及选举的自由——他们是否同意当下的价值和原则？或者，他们是否能够基于充分的知情来公开反对现行的原则与规范？如果条件受限，要想获得人们的认同是不可能的，因为：获得认同要求信息与论辩的不受限制的交换，这样才能对给所有相关方带来的有利和不利之处进行有理有据的评价。那么，是否带有政治自觉之预设的政治的人权观念总是有效的，即便在受限制的社会条件下？只有在严重受限制的公共的、政治的共同—决定条件之下，依赖于一个反事实的判断才有意义，判断的对象是说：如果人们获得了充分的信息，什么样的决定才是理性的。① 我们可能又要再次求助于假设的同意或拒绝，来决定我们所面对的社会系统是否公正。协商民主观念想要填平的正是在合法化中存在的这个鸿沟。它的前提预设在规范性的意义上如此宽松，以至于它也能够被一个有共享价值的社群的代表们所接受，他们会说，他们的社群的文化完整性应该受到尊重，反对任何形式的外来干涉。

## 结论

　　现在到了结论部分。我们有时觉得欧洲和欧洲人已经变得疲惫不堪。他们把公共领域留给了媒体明星，把因特网留给了大公司，把社交媒体留给了煽动仇恨的人。这样一来，他们正在消耗掉自身在创造性地解决问题上的巨大潜能。他们已经赞同：先人们孜孜以求的那些成就——政治自由、社会权利和免于政府监控的自由——只会成为历史，甚至可能会被遗忘。

　　"它是美丽的"，波兰作家贾科·普洛克斯科（Jurko Prochasko）

---

① C. Beitz, "Human Rights as a Common Concern", in *American Political Science Review* 95, 2001, pp. 269 – 282: p. 279.

写道："在苹果被剖开的刹那。内在基质清楚可辨：闪闪发亮，颗粒物泛着金色光晕，肉质饱满，被噬咬过的小孔让人心绪不安。亮光映照得它甚至有点让人目晕。但它值得这样被看。炫目的新鲜不长久。肉质这时已经开始发暗。"[①] 类似的故事也在公共领域发生着。它剖开了现实。我们得以认识到先前不曾留意的东西。我们遭遇陌生的观点，我们揭示之前被深藏的东西。在这些发现因我们的疏忽、懒惰和懈怠而变得浑浊、模糊与丑陋之前，我们需要赶快行动起来。协商民主理论的希望，就在这些警觉的、能被剖开的苹果激励起来的公民身上。它不是家长制的，但也不是轻易就能到手的东西。

（作者系德国吉森大学政治学系教授）

---

① J. Proschasko, "Kleine Europäische Revolution", in *Euromaidan. Was in der Ukraine auf dem Spiel steht*, Frankfurt am Main: Suhrkamp, 2014, pp. 113 – 140: p. 113.

# 东方文化中的公共领域问题

# 中国轴心时代视域下的
# 公共领域和开放社会

## 罗哲海　文　魏孟飞　译


### 一


拥有多元公共领域的开放社会是现代性的基石。这至少适用于黑格尔所说的"自由主体性"① 原则这一对现代性的古典理解。

那么这种原则意味着什么呢？

1. 从总体层面上讲，致力于主体性原则的"现代"社会不再从传统模式或其他模式中寻取经验。它从自身中发展着自我理解，消解着前现代社会的"本质性"条件。与未移除的"本质"（substance，黑格尔形容中国时如是说）形成对比的是，主体性成为了传统性的反义词。

2. 从个体层面上讲，每个个体将成为其个人决定的"源头和最终权威"。② 总体上像社会一样，个人也不再有义务无条件地尊重传统中既定的规则或者他人规定的条款。个体开始变得自主。

3. 从制度层面上讲，一个"现代"社会将以这种方式确保其具体计划的可变性：其社会成员可以将自己理解为这一社会的共同创造

---

① G. W. F. Hegel, "Grundlinien der Philosophie des Rechts", in *Werke*, Bd. 7, Frankfurt am Main：Suhrkamp, 1986, §§124, 273.

② J. Habermas, "Konzeptionen der Moderne", in *Habermas*, *Die postnationale Konstellation*, Frankfurt am Main：Suhrkamp, 1998, p. 199.

者，或者是"合著者"（co-author，哈贝马斯语）。这在民主制度的框架之外是不可能的。民主制度允许每一"主体"将其利益带入议题，能够使受决策影响者都参与讨论，并以主体权利来确保这一点。只有作为自由公共领域的延伸，民主才成为可能。因此，主体权利、民主、自由公共领域成为现代制度层面主体性原则的基本对应词。这种公共领域，仍属于"公民社会"，以及公民社会完满发展形式下的"开放社会"，而非为"统治者称呼被统治者"所预留的空间。

　　然而，开放社会这一观念以及现代性这一相应概念并非没有争议。一系列重要的批评肇始于早期现代性本身——有人质疑新出现的开放社会事实上是日益凸显的资本主义市场的竞技场。弗里德里希·席勒将这一"不受约束的社会"（unbound society）批评为"利己主义体系"①。对黑格尔而言，"公民社会"服务于个体的"自私目的"。② 马克思将此称为"自由竞争的社会"，并将这一社会的基本成员称为"利己主义的人"。③ 公民社会按照早期智慧采取了这一路径，是由于单边性的主体性释放及其对人际关系的巨大影响。主体性呈现出两个面向：它不仅为政治人在道德自由和政治自由上打开了空间，而且为将一切纳入手段和目的理性中的经济人在战略上的"拥有性个人主义"（possessive individualism）④ 打开了空间。对此，已有人采取行动来为主体性重新设限，并寄希望于国家层面的更高的主体性。然而，中央集权论者回应的结果并没有有效地将经济人置于其应有之位，而是降低了政治人的威望。主体性并未公民化，而是被垄断政策制定权的、充满探险精神的精英所劫持，甚至早晚会成为"拥有性个人主义"体系本身的一部分。开放社会并未发展成一个团结

---

① F. Schiller, *Über die ästhetische Erziehung des Menschen* (1795), *Sämtliche Werke*, Band 5, München: Hanser³, 1962, pp. 579, 580.

② G. W. F. Hegel, 1986, §183.

③ K. Marx, "Zur Judenfrage", in *MEW* 1, Berlin: Dietz, 1976, p. 36, and "Einleitung zur Kritik der politischen Ökonomie", in *MEW* 13, p. 615.

④ C. B. Macpherson, *The Political Theory of Possessive Individualism*: *Hobbes to Locke*, Oxford: Clarendon, 1962.

一致的社区，而是沦落为一个接受号令的群体。消解公民社会，绝不是反对资本主义占领的方法——没有了公民社会，甚至连展开批评的空间也没有。任何针对公民社会之批评，若不在承认公民社会之基础上来展开，均将导致新的束缚。

在本文中，笔者还将关注另外一种对公民社会的批评——以"文化"为名义的批评。据说，其观点是建构在不适用于包括中国在内的其他文化的"西方"价值理念之上的。与黑格尔在其《历史哲学》（*Philosophy of World History*）中对中国的负面评价不同（黑格尔否认中国能够发展出主体性[①]），其认为儒家价值导向不允许公民结构超出家国掌控之范围。这种价值导向本可产生出这样一种体制：政治意愿的形成并不通过自由的公共讨论实现（基于众意的民主政府），而是通过政府与社会团体单位的非公共性协商过程来实现（对公共辩论加以抑制的一种统治）。那么，现代性的"古典"形式，对于非西方文化而言就是一种强加。这尤其适用于三位一体之民主、开放社会以及人权。

诚然，对于现代性的侵入，中国的众多应对方案中有一种便是，中国应当"全盘西化"。但是另一种、至少同样具有影响力的一种回应方式是，允许部分的现代化，发展工业、技术和管理组织的同时，确保不触及中国文化的"特质"。张之洞（1837—1900 年）是这种观点的先驱之一。对他而言，这种文化"特质"在于儒家伦理所支撑的传统等级社会结构。民主，包括代际平等、性别平等以及作为面向所有人进行自由辩论之平台的公共领域，都将会是非中国式的。为中国的现代化所设的限制是基于主体性原则的这一层面，或者用张之洞的话讲，要"自主"[②]。现代性仅仅在"技术—工业—组织"这些方面是放开的。但是社会的身份认同必须得以保护，从而保持住在前

---

① cf. H. Roetz, "Chinese Modernity or Modernity in China? Reflections on Wolfgang Franke und Oskar Negt".

② 张之洞：《劝学篇》，载中国科学院哲学研究所编《中国哲学史资料选集清代之部》，中华书局 1959 年版。

政治时期所界定之"中国性"（Chineseness）。

这种单边性的现代性模式总的来说被推行开来了，并导致了经济自由和政治不自由之混合体的出现。注意，这和20世纪新儒家所尝试进行的调和工作是相反的。新儒家们试图调和中国哲学传统和非经济性的主体性减弱原则及包括承认开放社会在内的制度性推论。①

在此，笔者引用罗莎莉（Li-Hsiang Lisa Rosenlee）的一段话作为持"开放社会的思想不适用于中国"这一观点的代表性案例：

> 西方一直持有的将私人事务从公共事务中分离出来的做法在关于中国古代和未来是否存在或将存在"公民社会"或者"公共领域"的整个辩论中反映了出来……但是这种辩论的前提……是有缺陷的，因为把从私人家庭领域中分离出的公民社会这一范式强加于中国反映出西方学术根深蒂固的"东方主义"……"公民社会"或"公共领域"的概念是西方自由主义传统的发明。认为"公民社会"是一种通用的范式，其实是将西方的历史事实作为一种理想化的发展道路提供给非西方社会，其结果只能是阻碍选择其他发展模式的可能性。②

根据罗莎莉的观点，中国从未有过不同于国家或政府的独立领域。杜维明同样认为，在"儒家传统影响下的东亚现代性"中，公民社会不应被理解为超越于家国之外的"自主舞台"（autonomous arena），而是应该被理解为一种存在于两者之间的"动态交互"（dynamic interplay）。③ 范瑞平则在儒家语境下基于家庭模式及其不平等

---

① 参见牟宗三《政道与治道》，载《牟宗三先生选集》，台北联经出版事业公司2003年版，第10卷，第23页。

② Rosenlee, *Confucianism and Women. A Philosophical Interpretation*, Albany: SUNY Press, 2007, p. 88.

③ Tu Weiming, "Implications of the Rise of 'Confucian' East Asia", in *Daedalus* 129/1, 2000, pp. 205–206.

关系建构了一个公民领域。① 然而，如果从古典意义上来衡量的话，如果一个社会并不承认拥有公民权利平等的空间，那么放弃"公民"（civil）和"现代"（modern）这两个概念也许会更令人感到信服。

关于开放社会与中国人、尤其是儒家传统之间的兼容性存在争议，西方学者也加入了这一探讨之中，那么这种争议到底意义何在？参与这一争议中并不意味着对开放社会的接受度将取决于开放社会与任何传统的（或是其他的具有独特文化的）规范体系之间的一致性，因为这样讲的话，开放社会也就不再"开放"。另外，从社会学的角度看，这种对接受度的评判也是难以被接受的，因为现代社会的构成太过复杂也太过多样。所以，让儒家文化或者其他相应的规范体系作为检验开放社会在中国（同样适用于基督教在欧洲）的接受度的标准，也就滑落到了前现代时期原教旨主义之中，而原教旨主义无视历史的变化以及既往道路也许有误的可能性——此观点不是由西方而是由中国轴心时代反传统的"现代主义者们"所提出。② 在"现代"条件下，不应该是公共领域必须适应传统，而是传统必须适应公共领域。

尽管如此，对历史的探寻也许是有益的，因为这有助于探索在中国环境下，开放社会可能面对的障碍以及在文化上的机会。然而，我们需要提防那种过时的预期。开放社会是现代领域的标志。我们运用理性对前现代时期所能产生的预判便是现代思想以及开放性社会空间的萌芽曾经存在过，但是由于缺乏足够的大众传媒技术手段，这些萌芽的形式还远不成熟。但是作为暂时的、不太稳定的、局地的、不太广泛的现象，开放社会的出现早于18世纪的启蒙运动。欧洲的启蒙运动常常被认定为开放社会诞生的标志，但开放社会的出现在时间上要早于启蒙运动，而且诞生地并不仅仅局限于欧洲。

---

① cf. Fan Ruiping, *Reconstructionist Confucianism*, Dordrecht：Springer，2010，Chapter 3. 6 "Towards a Familist Civil Society"。

② 关于中国古典哲学中反传统的言论，参见笔者的文章 "Tradition, Universality and the Time Paradigm of Zhou Philosophy"，in *Journal of Chinese Philosophy* 36/3，2009，pp. 359 – 375。

## 二

下面让我们投向中国开放社会的历史预兆。笔者将参阅周代中晚期的文本材料，而这一时期是中国古典哲学形成的时代。在时下的辩论中，它们经常被提及。

中国在周代经历了很深的文明存废危机，因为当时在政治、经济、社会方面的剧烈变革已然撼动了传统的文化精神。周王朝被分解为独立的诸侯国，彼此进行了旷日持久的攻伐。中国哲学就是对这些挑战的回应，而且深深地打上了危机体验的烙印。天下变得问题不断，这意味着原先封闭的社会结构正在日渐开放，流动性也日渐增加。因之而崛起的"百家"透过既有的视野和社会边界，重新思索秩序与标准，来使自身摆脱旧的、业已被接受的权威观念，以此来找寻新的方向。中国步入了"后传统"（postconventional）的思考期，即所谓的"轴心时代"。① 没有开放社会的各种形式，这些发展将是不可能的，但这并不意味着诸子百家也投身于开放社会之中。

也许与我们话题相关的首次历史记载应该追溯到《国语》（公元前 5 世纪或公元前 4 世纪），周代出现首次重大危机的公元前 841 年：

> 厉王虐，国人谤王。邵公告曰："民不堪命矣！"王怒，得卫巫，使监谤者。以告，则杀之。国人莫敢言，道路以目。
>
> 王喜，告邵公曰："吾能弭谤矣，乃不敢言。"
>
> 邵公曰："是障之也。防民之口，甚于防川。川壅而溃，伤人必多，民亦如之。是故为川者决之使导，为民者宣之使言。故天子听政，使公卿至于列士献诗，瞽献曲，史献书，师箴，瞍赋，矇诵，百工谏，庶人传语，近臣尽

---

① 关于笔者对这一时代的处理，参见 H. Roetz, *Confucian Ethics of the Axial Age*, Albany: SUNY Press, 1993；中文版：《轴心时期的儒家伦理》，大象出版社 2009 年版。

规，亲戚补察，瞽、史教诲，耆、艾修之，而后王斟酌焉，
是以事行而不悖。民之有口也，犹土之有山川也，财用于
是乎出；犹其有原隰衍沃也，衣食于是乎生。口之宣言也，
善败于是乎兴。行善而备败，其所以阜财用衣食者也。夫
民虑之于心而宣之于口，成而行之，胡可壅也？若壅其口，
其与能几何？"

　　王弗听，于是国人莫敢出言。三年，乃流王于彘。（《国
语·邵公谏厉王弭谤》）

　　此事在司马迁的不朽著作《史记》中亦有记载。《史记》另外提
到，在流放厉王之前，国都民众"乃相与畔"（《史记》卷4）。根据
司马迁的记载，邵公和周公共同执掌政权，号曰"共和"。[①]"共和"
后来被用作翻译西方的"republic"（共和国）一词。如果《国语》
的记述是可靠的，那么它将会是首次提到类似公共空间（使全体民
众掌控政府而非为政府掌控）话题的材料。

　　邵公反对周厉王的言论在公元前 542 年被郑国国卿子产再次
提及：

　　郑人游于乡校，以论执政。然明谓子产曰："毁乡校，何
如？"子产曰："何为？夫人朝夕退而游焉，以议执政之善否。
其所善者，吾则行之；其所恶者，吾则改之。是吾师也，若之何
毁之？我闻忠善以损怨，不闻作威以防怨。岂不遽止？然犹防川
也；大决所犯，伤人必多，吾不克救也；不如小决使道，不如吾
闻而药之也。"（《左传·襄公三十一年》）

　　河流的自由流动如果受到遏制就要产生危害，而公共批评就像这
水流（"川"）一样。很明显这已经成为一个惯用的比喻。如果读者
对上述史料的真实性有所怀疑的话，那么这至少在史料意义上是一个

――――――――――

① 这种对"共和"的理解与《竹书纪年》中的论述相矛盾。

惯用的比喻。提出议论执政的地方是为了支撑"公民"（civil）领域，在这种情况下，这种场所并不是位于街市而是位于"乡校"（有某种模糊的社会关联），不仅被容许，甚至还得到了赞同，这不是出于眼前的考虑，而是一种长远的慎重考量。对于民众决断的信任似乎已经成为子产执政的有机组成部分。如战争之类的情形使包括小人在内的每个人的意见显得重要，这也许可以被认为是战国时代的总体特征。当陈国决定在战争中是支持吴国还是支持楚国时，怀公将决策留予"国人"：赞成楚国者站在右边，赞成吴国者站在左边。（参见《左传·哀公元年》）

郑国尤其熟悉这种热烈的公共场景，这在子产的法制改革中明显地表现了出来。公元前 543 年，子产的反对者们认为公共法律会导致民众产生争心（《左传·哀公六年》），但子产仍将刑书铸在青铜之上。根据《吕氏春秋》（约公元前 240 年）的记载，事实上，诉讼在郑国变成了一种类似公共娱乐的事情，如精通法律的邓析娴熟地使用其论辩逻辑：

> 子产治郑，邓析务难之，与民之有狱者约：大狱一衣，小狱襦袴。民之献衣襦袴而学讼者，不可胜数。以非为是，以是为非，是非无度，而可与不可日变。所欲胜因胜，所欲罪因罪。郑国大乱，民口喧哗。子产患之，於是杀邓析而戮之，民心乃服，是非乃定，法律乃行。今世之人，多欲治其国，而莫之诛邓析之类，此所以欲治而愈乱也。（《吕氏春秋·览·审应览》）

此文表明，古中国对开放的公共领域形式并非一无所知。同时它也表明，这一公共领域遇到了来自包括《吕氏春秋》各章作者在内的大部分政界和学界精英的强烈反对。至少，《吕氏春秋》的某些部分倡导一种法家式的"法律—秩序"立场：厌恶多面性的社会结构之复杂，渴求一种以法律为唯一权威统治工具所建立的严格的一致和统一。出于此目的，《吕氏春秋》赞成子产。然而，根据《左传》的证据，子产并不对邓析之死负责，因此一定是容忍了他自己法律改革的后果而不是通过暴力手段对其进行遏制。① 所以，当维塔利·鲁宾称赞子产法律工作的"民主特性"之时，他自身的观点也得到了证明。② 鲁宾（1923—1981 年）在古中国发现了对抗其所被迫生活的专制统治的路径，子产也因之成为他的英雄之一。中国没有成为其关于开放社会观点的反对者，反而有助于为此观点进行辩护。

与其法家主义的倾向相左，《吕氏春秋》在一定意义上是一个开放公共领域的产物，是记载多元观点而非流线型的、同质化的观点的书籍。该书由作为秦相的富商吕不韦赞助，于公元前 238 年完成，由吕不韦在其寓所养的众多宾客所作。这一事件在《史记·吕不韦列传》中有所记载：

> ……不韦家僮万人。
>
> 当是时，魏有信陵君，楚有春申君，赵有平原君，齐有孟尝君，皆下士喜宾客以相倾。吕不韦以秦之强，羞不如，亦招致士，厚遇之，至食客三千人。是时诸侯多辩士，如荀卿之徒，著书布天下。吕不韦乃使其客人人着所闻，集论以为八览、六论、十二纪，二十余万言。以为备天地万物古今之事，号曰吕氏春秋。布咸阳门市，悬千金其上，延诸侯游士宾客有能增损一字者予千金。（《史记》卷八十五《吕不韦列传》）

毗邻"街道"与"学校"，我们拥有第三种开放的社会空间：市场。面向受众演说，一种我们可以称为包括各个有关方面的公共受众，尤其是拥有不同血统的文人知识分子。即使是他们的作品，如《吕氏春秋》中的例子那样，也是意在影响他们所处时代的有权势者，他们也以影响整个天下为目标。这一情况的前提条件源于那个时代社会的快速流动，经济的剧烈变革以及政治上的多中心主义。这些

---

① 据《左传·定公九年》，邓析于子产死后二十年被处死。

② Rubin, "Tzu-ch'an and the City-State of Ancient China", in *T'oung Pao*, Second Series, 52, 1/3, 1965, pp. 8–34.

因素催生了大量的"流动学者",这突破了以往时代居于主导地位的学者根植于社区和传统中的情形。如《史记》所载（《史记》卷四十六），有近千名或者超过千名学者仅仅是出于"议论"的原因曾在齐国稷下学宫停留。这一景况也被记录在汉代的文学作品中，"街谈巷议，弹射臧否"。① 在百姓的流动因素中，我们也可以料到，商人和工匠一定对不受禁止的交通往来充满兴趣。值得注意的是，法家的韩非（约公元前 280 年—公元前 233 年）作为集权政府的倡导者自然也不支持自由公众群体，他将工商之民以及学者、言谈者、带剑者等流动人口称为"邦之蠹"，人主当除此五蠹之民（《韩非子》卷四十九）。在贾山（约公元前 180 年）的《至言》中，在"庶人谤于道"等其他声音之后接着就明确提及了"商旅议于市"，作为"古者圣王之制"。②

起初，公共空间似乎为受过教育的精英群体提供了发挥其影响、提升其声音的机会。然而，知识活动的影响波及了下层民众，"今境内之民皆言治"（《韩非子》卷四十九）。韩非子的抱怨证实了民众对公共事务的广泛兴趣。但是这种公共议论之普遍本身也是一种警示，即百姓会受到哄骗，社会和政治危机将会加深。在秦国一统六国后的公元前 213 年，焚书事件发生，这是秦帝国试图一劳永逸地终止这种公开议论的发展，从而建立起一个言论绝对统一的国家。法家的李斯（卒于公元前 208 年）是秦国的丞相和新的中央集权制的设计师，他所主张的措施如下：

> 古者天下散乱，莫能相一，是以诸侯并作，语皆道古以害今，饰虚言以乱实，人善其所私学，以非上所建立。今陛下并有天下，别白黑而定一尊；而私学乃相与非法教之制，闻令下，即各以其私学议之，入则心非，出则巷议，非主以为名，异趣以为高，率群下以造谤。如此不禁，则主势降乎上，党与成乎下。禁

① 张衡：《西京赋》，载《文选》第 1 卷，中华书局 1977 年版，第 43 页。
② 贾山：《至言》，载《汉书》第 51 卷。

之便。臣请诸有文学《诗》、《书》百家语者，蠲除去之。令到满三十日弗去，黥为城旦。所不去者，医药卜筮种树之书。若有欲学者①，以吏为师。

　　始皇可其议……（《史记》卷八十七《李斯列传》）

这一真正历史性的建议标志着中国"轴心时代"的终结。这一标志性的事件证明，古中国曾经存在着一个理性的公共群体，他们具有探讨的热情，愿意接受异议以及对立的权威者，由于受出现于春秋晚期并扩散于动荡的战国时代的论辩文化的影响，他们很明显创建了具有宽广社会基础的各种实践。与此同时，李斯的言论反映出了政界和学界精英在接受作为时代标志的开放性方面所具有的困难，尽管他们所有人都参与其中并以此为生。诚然，法家的丞相和始皇帝最后采取了这一残酷的举措来摧毁中国轴心时代的"开放社会"，但反对多元思想争鸣并呼吁将分裂的天下重建为一个统一的、一致的整体的哲学家并非法家所独有。战国思想总体上将多样性视为对时代苦难的表达而非将其视为克服这一苦难的资源，因此它没有忍耐作为其存在媒介的自由。诸子百家的学术声音在中央集权政府缺位之时如此活跃，事实上却一直处在统一观念的魅力召唤之中。下面是周代文本中的一些例子：

　　——当梁襄王问儒家的孟子（约公元前 370 年—公元前 290 年）："天下恶乎定?"孟子对曰："定于一。"（《孟子·梁襄王章句上》）孟子痛陈"处士横议"的现实，要求终止"邪说"来建立孔子之道的正统地位（《孟子·滕文公章句下》）。

　　——儒家的荀子（约公元前 310 年—约公元前 230 年）深信："天下无二道，圣人无两心。今诸侯异政，百家异说。则必或是或非，或治或乱。"（《荀子·解蔽篇》第二十一）他对真理的绝对说法没有为开放式讨论留下任何余地。他要求"以务息十二子之说"，因为他们"使天下混然不知是非治乱之所存者有人矣"（《荀子·非十

————————
　　① 笔者采取《史记·李斯列传》中的说法。

二子篇》第六）。

——总体而言，儒家并不相信"民"和"众"的判断。孔子说："民可使由之，不可使知之。"（《论语·泰伯篇》第八）孟子也赞同这个说法（《孟子·尽心章句上》第五篇）。对孔子而言，"庶人议"则是天下失道的表现（《论语·季氏篇》第十六）。

——老子倡导"复归于朴"，复归于"不割"的"大制"（《老子》二十八章），复归于封闭、淳朴的简单世界（《老子》八十章）。

——庄子描述了天下如何变成了百家争鸣的大型舞台。他对这种发展表示遗憾，因为天下的统一性已经被打破，而且没有希望回复到原初的状态：

> 天下之治方术者多矣，皆以其有为不可加矣。……天下大乱，贤圣不明，道德不一。天下多得一察焉以自好……天下之人各为其所欲焉以自为方。悲夫！百家往而不反，必不合矣。后世之学者，不幸不见天地之纯、古人之大体，道术将为天下裂。（《庄子》第三十三篇）

——"以自为方"在语言上差不多对应于希腊语中的 auto-no-mia。[①] 庄子证实了这一说法的普遍性，却并没有对此进行证明。这使人忆起那个已然逝去的黄金时代里无分别的"至一"境界，以及在原始的"玄同"中进行修养的梦想（《庄子》第十六篇、《庄子》第十篇）。

——墨子将这一状态视为对混乱的原初状况的一种回应，在那种状况下，"人是其义，以非人之义"，因此提议强制推行与上级层层同一的等级制度（《墨子》第十一篇）。

——《吕氏春秋》最终以"不二"为章节的标题对此进行了总结。"故一则治，异则乱；一则安，异则危。"（《吕氏春秋》卷十七）

---

① 因为"方"意思为"模范"或者"衡量"，参见《史记》第 241 卷。

建立一种统一，用和睦对抗会足以导致混乱的不同与异议，这是典型的周代哲学文本的特点。然而没有可供参照的模式使多中心的诸侯国稳定、平静下来。而且，一旦统一得以实现，新的专制体制就开始摧毁呼唤其产生的相同的哲学思想。

对于接受开放社会而言，我们所描述的周代哲学的态度显然是一种消极的遗产。各种形式的开放社会存在过，但缺乏支持来进一步扩展和流行开来，尽管它们从来没有彻底从中华大地消失过。然而，周代哲学并非仅仅偏爱专制思想，而是已经超越了它。周代哲学包含这样的原理，即统一性与多样性可以被同时兼顾，可以共同成为证明开放社会里多元主义正当存在的资源，以防仅用各自的哲学彼此为战。这些原理又是什么呢？笔者再次举出若干例证：

——《庄子》一书包含这样的观念，即"道"无所不在，甚至在最为卑下的事物之中（参见《庄子》第二十二篇）。我们可以推断，这一多元化的本体蕴含着反贵族的观念。也就是说，精英们的观点中可以有真理存在，普通民众的观点中同样也可以有真理存在。

——"和"的观念强调差异性，与"同"有着显著区别。史伯曾批评周幽王（公元前795年—公元前771年）集团严禁不同意见和批评声音的行为。史伯说，周幽王偏爱"同"而非"和"，这导致了王室的覆灭：

> 夫和实生物，同则不继。以他平他谓之和……声一无听，物一无文，味一无果，物一不讲。（《国语》卷十六）①

——与此类似，晏婴（约公元前580年—公元前510年）曾对齐侯强调说，接受不同意见是达至和谐的方法（参见《左传·昭公二十年》，《晏子春秋》卷一第十八篇），《淮南子》（公元前2世纪）则认为，人应当"忤而后合"，而不是"合而后舛"（《淮南子》卷

---

① 亦可参见《论语·子路篇·第二十三章》："君子和而不同，小人同而不和。"

十三）。

——孟子认为，每个人都天生具有一种直觉性的"是非之心"来独立地、自主地指导自己的道德责任行为，他据此呈现出一种道德人类学的学说（《孟子·公孙丑章句上》第六节）。这个理论可以被解释为，每个人作为一个德行主体都值得信任，因为他可以无须监管地去过自己的生活——这也使其作为开放社会的一员成为可能。与孟子相似但更为强调理性而非自然感觉的荀子，发现了人"心"作为理智判断的主体，能够"出令而无所受令"，"自禁也，自使也，自夺也，自取也，自行也，自止也"，"心不可劫而使易意"，并且"心容其择也，无禁心自见"（《荀子·解蔽》）。这些人类学性质的观点超越了将人视为在某些更高权威者的外部监控之下、在严密控制的社群中的一种"他人引导型"存在。它们也与儒家文本中所表达的对"民"的判断之不信任存在着一种张力（见上文）——孟子甚至将统治的合法性依赖于"民"的赞同，将未来的统治者"暴"之于民，民必须"受"之才可以（参见《孟子·万章章句上》第五节）。如果不考虑儒家所紧紧奉行的社会政治理念——儒家并没有对君主政治和男尊女卑表示怀疑——他们的人类学意义上的观点与"市民成员之平等自由联合"的观点并不违背。

——另外，墨家并不仅仅像前文中提及的那样只是建立了"尚同"这一垂直的权威阶层体系来阻碍而非促进公共讨论。下面的例子是他们在与儒者论辩时的主张：

> 仁人以其取舍、是非之理相告，无故从有故也，弗知从有知也，无辞必服，见善必迁……（《墨子》三十九章）

——这段出彩的论述中，墨家成功地总结出了进行更好辩论的要义，这一点即便是今日在确立现代辩论（streitkultur）文化之逻辑时仍难以超越。当然墨家是否坚持了这一原则是另外一个问题。无论如何，此文反映了"轴心时代"理性的光辉。

## 结论

周代和汉代的文本材料显示，在中国的"轴心时代"，传统秩序的分裂与动荡导致新型社会存在的出现，这种存在不能再用"封闭的心理和社会结构"这样的术语进行描述。一个不受政府管控的公共领域开始形成。它的社会结构和从属的利益很难去界定。但不管怎样，它的影响波及下层民众，因此成为其敌对者眼中的一种危险。有时，公共领域作为贵族进行政治决策时的一种改善方法和灵感而被接受。但是，尽管在历史地理文本中有一定的派系偏见，开放领域所遇到的反对之声不仅来自己建立的政权这边，而且来自周代哲学家这边，而这些大量的不同意见本身便是古老的社会结构日渐开放的产物。这种矛盾反映在相当对立、又充满张力的哲学中，这些哲学思想一方面包含与开放社会不相匹配乃至相左的论述，另一方面却为其合法性奠定基石。尽管如此，从总体上说，以议论、多元观点、高流动性为特征的多极和多元世界的出现被广泛认为是对危机的一种表达而非解决方案。在痛苦的身份认同过程中，百家争鸣的局面被看作是周王朝分化出的诸侯国间彼此征战的伴生物。这催生了对一种新的统一体的呼唤，并最终导致一个新的中央集权帝国的诞生。然而，该帝国最终也未能实现对整个社会的权力控制，在差异中求统一的积极资源也存留至今。

一个开放社会，无论在空间上和时间上多么有限，就是否是一个拥有自由平等的公共领域、是否有一种无须家长式监护的多元辩论文化而言，中国早已有之。这种社会甚至是中国古典哲学出现的历史背景。另外，中国还最早提出了对笔者而言是开放社会理论基石的公式：进行更好的辩论的要义——一种无法超越的自由讨论的原则。开放社会也许不甚稳定，也许会被大多数知识精英放弃和背离，但在这样做时，这些精英只是背离了他们自己以及他们所持观念的优秀部分。考虑到历史和知识分子的复杂性，那种以中国文化的名义来反对开放社会的做法只会意味着低估了这种文化本身的潜质。

（作者系德国波鸿鲁尔大学东亚研究系教授）

# 如何共同决定该做什么

## ——对当代中国公共道德正当性理论的考察<sup>*</sup>

费利佩·布鲁诺奇　文　魏孟飞　译

## 一　引言

公共领域是靠制度支撑的一个空间，这对于社会成员决定哪些目标或计划该来指导他们的公共事业是最为重要的。这个领域允许社会开发并使用"将其计划公式化的方式，和将其目的置于优先地位并作出相应决定的方式"。[①] 为了维持执行共同决策的进程，公共领域机构的设置以及对其进行改革的提议，很大程度上取决于公众的认知方式。在不同情况下，社会应根据此种方式找出应该履行的职责。接下来的部分，我就公共领域的最后一个维度进行阐述。

鉴于公共领域制度结构的重要性，我打算就已得到认可的共同决策方式进行试探性的解读，这些方式是建立在中国理论界的论述基础之上的。当然，一个社会要解决的问题、要处理的公共利益关系有很多，都有其各自的方式来实现共同决策。因此，我只就目前在中国学术圈深受关注的公共利益关系的一个方面进行论述：是否有可能构建一种公共道德秩序，可以适用于社会所有成员并得到广泛的认可。根据当代中国社会的理论研究者们的惯例，接下来将要探究的是，我们应如何决定哪一种道德秩序作为以后行为的准则，以便这种秩序对所

---

　＊　这篇文章得到了 Fritz Thyssen Stiftung 基金的慷慨支持。

　①　J. Rawls, *Political Liberalism*, New York: Columbia University Press, 2005, p. 212.

有成员都是公正合理的。对于此，我将通过介绍一些公共道德正当性的国内论点，并加以解释说明来形成描述性的论述。然而，既定结果可能对公共领域制度构成产生的影响，这样的讨论不在本篇论文的范畴。我会在最后加以说明，用两条追加性的论述来作简要介绍。

首先，当提及道德秩序时，一些人可能会认为公共道德正当性是没有必要提及的。因为道德秩序并不"适用于社会的政治制度和基本结构，这些通常都会含有国家机器的高压政策"，① 它也不会影响我们的政治自由，因此，把公共道德正当性置于道德秩序之上，使其屈从于公共理性的实践，② 这样的做法是很不合适的。道德秩序是由一些嵌入式的社会化道德准则③构成的，这些准则要求或是禁止某些特定的行为，因此阻止一些重大的事情的发生，这些是我们可以互相监督管理的。④ 然而，它可以对道德群体的成员产生影响，这种影响和法律高压制裁对社会机构的影响是一样深远而不可抗拒的。正如密尔所指出的那样，它可以使"社会暴政变得比其他政治镇压手段更可怕"。⑤ 由于可能对我们的自由产生巨大的限制，权威性的道德论

---

① J. Rawls, "Kantian Constructivism in Moral Theory", in *John Rawls: Collected Papers*, ed. by S. Freeman, Cambridge: Harvard University Press, 1999a, p. 325.

② Ibid., pp. 325 – 326.

③ 在这里不再进一步讨论这些中国作者们是如何区分道德规则和其他规则的。当前关于中国话语，它或许足以沿着下面的思路来描述道德规则的特点——道德规则是些明确联系在一起的规则，你没有自由选择忽视它们。关于基本的人际关系，它们以互惠的义务为前提，在很多情况下都是有益于彼此。探索这些规则偏离的地方可以引起严厉的批评，也会激发由此引起的像愤慨这类的负面态度。这些特点是否能确切地区分道德规则和其他社会规则的不同，尚没有定论。

④ 事例参见樊浩《伦理精神的价值生态》，中国社会科学出版社 2001 年版，第 2—4 页；高兆明：《制度伦理研究》，商务印书馆 2011 年版，第 21—27 页；万俊人：《寻求普世伦理》，北京大学出版社 2009 年版，第 65—66 页；王海明：《新伦理学》，商务印书馆 2001 年版，第 105—107 页。

⑤ J. S. Mill, *On Liberty and other Essays*, Oxford: Oxford University Press, 2008, p. 8.

断也都是基于公共道德正当性之下：如果不能表明对所有的论述而言这些论断都是正当合理的，那么很有可能它们是被刻意推断出来的。

其次，转向当代中国公共道德正当性的理论研究需要广泛的背景知识。为此，序言要做好充足的介绍工作。由于不断受外国古今哲学理论的影响，以及一直致力于找到用独立的、中国特色的新方法来解决那些既偏离中国传统哲学又迥异于西方哲学的老问题，中国的专业性哲学论述呈现出繁荣的景象，大量理论涌现出来。鉴于当代中国理论构建体系如此繁多，在谈及公共道德正当性时，我不会详细论述所有理论的发展。试图去理解当代中国哲学论述，必须要面对的一个深层次问题就是这些理论的模糊性。特别是就这些论述的细节方面，不很清楚的是这些不同的理论是如何将这些细节联系起来，使其相互作用，形成相互影响的论述。这些理论很少是为了提高其他论述的水平或是把它们清晰地区分开来，它们通常避免就下面的论述给出深层次的评论，以便能够使它们在论述范围内准确定位。

尽管要查阅一些公共道德正当性的理论，我仍然面临着许多挑战：如何就这些理论的逻辑联系进行分类，并找出这些理论之间内部的动态联系，以便我能够就公共道德正当性论题作出合乎逻辑的概要性论述。这样一来，我就避免了让这些理论和新出现的公共正当性观念经受定论性的评估。我将满足于找出这些理论观点的指向以及如何把这些详细论述融合在一起。由于压制了模棱两可、种种矛盾以及深层次的问题，这些不同的论述所给出的讨论和论述依然是很不全面和高度简化的；从引经据典方面来看，现行的公共道德正当性的论述也仅仅是简要说明。尽管这样，我仍希望粗略指出这篇文章的着力点。

下面的探究将重点讨论公共道德正当性的理论性论述，这些是由赵汀阳、万俊人、樊浩、高兆明提出的。开始我会简单介绍一下这四个理论对公共道德正当性的概念描述的相关背景知识（节二），粗略总结一下他们所采用的论述策略（节三）。由于对于之后的论述有着重要意义，我将会对这个策略的某一方面进行深入的思考（节四）。随后我会更简略地呈现出更多细节，这些细节体现了这些理论是如何让各自使用的策略发挥作用的。我会先介绍赵汀阳和万俊人的论述，不过很显然他们都未能实现他们自己设立的目标（节五）。因此，我将转向两个更深层次的论述，特别是樊浩和高兆明提出的论述，来看看能否找出有助于发现一种论述，可以更满足这些理论所设立的目标（节六）。最后得出一个尝试性的论点，来结束对当代中国公共道德正当性的论述（节七）。

## 二　面临的挑战

许多国内的理论家们，包括这里提到的这几位，所提出的对于公共道德正当性的论述都持一种怀疑态度，认为中国传统的道德观不能建立起道德秩序，这种秩序可以为所有适用的群体进行辩护。在介绍道德意识的研究中，何怀宏举例说明了中国传统道德推理概念的核心问题。① 良心在儒家文化遗产道德推理中占有核心地位，从良心的概念来看，根据他的论述，很显然良心以及相关的其他概念都可以把道德推理看成是一种神秘的观点，这种观点可以即刻判断出对错。② 因此，在无法用言语表达的命题领域，道德问题最终是会被取代。如果某个人声称有更高级的方法进入道德领域，或是根据他自己的观点来指导别人做事，那么这些问题恐怕会成为家长式统治的牺牲品。③ 现在，道德上的理性决策者可理解为自由平等的道德人，他们没有义务来服从其他人的命令。在这种背景下，基于这样一种道德理性概念的道德秩序，将不可避免地导致人们怀疑这种说法是否通过恫吓来实

---

① 樊浩（樊浩：《中国伦理精神的历史建构》，江苏人民出版社 1992 年版，第 410—431 页）和高兆明（高兆明，2011 年，第 121—124 页）没有从整体上彻底否定中国传统哲学理论，而是批判性地谈论传统中国道德推理的论述。赵汀阳和万俊人也不是很明确地阐述了传统道德哲学的缺点。然而从他们公共道德正当性的理论来看，很显然，他们也同样地使他们自己远离更传统的论述，没有从整体上否定这些论述（赵汀阳：《每个人的政治》，社会科学文献出版社 2010 年版，第 18—49 页；万俊人，2009 年，第 1—30 页）

② 何怀宏：《良心论》，北京大学出版社 2009 年版，第 33 页。

③ 参见同上；参见何怀宏《伦理学是什么？》，北京大学出版社 2002 年版，第 99 页之后。

现，人们也会处在不断的压力之下，这些压力来自一些公开的批评性的评价，或是用人们可以理解的推理来作出的正义性的判断的要求。然而，在何先生看来，在传统道德推理的概念范畴里，这些公开的批评性评价以及这种普遍理性的公正性要求，都是不可能实现的。这些道德推理的概念被一些概念所取代了，这些概念从一开始就紧紧围绕着公共正当的道德观的现代前景。也就是说，紧紧围绕着一种道德秩序，这种秩序有望得到道德共同体中每个成员的自由支持，因此也使道德准则的权威性和个体道德的自由性一致起来。[①]

然而，无论这些批评是否合理，他们都为当代中国理论家们提供了一些背景知识，这些知识有助于理论学家们克服传统道德推理概念的不足之处，并提出可作为"公共道德正当性"开篇之作的相关理论。

## 三 总体策略

尽管有很多差异，经过仔细研究，这四种理论都聚焦于一种普遍常见的策略，以此来说明建立一种公正的公共道德秩序的可能性。因此，可以认为他们形成了当代中国理论体系里特别独特的一部分。

上面提到的这些对中国传统道德推理和正义性概念的评论表明，道德推理必须作为一种公共理性进行概念重建。也就是说，道德推理必须作为一种考虑到每个人立场的推理，而不是让权威性成为道德共同体内的成员进行道德判断的原因，以此来证明这些道德要求是否得到了所有成员的认可。这里讨论的四个理论的特点之一就是，他们以同样的路线来建立公共道德推理的概念，也采用了同样普遍的策略，来满足公共道德正当性秩序的要求，即：一种所有成员都赞同的道德秩序。他们对公共道德秩序和正义性的论述在哪些方面是互相重复的？仔细研究他们对所要求的"认可"（assent）的基本理解，有助于发现这两项突出的共性特点。

---

① 何怀宏，2002 年，第 99 页之后。

这四个理论的第一个共同特点是，它们都不是一项试图把成员的认可建立在主体无涉的原因上的理论工程，即：一种对所有成员都有重要意义的原因，这种原因不用考虑成员具体的评价认知观点。① 这并不是要求每个人脱离自己具体的观点，以第三者的视角来形成一种真实独立的道德秩序，我们的理论家们要求参与人员在达成对道德规则共识的时候，把自己在道德实践活动中的观点当作他们核心的规范取向。因此，这些得到认可的想法，必须和参与者的社会道德观一致。②

最重要的是，这些内在观点表明，我们是把自己看成了以积极态度投身于道德实践活动的一分子。在与他人发生特定联系的时候，我们接受了一系列权威性和责任性的东西，希望可以达成一些行为共识，我们可以要求他人甚至是陌生人来做到这些行为。如果这些期望和要求是矛盾的，我们就会深感愤慨，就会采取责备、批评或者是惩罚的措施。这些期望和态度决定了我们如何去理解自己以及他人的行为。这些内在观点要求的一致性意味着规则的有效性依赖于道德共

---

① 限于篇幅，我不会在这篇文章探索第一个共同特征，下面这些论述只是部分回顾性地为它提供印证。接下来，参考樊浩，2001 年，第 18—26 页；高兆明，2011 年，第 118、129—136 页；万俊人，2009 年，第 18、34—37、232 页；赵汀阳，2010 年，第 90—94 页。

② 这和罗尔斯提出的"道德理论"相似，他也在他的《道德理论的康德式建构主义》和《道德理论的独立性》区别了"道德哲学"（Rawls, 1999a, pp. 304 - 306；J. Rawls, "The Independence of Moral Theory", in *John Rawls: Collected Papers*, ed. by S. Freeman, Cmabridge: Harvard University Press, 1999b, p. 286）。与着力于"判断对错的纠正式理论，也就是一个对什么是客观道德真理系统的论述"（Rawls, 1999b, p. 288）的道德哲学相比，道德理论可以被理解成一种"为达成的共识寻找充足的理由，这种共识源于我们对自己以及对我们与社会的关系的认识……这项任务是清晰地表达公共正当性的概念：人们可以以某种方式看待他们自己以及与社会的关系。……正当性概念的理由并不是忠实于之前给我们的命令，而是和我们对自己的深层次理解、抱负以及认识领悟相一致，这种领悟就是：考虑到我们社会里根深蒂固的历史和传统，这对我们来说是最合理的学说。我们找不出更好适用于我们这个社会的基本章程"（Rawls, 1999a, pp. 306 - 307）。

识，这种认同扎根于我们实践中的自我理解以及一致的道德情感。建立在这种共识基础上的规则，不是从外部视角而是从道德实践中得到认可。坚持强调内部视角的重要性，这一主要原因似乎是很实际的：与我们的道德观一致并能保持道德观的道德秩序，更有可能确保稳定的社会共存。

这种融合的要求当然需要更深层次的说明。然而这些说明还没有定论。① 当前，可以这样记录下来，因为这种认可源于对道德规则和道德实践的一致性的评估，而不是某种潜在的普遍原则，公共道德正当性以及它所用的道德推理可以被看成是一种具有整体性和一致性的过程，而不是推理演绎的实践活动。

上述理论的第二个共同点与认同的结果有关。对特定规则合法化的自由认同会达成一种特别的共识：一种源于"相互共享原因"的认同。这个特点对选定的公共道德正当性的理论的理解以及评价有非常重要的作用，因此，我们要在更多的细节中找出"相互共享原因"的体现。

## 四 相互共享原因

为了清楚阐明"相互共享原因"，下面我将比较它们与其他四种不同的共享原因的异同点。②

前一种意义，如果一些人碰巧都独立地提及一个原因，我们可以

---

① 仅仅依靠中国话语这个标准的正确性是否可以得到进一步详细的说明，还尚有疑问。尽管这里谈论的理论学家们都同意这个说法，不过他们还是避免从理论上对此作出进一步说明。例如，在特定的情况下，与详细决定内部视角的构成或者是这些赞成的标准是如何被理解的（例如它是否牵涉到内部视角和规则的双向调整？）有关的这些问题，也没有涉及。

② 这里，我将避免证实这些理论学家们采用了共享原因的构想。当具体提到这些理论的时候，会给出一些证据。接下来，不受这些理论的影响，我将局限于引入"相互共享原因"的概念。对此，我将会参考杰拉德·波斯特玛的初步研究（G. Postema, "Public Practical Reasons: An Archeology", in *Social Philosophy and Policy*, Vol. 12, 1995a, pp. 64–70）。

认为它就是共享原因。只是因为个人因素偶然得到每个人的认同，在较小的意义上这些原因可被认为是"共享"的。根据第二种理解，我们可以把主体无涉当作是一种深层次的共享原因。主体无涉原因是对于每个人都有重要意义的，不用考虑每个人特定的义务。由于它们应用的范围，如果不能适用于所有人，至少可延伸至一些人，它们在不同程度上得到共享：它们可归因于每个人，也可以说是每个人的原因，即使没有人会真正重视这些。此外，一个原因可以认为是共享的，如果在通过了论辩碰撞测试，并被证明是可以驳回所有反对的时候，没人可以合理地拒绝它作为一个全面共识的共同基础。① 根据这个理解，一个原因可以认为是共享的，如果每个人都赞同各自的考虑仅仅是因为它不受任何反对的影响。在后一个意义里，一个原因可以被称为是共享的，如果 A 认可了 B 的原因，而且凭借 B 的原因，把它作为一个提升的平台或者至少不会阻碍到他的判断。这样一种共享原因是由克里斯丁·科尔德提出的。在她看来，志向，也是一些"更特别的个人工程"②，是可以共享的，如果 A 把它看成是"我们独特的人性能力的表达，产生相应的兴趣，来找出存在我们周围的一些有意思的事情"。③ 在这里，A 共享了 B 的原因，不是因为他认识到 B 原因的价值，"而是出于对拥有这些原因的人的人性尊重"。④ 相互共享原因在很多方面和这些共享的原因不同。

首先，相互共享原因不可能由仅仅是偶然赞同的主体相涉原因组成。然而，在碰巧共享原因的情况下，我的原因是否都是其他成员的原因，这不是很重要，相互共享原因必须以对其他人的原因有相互的理解响应为前提。他们不仅仅是偶然情况下因为个人因素而共享的，

---

① 这个表达方式出自托马斯·斯堪伦（T. Scanlon, "Contractualism and Utilitarianism", in *Ethical Theory*, ed. by R. Shafer-Landau, Oxford: Blackwell, 2007, p. 649）。

② C. Korsgaard, "The Reasons We can Share", in *Social Philosophy & Policy*, Vol. 10, 1993, p. 34.

③ Ibid., p. 40.

④ Ibid.

而是包含了相关人员之间的交流，最终会在各自的原因里达成一个明确的共识，以此来找出从今往后共同进行研究的基础。相互共享同一原因的两个人不仅仅是知道每个人都碰巧拥有相同的原因。他们会结合其他人证实的原因而提出自己的原因。此外，这些评论表明，相互共享原因也不可能被定义为主体无涉原因。相互共享原因是在具体个人之间相互回应时占上风的，这些个体受社会历史背景的影响，同意相互共享原因。因此，由着一些理想化的个人组成这一团体是很不合适的。相互共享原因为普通人所拥有，也起源于普通人以及他们独特的信仰体系。这也会使我们避免把它们归到不会被打败的原因之列。而这种不受其他反对意见干扰的特点也不会使一个原因成为相互共享原因。一个确切的原因不可能被理性地否定，这样的事实并不意味着，那些没有成功找出这些原因的漏洞的人们把它们当作自己的原因。并不是真的赞同这个原因，而是他们情愿把各自的原因认为是"没有被找出漏洞的，而不是还没有得到认可的"。[①] 因为同样的原因，科尔斯戈德也没能够对相互共享原因进行足够的描述。A 认可了 B 的原因，只是把它作为"共同人性的"一种表达。[②] 然而他自身并没有完全同意 B 的观点。

一个相互共享原因可以被定义为一个我们共同表示赞成的原因。它既不可能被认为是碰巧一致的主体相涉原因的作用，也不可能是一种主体无涉原因，这种原因声称具有规范性的力量而不管它是否适用于所有人。相互共享原因必须是我们的原因，也就是说每个成员都认可它，并把它作为自己的原因。

尽管对建立在这样原因之上的赞同是否是支持公共道德正当性秩序的最佳起点仍有疑问，[③] 这种概念的吸引力却是显而易见的：基于

---

① G. Gaus, *Justificatory Liberalism. An Essay on Epistemology and Political Theory*, New York: Oxford Univeristy Press, 1996, p. 151.

② Korsgaard, 1993, p. 40.

③ 关于更多对共享原因的批判性论述参见 K. Vallier, "Convergence and Consensus in Public Reason", in *Public Affairs Quarterly*, Vol. 25, 2011, pp. 261 – 279。

相互共享原因的这种道德秩序，协调了道德规则的权威性和它所适用的道德的自由性。这些都适用于建立在相同原因上的相同规则。

上述作者们采用的基本策略可总结如下：除了基本上要求公共道德正当性，以此来把道德实践中的内在观点作为使用道德规则时的重要参考之外，它也期望正义性的过程可以瞄向更深层次的相互共享原因，并把它作为道德规则的基石。因此，公共道德正当性及其所涉及的道德推理的模式不仅仅是全面的、以连贯性为导向的。由于相互共享原因必须是建立在对他人给出的原因的相互理解和相互反应上，公共道德推理和正义性从一开始就必须在人际互动的过程中产生。[①]

在这些论述所采用的对基本策略进行概述的理论支持下，我将继续去描述更多细节，尽管仍然想从总体上描述一下，这些概述是如何组织以及进一步具体化的，以便能得出关于现存的公共道德正当性概念的一个更具体的想法。为此，我将沿用策略的第二个特点来重新构建这四个论述并聚焦于相互共享原因是如何被充分挖掘出来的。[②] 由此浮现在理论描述中间的动态画面将引导我最终对公共道德正当性作出一个更为详尽的论述。

---

① 像赵汀阳、万俊人或者是樊浩这些学者们，倾向于要求所有正确的道德规则要建立在相互共享原因的基础上。他们可能同意，没有这些在共同原因上达成的一些基本共识的话，将会很难为协同行动奠定一个稳定的基础（这点参见 H. Richardson, *Democratic Autonomy: Public Reasoning about the Ends of Policy*, Oxford: Oxford University Press, 2002, p. 174）。然而，鉴于在现代社会中到处弥漫着对于评估性问题的反对，很难想象我们的道德准则是由相互共享原因提供支持的。这些学者们并没有涉及相互共享原因的"范畴"。相反，高兆明支持一个较为弱势的观点，声称相互共享原因只是为了一些核心规则才被要求的（高兆明，2011 年，第 111、115、117 页）。但他对规则能否满足这个要求仍然保持沉默状态。

② 尽管被弱化了，第一个特点会在之后间接地提出来。我会在最后回到这点上来。

## 五　相互共享原因的可能性

我将从赵汀阳的论述开始我的解读。和许多当代理论家一样，在探讨自己认为是现代社会所面临的最紧迫的挑战——由不同的价值体系所引发的社会冲突对社会合作所产生的固化[①]时，赵汀阳也算是没有谈论道德推理的传统框架，虽然也不是完全没有进行相应的讨论。在他看来，社会互动是由评价的多元化体系引起的，最有效地避免这种社会互动瓦解的方法是制定一种道德秩序，每个人都表示赞成而且愿意遵守的秩序。只有这样的秩序才可以声称为长期稳定的社会合作[②]提供足够的规范框架。

依据赵汀阳的观点，这样一种道德秩序应建立在相互共享原因的基础上。仅仅是每个人在德性里都有理解和尊重彼此的原因，这样的理由无法为一种道德秩序建立一个稳定的基础。他们只应在较窄的意义范畴共享。为了使这种道德秩序从评价多元化体系中分离出来，使这种潜在的原因得到共享，这种共享必须是在大家共同认可它们作为自己的原因的情况下发生的。[③] 依据上述观点，赵汀阳没有把相互共享原因的可能性建立在一个完美的假设的过程中。在一个人放弃自己的责任和利益后，一种完美的融合可能出现，这种完美的融合也不能确保它在不完美的情况下——也就是在特定的责任和利益重新出现的时候——也是有效的。而这种共享原因的融合必须在一个交流的过程中产生，这个交流过程允许每个人都提出自己特定的评价观点。只有这样一种非完美的相互共享原因的共识，才有可能在当今不断变化的评价多元体系中保持有效而稳定的状态。[④]

下面对交流过程的展示和评价要忽略赵汀阳的一些深层次的理论

---

① 赵汀阳，2010 年，第 20、54—55 页。

② 同上书，第 39 页。

③ 同上。比较上面提到的科尔斯科德的共享原因的概念。

④ 同上书，第 35、40、42—43 页。

假设。① 大体了解一下，可以说，在给产生相互共享原因的过程下定义的时候，赵汀阳想要确保融合的原因都是"好"的原因。也就是说，这些原因一经采用，会极大地提高每个人的利益。② 因为在探究共享原因可能性的时候，赵汀阳主要是以价值为讨论的焦点，我将会相应地调整我使用的术语。

为了论证相互共享价值，赵汀阳建议我们从一开始就停止深层次的假设，这种假设把个人看作是方法论范畴的核心因素。如果我们坚持把个人看成是论述的核心因素，那么我们最终会共享到一些不是很"好"的价值观。例如，如果我们借助每一个人的支持来确定共享价值的话，可是汇聚而来的赞同不一定能确保这些共同价值就是"好"的，或者至少比其他价值要好。我们可能都走上歧途，或者屈服于团队所提倡的糟糕的价值体系。③ 因此，赵汀阳试图找出可以超越个人价值观的观点，以便更适用于建立确保是好的的共享价值观。

为此，赵汀阳建议用他所称的"关系"来取代"个人"，以此作为分析时的基本要素。"关系"这个词，赵汀阳的意思是把它作为一种"相互策略"，这种策略可以提高每个人的利益。④ 尽管有些难以理解，这个概念要求我们采取一个更客观的角度，关注一下一种价值观一经采用后对相关个体所产生的影响。赵汀阳进一步详述这一观点，介绍了他称之为"普遍模仿的检验"，⑤ 这种检验似乎能从"关系"这一术语的概念自身找到提示，也应该能成功探索到相互共享的好的价值观。模仿康德绝对命令的公式化构想，论述构成如下所示。⑥

这个测验从社会合作最不利的情况下开始，假设每个人都试图使自己的利益最大化，而不考虑其他成员的利益。赵汀阳要求我们首先

①　例如，他所称的"普遍必要性价值"的介绍（同上，第76页）。
②　同上。
③　同上书，第78页。
④　同上书，第77、78页。
⑤　同上书，第81页。
⑥　接下来的论述，参见同上书，第81页之后。

承认，社会最灵活的成员为提升自己利益形成了一种价值观，如果最终证明是它对他们有益处的，这种价值观是会被其他成员模仿的。测验的第一步，是证实一种价值观是否会被接受，是否会被所有成员模仿。如果它确实如此，我们可以把它作为相互共享价值观的一个备选项。然而，受欢迎的整体模仿也不足以表明一种价值观就是好的价值观。一种价值观也可能被每个人所模仿，尽管它没有提升个人的利益，但它避免了人们陷入更糟糕的情况。为了确保在提高利益层面一种价值观确实是"好"的价值观，我们要引入一个进一步的标准。一种价值观的全体模仿会对模仿者自己产生影响，传统的标准就存在于此种影响中。因此，第二步，我们要证实这种价值观是否会被自己打败，换句话说，是否在全社会都效仿这个价值的时候它不能够提升模仿者自己的利益。如果一种价值观在这个意义上并不自我矛盾，它将会得到认可，可以把它作为共同原因，依据此种原因建立良好的道德规则。

赵汀阳的论述有很多问题，也遭到了很多反对。当我在论述相互共享原因的时候，我会把要点作如下的限制：与他的假设不同的，最打动读者的是，赵汀阳并没有在相关团体互动交流的过程中进行测验。它的特点是认为，以自我为中心的理性决策者独自地模仿他人作出自己的推理。由于这个测验并没有展示互动部分，通过这种互动参与者们可以就自己关心的问题共同制定出一个特定的价值取向，这些参与者们最终汇聚成的价值观不可以被称为相互共享原因。他们仍然属于偶然共享的主体相涉原因的范畴。一个价值观会损害或者使模仿者受益究竟意味着什么？当提到这个问题时，这种情况表现得最为明显。在赵汀阳的理论框架内，有损于或者有益于个人利益和构成要素只能由多样的主体相涉因素来决定，每个人都可以根据自己的需要提出相关因素。因此，当模仿者们依据这个价值观没有坏处而且还会提升他们的利益支持同样的价值观时，他们只是碰巧都支持罢了，并没有依从共同的标准。尽管"关系"这个概念乍一看似乎为确认相互共享原因提供了一个吸引眼球的结构，因为它强调主体间性的重要性，但是它仍然是偶然共享的主体相涉的原因。考虑到这些缺点，我将转向公共道德正当性的第二条理论。它是否能成功避免这些缺点还有待进一步考证。

像赵汀阳一样，万俊人也主要关注评价多元体系对社会合作带来的挑战。然而，他是从一个国际视角来看待的，重点关注道德文化的不协调性，试图找出规范性秩序的可能性，这种秩序可以在国际层面有效地管理培养稳定的社会合作关系。[①]

在万俊人看来，一个稳定的国际道德秩序的可能性是建立在他的基本假设上的，这个假设是自由和平等构成了我们这个时代的核心价值观。[②] 因为这两个价值观都发展成为我们当下社会的责任之一，也从一开始就重塑了我们对自己以及人际关系的认识，所以在提及发现国际道德秩序的基石的时候，[③] 他们是不能被忽视的。因此，万俊人阻止了家长式推行道德秩序的可能性，同意赵汀阳的论述，即强制推行任何一种道德秩序都要由适用者自由平等地同意来决定。[④] 只有一种道德秩序协调了道德秩序的权威性和基本价值的自由性和平等性，它才可算得上是一种稳定的、长期的、规范的框架。[⑤] 接下来，我将用万俊人的方法来解读自由，这方法是在论及同样被评价多元化体系所包围的社会里的内部层次所采用的。

万俊人也作出假设，对于一个长期要保持稳定的道德秩序来说，它必须建立在相互共享原因上。[⑥] 用他自己的话说：我们必须要和一种声音进行对话，这种声音既不是上帝、圣人或者苏格拉底的，也不是从不同音准中提取的或是所有原始声音的融合，而它必须是"共同的声音"[⑦]；一种我们共同聚合在一起的声音，这也构成了我们道

---

① 万俊人，2009 年，第 2—5 页。
② 同上书，第 18 页。
③ 同上。
④ 同上书，第 20、184 页。
⑤ 同上书，第 180 页。
⑥ 同上书，第 11、16、24、36、163 页。
⑦ 同上书，第 33 页。

德团体的一部分。① 按照万俊人的说法，通过探索真实世界里不同的道德承诺之间的主要的共同特征，② 我们可以识别出这种"共同的声音"。因此，我们要进入一个多层次的探索过程。

稍微简化了他的陈述，万俊人基本上认为这个过程是贯穿下面四个步骤的比较的过程。③ 第一步，所有盛行的道德准则必须是依据他们所适用的不同的社会领域所规定的，也是依据他们的相似点而被审视的。这个第一个规定可能会漏掉起初的共识，这可算是之后过程中的焦点。然而，在评价多元化体系下，这些相似点不可能会多到足以清楚分辨"共同声音"的水平。第二步，我们因此要采用不同的方法，把发现到的异同点作为分享基础的提示信号。在这种水平之下，我们要开始着手解释并弄明白这些共同特征以及差异，以便能在共同基础上作出探索。由于这种有分歧的共同秩序将进一步被提升，为了最后找出这些基于不同的道德观之下的共同规范性的基本原理，所有的团体必须要进行到第三步的对话，检查出这些提交的选择里的异同点。然而，很有可能这个结果仅是最小范围的共识，不仅仅就内容方面，也是从它的特点上来看。第四步，我们可以因此重新启用这个过程，进一步加深共识，通过拓展以及详述已建好的基础。如果这个过程构成了一个切实可行的提议的话，问题就在于它是否可得出相互共享原因。

当然，万俊人仅仅展示了这个过程的大体轮廓，像这样的过程是要求更多详细的阐述的。然而，很明显，与赵汀阳的相比，他的模型的整体构造是富有对话色彩的。它展示了一个动态变化，它顾及相互共享原因的人际关系方面的因素，也因此似乎更适合来证实相互共享原因的可能性。然而尚有疑问，万俊人的论述是否成功地契合了他自己设立的目标。

到现在为止还没有揭示出来的是这样一个事实，这些思考者们基

---

① 万俊人，2009 年，第 238 页。
② 同上书，第 163 页。
③ 同上书，第 165 页。

本上可以看作是不同道德文化或道德准则的代表人物。这里的关键点是，这样的道德文化或是道德准则是作为封闭的自给自足的实体引入进来的，这种实体只遵循他们自己的信仰和理性。① 此外，由于它们的差别是"不可消弭的"②，无论它的具体含义是什么，这种假设都背离了相互共享原因的可能性。很难理解，作为封闭道德文化的代表人物，这些思考者们在多大程度上朝着跨越个人原因的方向努力着。而他们似乎困于他们自己的主体相涉原因的束缚。这也限制了他们可以分享原因的方法。对他们来说，分享共同原因的唯一选择就是碰巧就某个思考达成共识。因此，万俊人以这样一种道德正当性的模型结束了论述，这种模型并不能解释相互共享原因的可能性。此外，他对自给自足的道德文化实体的原因理解也体现在下面这个事实当中，即：对话和推理的主要模式是相互比较。然而，正如赵汀阳已经指出的那样，只凭理解和比较，我们是无法达成相互共享原因这一共识的。尽管通过比较我们可能会发现，我们分享了相同的原因，也给予它们同样重要的地位，然而这些原因是无法被看成是共同关心的事情，我们把这些事情当成是我们自己的原因。他们依然只是每个人站在自己利益的角度而赞同的原因。

因此，主体间的动态作用起初似乎构成了万俊人论述的优点，结果却在不适合探索相互共享原因的潮流中被实施了。万俊人对思考者要求的去中心化这一观点，也仅是被限制在倾听以及理解相应人员观点的范围。与其他道德文化以及道德准则的相遇，也没有触发思考者进入一个追求更广泛的自我的相对性当中，这种自我的相对性会或多或少对他们自己的观点产生意义深远的转变。他并不是鼓励思考者们站在别人的角度来思考自己评述性的观点，或是采取一个自我批判的角度来看待自己的观点，举个例子来说：要采取一些必要的措施来确保达成相互共享原因共识的可能性。

对前两个关于道德正当性论述的调查结果是相当令人失望的。显

---

① 万俊人，2009 年，第 34、158 页。
② 同上书，第 14 页。

然，这两个理论并没有作出合理的详细说明，也没有实现道德正当性与实践推理模型之间的互动，这种推理模型很适合探索相互共享原因，也因此未能完成他们自己设立的目标。最后，他们都只是以碰巧共享相同原因作为结论。尽管如此，万俊人的论述似乎采用了最有发展前途的方法。因为他试图把相关团体的交流交往融合到一起，因此它的公共道德正当性的理论从一开始就可以看成是人际交流的一种事业。然而他把这种隐含着的推理模式减少到一种封闭的自给自足的思考者的尝试，这种尝试存在于一个非动态的远程相互理解的过程当中，这种理解没有要求思考者就自己评述性的观点进行自我转化或者是自我调整方面的努力。在这样的框架之内，解释相互共享原因就变得几乎不可能了。鉴于公共道德正当性的改进性论述，其他理论性的提议是否可以改进这些论述的缺点还有待考证。

## 六 论公共道德正当性的改进性论述

鉴于这些困难，我将转向两个更加理论性的论述，看一看是否有助于我在中国话语的界限内描绘出能够追踪相互共享原因的公共道德正当性这一观念的轮廓。为此，我接下来将思考樊浩和高兆明的论述。

在《伦理精神的价值生态》一书中，樊浩以"生态"方式详细地阐述了道德正当性。他的这一方法建立在对中国社会当前状态的总体称赞的基础上。他认为，当前西方价值观流布天下，导致社会各个层面充满矛盾，一波未平一波又起：由于尚未融入一个综合的、持续的规范秩序，不同的评估角度依然处于持续的互相张力中。[1] 由于这种背景潜在的不稳定性，没有明显的迹象显示国内和西方不同的评估观融为协调的价值观网络，樊浩对此尤为警觉。在这种背景下，他的理论著作开始探索一种可行的方式来解决日益严重的价值观冲突。价值观冲突非常严重，对社会合作总体上有深刻影响，而这种价值观的

---

① 樊浩：《自选集》，凤凰出版社 2010 年版，第 19 页。

冲突是道德观之间的冲突，因此樊浩专注于这个领域。①

中国社会孤立于全球大规模融合的过程，这不能被认为是应对新价值观传播这一挑战的答案。鉴于此，樊浩试图寻找一条中间路线。他试图平衡新价值观的不稳定性和维持现存道德秩序的必要性。②新价值观的引入既不应该受到固执地坚持此前存在的道德秩序的限制，新价值观的接受也不应该任意而为。相反，每一种情况下都要保证新评估性"因子"必须融入以确保结构改变的道德秩序的"合理性"。③由于道德价值观可以从不止一个角度来解读和综合，我认为樊浩的项目主要是关于确定和澄清合理性必需的标准。接下来，我将简单地描述一下他的道德改变合理性的方法的基本框架。

在他看来，他的以"生态"方式为特征的方法的力量在于，一方面，通过考察新价值观必须融入的那些曾被人们试图绕过的具体的历史和社会背景，避免了不适当的抽象性；另一方面，通过强调不断接受新价值观和在一定程度上准备着"自我否定"的必要性，避免了缩小和阻碍历史社会环境可能对结构重组的范围和深度的影响。④为了保证有效性，价值观重组过程必须满足的合理性标准包括四个方面：⑤（1）新价值观必须是有机统一的，能够适应既定的周围价值观和其将嵌入的各自的经济社会结构。（2）这个有机融合和相关转变应该保证所有受到影响的价值观能够受到一视同仁的对待，通过保护其有效实现所必需的空间给予其恰如其分的表达。（3）而且，必须防止价值观结构重组僵化。必需融入新的价值观以令其将来能转变。（4）这些要求意味着没有价值观可以自诩具有抽象的普世有效性。每一种价值观都应被视作一种"具体的"价值观，即一种虽不能简化却受制于具体的文化历史背景的价值观。满足这四个条件的价值观

---

① 樊浩：《自选集》，凤凰出版社 2010 年版，第 19 页。
② 同上书，第 19、26—27 页。
③ 同上书，第 19 页。
④ 同上书，第 22 页；樊浩，2001 年，第 100 页。
⑤ 樊浩，2001 年，第 18—26 页；樊浩，2010，第 13—17 页。

可以被认为是合理的，因此是有效的。①这一标准介绍引经据典，需要进一步作出解释。尽管如此，他的方法总体上似乎至少弥补了万俊人论述中面临的一个不足之处。从这点来说，我对其观点持赞同态度。

樊浩的合理性标准所显示的这种实用性的推理表明，对融合过程的评估必须源自对同一情况的不同角度的充分思考。要验证一个新的价值观是否能够合理融合，必须从所有受到影响的价值观和背景上有相关性的所有因素的角度来评估，这种价值观也必须能够和评估背景天衣无缝地融合。换言之，局部改变的价值秩序的正当性就是将许多事实的和可能的相关方面和角度结合起来，以恢复我们的道德世界短暂受到干扰时的内部一致性。②暂且不说探究这种重组到底如何进展的困难之处，我们现在这样认为，实际的推理要求我们采取这样一种观点，这种观点从一开始就把我们定位于一个普遍的、相互关联的世界，并且把一切都视为整体的互动部分。因此，在樊浩的标准的角落里潜伏着一种实用的推理，这种推理将世界看为普遍的、相互关联的统一体，从一开始就不仅仅是公共的。此外，从不同的角度构建一致的价值观组合将会要求站在别人的角度，调整所有相关的观点以满足彼此的要求。通过强调迄今为止所研究的论述里缺乏的这两个方面，樊浩将原子式的、独立的推理者的框架弃之一边，似乎为相互共享原因铺平了道路。

尽管樊浩的论述似乎大有前途，但是这一论述不大可能将我们引领到相互共享原因。当然，樊浩提出的标准并没有建议我们为了更好地理解独立的真正的价值秩序而不顾我们具体的评估观点。相反，这一标准建议我们考虑和参与我们面临的环境的复杂性。如樊浩所言，为了形成一致的价值秩序所进行的各方面的考虑似乎都以一个更加抽

---

① 樊浩，2010 年。没有进一步详细叙述，符合这四条标准的综合道德价值应该构成相互共享原因，即被道德共同体共同认同为"我们的"原因的原因（参见樊浩《道德哲学体系中的个体、集体与实体》，载《道德与文明》2006 年，第16—19 页）。如随后显示的那样，这四方面的标准与其所暗示的实践推理是否能够真的对这样一种相互共享原因做出解释，尚不明了。

② 樊浩，2001 年，第 19—22 页。

象的观点为前提和来源。在我看来，樊浩没有沿着被平等地赋予了反思主权的普通人之间互动和对话式的交流的路线构建一个普通的、相互依靠的世界的观点。从这个方面来说，他落后于万俊人。相反，这一观点和他的标准暗示的相关的实践推理是不偏不倚的外部观察者或者规划者的观点，他们从第三者的角度评估调整后的价值秩序的合理性。[1]樊浩的论述尽管展示了动态和融合，但是仍然排除了联合推理过程。在这一过程中，具体的个体对其他人的评估角度互相作出反应。[2]因此，樊浩的"生态"道德正当性的模式是否能够形成所有人都逐渐赞同的联合确认的共同原因的评估基础，仍然存在争议。在这个框架里，高兆明在这个方面改进了樊浩的论述。

和其他作者一样，高兆明也关注在评估多元主义条件下稳定的道德秩序的合理性的可能性。不同于上面提到的几位作者，他明确反对剔除相互共享原因的道德秩序的规则的要求。在目前有时存在严重评估分歧的情况下，对共享原因的深度共识在某些社会条件下是无法达成的，这种情况是不可避免的。在这种情况下，我们要么维持不同价值观和目的的平和共处，要么找到其他途径谋求共识。尽管可能性微乎其微，却能够维持无摩擦的社会合作，例如以政党为中心组织的决策程序。[3] 但是，在一些基本层面，高兆明认为，就分享评估标准达成深度共识不可或缺。[4] 离开了植根于相互共享的推理，社会不能再生。[5] 然而，我们怎么能够确认这种基于相互共享原因的共同看法的可能性？

和万俊人一样，高兆明也将相互共享原因的可能性建立在交流过程上。尽管他没在《制度伦理研究》一书中详谈他是如何构思出这个过程，但是对于每个人参与这个过程时被要求采取的角度的发展，

---

① 事例参见樊浩，2001 年，第 103—104 页。

② 这进一步得到樊浩提出的价值观似乎脱离其持有者这一事实的证实。价值观似乎是自由浮动的实体，人们没有必要去支持和证实。就其本身而言，价值观酷似代理人中立性原因（事例参见樊浩，2010 年，第 24—25 页）。

③ 高兆明，2011 年，第 419—426 页。

④ 同上书，第 120 页。高兆明不清楚相互共享原因是否必不可缺。

⑤ 同上书，第 111、115、117、121 页。

他较为详细地作了论述，这让我们对这一过程的内部运转和牵涉其中的这种实践推理有了一定的了解。

高兆明对这一角度作了详细的论述。这一被寄予希望能够构架交流的角度，和樊浩的合理性所暗示出的标准如出一辙。但是，和樊浩不同，高兆明更加器重个体推理者。尽管高兆明也将这一观点作为广泛采用的角度，但是他认为个体思考的理性决策者之间将出现视角的转变。"抛弃'我'的纯粹独特性"，[①] 人们就必须采取一个更加宽广的话题的视角，和其他人的视角一样，让"我"变成"他"和"你"，[②] 认为他们的视角和他自己对于世界的看法一样相关。因此，这个角度牵涉到从"自我主体"到高兆明所创造的"交互主体"，即认为自己首先是个关系上的理性决策者，接触并依靠别人的视角来让自己认识这个世界。[③] 想起樊浩的论述，这样一个主体被用来定位其在所有的视角互相指代和补充所在的世界的位置。采取这个角度，人们最初的自我主体角度仅仅是对世界狭隘的观点；这一观点现在似乎受许多其他观点影响并依赖于这些观点，这些观点丰富了这一观点，并最终使人民理解这一观点。我们开始承认我们生活在一个角度和关系相互依赖的网络当中，因此愿意欢迎其他的观点来填补我们自己的角度的空白，以对此进行补充，对手头的事情形成一个更为一致的观点。[④]

---

① 高兆明，2011 年，第 134 页。

② 同上。

③ 同上。

④ 同上书，第 131、134 页。写下边的文字时，韩水法似乎暗示了同一视角："对形而上学的传统研究往往追求一个方向和一个维度，现在人们意识到确定性不在于任何具体的事物和点，而在于不同的事物和规则之间的规律。因此，确定性是多方向的。形而上学的多维度属性反过来改变了相对观念，如普遍性和特殊性……启蒙运动对安排和命令万物，包括人类，在一个蓝图里的理性观念持绝对批判态度。所以，我认为启蒙运动的主题不是将由外在命令编织的一张网实施在每一个个体之上，而是寻找连接彼此的道路"（Han Shuifa, "The Concept of Enlightenment", in *The Fate of Reason*: *Contemporary Understanding of Enlightenment*, ed. by H. Feger & Wang Ge, Würzburg: Könighausen & Neumann, 2013, pp. 17ff. ）。

这些思考反映出，和其他论述相比，高兆明的方法被界定在两个方面：正如前文指出的，意识到其他人的角度并作出反应，不仅仅是注意到其他人对世界的看法，这和樊浩相反。这意味着相互应对和彼此影响的独立思考的理性决策者之间的交流过程，[1] 尽管这个过程没有进一步详细具体化。比起万俊人，高兆明把视角建立在愿意并且能够调整和纠正他们自己的角度的主体之上。交流和角度不会让一个人的观点不受影响，相反，或多或少引发深度的转变过程。从"交互主体"的视角来看，从其他角度获取的信息和观察促使人们补充和更正自己有限的、狭隘的观点。[2]

通过这种构思方式，高兆明提出的这种视角使不同的角度在具体的问题上动态、互相交织，因此确立了就相互共享原因成为现实的深度共识的框架。[3] 当然，高兆明的实践推理论述留下许多关键问题没有解决，具有预兆意义的问题没有触及。但是，它让我们至少以更大的手笔进一步弥补公共推理这一概念。对于这一概念，我们从赵汀阳和万俊人的论述开始追溯，有望改造为更加适合自己自定目标——相互共享原因的追踪的改进版本。如果我们用樊浩和高兆明提供的元素补充前两个论述，我们可能对公共道德形成的前进方向有更合理的理解，出现在中国理论界的公共道德正当性也能够得到进一步发展，尽管这些了解仍然有点粗糙。

## 七　初步展望：第一人称复数视角

把讨论不同的论述时收集的元素放在一起，我们构成了下边这幅有关公共道德正当性的宽广的图画，它适合满足互相共享原因的需求。

按照樊浩和高兆明的暗示，我们最终得出一个以这样的视角为中

---

① 高兆明，2011 年，第 125—126 页。
② 同上书，第 134—135 页。
③ 同上。

心的论述，由于不同于提到几次的"共同世界"，这个视角可以被称为"第一人称复数视角"。① 这个视角超越了不存在于我们的共同点的鸟瞰，它把我们置于一个共同的道德世界，把我们看作这个共同的道德世界的狭隘的一部分，也依赖于我们自己的角度，只有把这些角度考虑在内，我们才能更加明白我们的前景。实现这种视角的最好办法就是，把我们的个人角度和我们遇到的其他人的角度融合起来，避免偏袒某个角度，以弥补、调整或者改正我们个人的角度。因此，这种视角鼓励道德共同体的成员联合参与交流和调整自身的角度来塑造和重塑他们的道德世界。

这一视角所具有的改变性、融合性的特征似乎成了相互共享原因的原因。由于每个人对于世界特有的观点受到其他人角度的纠正和调整，然后融入一个具有一致性的共同道德观点，每个人最初的原因和信念的理性决策者的相对性被放在了一边。另一方面，由于这种视角没有要求思考者跳出自身，采取具有普适性的视角，这又导致和理性决策者中立性原因的逻辑不相兼容。由于其本身的交互主体和互动维度意味着意识到对方的角度并作出反应，这一过程更易于产生每个人都珍视的原因，这是就所有人都确认的知识——别的原因和我们的原因一样赞成——而言。回到这些理论的总体战略的第一个特点，关于这一点我没有明确谈论，这一视角更加符合在各自的道德实践上内部视角相一致的要求。我们的道德承诺和反应态度没有被抛弃，当和其他道德观碰撞时，构成了我们的道德角度重塑的起点和持续的参考点。

本文探讨了部分中国当代公共道德正当性理论，其主要目标就是在公共领域的制度化构架方面，探索中国伦理学家如何构思抉择哪一种公共道德秩序将成为未来的事业所凭由的"道"。尽管结果隐晦和

---

① 杰拉德·波斯特玛也提出了"第一人称复数"的观念（Postema，1995a，pp. 55–63；G. Postema，"Morality in the First Person Plural"，in *Law and Philosophy*，Vol. 14，1995b，pp. 39–41）。由于他的叙述和此处讨论的中国理论有众多相似之处，我在一定程度上依据了他的论证。

粗糙，令人失望，但是我们起码解开了部分相关话语统一的线索，据此确认了这些论述所指向的方向。本文未能回答更加详细地描述和辩护这样一种关于公共道德正当性的方式在多大程度上能够进一步借鉴中国资源。由于在等待更加详细的论述，这些结果对公共领域的制度化构成可能产生的影响也得到以后才知道，公共领域的制度化构成应该能够实现和维持解决公共道德秩序这一问题的"道"。但是，最初的轮廓已经清晰可见。

（作者系德国卡塞尔大学哲学系教授）

# 与公共性和公正有关的儒家"诚"观念

## ——一种伦理学与方法论探索<sup>*</sup>

奥勒·多林　文　魏孟飞　译

## 一　概述

本文呈现哲学性文本的总体研究兴趣为：从伦理学上讲，我们到底可以遵从多少种道德法则？从语境上讲，我们作为道德上的理性决策者到底能够生活在几维世界中？从方法论上讲，在探索的领域，我们该如何共同前行？

本研究所采用的启发性论据有："诠释学命题"认为，我们描述哲学文本并使其有意义的方式应当反映出对解释不同文本时所遇到的差异的理解，包括对历史的、文化的、主题的、语言的差异的理解。

本文还采用了下列方法：本文行文过程中的前提假设为，对彼此强烈关注的问题（一些基本的伦理挑战，如医学伦理或者科学伦理）提出可操作的共同思考（通过讨论、讲述或协作）能够促进这种理解。从而，任何历史的、文化的、观念的、语言的特点都可以被解释为对所探寻主题的情景化说法。

## 二　引言

本文主要探讨作为哲学命题的儒家概念"诚"的意义。"诚"被

---

\* 本文的进展要归功于罗哲海（Heiner Roetz）教授的教导。本文有些思考是基于 2014 年 9 月在香港理工大学所作的演讲。

诠释为对目的论意义上的作出判断的一种指引，以及为培养普通人成为"有修养的人"即"君子"提供方向的道德良方。它还可以用来描述一种指向德性人格的得体行为。尤其需要指出的是，"诚"与所有和"仁""义"有关的内在的、外在的行为相关联，并适用于这些行为。从与自我反思性的内向省察"慎独"相关的个人主体的视角来看，"诚"是连通心意与行为的关键；从"诚"在功能上和行为上对个体在社会中所扮演的角色的促进作用来看，它则代表着公共性和公正。这样，"诚"就能与明显要求将公共性和公正作为可接受性标志的普遍伦理相适应。

通过"诚"，我们就可以将一个理性决策者描述为其自身与"事"和"万物"所共在的一种因果关系，而所有这些被一条主线所贯穿。这种在集体性原则意义上讲的"诚"，将"诚"这种道德准则内化为个体事实上的道德人格。个体实际上也是一个在实践表现及实践体验的范围方面不断拓展的过程，这个过程则被称为"修身"。由于理性思考在个体自我探索和在不同实践环境中的行为体验间建立了这种关联之网，"诚"便通过对话、多方对谈逐渐发挥作用，慢慢便产生观念上和行动上的"诚"的表达、"诚"的意图和真实有效地将个体人格视为道德上的理性决策者的需要——这样，沟通是达致"诚"的必要方式，沟通性则是一种自然倾向。因此，为了证明这种合理的说法，"诚"聚焦于一种目的论，即将关于社会关系中作为一种道德品质的公正（这种社会视角是根据经验层面与个体道德特点形成的）与作为一种表达形式的公共性内在地联系了起来。

本文对"诚"这个概念的探讨，是将其作为伦理学中一种基础性的实践原理进行的。这种解读将"诚"分析为康德与孔子进路相通的一个例证：就他们在操作上的结构与质料特点而言，就他们与实践中所遇问题相关的伦理学方法论而言，康德与孔子在伦理学上的进路何以能互相支持。"诚"再次强调了哲学伦理学所理解的如何过上"好的生活"这一总目的。通过德性方法论，这种对欧洲和中国两种进路的诠释学探索的提法超越了对文本的有限关注。通过限定实际伦理意义的陈述，"诚"提供了处理诸多问题的策略：处于彼此关联状态的含蓄的抑或明确的议题、理论上的和行为上的思考、跨语言的文化和期待。本文还选取了适合语境的有趣问题,比如在生命科学作品中如何塑造个人品质和负责行为这样的伦理学挑战。

## 三 进路:何为"诚"?

首先,"诚"意味着保守自我的原初状态而不腐化堕落,即便在变化多端乃至不利的环境中依然如此,它还是个人德性人格的一种扩展,一种从容地自我决定的表达。在为了正当的原因而做正当之事的决定的驱动下,根据高悬的准则(包括对"偏见"和"服从"所带来的结果的考量),"诚"通过承认"偏见"和"服从"的存在超越并限制了它们。由于对所谓"正当的原因"和事实上的"事情"的判断与意义需要证明与立法,对"诚"的思考就显得尤其具有对话性、发散性和辩证性。这些对"诚"的思考关注主体的"内在"主观目的,将主体看作其个人传记的作者,看作一个道德上的理性决策者,同时这些思考还关注主体的外在行为与社会交往。因此就社会关系中的公正而言,"诚"对公共性非常有益;同时"诚"还将关于"公正"的抽象观念转化成一种可作道德指引的一种内在主体的自律原则。

## 四 一种康德式视角

尽管杰出的哲学家伯纳德·威廉姆斯(还有其他人)提到,康德的道德理论是不合理的,因为其可观测到的结果正在暗中破坏正直。[①] 而笔者则愿意提出一种对康德伦理学和其理性行为建构的另一

---

① B. Williams, "Integrity", in J. J. C. Smart & B. Williams, *Utilitarianism*: *For and Against*, New York: Cambridge, 1973, pp. 108 – 117. 威廉姆斯认为,实用主义是更不可靠的。相关反对观点请参见 M. Baron, *Kantian Ethics Almost without Apology*, Ithaca: Cornell University Press, 1995。

种解读，笔者将为读者呈现出现实中的伦理学与"诚"之间所存在的极强的内在关联。与威廉姆斯的观点相反，康德关于理性意志的元结构很明显仅适用于德性个体反思其自我决定的品质，即安排构成自我意志的要素，以便它们能够组合出一个个人在反思中可以切实反映自我的意志结构。如此，对学习过程采取发展的视角，我们就更容易获得一种关于我们的行为与偏见之关系的自洽一致的论述，虽然严格地讲，人们的品质唯独取决于其理性。根据哈里·法兰克福的观点，欲望与意志力（意志行为）是按等级阶次排列的，因此，如果我们想要成为自己自传的作者的话，我们不得不采用一些标准来安排它们。[①] 法兰克福认为，完全处于整体状态的人们能够将各种程度的意志和欲望处理得非常和谐，并能完全地认同处于最高级别的意志和欲望。完全地认同处于较高级别的意志和欲望有多种内涵。然而，这种认同包括认知它们；对待它们时不欺骗自己；经常地按它们行动。当然，这同样需要在内省方面的领导力。它包括对个人的兴趣、经历和深思熟虑的合理组织，以便使自我对镜自照时能感到舒适。它需要一些标准来管理内在的冲突，需要一个过程来发展和确认自己对总体上不相对立的自我决定（不同于理性为自身立法的自主）路径的坚持。它在决心和德性目的中表达着自身，在"某人代表某事意味着什么"中表达着自身，为自己而表达自身。

按照康德的术语，意志通过一种特殊能力组织自身，然后产生秩序，将我们的原初意向性建构成训诫、信条、规则、教义、政策和终极的原理，这被称为意志准则（maxim of the will）。"准则"（maxim）的确切含义一直备受争议，即便在德语中也是如此。在德语中，我们更容易辨别出启发式的第二顺序（因此也是理性的、调节性的）原理和其他各种不同程度的依情况而定的、深思熟虑过的主张倾向（Grundsätze），这在英语和法语中分别叫作 principles 和 principes。只

---

① H. Frankfurt, "Identification and Wholeheartedness", in *Responsibility*, *Character*, *and the Emotions*: *New Essays in Moral Psychology*, ed. by F. Schoeman, New York: Cambridge University Press, 1987, p. 33.

有这些准则能够经得起伦理有效性的检验，即通过绝对命令（Cate-gorical Imperative）的方式检验。当然，这里的准则不仅仅是描述意志的一句话而已，它是基于自我反思以及与世界打交道时审慎定位所展开的对自我身份认同的动态建构。由此，我们不仅不能信任我们通过准则产生的自我理解的精确性，更不能信任个人意志经由任何既定模式所产生的由衷表达。① 因此，准则总是暂时的、暂定的，带着这种起调节作用的观点，我们希望怀着敬意去培养作为"道德上的理性决策者"的我们所希望自己成为的那个人。这需要持续性的审查、学习、调试和培养。准则并非是一种积极的提法，而是一种通过表达实现其自身的专注的意图。因此，它拥有一种交流性结构，能够调适不同范围和形式的说明，包括公共言论。

在这个意义上，每个人都能够对他们的行为品质进行反思。弄清楚一个人的自我是自我公正和道德力量的内在要求。要弄清楚我们社会的和世俗的关联性，需要作为道德理性决策者的我们接纳自己就如何行事问题的定向，也就是说，我们对自我以及他人应该做到公正、仁慈。

## 五　一种儒家视角

在描述儒家对"诚"的理解之特点时，我参考了罗哲海（Heiner Roetz）的观点："整体统一（unity of integration）与'诚'（integrity）构成了真正的儒家伦理学。"②

这句话表明，好的实践在道德上、内在动机上、外在结构上拥有共同的特点，而这就是儒家伦理学的视角。

再深入一步讲，我认为在伦理学上有指导性的"诚"的观念

---

① I. Kant, *Foundations of the Metaphysics of Morals*, trans. with an introduction by L. W. Beck, New York: Liberal Arts Press, 1959.

② H. Roetz, *Konfuzius*. 3. überarbeitete und erweiterte Auflage, München: Beck, 2006.

（像四书——《论语》《孟子》《大学》《中庸》文本中所体现的那样），已经包括了融合为一（integrity）的观念。也就是说，融合为一是"诚"的一种延伸，是这一纲领性观点在实践上的一种方式。这种解读提供了一种方式，这种方式可以将业已建立的对"诚"的中国哲学式解读——不一定错误，但是没能解读出它的完整的、真正的伦理学潜质——在范围上得到改变。将"诚"狭隘地翻译为道德上的"真诚"（sincerity）或者将其整个放在本体化、主体化、美学化、神学化的诠释框架中进行解读，都没能很好地抓住儒家伦理学的全部潜在内涵。①

　　笔者认为，尤其是《中庸》，在过去习惯上对其进行神秘主义或者本体化的方式进行评价，甚至是从伦理学的角度，②能够揭示出更多的可能性解释。然而，对学习和理解问题的言说总是陷入伽达默尔所说的诠释的循环。这在中文里提及孟子所谓人的先天道德能力的学

---

① cf. Tu Weiming, "My Interpretation of the *Chung-yung* Consequently is no more than a Reenactment of an Age-Long Confucian Ritual", in Tu Werming, *Centrality and Commonality: An Essay on Confucian Religiousness*, New York: SUNY, 1989, p. 3. 这个深奥的概念在哲学上难以被理解，如他所言："很明显，这些论述并不以什么新鲜的论题形式出现，但是作为概念，从《中庸》的视角看，其正确性是不证自明的。"（Tu, 1989, p. 6）拒绝从跨文化的角度对其进行真正的理解，并将其排除在宗教圈之外"……《中庸》和西方占主导地位的宗教趋势是如此的迥然不同……"（Tu, 1989, p. 10）；芒罗认为："'诚'指的是坚定不移地去实现特定的社会性美德。从文本中的其他篇章我们知道，所有这些现实中涉及的行为都要符合'礼'。于是'诚'被解读为'性'。"（D. Munro, *The Concept of Man in Early China*, Ann Arbor: University of Michigan Press, 2001, p. 33f.）如此便排斥了社会性美德的理性维度。我曾在我的德语论文里对重建与论争有详细的解释，参见 O. Döring, "*Cheng* 诚 als das stimmige Ganze der Integrität. Ein Interpretationsvorschlag zur Ethik", in *Auf Augenhöhe*. Festschrift zum 65. Geburtstag von Heiner Roetz. ed. by W. Behr, L. D. Giacinto, O. Döring, C. Moll-Murata; Bochumer Jahrbuch für Ostasienforschung（ed. by Fakultät für Ostasienwissenschaften der Ruhr-Universität Bochum），Vol. 38, München: Iudicium Verlag, 2015, pp. 39 – 62。

② 例如，可参阅李瑞全《儒家生命伦理学》，台北鹅湖出版社1999年版。

说时也有类似表述。"诚则明矣，明则诚矣。"《中庸23.2》① 因此起点很有鼓舞性：对作为理性存在的人来说，基本的道德问题简单而明晰。这里我们发现康德式和儒家式这两种具有不同文化样式的伦理学存在着深度的关联。

下面所举的摘自《中庸》的例子是通过我用德文所作的尝试性翻译，翻得绝对算不上老练，但仅仅作为"诚"的主旨要义的代表。

"诚"是一种与生俱来的品质，可以使每个人得知何为好的实践。②

> 诚身有道；不明乎善，不诚乎身矣。诚者，天之道也；诚之者，人之道也。诚者不勉而中，不思而得，从容中道，圣人也。诚之也，择善而固执之者也。

有一种自然地使用这种"诚"的方式是对我们的生命有益的。

> 天命之谓性，率性之谓道，修道之谓教。

"诚"是我们整个存在的基础。它存在于极细微处，却与实践有着莫大关联。它让我们所做的一切具有了道德意义。对于道德发展而言，留心细微处既是先行的，又是同在的。

> 道也者，不可须臾离也，可离非道也。是故君子戒慎乎其所不睹，恐惧乎其所不闻。莫见乎隐，莫显乎微，故君子慎其独也。
>
> 诚者自成也，而道自道也。诚者物之终始，不诚无物。是故

---

① 为方便起见，参阅了中文文本以及一个不同的翻译，见"http：//ctext. org/liji/zhong-yong"（2015 年 5 月 15 日）。所有数字编号参考了此网址。

② 以下内容原为作者对《中庸》相关章节所作的英译，译者在此将与之对应的《中庸》汉语原文直接作为译文。——译者注

君子诚之为贵。诚者非自成己而已也，所以成物也。成己，仁也；成物，知也。

性之德也，合外内之道也，故时措之宜也。故至诚无息。不息则久，久则征，征则悠远，悠远则博厚，博厚则高明。博厚，所以载物也；高明，所以覆物也；悠久，所以成物也。博厚配地，高明配天，悠久无疆。

"诚"，在道德完善的意义上而言，不仅仅是一个概念，还是在认知内容和理性决策中展开良好实践的源泉和进一步发展。它是启发式的自明真理，它基于这样的假定，即"成为道德的人"是合情理的、可传达的，而且是现实的，因为它不仅扎根于头脑认知而且深入到了实践之中，可以通过行为表现出来。"诚"还实现了内在的、社会的、世俗的等不同语境指导下的"修身视角"的扩展。

"诚"具有自生、自适之能力（"道也者，不可须臾离也"）。它驱使人们在修身过程中按照"为正确理由真诚地行正确之事"的展开顺序表达自己的潜质（"尽其性"）。当然，我们也可以选择背离我们对"诚"的坚守或无视其过程而行事。那样的话，我们就不再是我们自身；我们就背离了我们的良知所指引的方向，我们就从我们自身中异化出去了。"诚"是这样一种品质，它将最私人化和最细微处的自我决定行为以及秘密行动，同我们在社会领域、公共场所、工作环境中的理性决策联系在了一起。

## 六　主动的道德行为与"诚"

缺乏"诚"的行为是盲目的；不计缘由的"诚"是乏力的。在理性决策中的理想情形是，两种目的能够并行：一种是经济品质上的有效性；一种是社会和道德品质上的正当性。为了组建一种社会体制形式作为"诚"的环境，两种因素就需要在一定的政治环境中进行交汇，从而作为培养过程的一种结构性延伸。"诚"仅就其形式上的意义而言能够提供一种组织框架来处理有效性和正当性的问题，以便使二者就"以正当之理由行正当之事"能够互相支撑。就其道德意义而言,"诚"减少了适合追求负责行为的选择的多样性,其方式是将所有没能导向善的实践的理性决策定义为对已知正确道路的偏离。"诚"提供了一个方向,它超越了当下所涉及的利益,将行为者带入一种对其自身所为之结果以及该如何处理所选之事的反思中。

由此观之,"诚"是一种程序性和调适性的法则,能够使理性决策体现出仁慈与公正并进行平衡,以此来支撑其建设性的和可持续性的能力的展开。在此,决策与无意之结果这样的细微之处获得了格外的关注。这对个人施展宏大道德实践并特别注意外在表现的倾向也是一种平衡,能够让理性决策者即便在迈向宏伟目标的途中也能保持谦恭。通过"诚"平衡过的道德建构转变成了公民精神、团结一致、专注、关爱、共同协作、责任分享、持续学习的一种资源。没有从根本上对道德抱负进行谴责,更没有将道德边缘化为一种可有可无的选择,"诚"能够将理性决策转化为培育社会交往、管理、政治治理和政府的一种资产,因为这些都依赖于个体责任。

## 七 "诚"在负责的行为者中的两种延伸:个体道德培养和专业组织的定位

有这样一群有趣的背负责任的行为者,他们有着特殊的职业特点,社会给予了他们很高的信任、优待和期望,他们就是科学家。尤其是在医疗和生命科学领域,公众对其抱以极大希望;社会也分配了大量资源来协助科学家带领人类走向健康富有的未来。由于他们在知识和健康方面的整体责任,期望着这些科学家无论是在个人品格上还是在他们宏伟工作的要求上拥有特别高程度的诚实公正,似乎是一件合情合理的事情。

在最近的焦点事件中,《柳叶刀》杂志上展开了一场关于"科学上的'诚'之核心"的辩论,开始让我们重新关注动机、理性决策、科学品质的系统因素之间相互影响的意义。该辩论认为,当我们把有缺陷的科学实践看作诚实的错误或者欺诈时,就应该强调我们所习惯

东方文化中的公共领域问题

的领域划分之间的未获准许的区域。它要求："应该发展监管系统来推进严管，保证科研过程中的'诚'，使科学家免受不良风气的影响。"①

这里暗示了，科研自由、研究的价值与遵从（adherence）之间所具有的内在联系成了一种动机原则，这种动机原则应当得到加强来对抗那种消解和怀疑科学的倾向，尤其是通过扭曲的宣传运动的方式所展开的这种倾向。我们该如何想象打破不信任、不负责以及负面刺激的循环，重新恢复社会以及公众对科学的信任和认可？该如何将明显的伦理维度添加到《柳叶刀》的这场运动中，将科学实践重新编码，以便使科学能够减少物质的和非物质的资源"浪费"？又该如何更有效地调动科学的全部潜力使其在物质的和非物质的层面都对人类有益，同时又能对科学家自己以及他们的观点的模棱两可的部分采取现实主义的态度？

## 八 对实践的启示：从服从到遵从模式的转变

"诚"要求作为科学家的我们要承担责任，确保我们能够将自身看作我们行为的创作者（author）。在此，个体的道德责任是负责对好的科学活动的标准和程序给出定义，以免对科学活动的核心控制权被领导者非法侵占。科学家掌握科学的关键就是能够适当地接受政府的管理制度，建立起科学在大众中的合适形象，被更高层的体制所充分尊重和支持。客观的合理性与主观上被指派的意愿交汇在一起，这就是遵从（adherence）。

总体而言，"遵从"是在概念性框架的意义上被界定的，即这样一种态度：一种驱使一个理性决策者支持一个复杂的等级实践层级体

① M. Macleod, et. al., "Biomedical Research: Increasing Value, Reducing Waste", in *The Lancet*, January 8, 2014, p. 103. cf. I. Chalmers, et. al., "How to Increase Value and Reduce Waste when Research Priorities are Set", in *The Lancet* 383, 3014, pp. 156–165.

系所主要具备的实用功能与常规功能，而在这种实践中，其自身拥有相关的或专业的才能。这是典型的通过劳力分工和权力委派组织起来的一种包括最低层次的理性才能在内的体系。也就是说，这是一种基于辅助性原则（subsidiarity-based）建立的组织。在现实中，现代经济体、行政机构和国家，在一定程度上都依靠这样一种模型。作为一种拇指法则（a rule of thumb），理性决策者在这样的层级体系中越是高度的专业化，处于高位的权威者们在没有得到处于低位却有能力的专业权威们的真正协助的情况下，也就越难行使有效的监管和控制。总体上说，这种情况适用于公民、市民社会的角色扮演者以及专业性的系统中。至于作为集体性、历史性之过程的科学，哪怕是进行最具创新性研究的科学家也被视为是该研究的"共同创作者"（co-author）而非独立创造者（sole creator）。[①]

辅助性原则，即按从上往下的顺序（这包括在按层级划分的组织结构中的横向的和纵向的两种顺序）代表相应的能力，在该体系中全体角色扮演者出于彼此信任而影响其才能。它为专家能手承担更多的责任创造了空间，它还在系统内部培育了忠诚度。因此它为真正最好的实践参与提供了空间，而这单靠服从型体系是不能提供的。反过来说，像"服从"（compliance）这样的行为模式在这个框架中并不能解决问题，尽管"遵从"能在信任的基础上支持合理的"服从"。由于在工作共享模式中对专业能力的认可及其所具的基本透明度，合作不仅是需要的，而且是主动展开的。在这样的体系中，在默认的情况下，在彼此对主张与所占份额进行让步的意义上讲，公正得到了促进。由此，鼓励所有的角色扮演者都去积极主动地参与贡献，这样动力就得到了激发，这样的组织设计不仅仅允许而且还欢迎积极参与。如此，品质就是在被证明的专家能手的原初工作的贡献中获得的。这样它就具有了一种质的而非仅仅是量的特点。

因此，对辅助性系统（subsidiary）的稳定性与功能性而言，这

---

① R. K. Merton & U. Eco, *On the Shoulders of Giants：A Shandean Postscript*, Chicago：Chicago University Press，1993.

是最有利的，对于角色扮演者赞同"遵从"的最低要求（即积极排除遵从的障碍）也是最有利的。通过扩展，常规标准的要求就是为"遵从"设计一种文化作为品质保证的创造性资源。当然，这种描述是一种在科学上和伦理上都更加宏伟的设计，并且表明了在社会中被归因于科学的那种卓越。[①] 这适用于所有那些依赖多名精专的创造者协力完成原始工作的系统。就品质保证而言，他们则超越了对一套编码程序的执行，因为是他们来为这个系统指派创作者。

在此，我们的兴趣领域是科学，而科学则是一个多学科、交叉学科的专业共同体。它包含等级阶次、品质标准、伦理规范、高度发达的自我监测协议和基础设施、复杂的课程、奖励体系以及绩效层级。另外，它还深植于一系列政治的、文化的、经济的和社会的依赖和交易之中，所有这些都同时在挑战和塑造着作为科学家的我们在现实中所能够实现我们原初使命（即产生作为"公共的善"的知识）的方式。

由于科学的目标是获得客观数据和知识，因此就"科学想要什么和科学做了什么"的相关定义与方法而言，科学的范围以及科学的工作过程都被缩减了。这种缩减并非是致命性的问题。事实上，它是简单直接的启发法，用来要求适当的方法、对创作主体的诠释角色的认知以及对语境重构（re-contextualization）的相应步骤的认知。然而，因为科学对知识的理想主义的、人文主义的和普遍的追求，科学体系的潜在预设和嵌入其中的科学体系的管理功能都表明了，我们有责任制定一种遵从的框架而非一种服从的框架，以便维持科学观点和科学优待（比如信任）的特殊地位。因此，每一位个体的科学家在向公众解释他们的工作时，特别是就社会影响而言，都会感到有必要积极地使用诚实的、自我批判的语言，尤其不应采用广告式寓言的模式，就像我们在与健康相关的研究语境中所频繁遇到的那样。

语境与目的不仅与下游（即科学被应用或转化之处）相关，而

---

① D. P. Friedman, "Public Outreach: A Scientif Imperative", in *J. Neurosci*, Nov. 12, 2008; 28 (46), pp. 11743 – 11745.

且已经内在于实验室这个圣地或者众所周知的象牙塔中，这是作为创作主体的人类和科学家们对他们的工作在程序上的、概念上的和物质上的要素作出决定、挑选、沟通、评价和组织的地方。在这里，品质、信任、现实的科学工作的可持续性，都是被责任主体即个体的科学家（他们是知识的创作主体和共同产出者）积极地塑造科学过程与科学产出的方式所先定（pre-determined）的，尽管并不完全是以预先谋划的方式。通常这都是以一种隐微的、高度编码的、含蓄的方式发生，这就使这个圣所（sanctuary）需要被揭秘。同时，这也暗示了产生"诚"的原初情形，以及在圣所中人应当为了修养自己而保持警惕（见上文："慎独"）。

尤其要注意的是，科学的成功和正确性并不取决于某种假设能否被研究证实。不管从其他角度（诸如支持某一想要的特定产品或结果）对相关性和欣赏性产生了何种想法，合理地应用方法、理论、技术所产生的每一种结果（包括失败、模棱两可等）都和科学工作具有同等的价值。坏的科学也在这个过程中产生；已发表的诸如此类的结果并不是头一次出现了。任何合理的科学结果最终都属于社会和人类，它们必须保持易被理解的状态，也要被毫无偏见地摆在科学共同体的桌面上。显然，科学系统应该积极地使个体免于受到这种偏见的影响，并相应地安排其激励机制与管理机制。对此，公共性就是合适的科学的一个强有力的支持者，尤其是那种对每一个对科学进展抱有兴趣的人都开放的进入渠道。

因此，从强有力、至高无上的"主体"开始谈起就显得非常重要：这个主体就是作为负责任的理性决策者——科学家。通过这个独一无二的视角，我们才可以想象科学装置、技术、方法、研究设计、出版，以及处于基础地位的课程——通过课程学生才适应了（希望是被培养成）做科学家。这种科学的功能的文化应该被传递给下一代，因为科学的功能就是人类对知识的探索——这就是科学最初的起因。这是与那种迫使科学家在实用主义的束缚下进行研究、将研究仅仅作为一种"服务和生产活动"截然相反的。作为负责任的共同创作者，科学家是要保持主动地位的。

由于科学家身处一个变动不居的体系中，他们被赋予的兴趣成了科学活动动机因素不协调的证明，这会招致许多挑战，像真正的对科学的认知问题或者在交叉学科中的合作与伦理学的复杂转化那样。从哲学的视角看，没有什么真正能够将基于辅助性原则（subsidiarity-based）的专业团体的遵从法则（principle of adherence）和康德的基于责任（duty-based）的理性决策学说联系起来：它表达了"为了责任而行动"（act for the sake of duty）的职业行为，这与仅仅是服从或者用看上去和责任相一致的行为显得很服从是很不相同的。但是，谴责某人可能仅仅是表面上遵从职责是没有意义的，因为遵从（adherence）意味着"使之正确"的真诚决心以及对仅仅是模仿这样的做法的驳斥；服从（compliance）则不关心动机，也不追求对指示的言外之意有较深理解，而是满足于结果的相似性。

与此同时，这两种常规模式的共性和差异也成了持道德信仰的伦理学系和坚持法律形式的法律系之间展开合作的一个充分表现。伦理学仅仅被设计来说明内在品质，某行为的道德意图；从法律的视角来看，行为为自身辩护。遵从建立在"有意决定"之上，描述的是角色扮演者的道德动机，而服从则是一种遵守法律的行为。通过遵从，我们共同书写着某一责任的意义。服从仅仅是颁布指示性的文字。完全的责任是被现实原因的延伸所决定的；服从则能对精明审慎感到满意。

建立在遵从基础上的体系有这样的倾向：它能促进职业责任感并使工作表现符合所有的品质要求，包括科学的、组织的、伦理的标准。它已经不能使最佳实践变得更容易了，因为在这种品质自由的环境里，责任感居于科学家的心中，他们不会完全被外在的东西所控制。因此它的动机机制也许可以被最恰当地说明为一种通过微妙"推动"（nudging）产生的激励。另一方面，服从则卸掉了个人的责任负担，抑制了积极保卫职业标准和伦理标准的决心。

因此服从造就了一种匿名的抽象系统，使合理地构建信任变得困难，使通过"诚"的引导在现实中变得不可能。相应地，从"诚"的角度最容易理解克服这种环境的领导力需要什么品质。作为公民，科学家能在社会中扮演重要的责任角色。为了做到这一点，科学家需要成为自我决定的理性决策主体来行事，尤其当他们面对公众进行沟通时更是如此。

## 九　品质标准

在保证共同体内的科研品质的诸多手段中，尤其是在健康研究领域里，公开地、持续地与同行进行工作分享是一种标准的公共程序。这种产生公正的方式建立在品质检测的标准参考框架上。同行评审（peer review）是一种品质管控的制度形式，它同时可以被看作适当的（批判性的）科学方法的一种延伸、歪曲和改变。同行评审是用来为出版作准备或者为研究计划作评价的，并且主要是为资助申请作评价。通过这种方法，专门职业选择的公正性就得到了保证。在下文中，笔者将主要对作为出版程序一部分的"同行评审"进行论述。

就科研评价领域的影响因素而言，对即将在科研期刊上发表的论文进行同行评价的情况现在已经成为科学界进行猛烈批评的目标。批评者不乏研究者和编辑，因此可以算是同行自身对同行评审的一次评审。[1] 2013年，在波士顿召开的实验生物学会议上，所有的情绪都得到了表达。"科研评审的过程存在着严重的问题，如果它没有彻底坏掉的话，那么它已经扭曲到了妨碍大家职业的地步，其所带来的问题远多于其所要解决的问题"，并且，"我们作为科学家已经忘记了该如何工作"（Petsko）。[2] 大家还分析了几点原因，比如掌控科研质量的权力的主导性地位，这是权威角色的"非线性"所造成的，"期刊分等级的影响是与事实上的已发表论文的质量差别完全不匹配的"（Sanes）。另外，评审过程的组织方式呈现出缺乏委托与结构的特点；

---

[1]　cf. A blog feature by Ruth Francis, http：//blogs. biomedcentral. com/bmcblog/2013/04/24/peer-review-of-peer-reviewing/（accessed May 20, 2015）.

[2]　此处及接下来两段中的引文均转录自"http：//biome. biomedcentral. com/video-is-peer-review-broken/"（accessed May 20, 2015）。

这导致在效果上的缺陷："无数轮的同行评审，反驳，等等"使同行评审是如何确立为学术常规工作的一部分完全成为一个随机问题（Sanes）。对评审者而言这是一个关键挑战，"对你面前的成果进行评审，而不要因为你是代理人而代表期刊提高准入门槛。否则这会是巨大的资源浪费"（Ploegh）。这是对编辑们缺乏信任的结果，因为编辑给评审者指派了责任。戏剧化的是，蒲洛奇（Ploegh）呼吁停止"评审实验的'暴政'"。

另外一种批评的声音集中在编辑和评论、评审人的关系上。原则上讲，编辑是用来捍卫标准的。但是在事实中，他们往往没承担起这份责任，也失去了对出版过程的控制。佩特斯科（Petsko）持支持意见的观点认为，"同行评审的关键功能是就论文在观点上和技术上的好坏给编辑提出意见"。马卡斯（Marcus）认为，一名编辑是为期刊设定愿景和编辑标准的，并要确保所设定的标准能够跨领域保持；而评审者的工作则是要确保标准的一致性，并专注在创新性投稿上。由于评审者是根据他们的专业来处理论文的相关问题的，所以他们并不为整个出版过程设定标准，那应该是编辑者们的职责。

尽管有这些问题，同行评审也只是在一定程度上参与了对同行作品的评价；他们最为重要的任务是确保文章的类型是体面的，而不是陷入了或不当地混入了动机主义或实用主义的想法。一句话，同行评审主要是确保专业的整体性。它为这个共同体提供了内在的方向。也就是说，它支持着知识进化的目标，同时又确保科学在组织上、纲领上、程序上、伦理上的自我决定而不是被其他的原则和利益所侵蚀。

在方法上，通过在科研共同体里进行科研评价与证实的过程，同行评审通过出版这一方式产生了共同创作性（co-authorship），还建立了共同责任感（co-responsibility）。理想情况下，它通过有能力却超然的行内人添加新鲜的、中立的观点来改变观察者的视角，从而在反思的模式中促进科研的进程。它也许是产生信任的象征，在不幸的条件下也许就成了混乱、腐败、厌恶的缘由。因此，它既与质量有关，又与权力有关。它可以带来更好的洞见，也可能激起混乱。它的质量取决于可用的资源，尤其是时间和空间，正如科学对自我批判的详细审视与反思的需要。很明显，要求中立、公平评判的呼声是很高的，因为这种评审必须既根据协议来对作品进行评判，又能在对科研质量作出评判时带着适当的同情之专注。

因此，为了支持"诚"的观点，同行评审应该包括对"遵从"与"服从"对比所显示出的迹象的核查。总体上讲，甚至更多情况下，这应用于对不稳定性、信任乃至经济学比较敏感的领域。在这些领域，对生产的关注、对知识传播的关注是最重要的，比如翻译关于基因的知识使其从书桌走向枕边、走向社会。

同行评审是一个与共同体有关的、制度化的社会沟通过程，其目的是找出科研工作的本质，这需要各个相关方面的支持。因此，它需要在社会化方面更加成熟。它是学院派风格的一个共同阐释者（co-interpretation），目标是有指导性、建设性，尤其是当批评来临的时候。例如，它应当提出供替代的选择，打开改进论文的大门；不要将所思考的论文看作产品，而是将其视为工作进程中的一个项目。透明度是尤其需要的，要确保所有的步骤、评论、改写都被完整地记录下来，并且所有人都可以看到。尽管这种指责全都在科学这边，但是社会也有必要提供条件使科学家可以坚持最好的实践标准，能恰当地使用保证科研质量的工具和方法。

因此，评审者作为共同创作者应当得到应有的认可。这包括声望、资助、报酬；这可能来自出版商、赞助团体、所在院校、公众或者一般的科学系统。期望资深而不被重用的专业人士或者不堪重负的从业者拿出他们的时间与能力"阿谀逢迎"牟利有成的出版社，同时还期望学术事业能够运转，这似乎是令人难以置信的。其实应该提供充足的补偿，比如报酬、学术证书、鉴赏标志物，或者其他的特别赞颂，只要能够突出这些个人成就的价值就行。传统上，研究者已经将其视为一种普通的荣誉，他们执行这些服务的责任是建立在一个抽象的观念上：相互的义务、游戏的规则以及他们的社会和经济地位允许这样。然而，随着科研和学术开始服从于严格的合理化政策以及商业规则，这种立场已经严重改变了。让同行评审者在不合理的限定区域内工作无助于建立他们的声誉和信用。① 如果仅仅是限定在有限的资源范围内，这会进一步腐蚀同行进行严肃评审的意愿，他们的义务感也会打折。当然，在这样的环境下，也并非完全不能保持正直并发展出遵从。但这最好不要沦为一个靠概率或学术英雄主义才能实现的事。

从"诚"的角度看，为了支持"遵从"与科研质量，诸如测量标准、评估结果或者正向调节这些实证方法只能是作为辅助，只是在研究过程中对某些常规性问题进行证明而已。这些方法绝对不能解释道德定向、真正的自我批评、科研最需要的品质"真诚"。"诚"是无法被测量的，因为，作为一种持续的过程，它是永不完整的；作为一种品质，它只能在相互关系中才能被理解。但是，我们可以在文本中评价它。

## 十　结论

在一定程度上，道德上的理性决策建立在对差异的区分上，能够做出一点品质上或程度上的改变就能在自我决定的意义上保持自我。"诚"是一种将理性决策定义为道德上要合理、对公众的审查要清楚、并且要实现公正的一种品质。当然，道德上的理性决策能够区分大量不同的理性决策者，比如科学共同体中的同行们。一个人可以成为道德上的理性决策主体或客体，这要取决于具体情境以及相互关系中所处的位置。"随机应变"在社会交互关系中可以被视为是一种美德。"诚"要求并能够使理性决策者调动起其创造性潜能从而使其为自身和社会产生价值。

在管理的语境中，这种对待"诚"的方法响应了一种"对能够将交换性和转化性元素融为一体的综合性领导力模型的需要"②。尤

---

① 当对基本的非稳定健康风险评估的讨论被转化为对腐败、意识形态、庸医医术的暗讽时，这就变得非常明显了。

② M. Van Wart, "Public-Sector Leadership Theory: An Assessment", in *Public Administration Review* March/April, 2003, 63（2）, 2006, p. 225.

其是，当考虑到已经存在的和正在涌现的关于领导力的各种理论以及对指定的理论的兴趣时，它满足了对这一所需理论如其所述般的那种要求。也就是说，它可以"经受实证研究的检验，看它在时间长河中和在不同条件下关系的牢靠程度。在对技能的变化、视阈的融合、创新都有更大需求的时代，这一点就显得尤为重要。拥有一种衔接良好的模式，这就没有它看起来那么难了"。①

如上文所示，关于一个正直的人的特性的理论和描述强调了理性决策的特定方面，比如建立在持久的"诚"的基础上的"判断中的公正，面对公众监察的意愿"。那种旨在集合尽可能多的上述特性的方式，不能解释作为自我指涉的、有机的并因此会犯某一类错误的人性。"诚"并不集合这些方向，但先于并转化这些方面，使其成为个人品质的表现；将这些方面整合为一体并将其带入生活，使其成为一种培养过程。也就是说，"诚"在好的实践中注入了"品质"，将内在的、表达的、上下文的各种延伸融合为一种合理的道德意义感，包括表达过的各种形式的公共性和正义。

君子通常被描述为一种有修养的人，君子可以毫不费力地成为楷模，在社会和个人领域都可以树立这样的榜样。他们所呈现的经验将他们世俗的外在修养和内在修养融为一体。君子并不是英雄，却是在道德上和实践上有造诣的人。如果通过"诚"将公正与透明融合起来，君子就能为他人提供方向，使分享变得值得。关于这种性格的语义学叙述并不支持服从或者盲目地跟从，而是要做一个对自己真实的负责任的人。这种性格的语法并不是那种将实践视为可以被认可的行为类型的前结构，而是将其视为一种我们可以拥有的东西。

君子成为天下的统治者并不是通过管制别人，而是通过自我修身和合作。这与时下对市民精神的理解有些接近。

（作者系德国波鸿鲁尔大学东亚研究系研究员）

---

① M. Van Wart, "Public-Sector Leadership Theory: An Assessment", in *Public Administration Review* March/April, 2003, 63（2）, 2006, p. 225.

# 公共领域与民主

# 国家公共领域和国际公共领域及人权保障

格奥尔格·罗曼 文 李天慧 译

## 一 前言

自从联合国成立，便有了关于人权的"国际概念"①，保障人权成为国家的和国际的挑战。在国际人权公约中，缔约国首先在各自的宪法范围内尊重人权，同时保护并且尽可能地将它们纳入其他相关的宪法中。其次，它们也服从国际监督。国家保障不仅是由不同的机构（如宪法法院、政府的人权委员会等）组织的，而且连同至关重要的非政府组织和国民公众。国际保障一方面通过很多国际组织和机构得以实现，②而另一方面则通过当今在区域上和国际上起重要作用的公众来实现。通过这种复杂的国际人权保障，传统的（维斯法阶）国际法的特征被改变了，正如常常被注意到的那样。根据埃克哈特·克

---

① 关于人权的国家的、国际的和跨国的概念的区分，参见 G. Lohmann, "Menschenrechte und transnationale Demokratisierungen. Überforderungen oder Erweiterungen der Demokratie?" in *Zukunft der Demokratie*, eds. by M. Reder& M. – D. Cojocaru, Stuttgart: Kohlhammer, 2014, pp. 64 – 77; G. Lohmann, "Different Conceptions and a General Concept of Human Rights", in *Fudan Journal of the Humanities and Social Sciences*, Heidelberg: Springer Berlin, Vol. 8, Issue 3, September 2015, pp. 369 – 385。

② cf. S. Schmahl, "Internationales Menschenrechtsregime", in *Menschenrechte. Ein interdisziplinäres Handbuch*, eds. by A. Pollmann& G. Lohmann, Stuttgart, Weimar: J. B. Metzler, 2012, pp. 390 – 397.

莱因（Eckhart Klein）的观点，"国际法的无声革命"① 已经——尽管通常并不是在事实上，但是至少在原则上——使得国家人权保障变成"国际关注"的问题，并且作为国家"在国际法之下的现有义务"的一部分。现在，这种人权法律保障的国际化能够应用概念的、规范的和跨越边界的公共领域的本性并依赖于它。

首先，我想概述一下在人权的国家概念（national conception）的简化模型中，人权和公共领域之间的相互作用，然后澄清那些描绘当今国际概念（international conception）的变化和特征。这表明，当前将国际"公共领域"还原成国家的和全球的舆论形式（"弱公共领域"），一方面影响其自身的影响力，这一点并没有被低估；另一方面，也表明了一种矛盾性的评价，同时会导致对全球民主化或"国际法的宪法化"的那些仍然乌托邦式的需求。

## 二　人权与公共领域相互作用的一种简化的（国家）模型

人权是复杂的权利。它们具有个体性、平等主义性、普遍性和绝对性，也就是说，每个人都和其他人一样拥有同样的个人权利，因为他或她都是人类。根据其全部意义，它们是法律权利，这种法律权利需要政治立法，同时也离不开道德证明。它们的特征具有道德的、法律的和政治的维度，这些维度彼此间不可简化。② 从范式的角度看，人权在国家概念中的制度化是在民主宪法的背景下形成的，并且通过宪法立法成为基本权利，这控制了所有政府部门的运行：立法、执行

---

① E. Klein, *Menschenrechte. Stille Revolution des Völkerrechts und Auswirkungen auf die innerstaatliche Rechtsanwendung*, Baden-Baden: Nomos, 1997.

② 参见罗曼《从道德、法律和政治角度看人权》，载《应用伦理：经济、科技与文化》，单继刚、甘绍平、容敏德主编，人民出版社 2008 年版，第 301—306 页；G. Lohmann, "Zur moralischen, juridischen und politischen Dimension der Menschenrechte", in *Recht und Moral*, ed. by H. J. Sandkühler, Hamburg: Meiner, 2010, pp. 135 – 150。

和法律系统。以同样的方式，个体的人不仅是人权的承载者，他们也能够将自己视为权利的行使者。① 当然，在道德、法律和政治之间关系的细节方面，民主共和的视角与自然法或道德的视角相对抗。②

在下文中，我所理解的"公共"既包括政治的公共领域，在其中形成了法治社会的舆论和意愿，而且"公共"还可以理解为公共领域中全部参与者的总和。在这个意义上，公共领域中的政治参与者在规范性上需要（a）他们在选择话题上是自由的，（b）所有相关者都平等地被包括在内，并且（c）舆论和意愿的形式具有话语性（discursive）并旨在履行一个慎重的权利。③ 从范式的角度，这些规范性需求是由民主政治中的国民公众决定的：（a）在这些议题的选择中，他们试图参考相关的公共福利，（b）他们试图以各自公民相关参与者的身份限制自己，并且（c）可能还试图限制自己去考虑有关基于价值的（国家的）标准。政治的公共领域在两个方面与人权相关。在立法程序中，公众舆论的形成为一种合法的、制度化的（民主的）决策过程加入争论和动机。根据南茜·弗雷泽（Nancy Frazer）④ 和豪克·布伦克赫斯特（Hauke Brunkhorst）⑤ 的观点，人们在这里能够分辨"弱公共领域"（weak public spheres）和"强公共领域"（strong public spheres）。"弱公众"（Weak publics）（如"18

---

① cf. J. Habermas, Faktizität und Geltung, Frankfurt am Main: Suhrkamp 1992, p. 109.

② cf. G. Lohmann, "Demokratie und Menschenrechte, Menschenrechte und Demokratie", in *Jahrbuch für Recht und Ethik*, Band 19, Berlin: Duncker& Humblot, 2011, pp. 145 – 162.

③ cf. B. Peters, *Der Sinn von Öffentlichkeit*, Frankfurt am Main: Suhrkamp, 2007, pp. 60 ff.

④ N. Fraser, "Rethinking the Public Sphere. A Contribution to the Critique of Actually Existing Democracy", in *Habermas and the Public Sphere*, ed. by C. Calhoun, Cambridge: MIT Press, 1992, pp. 109 – 142; H. Brunkhorst, *Solidarität. Von der Bürgerfreundschaft zur globalen Rechtsgenossenschaft*, Frankfurt am Main: Suhrkamp, 2002, pp. 184 ff.

⑤ Brunkhorst, 2002, pp. 184 ff.

世纪欧洲革命发生前的那些开明的、理智的参与者"）被限定在政治合法的系统中的舆论形式。在"强公众"（这里布伦克赫斯特引用"主权议会"① 作为范式）中，具有话语性的舆论形式同时导致法律上制度化的自愿决议。强公众和弱公众在人权的合法化进程中起到了积极的作用，但是他们本身取决于对公民的权利和人权的应用和遵守。

法律的应用是人权的建立和保障，现在人权也与公众有关。首先，存在一些法律机构（简单的法律、政府、法院、服从法律的行政机构，等等），它们在"行政权力"（administrative power）② 的范围内负责实现人权和保障人权，但是这些机构承受自由浮动的舆论决策过程的观察、异议、强化或批评，这也使得市民社会"交往权力"（communicative power）③ 得以实现，这一思想是继哈贝马斯之后遵循了汉娜·阿伦特的观念。在很多情况下，上述意义的舆论形式属于"弱公共领域"，但是它们也能变成"强公共领域"的一部分，以便使之能够有效地影响在合法的有组织的法律和执法机关中相关的意愿形式和决策形式。

理想状态下，这会导致一种循环模型：弱公共领域和强公共领域在人权的立法权方面都是系统的起点，并且它们通过法律的应用而被提及，也就是通过人权的执行、监管和保护被提及。因此，公共领域表现为一种媒介，人权在这种媒介中是自我决定的和自反地被保护的。现在，这样一个自反性的循环模型是一个理想模型，这种理想模型可能已经在一些国内民主立宪的国家得以实现。对于当今流行的人权的国际概念，这些模型并不完全准确。

## 三　人权和公共领域在人权的国际概念中的相互作用

甚至在国家法律共同体的案例中，各自国家的公众界限是可渗透

---

① Brunkhorst，2002，p. 184.
② J. Habermas，1992，pp. 229 ff.
③ Ibid. ，pp. 182 ff.

的，并且是由外在于国家界限的沟通和参与者的诸多关系而决定的。当今全球化的多种进程加强了这种传递的特征。随着法律体系的国际化，这些复杂的进展现在需要一种新的政治形态。从历史上看，第二次世界大战之后为了回应极权主义（totalitarian）国家和殖民列强的暴行，人权被置于新的国际基础之上，并伴随着成立了联合国、颁布了《世界人权宣言》（Universal Declaration of Human Rights，UDHR，1948）和后来的人权契约。由于国际人权公约的各缔约方的同意，合法地建立了一个"全球的公共领域"，它水平地体现了人权的国际概念，并使用了隐含的和明确的术语。此后，人权将不仅是国家事务，而且也受到全球舆论形成和决策制定过程的影响。当然，很明显这只发生在出现上述意义中按照"弱公共领域"形成国际人权的情况下。《世界人权宣言》的序言含糊地呼吁"人类的良心"（conscience of mankind），明确地产生宣言的那些相应的动机和争论涉及了世界公众的观点，这仍然在第二次世界大战（和殖民列强）的暴行的影响下。然而，随后的人权契约是主权国家间的契约协议，是根据各自的国家利益和与其体制的一致而加入契约中的。在民主的、法律上成文的舆论和意愿形式的意义上，"强公共领域"在全球范围内并不在法律上起作用。

在人权的国际概念中，根据其规范内容，人权并不是它们本该有的样子：它们本应该是广泛包含的、民主决策的产物，但它们是由主权国家的代表设计、商讨和同意的，并受国际条约强制执行。它们只适用于条约缔约国以及缔约国根据自身主权在条约中制定的相关限制。然而，对于一些人权来说，根据国际法的规定，从国际惯例法中产生一种具有约束力的义务，这一义务是针对那些没有明确签署相关条约的国家。然而，鲜有例外，强行法（jus cogens）是有争议的。

这些缺点诚然并不十分明显，但只要人们相信，由于人权的主张具有普遍性、平等主义性和绝对性，那么纯粹道德的、通常自然的法律正当理由是充分的，这些理由对民主的立法机构来说是外在的和在先的。如果正当理由宣称的普救论者（universalist）的救赎只局限在具有话语的舆论形式的弱领域中，那么人权仍然是打折扣的和削弱的，对人权的理解将被还原为纯粹的"道德权利"（moral rights），这种道德权利无可争议地被指责为表现了"高跷上的胡言乱语"（边沁语）。①

我们也可以在国际关系中尝试使用"强公共领域"。然而，行为主体将不再是个体而是国家。依据相关的联合国宪章，我们已经有了全球决策的、合法的、较广泛的、有组织的结构。但这些由国际法组织的全球意愿和决策的制定过程，并不是民主的。他们并没有创造一个全球的法律秩序，这种秩序由标准的人权所要求，并基于所有个体的自主性。但是从国家间现存的权利关系出发，他们创造了一个合法的、和平安全的秩序。而且，在超越之前条件的特殊发展中，这些国际法意愿形式具有明显的不足：它们在其决策中具有规范的选择性；安理会的机关在作出关于权利之特殊利益的决定时经常是十分武断的；在施行决议和决策上它们经常不起作用。②

除了缺乏民主合法性这一主要的缺点外，它们是在全球范围内设计一种人权的跨国概念的进一步的动机和理由，而设计的根据是联合国相关的改革，这种人权概念发展出一个民主的强公共领域。我在这里无法详述那些被激烈讨论的提案。③

全面研究法律的应用，比如人权的实现和保障，提供了一个类似的分析结果。许多国际组织和机构（日内瓦的人权理事会、联合国

---

① cf. P. Niesen, "Unsinn, Despotie, Gewalt: die bleibende Bedeutung von Benthams Menschenrechtskritik", in *Zeitschrift für Menschenrechte*, Vol. 7, No. 2, 2013, pp. 59 – 79.

② cf. Brunkhorst, 2002, pp. 193 ff.

③ cf. J. Habermas, *Im Sog der Technokratie. Kleine politische Schriften XII*, Frankfurt am Main: Suhrkamp, 2013; "Plea for a Constitutionalization of International Law", in *Philosophy & Social Criticism*, Vol. 40, No. 1, January 2014, pp. 5 – 12; 关于我自己的观点，参见 G. Lohmann, "Menschenrechte zwischen Verfassung und Völkerrecht", in *Der Staat im Recht*, eds. by M. Breuer et. al., Berlin: Dunker & Humblot, 2013, pp. 1175 – 1188; Lohmann, 2014。

人权委员会、"特别报告人"、区域的和国际的人权法庭，等等)① 已建成。它们表明了人权保障的合法化方面的重要进展。然而这里缺失的是一种民主的、确定的法律应用以及一种有效资金支持的全球执法。根据联合国宪章第七条，对人权保障的"人道主义干涉（humanitarian intervention）"的风险仍具有不确定性和选择性。②

既没有合法组织的"世界室内警察"（world indoor police），也没能恰当地组织最近被讨论的"保护的责任"（responsibility to protect）③。相反，实现和执行的机制很大程度上——并且在各自主权国家利益的不确定条件下——保留在国家的法制体系内（也在区域的和国际的人权法庭的情况下），或者它们受限于一个假设的世界公共领域的信息、报道或请求。在这些方面，一个根据全球状况民主地组织的"强公共领域"正在消失。一方面，人权保障要通过考虑特殊地区的利益和/或联合国常任理事国的否决权而定；另一方面，它也被加入到起辅助作用的国家法律体系中；最终，它只局限于全球范围内的"弱公共领域"取得的成就。

因此，我们也可以由此假定一个循环模型。但现在只有"弱公共领域"作为一个散漫的公共世界中不确定的舆论形式而存在，这个公共世界包含了人权。无可否认，正如布伦克赫斯特用黑格尔的话所说的，这"不是虚无"（not nothing）④。尽管国家的和全球的形成过程的转型期仍然只是与国际决策过程较松散地结合在一起，但是它们仍然取得了重要的影响和成就。

---

① cf. A. Goppel, "Internationale Gerichtsbarkeit", in Pollmann&Lohmann, 2012, pp. 401–406.

② cf. T. Nardin&M. Williams (eds.), *Humanitarian Intervention*, New York, London: New York University Press, 2006.

③ International Commission on Intervention and State Sovereignty (eds.), *The Responsibility to Protect: Report of the International Commission on Intervention and State Sovereignty*, Ottawa, 2001; A. J. Bellamy, *Responsibility to Protect*, Cambridge: Polity Press, 2008.

④ Brunkhorst, 2002, p. 211.

## 四 弱公共领域的矛盾优势

人权建立和实施中的许多矛盾往往只遵循国家的特殊性利益，这些矛盾是（或者可能是）归因于有约束的"弱公众"。国家和国际范围内扩大公共领域在同等程度上是相关的，而且在其相互作用方面也是相关的。这里假定的"世界舆论"是作为本地的、国家的、跨国的和全球的公共领域的极其复杂的网络而出现的，这些公共领域不同于对/为了（on/for）特殊功能和特殊话题起作用的传播媒介（出版、音频、电视和网络）。[1]

完全不同的行为主体参与一个在全球范围扩大的公民社会中。可能要提到很多永久的、全球的非政府组织（如国际特赦组织、人权观察组织、行动救援等），还有特别小组、法院和各种媒体（出版、电视和网络）及网络的匿名活动和社交网络。[2] 它们通过谩骂和谴责的方式去观察、批评和诽谤，并组织抗议活动、消费者抵制和请愿，等等。它们的优势是其独立性、专业性和敏捷性。它们还没有在民主上合法化，但是它们的合法取决于它们论证的质量。它们具有显著的能力，为了解决或纠正侵犯人权行为，它们可以形成民间社会团体的临时或长期的联盟，可以给政府和国际行为主体带来舆论压力。这或导致这样一个结果，即当其独立性和目标得到检验后，很多联合国—组织机构可能得到"咨询的和观察员的身份"。[3]

在此基础上，首先，它们参与创立了新的人权组织（比如海牙

① cf. Peters, 2007, pp. 283 – 376; J. Habermas, "Reflections on the Role of Mass Communication in Western Democracies", in *Politische Vierteljahresschrift* (PVS), Sonderheft "Politik in der Mediendemokratie", No. 2, 2008.

② cf. A. Mihr, "Die Rolle von Menschenrechtsorganisationen und NGOs", in Pollmann & Lohmann, 2012, pp. 397 – 400. UN-Department of Public Information, NGO-Section, http://www.un.org/dpi/ngosection/index.asp.

③ cf. ibid., p. 398 ff.

的国际刑事法庭）或新人权（比如提出"水权"，right to water①）以及人权的新契约（如《残疾人权利公约》②）。其次，它们尤其在保护人权方面十分积极，比如评论和保护人权义务，这些从可适用的国际条约中产生。③ 再次，所谓的"影子报告"（shadow reports）批判性地评论官方的监督，这些报告很有效，能公之于众并纠正许多组织的不足之处，比如最近日内瓦国际人权理事会组织的影子报告。

总之，非政府组织的影响依赖于如下事实：首先这些报告和活动都向公众公开并可以公之于世，其次它们具有一种充分性、话语性和争论性，再次它们能够超越特殊组织环境而引起注意，并也能够说服广泛的，甚至跨国的公共领域。④ 因此，公民需要能够去行使他们的有保障的公民权利和人权。他们可以在这里依靠广泛的人权。

要再次强调的是，首先，弱公共领域的明确的设计是根据约定的人权可以扩展甚至超越国家的界限。因此，1996 年《公民权利和政治权利国际公约》（*International Covenant on Civil and Political Rights*，*CCPR*）的第 19.2 条指出："人人有自由发表意见的权利；此项权利包括寻求、接受和传递各种消息和思想的自由，而不论国界（原文如此——引者），也不论口头的、书写的、印刷的、采取艺术形式的、或通过他所选择的任何其他媒介。"

通过更进一步的自由权利，弱公共空间的人权保障得到了补充，尤其是"思想、良心和宗教的自由"的人权（《世界人权宣言》第 18 条）和"结社的自由"（第 20 条），这些权利在狭隘的意义上保护了弱公共领域的舆论形式。但是，在强公共领域中同样起到重要作

---

① cf. B. Schmitz, "Subsistensrechte", in Pollmann & Lohmann, 2012, pp. 233 – 241.

② J. Wyttenbach, "Konvention über die Rechte von Menschen mit Behinderung", in Pollmann & Lohmann, 2012, pp. 321 – 325.

③ cf. C. Frantz& K. Martens, *Nichtregierungsorganisationen* (NGOs), Wiesbaden: VS Verlag, 2006.

④ 当然，这也是一个经验的问题，公共领域的事实结构往往与其规范性要求相矛盾。cf. Peters, 2007；*The Ashgate Research Companion to Non-State-Actors*, ed. by B. Reinalda, Farnham/Brulington, 2011。

用的是《世界人权宣言》的第 21.1 条（人人有直接或通过自由选择的代表参与治理本国的权利）。总之，《公民权利和政治权利国际公约》（中国已签署，但未正式生效）的第 18、19、21、22 和 25 条与之相符。一般认为，人权的其他部分（自由权、参与法律和政治体系的权利和经济的、社会的和文化的权利）与公共领域的人权保护完全相关。人权是"普遍的和不可分割的"，这一观点在 1993 年维也纳召开的联合国会议上（也包括中国）被再次重申。[①]

人权的反身性使得人权保障依赖于给予它们的关注，这种反身性表明极少的人权被理解为家长式的，也表明了为了不减少对所有人权的尊重的基础人们需要倾注多少关注。恰恰是这些冲动应该来自专门的和关键的、国家的和国际的弱公共领域。因为可供他们指责和羞辱的只有通称的方法，它们主要通过对人权的教化实现这一目标。同时，这导致了还原成纯粹的公共舆论决策的一种系统性矛盾。

如我们在一开始所说，人权被完全理解为法律权利，必须在政治上被建立并在道德上是合乎情理的。但它们不是仅仅由那些已经有效的道德辩护建立起来的。[②] 人权的违反并不仅是道德规范的违反，而是需要由法庭的普遍判定而决定。哈贝马斯[③]及其追随者布伦克赫斯特[④]弄清了道德和法律之间不同的教化的好处。

无论出于何种原因，法律需要从外部遵守道德规范，并解除个体具有道德的需求。这使它"可能与冲突并存"，并且不需要消除任何不道德行为，但是这也——由于"法律的"和"非法律的"行为方

---

① cf. M. Nowak（ed.），*World Conference on Human Rights*，Wien，1994；G. Lohmann，"Die Menschenrechte：unteilbar und gleichgewichtig? -Eine Skizze"，in G. Lohmann，S. Gosepath，A. Pollmann，C. Mahler，N. Weiß，*Die Menschenrechte：unteilbar und gleichgewichtig?*，in *Studien zu Grund-und Menschenrechten* 11，MenschenRechtsZentrum der Universität Potsdam，Potsdam，2005，pp. 5 – 20.

② cf. G. Lohmann，"Die Menschenrechte fordern eine bedingte Unbedingtheit. Eine Replik auf Raymond Geuss"，in *Zeitschrift für Menschenrechte*，Vol. 8，No. 1，2014，pp. 160 – 167.

③ cf. J. Habermas，1992，p. 135 ff.

④ Brunkhorst，2002，p. 195 ff.

式存在差异——向我们展示了如何"与更多的冲突连同减少的暴力"同存。① 布伦克赫斯特简洁地总结这一点："因为法律通过更多的分歧使更多的自由成为可能，所以全球社会需要一个自治的法律秩序。"② 如果人权是再教化的，也就是，如果它们只是被视为道德问题，那么根据弱公共领域区分法律和道德，这个教化成就将会被怀疑。

弱公共区域的行为活动也确实从它们的实施困境中获得优势，因此通过谩骂、责备和羞辱，这些活动集中在对道德的诉求。它们能够克服国家和文化的界限本质上是依赖于人权的清晰普遍的道德，这并不只是由文化的特殊主义而决定和限制的，正如它已经长期被宣称的那样。③ 尽管它在一个方面展现了优势，但是仍需要被包括在强全球公众的发展计划之中，或者被补充。鉴于当前的全球政治的再国有化，一个人是否能够与布伦克赫斯特——假定全球人权文化是不断发展壮大的——商讨关于"成为强公共领域"④，可能会过于乐观。然而哲学家能够并且必须实行反事实思维，所以我以此为结尾，即我承认人权的保障不仅需要完善的国家的和国际的"弱公共领域"，而且需要（看似乌托邦的）强公共领域的成就。

（作者系德国马格德堡大学哲学系教授）

---

① cf. Brunkhorst. , p. 198 f.

② Ibid. , p. 199.

③ cf. G. Lohmann, "Kulturelle Besonderung und Universalisierung der Menschenrechte", in *Universelle Menschenrechte und partikulare Moral*, eds. by Gerhard Ernst& Stephan Sellmaier, Stuttgart: Kohlhammer, 2010, pp. 33 – 47; G. Lohmann, "Universal Human Rights and Particular Cultural Identities", in *Identities and Modernizations*, ed. by T. Buksinski, Frankfurt/M. : Peter Lang, 2013, pp. 213 – 228.

④ Brunkhorst, 2002, p. 211.

# 国际正义：公共理性的界限

## 赵敦华

在中国和德国共同讨论"公共领域"问题的学术讨论会上，双方代表可以依据各自的思想资源和社会现实发表论文。我首先要指出，这样的方法可能不会有实际效果。比如，早在先秦时期，中国政治思想中就有公私之辩。韩非子从词源上说："背私谓之公，公私相背也。"① 他认为君王一人之利为公，代表全国的利益；以君王以外的所有其他人之利为私，他们为君主服务的功劳大小决定了所能获得正当私利的多少，"故圣人议多少、论薄厚为之政"。② 而黑格尔在《历史哲学》中说："东方从古到今只有'一个'是自由的"；在中国，"天子实在就是中心，各事都由他来决断，国家和人民的福利因此都听命于他"。③ 马克思在对黑格尔法哲学的批判中，采纳了黑格尔的东方历史观。他说："像亚洲的专制国家那样，政治国家只是单个人的一己之私意。"④ 在这样的比较研究中，中国古代思想与 19 世纪的德国哲学的观点正相反对，找不出共同讨论的基础。

我认为，在全球化的今天，我们不能再用中国古代和德国现代为例来讨论政治哲学的问题，我们需要一个中介来看待当代中德学者关于公共领域的视角。本文选取的中介是罗尔斯的国际正义思想，罗尔斯的正义论对中德两国的公共理性话语都发生了影响，可以作为我们

---

① 《韩非子·八说》。

② 《韩非子·五蠹》。

③ 黑格尔：《历史哲学》，王造时译，上海世纪出版集团 2001 年版，第 106、127 页。

④ 《马克思恩格斯全集》第 3 卷，人民出版社 2002 年第 2 版，第 43 页。

共同讨论的一个话题。

## 一　《正义论》中的国际正义的观念

《正义论》的公共性范围限定于有序社会，"为一个暂时被理解为同其他社会相隔绝的封闭社会，概括出一个合理的正义观"。[①] 该书主题是民主宪政国家内部的问题，但第 58 节破例讨论了国际正义的问题。我们知道，当时美国有反越战的浪潮，一些年轻人以越战是非正义战争而拒绝服兵役。这一违宪的行为是否属于出于良心的公民不服从呢？罗尔斯在题为"良心拒绝的证明"这一节试图证明，只有拒绝参加非正义的战争才是合乎正义原则的公民不服从。因此，公民不服从是否具有正当性，取决于国家参加的战争是否正义。为此，罗尔斯说："我们必须把正义论扩展到国际法中去"。他把"原初状态"中决定正义原则的个人扩展为各国代表，"这个原初状态在各国之间是公平的；它取消了历史命运造成的偶然性和偏见。在这样解释的原初状态中选择的原则决定了国家之间的正义。这些原则是一些政治原则，因为它们支配着对其他国家的公共政策。"[②]

在公平的条件下制定的国际正义的原则并不排斥一切战争，而是"确定了一个国家何时具有介入的正义原则"，即"诉诸战争的权利（jus ad bellum）"，以及"控制一个国家可以在战争中使用的手段的原则"，即"在战争中的权利（jus in bello）"。一个国家诉诸战争的权利应以正义的和平为目标，即是说，"国家的首要目的是维持并保护它的正义制度以及使这些制度成为可能的条件，而不是出于争夺世界霸权或提高国家荣誉的动机，进行战争也不是为了经济利益或扩张领土"。即使进行这种性质的正义战争，也应当遵守"战争中的权利"，即"某些形式的暴力严格来说也是不可接受的"，战争中所使

---

①　罗尔斯：《正义论》，何怀宏、何包钢、廖申白译，中国社会科学出版社 2009 年修订版，第 7 页。

②　同上书，第 296 页。

用的手段"不应该破坏和平的可能性，或者鼓励对人类生命的轻蔑，这种轻蔑将使我们自己和人类的安全置于危险的境地"。①

罗尔斯关于国际法和正义战争的讨论没有正面回答越南战争是否符合国际正义的原则，因而也没有为那些拒绝服兵役的青年人提供"公民不服从"的辩护。这一节在《正义论》全书中只是边缘性、境遇化、简短的插话。但是，在对《正义论》的诸多批评和评论中，西方国家的国内正义原则是否能够扩展为国际正义原则，成为国际关系问题专家关注的一个重要问题。比如，罗伯特·阿穆图在一篇书评中说，虽然罗尔斯很少谈及不同社会的关系，但完全可以用他的方法"建立缓解各国之间相互冲突的权利主张的基本原则"。比如，关于正义战争的理论，各国财富的分配，在国际舞台社会反对不正义政权的正当性，为援助贫穷国家而建立一个世界政府的可能性，等等。阿穆图承认，除了正义战争理论之外，其他议题大概不会被罗尔斯本人所认可。他发现罗尔斯理论中有不一致之处：一方面，罗尔斯认为"需要一些原则的补充来管理国际分配"，另一方面，"罗尔斯似乎设定独立的国家是可取的和不可避免的"。②

再如，查尔斯·贝兹批评罗尔斯关于有序社会是独立的民族群体的观念。他说"由于全球经济的相互依赖，以国家为中心的世界形象已经失去了规范的基准性"，他以对贫穷国家的食物和发展援助、不干涉内战原则和以民族国家名义参加战争的义务等事例，说明为何"从国家主义的到全球性形象的世界秩序的转变是独特的规范性问题"。他认为，罗尔斯没有考虑这种问题并不是"出于他的理论的核心弱点"，而是出于处境。他相信罗尔斯理论"用正义的概念提供了规定经验处境变化的一种方式，国家自足性的设定属于处境变化，而认识到世界政治和社会生活结构的经验变化将导致正义概念的全球性

---

① 罗尔斯：《正义论》，何怀宏、何包钢、廖申白译，中国社会科学出版社 2009 年修订版，第 297 页。

② R. Amdur, "Rawls' Theory of Justice: Domestic and International Perspectives", in *World politics*, Vol. 29, No. 3 (April, 1977), pp. 438 – 461.

解释"。① 果然不出所料，20 年的变化使得罗尔斯把他关于西方社会的正义论扩展到关于国际正义的理论。

## 二 全民法所指向的外交政策

20 世纪 90 年代世界局势发生重大变化：中国改革开放，苏联的解体，全球化经济迅速发展，这一切加强了一国政治经济发展对其他国家的依赖；反过来也一样，一国的政治经济灾难危及其他国家。国际关系变得越来越复杂，宗教冲突、民族对抗和人道主义危机的事件越来越频发。所有这些以及相关经验变化使得罗尔斯在他最后一本著作《全民法》② 中对全球正义作出解释。在 128 页的论述中，罗尔斯全面系统地讨论国际事务，简明的写作风格为赞同者和反对者留下了宽广的论证余地。吉里安·布鲁克在《论罗尔斯〈全民法〉的近期著述：批判者对维护者》总结了争论的一些关键问题。③ 有些争论过于抽象繁杂，没有紧扣罗尔斯的意图。罗尔斯自己坦诚："我们制定

① C. R. Beitz, "Justice and International Relations", in *Philosophy & Public Affairs*, Vol. 4, No. 4 (Summer, 1975), pp. 360 – 389.

② J. Rawls, *The Law of Peoples*, Cambridge University Press, 1999. 中译本译作"万民法"，译者承认："'万民'实在不是好的正文，而'民族'一词在汉语中与'人民'差异太大，易致混淆，且英文里还有 nation 一词与之对应。我采取的是较为笨拙的方式，即除'万民法'一词外一律译作'人民'。"《万民法：公共理性观念新论》，张晓辉等译，吉林人民出版社 2001 年版，"前言"第 1 页译者注。"万民"在汉语中指"众百姓"，《百度百科》中的例句有：《易·谦》："劳谦君子，万民服也。"《史记·蒙恬列传》："愿陛下为万民思从道也。"《水浒传》第一回："伏望陛下释罪宽恩，省刑薄税，以禳天灾，救济万民。"鲁迅《且介亭杂文·门外文谈》："他们都是酋长之下，万民之上的人。"跟"民族"一样，与罗尔斯使用 peoples 一词的用意相差太大。罗尔斯并不认为世界各国人民构成人民的复数，只有自由合理体制和正派体制这两类政权治理的人民才是 peoples。故本文译作"全民"，即罗尔斯所说的"人民社会"（society of peoples）的全体。

③ G. Brock, "Recent Work on Rawls's Law of Peoples: Critics versus Defenders", in *American Philosophical Quarterly*, Vol. 47, No. 1 (January, 2010), pp. 85 – 101.

的是合理正义的自由人民外交政策的理想和原则，对自由人民外交政策的关注是从始到终的蕴含。"① 如果我们把外交政策的蕴含加以显明，也许会避免一些不必要的复杂争论。

"全民法"是罗尔斯取代《正义论》中"国际法"的一个新概念。为了理解这个新概念，"人民"和"国家"的区别至关重要。罗尔斯说："'人民'一词意在强调人民不同于传统国家观念的单独具有的独特性质，突出他们的道德品质以及他们政权（regimes）合理的正义或正派（decent）的本性。"② 而国家则不同："在很多国际政治的理论中，国家则是战争与维持和平的行动者和原因。国家通常被视作理性地、急切地对关注自身权力——即它们影响其他国家的（军事、经济、外交）能力——并总是受他们根本利益的引导。"③ 要之，人民和国家的这一区分旨在剥夺国家的主权，而在国际舞台上树立"人民主权"。

罗尔斯倡导的"人民主权"既不是过去政治哲学的老概念，也不是街头群众的口号。问题的关键是：谁是复数的人民或全民？如果单数的人民与民族、国家和种族区别开来，不同人民的全体如何能够组成跨国家的共同体？

为了回答这些问题，罗尔斯在书的开始区别了 5 种类型的政权：（1）"合理的'自由人民'"，（2）"正派的（decent）协商等级制人民"（即通过共同体和集团之间的协商满足公正的权利），（3）"法外国家"，（4）"承担不利条件的社会"，（5）"仁慈专制主义的社会"。④

罗尔斯使用"人民""国家"和"社会"三个范畴概括世界上所有政权，但基本区别仍是"人民"和"国家"。前两类被称作人民，因为他们的政权代表了人民的合理的正义或正派的本性。第三类

① J. Rawls, *The Law of Peoples*, p. 10.
② Ibid. , pp. 27 – 29.
③ Ibid. , pp. 27 – 28.
④ Ibid. , p. 4.

政权具有无情地使用任何军事、经济和外交手段以影响其他政权的国家典型特征；后两类政权与第三类政权可以具有相同的国内制度，但或者由于疲弱无力（如第四类政权），或者由于全力维护自身（如第五类政权），而不能或没有威胁其他政权。

从理论上说，罗尔斯很难解释他为什么忽视不同类型政权之内人民的相互联系，不考虑不同类型的政权具有的交叉重叠的特征。如果我们从人民与国家的原则性区分中读出美国外交政策的蕴含，那么这五类政权没有疑义地指称五种国家。第一种类型指民主宪政国家，第二种类型指温和的阿拉伯国家，罗尔斯用一个假想的穆斯林政权"卡赞尼斯坦"说明其"正派"特征；第三类国家是美国所称的"流氓国家"，第四、第五类指大多数发展中国家。

萨缪尔·弗里德曼赞赏地说："《全民法》提出了一个不含糊的问题，那就是，自由人民应有什么样的外交政策？他们应当宽容和协同非自由人民，或应努力把非自由人民转变为自由人民？自由人民对非自由人民宽容的界限是什么？"[1] 围绕这些"不含糊的问题"，我们可以把政治哲学的语言翻译成政治家和政治学的语言，以便理解罗尔斯实际要表明的意思，那就是，这本书相当大的篇幅可以读作对美国外交政策所作的辩护和证明。比如，第7、8、9节说明为什么自由人民要宽容非自由但正派的人民，以使两者共同组成"全民的社会"。第10、13、14节解释为什么第一、第二类政权不能宽容法外国家，为证明对法外国家进行正义战争的正当性，第15、16节建立了原著第四类政权的条件和基础。这本书很少谈及第五类政权，这是可以理解的，因为美国外交政策对"仁慈的专制主义"保持中立态度，只要他们对内专制而不给"自由和正派的人民"制造麻烦。

从美国外交政策出发的解释使《全民法》的意思简单明了。很多学者可能会反驳，这样的解读对罗尔斯不公平。这个意见有一定道理。从结构上看，该书分三个部分，前两个部分论述理想的理论，最

---

① 转引自 G. Brock，"Recent Work on Rawls's Law of Peoples：Critics versus Defenders"，p. 91。

后阐述非理想的理论。在对"人民"和"国家"作出区分（第2节）之后，第3—6节运用他过去著作中的理论方法证明全民法是合理和理性的人民"为其他人民提供的政治和社会合作的公平条款"。① 根据这些条款，第二和第三部分论证分别对待正派人民、法外国家和承担不利条件社会的政策。人们可以质疑，尽管后面两个部分可以读作"自由人民"的外交政策，但如果忽视第一部分对全民法作出的理论论证，是不是忽视了罗尔斯思想中的精华部分或否定了全民法的深刻意义呢？

必须承认，罗尔斯确实运用了《正义论》和《政治自由主义》中的论证方式，如契约论、原初状态、有序社会和公共理性，再加上进一步的区分和解释的补充，实现国际社会的全民法与宪政民主国家国内的正义原则之间的联结，达到了他对"合理的公民与人民如何能在正义世界里和平共存这一问题反思的顶点"。②

然而，依我之见，全民法的实质内容其实只是《正义论》中关于国际法简短论述的一个延伸。我的这个看法即使罗尔斯的赞成者也可以同意。如前所述，查尔斯·贝兹希望罗尔斯发展出关于国际正义的理论，《全民法》发表后，他赞扬这是"20世纪国际法理论最有革命性的发展"。即使如此，他也提到，全民法的8条原则——即（1）独立自由，（2）遵守契约与承诺，（3）契约平等，（4）互不干涉，（5）自卫的权利，（6）尊重人权，（7）在战争中遵守一些特定限制，（8）帮助其他生活于不利社会条件下人民的义务，第1—5条和第7条是《正义论》中国际法的发挥，只有第6、第8两条是新提出的原则。贝兹敏锐地注意到，除了自卫原则，"罗尔斯坚持在极端情况下捍卫人权也是正义战争的证明"。③

的确，虽然罗尔斯只是在一个脚注里提到这一点，④ 这对他的正

---

① J. Rawls, *The Law of Peoples*, p. 35.

② Ibid., "Preface", p. vi.

③ C. R. Beitz, "Rawls's Law of Peoples", in *Ethics*, Vol. 110, No. 4（July, 2000）, pp. 669 – 696.

④ J. Rawls, *The Law of Peoples*, pp. 93 – 94, n. 6.

义战争理论至关重要。我们看到,《正义论》中区别了"诉诸战争的权利"与"战争中的权利",《全民法》第 13、14 节对正义战争的论证用大部分篇幅讨论"什么是战争中的正义行动"的问题,几乎没有讨论"为什么人民诉诸战争的权利是正义的"问题,似乎正义的和正派的人民反对法外国家的战争天然合理,如同"正义"和"正派"与"法外"的语词区别已经证明了前者反对后者的正义战争。理论和事实当然没有那么简单。自卫原则和尊重人权的原则过于笼统,不足以证明发动正义战争的权利。罗尔斯提到"在极端情况下"捍卫人权的原则优先于"互不干涉"的原则,但他没有解释"极端情况"的具体含义。如果我们知道,1991 年西方和一些阿拉伯国家联合发动的海湾战争可能成为正义战争的模式,那么罗尔斯的正义战争理论归根到底还是以"人权高于主权"的外交政策为依据的。

## 三 公共理性的界限:承认的和暗示的

2001 年"9·11 事件"之后,在阿富汗、科索沃、伊拉克、利比亚和当前的叙利亚、乌克兰、也门和 IS 控制地区等,西方和/或阿拉伯盟友发动了反恐战争或介入了军事行动,虽然参加战争或军事行动的各方有不同考虑甚至分歧,但基本理由依然是自卫和捍卫人权。在国际事务极端情况的事件中,罗尔斯 1999 年提出的全民法和正义战争理论及其指称的外交政策至今并未过时,有必要重新思考和评价他提出的全球正义道德依据的问题。

罗尔斯的一个重要依据是他的公共理性概念。他首先在 1996 年发表的《政治自由主义》中阐发了这一概念,《全民法》第 5、17、18 节使用公共理性来证明国际正义的合理性,该书附录"公共理性观念新论"对《政治自由主义》中的概念作了重要修改。概而言之,公共理性在国际正义中有三方面的作用:第一,公共理性把宪政民主政体中的"重叠共识"延伸到人民的国际社会中的"合理多元主义"(第 5 节);第二,公共理性证明全民法不是族群中心论或西方的理论,而是能够满足国际社会全民合作共赢的标准(第 17 节);第三,公共理性把自由主义的政治哲学与现实世界的实际调和起来，以寻求合理的多元主义、多样性的民主统一、公民间的相互理解，以及自由民主的和平。

然而，罗尔斯最后触及了公共理性的界限。他承认，在全民法的原则中，"最易于被违反的是反对侵略性的法外国家的正义战争准则，以及援助承受重负社会的义务"。[①] 他还指出，有两类人不能与全民法原则相妥协。第一类人"可谓是各历史上占统治地位的宗教或世俗学说中的原教旨主义者"；第二类人"或遭到很大不幸和痛苦，或被精神空虚所烦恼"。[②] 合理的正义战争在现实中和理论上遭到这些人从两个极端的强烈反对。原教旨主义者以非理性的、狂热的和暴力手段直接对抗正义战争，而那些道德空虚的人用"虚无主义的战争学说"反对正义战争，这些人或高喊"战争就是地狱"的口号反对一切战争，或不分是非地把战争中对立双方放在同一水平上加以谴责或赞扬。[③] 具有讽刺意义的是，原教旨主义者把那些绝对的和平主义者当作自由社会精神堕落的表现。

罗尔斯似乎未卜先知地表明了"9·11"之后美国发动反恐战争遭遇的困境，一方面是恐怖分子和极端武装分子在中东地区和西方社会内部越发猖獗，另一方面西方社会始终分裂为反战和参战两大阵营，即使支持参战一方的"公共理性"更多是为国家安全和利益辩护，而不是为了国际正义和捍卫人权。

罗尔斯自称追随康德的"永久和平"思想，他在书的开始乐观地说全民法是世界和平的现实主义的乌托邦。[④] 他还说，全民法建立在两个观念的基础之上，一是"人类历史的巨大邪恶——非正义战争、压迫、宗教迫害、奴役制度等——这一切是政治非正义造成的结果，伴随着残忍和麻木"；另一个是这样的希望："一旦政治非正义

---

① J. Rawls, *The Law of Peoples*, p. 126.
② Ibid., pp. 126, 127.
③ Ibid., p. 103.
④ Ibid., p. 4.

被追随正义（或至少是正派）的社会政策以及建立正义（或至少是正派）的基本制度所克服，那些巨大邪恶终将消亡。"[①] 在国际事务中正义必定会克服非正义吗？罗尔斯承认，国际正义的极端情况触发的正义战争遭到国际"人民社会"内部和外部"很多人"的反对。这对他来说，这些阻碍不仅是政治自由主义的"公共理性"的界限，而且提出了一个尖锐的问题：全民法的乌托邦理想能够在世界付诸实践吗？罗尔斯似乎没有信心作出肯定的回答。他在书的结尾忧心忡忡地说："如果合理正义的人民社会的成员把自己的力量服从于合理目标是不可能的，如果人类大多数是非道德的，也就是如果不是不可救药的犬儒和以自我为中心的，那么人们可以像康德那样发问：人类是否还有资格活在这个地球上。"[②]

罗尔斯提出的问题发人深省。为了使人类能够幸福地在地球上和平相处，各国学者有责任进一步探讨国际正义这一关涉人类共同命运的问题。

（作者系北京大学哲学系教授）

---

① J. Rawls, *The Law of Peoples*, p. 126.
② Ibid., p. 128.

# 隐私和/在公共领域

贝亚特·罗斯勒　文　王琦　译

谈论公众场合隐私似乎涉及一个矛盾：当隐私实际上构成了公共领域的对应物时，**在公共领域中**，隐私应该扮演什么角色？虽然有些理论家——如帕伦特（William Parent）①——拒绝在公共场所保护隐私，但是，一系列关于隐私的理论都试图表明，隐私不是在与公共领域相对的意义上被概念化的一个空间领域，而是作为一种保护盾，无论我们到哪里，即使是在公共领域，我们都会具有一种保护盾。这种观点在以下情景中容易理解：在一个咖啡馆，我们不但不该听而且应该试图忽略隔壁桌的谈话，或者我们应该克制不去评论街上其他人的炫耀行为。这是对公共场合中其他人隐私的一种尊重，戈夫曼（Goffmann）曾将这种尊重描述为"礼貌性疏忽"（civil inattention）。②

最近几年，公众场合隐私的另一种形式越来越成为讨论的焦点，即**匿名化**隐私（privacy as anonymity）：当一个人作为一个特殊的人是匿名的、不可识别或不可追踪的时候，这个人就可以在网络世界和线下世界向陌生者和不确定的其他人最好地保护自己的隐私。关于隐私的理论区别于这样的问题：如何强烈地证明对这种类型的匿名需求的

---

① cf. W. Parent, "Privacy, Morality, and the Law", in *Philosophy and Public Affairs*, Vol. 12, 1983, pp. 269 – 288.

② cf. E. Goffman, *The Presentation of Self in Everyday Life*, Garden City, N. Y. : Doubleday & Company, 1959; T. Nagel, *Concealment and Exposure and Other Essays*, Oxford: Oxford University Press, 2002.

合理性，隐私和匿名之间的确切关系是什么。① 接下来，我将更精确地澄清隐私和匿名之间的关系，同时我也会考虑，一方面是隐私和匿名之间的可能冲突，另一方面是其他权利或价值——如社会保障——之间的可能冲突。

因此，我将首先介绍一些关于隐私的比较普通的概念，以及个人隐私、自由和自主性之间的关系。同时，我也将提出个人隐私的各种维度，并述说一些至少是欧盟的法律案例。其次，我将更精确地解释公众场合隐私的意义，并讨论匿名的概念。在法律、道德和概念方面分析之后，我最后将探讨以下几种情况下可能出现的问题和冲突：匿名与表达自由和出版自由之间；匿名与安全之间；匿名与自由市场的自由之间。

## 一　隐私的概念

隐私的概念可以用各种方式与公共领域的概念进行对比：首先，家庭的私人领域对比社会的公共领域；其次，个人自由的基本自由理念对比国家干预；再次，保护个人信息不被非法收集和传播。② 在哲学史上，女性哲学家不仅以非常不同的方式描述公共领域和私人领域的二分法，而且一再批评这种分法，例如阿伦特（Hannah Arendt）。因为我在本文的兴趣最终是公共领域中的隐私，所以接下来，我将主要以概述的第二和第三个区分作为讨论的基础：作为自由空间的私人对比在自由民主社会中的国家；作为信息隐私的私人对比公共信息。关于私人家庭的领域仅会简单地加以陈述。

自从最近开始讨论隐私问题，焦点就集中在个人的隐私权及其保

① cf. I. Kerr, V. Steeves & C. Lucock（eds.）, *Lessons From the Identity Trail: Anonymity, Privacy and Identity in a Networked Society*, Oxford: Oxford University Press, 2009; G. T. Marx, "What's in a Name? Some Reflections on the Sociology of Anonymity", in *The Information Society*, Vol. 15, 1999, pp. 99 – 112.

② cf. H. Nissenbaum, "The Meaning of Anonymity in an Information Age", in *The Information Society*, Vol. 15, 1999, pp. 141 – 144.

护和辩护。从哲学和法律角度的讨论通常追溯到一篇发表在 1890 年的文章，名为《哈佛法律评论》（*Harvard Law Review*），作者是沃伦（Samuel Warren）和布兰代斯（Louis Brandeis）——无疑这篇文章曾经是一篇关于隐私概念的最有影响力的文章。沃伦和布兰代斯将隐私权的概念发展成"独处的权利"，因此私人领域的价值在个人的自由权方面被证明是合理的，后来许多其他理论家都以不同的方式强调这一理念。[①]

强调个人的隐私权是由自由主义的范式引起的。我相信，以个人权利为出发点，不仅是在历史上是重要的、正确的；而且也正是这种强调，使得隐私的意义以及威胁的核心问题可以被清楚地表达。特别是由于近些年的技术现代化，个人的信息隐私问题成为争论的中心：技术的发展导致了对个人隐私新的概念化及其保护的新威胁。[②]

然而，在进一步讨论这个问题之前，我会简要地指出隐私的一般规范性基础：在公共领域中，隐私的价值必须与一般隐私的价值一起讨论。一个没有公私领域或维度的结构性划分的社会，为什么如此不可取？我们最终重视隐私，因为我们重视个人的自由或自主，因为如果没有隐私保护、没有公私维度或生活领域的分化，那么这种自主性是不可行的——至少，不是在它的所有方面，当然也不是在其最有意

---

① eg. A. L. Allen, *Uneasy Access*: *Privacy for Women in a Free Society*, Totowa, N. J.: Rowman and Littlefield, 1988; J. L. Cohen, "Redescribing Privacy: Identity, Difference and the Abortion Controversy", in *Columbia Journal of Gender and Law*, Vol. 3, 1992, pp. 43 – 117; J. Reiman, "Driving to the Panopticon: A Philosophical Exploration of the Risks to Privacy Posed by the Information Technology of the Future", in *Privacies*: *Philosophical Evaluations*, ed. by B. Roessler, Stanford: Stanford University Press, 2004; B. Roessler, *The Value of Privacy*, Cambridge: Polity Press, 2005.

② cf. Reiman, 2004; H. Nissenbaum, *Privacy in Context*: *Technology*, *Policy*, *and Integrity of Social Life*, Stanford: Stanford University Press, 2010; D. Solove, *Understanding Privacy*, Cambridge: Cambridge University Press, 2008; R. Tangens & padeluun, Schwarzbuch Datenschutz: Ausgezeichnete Datenkraken der Big Brother Awards, Hamburg: Edition Nautalis, 2006.

义的方面可行。就其价值而言，隐私在功能性上与自主相关。[1]

　　什么算作是隐私？在这里，我也只能提供一个大纲，即各种形式的隐私的共同点是个人对访问控制的想法：如果我能够并且有权控制访问它——如数据、信息、家庭、决定或行动的形式，那么这些私人的东西应该作为隐私而被尊重。当然，可以间接地理解这种"访问"，例如，当涉及**访问**或干扰个人决定时（例如，我想崇拜什么宗教）；然而，访问可以完全从字面上理解为访问数据或访问我的家。因此，意为访问的个人控制权的隐私，可以有不同的含义。

　　在此基础上，下一步是合理的：在沃伦和布兰代斯以及个人自由权的自由主义的理论范式传统里，似乎可以合理地将隐私的复杂性理解为人们在处理不同的维度。如果隐私涉及一个人的数据和信息，也就是，普遍涉及其他人对一个人的了解，那么信息性隐私（informational privacy）就变成问题了。如果隐私涉及决定和行动（谁和我一起生活，我想找什么工作），那么现在的问题就是自决性隐私（decisional privacy），也就是关于决定的隐私。如果讨论一个人的家庭隐私，那么我谈到的就是当地的隐私（local privacy）。一般说来，隐私可以保护个人自由和个人自主性的不同维度。人们想要保护隐私，因为没有这种保护，他们就不能自由地生活，也无法尽可能按照自己决定的方式生活。

　　接下来我会关注**信息性隐私**问题。信息性隐私能够使人们控制数据的访问，这种隐私权的定义目前在文献中相对来说没有争议。[2] 私人信息是（也应该是）这样的一种信息，即人们可以自己控制访问

---

　　① 更多详情参见 Roessler, 2005。

　　② cf. S. Bok, *Secrets: On The Ethics of Concealment and Revelation*, New York: Vintage Books, 1983, p. 10; Allen, 1988, p. 15; J. Inness, *Privacy: Intimacy and Isolation*, Oxford: Oxford University Press, 1992, p. 56, 69; A. L. Allen, "Coercing Privacy", in *William and Mary Law Review*, Vol. 40, 1999, pp. 723 - 757; M. A. Froomkin, "The Death of Privacy", in *Stanford Law Review*, Vol. 52, 2000, pp. 461 - 543; Roessler, 2005, pp. 23, 136 - 137; 关于评论参见 Nissenbaum, 2010, p. 120 ff。

它，或者人们对谁以何种形式访问他的信息和通过什么渠道传播信息有合法合理的期望。这个想法适用于传递个人信息的不同情况，如传达给他的朋友、医生或银行，它也适用于互联网购物的背景下——可以列举出一些例子。如果这些不同数据的传递和传播未经人们的知情或违背其意愿，那么最终，就像这些理论所讨论的，将侵犯他们的隐私和自主权。[①] 因此信息性隐私是指，在不同背景和不同人际关系中其他人可能对一个人持有的信息和认知：这种人际关系包括亲密关系，以及与同事或陌生人的关系，比如与未指明的其他人的关系（这在网络世界中变得特别有意义）。

因此，信息性隐私的社会规范，不仅保护和许可特定的行为，即隐私处于险境的人的自由，而且也要求和规定一个具体行为，即个人或机构必须尊重隐私。隐私的社会规范以不同的方式保护不同情况下的个人信息性隐私，这是因为根据处于危险中的情况和人际关系的不同，对信息的保护也在发生变化。

我们现在可以理解，但以不同的方式去理解，在自由民主制度中证明信息性隐私价值的一般理论：对于个人来说，保护信息性隐私是本质性的，因为在不同关系中以不同的方式控制他们的自我呈现，是他们作为自主的人的自我理解的本质。舒曼（Schoemann）把这称为选择性自我披露的权利（the right to "selective self-disclosure"）。[②] 根据人的角色和社会关系——例如，作为朋友、母亲、教师——其他相关的人将了解她的不同事情，也将不得不拥有关于她的不同信息。这些角色代表了一个人的身份和人格的不同方面、她的生活的不同层面、她的自主权的不同表达方式。所有这些都是通过信息性隐私的社会、道德或法律的规范所控制的。

因此，尊重人的隐私就是尊重作为自主主体的他们。我简要地指

---

① cf. A. F. Westin, *Privacy and Freedom*, New York: Atheneum Press, 1967, pp. 32 – 34.

② cf. F. Schoeman, "Privacy: Philosophical Dimensions", in *American Philosophical Quarterly*, Vol. 21, 1984, pp. 199 – 213.

出一点，信息性隐私的这个基本理念在欧洲法律中也很明显。德国宪法法院（German Constitutional Court）早在 1983 年就讨论过**信息性自决权**（right to informational self-determination）。自 1995 年以来，也有一个对数据保护的欧盟指令，通过它对个人数据的传播和访问的控制得以规范。现在，不仅欧盟的《人权公约》（*Convention of Human Rights*）保护私人领域（第 8 条），而且《欧洲基本权利和自由宪章》（*European Charta of Fundamental Rights and Freedoms*）也保护私人领域，这一宪章区分了私人生活的保护与个人数据保护（第 7 条：**尊重私人和家庭生活**①；第 8 条：**保护个人信息**②）。

## 二　隐私和匿名

现在让我们转向如何将公众场合隐私概括得更精确的问题上。隐私的概念也可以呈现出各种形式：我们已经看到，在一个咖啡店的谈话隐私是需要被尊重的，就像在街上人们的行为也需要如此对待。在这里，从无名的、不被认识的和不可识别为一个有名字和传记等的人的意义上说，一个人是私人的。我们可以看到一个人——也可以与之交谈——但在这种情况下，信息性隐私的社会规范要求尊重这些匿名的人，并且"不打扰"他们。③

在线下世界中，无名可以满足无法识别的需求。威斯汀（Alan Westin）在 1967 年开创性的研究著作《隐私和自由》（*Privacy and*

---

①　"Everyone has the right to respect for his or her private and family life, home and communications."

②　"1. Everyone has the right to the protection of personal data concerning him or her. 2. Such data must be processed fairly for specified purposes and on the basis of the consent of the person concerned or some other legitimate basis laid down by law. Everyone has the right of access to data which has been collected concerning him or her, and the right to have it rectified. 3. Compliance with these rules shall be subject to control by an independent authority."

③　cf. S. D. Warren & L. D. Brandeis, "The Right to Privacy", in *Harvard Law Review*, Vol. 4, 1890, pp. 193 – 220.

*Freedom*）中，已经提出这个观点。他在这一研究中区分了各种隐私的状态。第一个状态是孤独，第二个状态是亲密，这两个状态包括友谊和家庭，以及工作的同事，之后，威斯汀介绍了第三个状态："隐私的第三状态，即匿名，发生在个人处于公共场所或进行公共行为时，仍从识别和监督中寻找自由。他可能是坐地铁、参加球赛或走在街上；他在人们中间并且知道自己被观察着；但是除非他是一个众所周知的名人，否则他不希望被人识别，或被束缚在一些行为和角色的全部规则中，这些规则是当观察他的人认出他时他应该遵守的。在这种状态下，个人可以融入'情景景观'（situational landscape）。一个人在公共场所被系统观察时的认知或担心，会破坏一个人在开放空间和领域中寻找的放松和自由的感觉。"[1] 威斯汀指出，他的理论和齐美尔（Georg Simmel）对陌生人及我们和陌生人关系的描述有着密切关系，比如在火车上的例子：我们尊重陌生人作为无名的个体，同时我们作为无名的和匿名的而被陌生人尊重。[2]

威斯汀辨别出匿名的进一步的形式，即思想的匿名发表："个体想公开地向共同体或其中的一部分提出某一想法，但并不想被立刻普遍地视为作者——尤其不想被当局鉴别出来，如果这些当局'知道'作恶者，那么他们可能不得不采取行动。每种匿名行动的关键是个人希望对公众保留隐私。"[3] 威斯汀早在互联网时代之前就形成了这些想法，真是令人吃惊，因为正是这些问题影响了当今信息性隐私。匿名可以被看作是一个（道德或法律的）权利，这个权利是基于信息性隐私权；因此，匿名起初可以被定义为**线下**公共领域中信息性隐私的一种情况，如果个人不能被识别或确定——即是不可被追踪的，那么这种情况就与未指明的他者有关。在**网络**世界中，匿名化隐私权的保护则更为复杂，如克尔（Kerr）指出，也会遭遇到不同的困难。[4]

---

① Westin, 1967, p. 31 ff.
② cf. ibid.
③ Ibid. , p. 32.
④ cf. Kerr et al, 2009.

在更准确地讨论在网络中匿名化隐私的含义和相关性之前，我首先要简要地考察一下匿名的概念及其历史。在历史上或哲学中没有"匿名权"。匿名本身不是一个既定的哲学概念：没有哲学词典记录过匿名一词。如果我们考虑德国的日常语言及其历史，我们会看到即使在《格林兄弟德语词典》(*dictionary of the Gebrueder Grimm*)（1831年第1卷）中也没有发现记载过匿名这一词条。因此，在哲学和法律的概念史上，匿名不仅是比较新的概念，而且在日常用语中，这一概念和观念也在大约一百年后才起到了显著的作用。然而，有一种情况，事实上这个概念曾被使用过并起过作用：即在无名这种情况下，可以指书信的匿名作者或文学作品的匿名作家。此外，在古代世界中，这一概念还具有边际效用，用来指那些出现的并作为群体中重要成员的人，例如厄里尼厄斯（Erinyes）。然而，匿名性并不完全是一个基本的哲学概念，在最近有关匿名问题的出版物上，历史的范畴主要开始于约1988年。

比起这些事实，更大的兴趣是在概念的评价意义方面的一个变化：匿名、无名和未知的观念过去常常专指贬义。这一概念过去只与可疑的非义务或甚至可能是犯罪的想法相关。然而，当今那些身份无法识别的不知名的个人被视为具有积极意义。否则，匿名权将没有必要提及。匿名的可能性被理解为人们能够拥有自我自由生活的前提条件之一，被理解为不受社会或国家的持续控制而独立生活的先决条件。

然而，矛盾仍然如此：一方面，一个人的匿名仍具有消极的含义，涉及的是那些不想承担他们所做之事的责任的人；另一方面，匿名权作为一种自由权而被保护。声称不可识别与行动之可能的道德或法律义务责任间的冲突，目前在政治上被深度编码。例如，当与国家安全利益相关时，互联网上的匿名权被剥夺。

我已经指出，对匿名观念的重新评价归因于自由的现代概念。那么匿名权必须被认为是一种隐私权，因此，可以作为一种自由权。那么，人们**在哪里**是真正匿名的呢？匿名似乎是一个公众场合隐私的问题，因为我们要在公共场所走动，就好像我们都是未知的、无名的并生活在陌生人之间。正如威斯汀所描述的，"……匿名行动的核心是个人对公共隐私的欲望"。[①] 然而，不能在每一个公共空间都期望这种隐私——在**线下**世界中，一定要考虑到突然地去匿名化和被辨别的可能性。

然而，让我们更仔细地看看**网络世界**，在这里保护隐私特别重要并且也特别困难。尼森鲍姆（Helen Nissenbaum）首先指出匿名的必要性："我们判断匿名是可接受的或是必须的，是因为匿名给人们提供了一个安全的方式，以至于人们在进行行动、交易和参与时，无需负责任，没有其他人'找到'他们、追踪他们或责罚他们。"[②] 但是，尼森鲍姆也认为，在网络世界里，仅仅没有名字已不足以保护匿名；网络上的匿名需要不同种类的保护："在所有这些情况下，匿名的价值不在于未被提及的能力，而在于行动或参与的可能性，然而**仍然达不到，仍然遥不可及**。"（黑体字是笔者为了强调所加）因此，匿名化隐私的核心是无法识别互联网上的人，无法跟踪他们、追查他们。对于线下世界来说是足够的事物，但是对于网络世界来说是不足的。

有趣的是，[③] 像隐私一样的匿名，从根本上是一个**社会**概念：就像隐私的概念一样，它只是在一个人的能力无法达到的社会世界（social world）中才有意义，必须根据社会规范才能控制它们的不可接近性。在社会世界中，匿名应该保障并使一个人的隐私和自由在公共的社会中成为可能。

因此，到目前为止，我已试图勾勒出隐私的一个普遍概念，并试图说明隐私和个人自由和自治之间的关系。隐私权不仅指在道德上而且在法律条款中——例如，欧盟《公约》和《宪章》——与其他的自由权利并存。接下来，我试图澄清线下匿名和网络匿名的含义，并澄清匿名和隐私权之间的关系：匿名被认为是隐私的一种形式。因此，隐私权包含匿名权并不奇怪，同样的方式并不完全适用于其他权

---

① Westin，1967，p. 32.

② Nissenbaum，1999.

③ 例如，在 Marx，1999 的文章中也讨论过。

利，但是与其他权利相对比，必须根据情况和语境进行权衡。①

然而，在开始讨论匿名权和其他权利之间可能的冲突之前，我想谈一谈匿名的一个非常根本的问题：事实上，由于去匿名化技术的可能性，互联网上的匿名从技术上来说变得越来越不可能。正如迈尔—舍恩伯格（Mayer-Schoenberger）和库克（Cukier）写道："保护隐私的技术手段——匿名——在许多情况下也不能有效地发挥作用。匿名化是指从数据集中剥离出来任意个人的识别码，如姓名、地址、信用卡号码、出生日期、或社会安全号码。"② 他们认为，在大数据之前这已经是很难了，但是如今在很多情况下完全是虚幻的。只需要两个或三个不同的数据就可以对一个人进行去匿名化，正如这两位作者在一系列的例子中令人信服地进行证明那样。③ 但是，事实上，匿名权很难在技术上实现只是表明了，在数字世界中隐私是如何容易受到威胁和侵犯。

## 三 冲突

在下面结论的部分，我想提出一系列问题以便可以证明，尽管匿名权不能完全适用，但是在公共领域中，它仍然是我们自由的核心，并且它不仅受到技术上的威胁，也受到政治原因方面的威胁。在很多不同方面和环境中，匿名的道德或法律权利与其他价值或权利相冲突；我只能谈及其中的一些情况。匿名权原则上可能会与社会、国家或经济利益相冲突；因此，我将从三个方面给出例子。

---

① cf. T. Z. Zarsky, "Thinking Outside the Box: Considering Transparency, Anonymity, and Pseudonymity as Overall Solutions to the Problems of Information Privacy in the internet Society", in *Miami Law Review*, Vol. 58, 2003, p. 1024 ff.

② V. Mayer-Schoenberger & K. Cukier, *Big Data: A Revolution That Will Transform How We Live, Work, and Think*, Boston: Houghton Mifflin Harcourt, 2013, p. 154.

③ Ibid. , p. 154 ff; cf. M. Koot , *Measuring and Predicting Anonymity* (PhD thesis University of Amsterdam, 2012).

1. 作为隐私的匿名与出版自由和舆论自由

第一个冲突涉及匿名化隐私的保护与信息的社会权利，例如，出版自由的表达。冲突的一个重点一方面是普遍公开的知情权和**公共性**，另一方面，个人的**隐私**保护权。隐私权的保护会导致要求对"身份认同理论"（identity-knowledge）的特定数据进行匿名化。① 我在这里要讨论的是冈萨雷斯（Mario Costeja Gonzales）的案例：西班牙律师起诉谷歌西班牙，由于谷歌链接了从一份报纸中截取的特定页面，其中引用了一些过去发生的可疑的金融交易。在判决中，即案例 C 131 – 12（Case C 131 – 12），欧洲法院（Court of Justice of the EU）决定支持冈萨雷斯，要求谷歌删除罪证链接，因为个人有权被公众或在公众中被遗忘，并可以隐藏他们个人经历的特殊数据或部分。

问题是，正如波基修斯（Borgesius）和卡克（Kulk）所说的："如果有人想要删除搜索结果，那么在表达自由的权利、隐私权和数据保护权之间必须达成平衡。"② 波基修斯和卡克相当严谨地讨论了规则。他们认为，当根据个别案例显示出对隐私权的尊重时——在这种情况下，有权删除识别一个人的"身份认同理论"中的一项——出版自由应该会成功。法院没有充分重视出版自由。根据波基修斯和卡克的观点，欧洲法院必须遵循数据保护权的规则，并且要总是胜过其他权利或利益，包括公众对信息的权利。两位作者认为这一点令人遗憾："这一'规则'很不幸地背离了由欧洲人权法院（European Court of Human Rights）发展起来的信条。欧洲法院本应该对表达自由的权利（包括获得信息的权利）、隐私权和数据保护权给予同等的重视。"欧洲法院为了更好地保护私人利益（数据保护利益）而偏离欧洲人权法院的判例法。冲突是显而易见的：对波基修斯和卡克来说，公众获得未过滤信息的利益多于个人信息保护权。不过，我认

---

① cf. Marx，1999；G. Coleman，*Hacker*，*Hoaxer*，*Whistleblower*，*Spy*：*The Many Faces of Anonymous*，New York：Verso Books，2014.

② S. Kulk & F. Z. Borgesius，"Google Spain v. González：Did the Court Forget about Freedom of Expression?"，in *European Journal of Risk Regulation*，Vol. 3，2014，pp. 389 – 398.

为，在这种情况下法院正确地作出了裁决，因为这一判决还涉及限制谷歌作为一个"控制器"的权力。但我不想在这为此提供一个详尽的辩护。我所关注的只是说明公众场合隐私权，即匿名权，如何可能与公众的权利相冲突。

2. 作为隐私的匿名与安全

社会和国家安全利益与个体隐私权的冲突无疑是当今公共场所争论最多的问题。人们常说，匿名清楚地表达了公众场合隐私的一种形式，这对于社会来说是特别危险的，因为匿名意味着人们不能对自己的行为负责。因此，扎尔斯基（Zarsky）写道："……匿名将会给社会带来很高的代价。匿名通过导致责任的缺失而对社会造成消极影响。"[①] 这种冲突涉及一些国家利益，国家保障其公民安全，防止为了达到违反普通公众利益的目的而滥用隐私或匿名（正如扎尔斯基所认为的）。通过美国特工处（secret services），主要是美国国家安全局（NSA）来监视公民，已经证明：当所谓的国家利益具有决策性时，隐私的个人利益可以放到一边。[②]

但是经典模型仍然是当今似乎过时的摄像机监视：观察和监督人们，并且为了确保公众安全结构性地使用摄像机监视，这是以违背人的隐私利益为代价的。在社会利益和个人隐私保护之间进行权衡，后者几乎总是被认为是无关紧要的。[③] 摄像机监视和结构性观察人的网络行为是国家（无论是美国还是欧洲国家）维护其安全利益的手段。对于隐私和匿名的观念来说，这里成问题的不是有如此多的关于国家安全利益的事实和主张，而是似乎完全缺少对个体隐私权与国家利益

① Zarsky, 2003, p. 1028.

② cf. D. Solove, *Nothing to Hide*: *The False Tradeoff between Privacy and Security*, New Haven: Yale University Press, 2011; Coleman, 2014.

③ cf. J. Waldron, "Security and Liberty: The Image of Balance", in *Journal of Political Philosophy*, Vol. 11, 2003, pp. 191 – 210; E. R. Muller, H. R. Kummeling & R. P. Bron, *Veiligheid en Privacy. Een zoektocht naar een nieuwe balans*, The Hague: Boom Juridische Uitgevers, 2007; K. Spaink, *Medische geheimen*: *de risico's van het elektronisch patiëntendossier*, Amsterdam: Nijgh & Van Ditmar, 2005.

有效的法律保护。例如，从美国国家安全局处理匿名群体的方式就可以看到这一点。基于那些由于斯诺登（Edward Snowden）才成为可访问的数据，格林沃尔德（Glenn Greenwald）描述如下："匿名的处理以及人们称为'黑客行动主义者'（Hacktivists）的模糊范畴是特别麻烦的和极端的。这是因为匿名实际上不是一个结构化的群体，而是围绕一个观念松散地组织在一起的相关人群。某些人由于他所处的位置而变得与匿名有关联。……美国国家安全局将如此多种类的人群设定为目标相当于允许监视任何地方的任何人，包括美国在内，政府发现其思想有威胁性。"①

这个例子作为一个例证很重要，因为这个群体自称是匿名的，而公共领域中的匿名，正如我们所看到的，可以被理解为隐私权。美国国家安全局的监视已经证明了个人隐私的保护已经变得如此危险，而且如此容易地就可以识别人们、观察他们、并从结构上使他们屈从于受监视。必须保护公众远离可疑的人，在这种情况下，似乎与其说公众是社会公共领域中的社会性公众，还不如说是由（秘密的）国家行动者所专门代表的公众。访问个人数据对于任何人或国家机构来说在技术上是可能的，这一事实对公众场合隐私的保护是一个威胁，而我们无法高估这种保护。

3. 作为隐私的匿名与自由市场

现在来到了我的最后一个例子：个人数据市场成为世界上最赚钱的市场之一。数据关注人们及其互联网行为的全部数字信息。像安客诚（Acxiom）一样的公司从其他公司收购个人数据并将个人数据又销售给其他公司，这样的公司依赖于能保持准确辨识性的顾客——不必作为一个个体，而是作为属于一群买书、背包、登山鞋和度假等的人中的一个顾客。这些公司赚钱靠的是**行为定位**（behavioural targeting）的理念：每个广告都尽可能准确地

① G. Greenwald, *No Place to Hide*：*Edward Snowden*，*the NSA*，*and the U. S. Surveillance State*，New York：Metropolitan Books，2014，p. 189 ff。关于匿名群体的详细调查，参见 Coleman，2014。

与顾客的互联网资料相匹配（顾客的互联网资料基于搜索机记录、社会媒体、先前采购和一般浏览行为等数据），所以每个放置在个人网站的广告都将尽可能多地登记点击量和最终购买量。因此，个人数据是无价的：个人数据获得的越多，公司对顾客——"目标群"——的了解就越多，他们越是更有选择性地为顾客做广告，那么销售也就越高。然而，如果所有的或甚至只有一大部分的顾客数据被匿名化——被删除或以某种其他方式无法访问——因为顾客希望保护他们的隐私不被当作未指定他者的"经济公众"（economic public），那么企业就会损失惨重，正如他们所认为的，经济利益将受到大大伤害。例如，尼森鲍姆①提供了一系列公司购买、收集和挖掘个人数据的例子；如果顾客结构性地、有效地推动删除他们个人数据的要求，并使这些数据无法访问，那么公司将无法运营。一开始我们看到，可以通过维护信息性隐私权来对抗未指定的他者和陌生人；正是因为这个原因，自由市场上行为者的经济利益和具有隐私的顾客利益之间的冲突会影响到公众场合隐私。然而，在这里，我可以只概述冲突并指出，在数字社会的技术条件下作为匿名权的隐私权具有压力。②

因此，我得出结论：在现代技术的条件下，公众场合隐私与互联网上的匿名特别相关。因此，我们可以看到，匿名权在真正意义上是一种现代的权利，因为在高度先进的信息和通信技术条件下它获得了特定的含义。在这些情况下，匿名变得尤为迫切，同时，从技术角度来看，尤其难以实现。作为匿名权的隐私权是一种来源于自由权的权利：它是能使自由权和民主自决的政治权利成为实在的和可行的权利中的一种。如果不能保障个人的自由权、免监视的权利和在公众场合——网络世界和线下世界——可以匿名的权利，那么民主的自决定

---

① cf. Nissenbaum, 2010, p. 46 ff.

② 关于这个问题更详细的解释，参见 B. Roessler, "Should Personal Data be a Tradable Good? On the Moral Limits of Markets in Privacy", in *Social Dimensions of Privacy. Interdisciplinary Perspectives*, eds. by B. Roessler & D. Mokrosinska, Cambridge: University Press, 2015。

也将不可能。因此，由于公众场合隐私的存在，不仅对个人自主权的保障至关重要，而且集体自治的可能性和民主自决定的可能性也至关重要。

（作者系荷兰阿姆斯特丹大学哲学系教授）

# 语境、视角和方式：研究"公共性"应注意的几个问题

马俊峰

改革开放运动使得中国融入了世界性发展潮流，西方国家的物品、技术、思想观念都潮水般地涌入中国，开阔了人们的视野，解放了人们的思想。中国社会主义市场经济的建立，使得整个社会生活发生了重大变化，公共领域、公共生活日渐展开，对公共物品、公共规则、公共精神的需求和关注也日益高涨，引起了学界的普遍关注。而如何理解"公共性"，在不同的具体学科中有不同的角度，即使在哲学领域彼此的理解和研究方式也有很大不同，歧见迭出，很容易使这个非常具有现实性的问题处于一种云遮雾罩状态。本文主要从语境、视角和研究方式方面，讨论这些年国内有关公共性研究中存在的问题。

## 一 西方语境与中国语境的差别

概念和理论研究存在着具体的语境问题，至少在社会现象研究中是这样。忽略了语境的不同，就可能出现"橘逾淮为枳"的情况。

"公共性"这个概念源自西方，是西方的理论家们用来指认、描述、分析他们的一种社会现象和社会问题的概念，也是与他们既有的相关理论相契合、相融贯的概念。在西方语境中，这个概念有其特定的"所指"，有比较明确的界限或边界，因为与之相关联还有一套相互规定的概念。我们将这个概念翻译过来，学习借鉴并使用它来分析中国社会的现象和问题，当然是可以的，甚至可以说是学术进步的一

个必要途径，但我们一定要注意，如果忽略了彼此语境的差别，就可能会出现"所指"的漂移和含义的泛化。这不仅会影响彼此的交流对话，更可能模糊问题指向，削弱其批判性的准度和力度。

我们知道，西方理论家们讨论的公共性，是与公共空间、公共领域、公共物品、公共规则等联系在一起的，是在市场经济和市民社会发育成熟的前提下亦即个人的权利义务都得到法律明确规定和保护的条件下，针对合法性如何达成的问题域或背景来进行的。在他们的语境中，市场经济的商品生产和交换是一个私人领域，构成了市民社会的基础，国家（政府）则主要处理公共事务，制定公共政策。由于政治权力被"关进了笼子"，公权力的边界得到相应确定，当政者无论其作风是温和一些、"民主"一些，还是强硬一些、"专制"一些，也无论喜欢还是不喜欢那些尖锐的反对意见，都无法惩戒、制裁这些反对意见的持有者。所以，无论是哈贝马斯的市民社会—公共领域—国家的三元划分，还是柯亨和阿拉托的经济—（市民）社会—国家的划分，其主旨都主要不在于领域划分和描述的一面，而在于规范和批判的一面，即如何通过公共领域的对话和协商民主机制，通过市民社会组织的中介性作用，防止和限制"系统"对"生活世界"的"殖民"，实现有效的社会整合。他们面对的问题是现代化后的问题，是中产阶级相当壮大和成熟后面临的问题。

与上述情况相反，中国社会的问题则是现代化过程中的问题，是市民社会与国家的分立尚未顺利完成、中产阶级还很弱小因而其依附性压倒其独立性的问题，是如何呼吁和保护私人领域和公民权利不受国家政治权力任意侵犯的问题。中国社会的泛政治化或过度政治化，政治组织对人们日常生活的无微不至的渗透和控制，固然对于实现现代化而动员和组织社会资源有着巨大的作用，但同时也压抑了人的主体性、独立性的发育成长，造成虚假公共性对真实公共性的排斥和遮蔽，越来越成为阻碍中国发展最严重的问题。脱离或无视这种问题背景，我们的公共性研究就难以在中国土地上扎根和结果，一些争论就很容易变成学院派的话语权的纷争，也难以产生应有的社会效应。

## 二　社会科学视角与哲学视角的差别

随着各门科学的独立和成熟，原来属于哲学的领域都被它们占据或"瓜分"了，正像恩格斯当年说的那样，哲学"从自然界和历史领域被驱逐出去"了。① 这里的"被驱逐"，不能从直观的意义上去理解，而是说以往哲学的那种"工作方式"，包括其描绘"世界图景"、发现绝对真理的目标设定，都不能再继续下去了。哲学必须面对自己被科学"中介化"这个事实，重新为自己定位，寻找一种适合于新的时代要求的"工作方式"。现代哲学的各种"转向"，在一定意义上说，就是这种努力、这种自觉的不同表现。兹事体大，这里难以展开讨论，但有一点可以肯定，即哲学的视角与科学的视角是不同的，哲学不仅不能再用以前的那种"前科学""拟科学"的思维方式，而且不能使用达到成熟程度的"科学方式"和视角；相反，它需要以科学思维为自己反思的对象，批判地审查这种科学思维的前提的合理性以及合理性的界限。哲学不需要像各种科学那样确定自己的对象"领域"，而是立足于实践与思维中主客体辩证矛盾及其发展的视角，审视人类把握世界的不同方式，如理论的方式、艺术的方式、宗教的方式、实践—精神的方式，等等，之间的合理关系，哲学的对象就是哲学自己提出的"问题"。

具体就公共性问题的研究来说，比如经济学关注公共物品，尤其是公共物品与私人物品的区别。私人物品具有"效用的可分性和消费的排他性"，所谓"效用的可分性"意指它们可以在消费者之间进行分割，"消费的排他性"则意指所有者可以独占或独自享受，未经同意他人不能分享。相对而言，公共物品则是非排他性的，可共享的。一般认为，市场能够比较有效地提供私人物品，而公共物品主要由政府和一些社会组织来提供。管理学讨论公共管理，是对社会公共事务和公共物品的管理，区别于企业管理。从社会学的角度看，人们

---

① 《马克思恩格斯选集》第 4 卷，人民出版社 1995 年版，第 257 页。

的生活和活动可分为私人领域和公共领域，公共领域的活动需要有公共规则、公共道德，集体选择的逻辑也不同于个体选择的逻辑，如此等等。它们所讨论的公共物品、公共事务、公共领域、公共规则等，都体现着公共性，但各自的角度和划分标准是不同的，尽管会有所交集，可其具体所指的范围和特点也是不一样的。虽然如此，这些概念在各自的学科领域内都是合法的，没有疑义的。

而从哲学的视角看，既然这些学科都使用了以"公共"为前缀的概念，那就需要借助于这些概念的中介，反思其间具有共性的性质和规定。不仅如此，哲学的反思和批判的特点，使得它还需要进一步思考这些作为公共性之具体体现的物品、事务、规则等是如何产生、如何发展的，它们与人类活动的时代特点有什么样的关联，对于人的发展和社会进步又形成什么样的影响和作用；结合当下中国的理论和实践的发展来说，我们在这些方面还存在着哪些认识上的误区，实践中还存在着哪些缺失，如何通过改革改造这些缺失的体制机制，使中国尽快度过转型期，成为一个现代化的国家。

人们尽可以不同意上述关于哲学视角的分析，但无论如何也应该注意，哲学的视角和层次与具体社会科学的不同，有必要自觉地从哲学层次上对这些问题进行讨论和争论。坦率地说，我们在这里之所以提出这个问题，就是因为从我们的一些争论文章看，有一部分作者是缺乏这种自觉的，无批判地将一些具体社会科学的概念，甚至是某一个思想家所规定所使用的概念，比如"公共领域"，当作普遍性的哲学概念直接地加以使用，从而引起了一些不必要的纷争。这一点不限于对公共性的研究，在其他方面也存在。如果我们能自觉地注意到这个区别，可能会减少一些无谓的争论，促进哲学理论的发展。

## 三　哲学思考公共性的方式

马克思曾批评以前的唯物主义是直观的唯物主义，即对于对象、感性、现实只是从客体的方面去理解，没有从主体方面去理解，没有当作实践去理解。马克思把他的新唯物主义称作"把感性理解为实践活动的唯物主义"，又说旧唯物主义的立足点是市民社会，只能做到对市民社会的单个人的直观，而新唯物主义的立足点是人类社会或社会化的人类。① 这些论述是我们耳熟能详的，但口头上承认是一回事，将其精神贯彻到自己的具体研究工作中则是另一回事。

马克思要求对感性、现实要从主体方面去理解，当作实践去理解，与他的从现实的人出发的哲学抱负是一致的。现实的人就是现实的生活实践活动的主体，他们是自己的日常生活的生产者，也是自己的观念意识的生产者；他们的这些观念意识既来源于现实生活，反映着现实生活，又是现实生活的一个部分和方面，解释和论证着现实生活的合理性，成为复制和延续现实生活的重要机制。虽然由于出现物质劳动和精神劳动的分工后，意识（精神生产者）才能摆脱现实世界去构造纯粹的理论、神学、哲学，等等，但如果它们与现存的关系发生矛盾，那根源还是现存的社会关系和现存的生产发生了矛盾。简略地说，历史是现实的人们创造的，可不同时代的"现实的人们"所面临的"现实条件"又不相同，其中，不同时代人们的观念意识既作为"现实的人"的一个方面，又作为其理解和确证"现实条件"的一个因素而存在。脱离开这些"现实条件"仅仅关注观念意识固然不对，而离开当时人们的观念意识去描述和揭示其"现实条件"也同样是抽象的，不真实的。当作实践去理解，但假若先把实践当作是一个抽象的同一的东西（概念），而不是不同时代不同地区的人们的具体实践活动，或是只注意到我们（作为研究者）当下的实践要求而忽略了前人（作为研究对象）的具体实践活动条件，不懂得社会历史研究中主客体关系和主体间关系的内在关联性，那最终还是无法把握历史的真实的。

具体到对"公共性"的理解和研究，一些论者为了体现哲学概念的普遍性特征，从人们的共存共在、社会性活动、交往活动等出发，力图抽象出一种能涵盖所有这些活动的普遍的"公共性"概念，以此为基准再演绎出本体论的公共性、认识论的公共性和价值论的公共性，或者是

---

① 《马克思恩格斯选集》第 1 卷，人民出版社 1995 年版，第 54、56 页。

分别讨论经济公共性、政治公共性、文化公共性。这种研究方式是以辩证法的任何存在都是个性和共性、特殊性和普遍性的统一为其理论基础的,是将辩证法理论应用到对人的活动之公共性的研究上,自然也有其合理性。但问题是,正像我国著名哲学家高清海先生当年所说的那样,当我们这样思考的时候,是否还是用一种思考物的思维方式来思考人和人的活动?是否真是坚持了马克思新唯物主义的"从现实的人出发""从主体方面去理解"的原则?如果我们忽视或抽象掉了不同时代、不同社会形态下的人们的观念意识和活动方式的差别,这样理解的"人""人们"难道不还是马克思所批判的那种"抽象的人"吗?

基于以上的考虑,我以为,在我们研究公共性问题的时候,一定要注意以下四点:

第一,"公共性"与"共同性"不同,它是以"私人性"或"私独性"为对极和基础的,本质上是一种现代性的社会存在、社会现象,而不是人类社会亘古以来就存在的现象。也就是说,只有在市场经济和市民社会有了相当程度的发育,在人们普遍地意识到了自己的私人利益与共同体利益的差别,社会以法律的形式承认和保护私人财产不受任何组织和个人的侵犯,相应地国家走下了神坛或"祛魅"之后,才真实地出现了"公共性"的问题。"国家契约论"不过是思想家们把市场经济中通行的契约原则运用到国家起源问题上的表现,同时也是限制国家权力并重构政治合理性的理论基础,是现代民主制度的思想理论基础。所以,尽管它在"科学上"是无法找到历史实证的,可在实践中却是有道理的,为人们所信服或愿意信服的。

第二,"公共性"也不能简单地等同于"社会性",理解"公共性"需要结合公共性的承担者来进行。人都是社会的人,无论做什么事都与社会分不开,都具有社会性。马克思就说过这个意思,即使是完全个人的私人的活动,直观地看是一个人的个人活动,但也不能离开社会,因为他使用的工具、语言、他的经验,等等,都是由社会的、历史的文化提供的。正因为如此,人们之间才能够理解和交流。但如果把公共性等同于社会性,实际就消解了公共性这个概念的独特意义和作用。从思想研究的历史上看,提出和探讨公共性问题,既是与区分私人性相关联，更是与公共生活、公共领域的形成联系在一起。私人性、私密性从来就存在，但在人的发展阶段比较低的时候，多数人还没有比较自觉地意识到自己的主体性的时候，也就是说没有将此作为一种个人权利要求保护和尊重的时候，经常受到他人和社会侵犯就具有一种普遍性和必然性。要求进行这种区分，本身就是人的发展、社会发展的一种进步，比如说把宗教和信仰问题当作是一个私人问题，不应受到歧视性限制，这也就把私人生活与公共生活区分开来了，公共生活领域也就开辟出来了，公共性也才产生了。当然这也有一个过程，从自发到自觉、从偶然存在到普遍存在的过程。在这个过程中，思想家们起到了非常重要的作用。顺此观之，公共性与公共领域、公共生活、公共物品、公共规则等直接联系在一起，它们都是个人的主体性尤其是主体自觉性发展到一定程度的结果，表现在社会政治方面，就是公民的权利和义务得到相应的法律规定和保护的结果，是公民自觉为公民既要维护自己的权益也要尽到自己的义务，使权利和义务得到统一理解的结果。公民权利从来都是通过斗争争取来的，也是通过结成一定的市民社会组织来维持和保护的，当人们都还是消极地像祈求上天降甘霖一样希望国家能赐予自己某些权利，即我们最熟悉最常用的"放权"的时候，适证明人们的主体性还很不发展，还没有形成公民意识，还普遍地遭受着"臣民"意识的支配。在这种条件下，人们也反对不平等和特权，但他们所反对的不是不平等和特权的制度本身，而是自己没有分享特权的这种具体现实，所以，一旦自己得到了权力，尝到了权力的甜头，就不仅不再反对特权，反而转变为维护不平等和特权制度的力量。在这种情况下，公共生活就难以形成合理的规则和秩序，更多的是借助"公共"之名、集体之名，压制和排斥那些反对特权的力量；普遍性地公权私用，把自己掌握的公权力变成谋取私利的手段，贪污腐败就会因为有深厚的社会基础和肥沃的土壤而难以得到有效的遏制。

第三，我们当今的公共性研究，属于中国的现代性民主启蒙的一部分，不仅需要阐明和解释公共性的概念内容，更需要廓清"公共性"的真实基础，理清公共性与私人性的真实关系；需要立足于当今中国社会转型期的基本现实，针对中国市场经济发展和与这种经济基础不相适应的政治的、法律的和观念领域的问题，针对传统文化中那些不利于中国社会现代化和人的现代化的东西，从哲学的高度进行一种批判性的考察，从规范的角度提出一些建设性的建议。比如说，当下中国的社会信任度很低，有人甚至认为存在严重的"信任危机"，使得交易成本很高，阻碍了社会交往的顺利进行，引起了很严重的结果。可许多人把信任危机归结为"诚信缺失"，是道德滑坡的表现，应对之策也就是在加强道德教育上下功夫。这是很有问题的。实际上，信任的信与诚信的信是不同的，信任之信本质上是一种公共生活中的基本要求，要论道德，主要是一种公共道德问题，而不是私人道德问题。中国传统道德主要是一种私德，公德比较缺乏，原因是在传统社会缺乏一个公共生活领域，家国同构，孝亲、敬上、忠君一路上来，都是当作一种私德而存在的，根本没有对交往主体的平等资格和权利的概念，也就缺乏公共生活的规则和规范，人们也不会有遵守公共规则的观念和习惯。古人在社会交往中也存在信任的问题，但主要是依靠人格信任模式来解决，即依靠对交往者的人品（诚信与否）的熟悉和确认来解决，这在当时的熟人社会、交往很不普遍的条件下基本是够用的，而到了现代社会条件下，广泛交往使得每个人都生活在"生人社会"中，不同主体在权利平等条件下的交往只能依靠契约以及规则的权威来解决各种矛盾，信任问题就再难以依靠这种人格信任的模式，而必须转换为系统信任的模式。从这个角度看，我国现在的信任危机，实质是社会转型过程中和社会公共生活形成过程中遭遇的危机，是旧式的人格信任模式已经失效而以法制为基础的各种社会规范的权威性还没有确立起来所导致的危机，是人们的主体性普遍觉醒但又不很健全、不很完善的一种具体表现。我们的公共性研究不能总在概念和观念领域做文章，一定要结合这些社会发展和人的发展中的具体问题，进行现代化和民主精神的启蒙，进行公共生活和公共精神的启蒙，这样才能产生积极的社会影响。

（作者系中国人民大学哲学院教授）

# 公共领域与正义

# 中西正义观溯源

邓晓芒

## 一　中国先秦的"义"

"正义"二字连用，在中国现代为多，中国古代则通常单用一个"义"字，主要是儒家讲得多。最为耳熟能详的是孔子的"君子喻于义，小人喻于利"，孟子的"舍生而取义"，最为人不齿的则是"见利忘义"。偶尔也有"正义"连用的，如荀子《正名》中说："正利而为谓之事，正义而为谓之行"，其中，"正"字显然是用来修饰"义"的附加字，是指正直地循义而行。孟子说："义，人之正路也。"（《孟子·离娄上》）循义而行就是行得正，否则就是歪门邪道。

那么，什么是中国古代讲的"义"呢？许慎《说文解字》中关于义说得很简单："義，己之威仪也，从我从羊"。清代训诂大师段玉裁解释说，古时"义"与"仪"互假，但今人用"义"字已不只是"威仪"的意思，"義之本训谓礼容各得其宜。礼容得宜则善矣。""义"（或繁体"義"）的意思，自古以来就是"宜"。如《管子·心术上》："君臣父子人间之事，谓之义。……义者，谓各处其宜也。"《中庸》也讲："仁者，人也，亲亲为大；义者，宜也，尊贤为大。"何谓"宜"？戴震《原善》卷下："义者，人道之宜，裁万物而与天下共睹，是故信其属也。"就是以"人道"之"合宜"裁决万物，而得天下之共识和共信。所以"宜"通"谊"（友谊、情谊），是指人与人的关系中的"合适""适宜"，并因而（在天人合一的宇宙观中）能推广于万物。"义者，万物自然之则，人情天理之公。"（朱舜水《舜水文集·杂说》）这就需要一定的为人处世的知识，非贤者不能，所以《中庸》讲，与"仁者"的"亲亲为大"不同，"义"需要的是"尊贤为大"。通常讲孔子重仁，孟子重义，也因为孔子立足于自然亲情，孟子则更喜欢通过讲道理将这种情感推而广之，使之成为天下之正理大道。但这两者其实又是相通的，孟子讲的道理主要还是情理，它基于人的"四端"："恻隐之心，仁也；羞恶之心，义也，恭敬之心，礼也；是非之心，智也。"（《告子上》），仁义礼智，无逃乎情理。而情理之合适，所谓"合情合理"，就是"宜"，就是"义"。所以孟子反对告子的"仁内义外"之说，认为仁和义都是"非由外铄我也，我固有之也"（《告子上》）。就是说，义取决于我的主观中良知良能的感受，我"心"里觉得合适（合"宜"）的，那就是义。

尽管如此，义和仁比较起来，又毕竟更加注重合适的外在效应，并且成为衡量人的行为的外部标准。就是说，我心里之所以觉得合适，正是由于在我的设想中这种行为也适合于他人，或与他人"相宜"。所以，义固然出自于我心，但因为"人同此心，心同此理"，所以我设想我出自内心的这种做法同样也和别人的内心相适合，我凭自己的主观就可以作出能够被他人承认因而具有普遍客观性的判断。因此，和仁比起来，义带有一种外部要求的味道。由义所引申出来的一系列词汇也都表明了这一点，如"义务""仗义""义不容辞""义无反顾""见义勇为""义重如山"，等等。甚至还派生出来意味着假借的、外来的、附加的等含义，如"义父""义子""义齿""义肢"，等等。可见"义"本身的意思绝不只是内心的主观感觉，而是内心所感到的客观标准或原则。钱穆说："仁偏在宅心，义偏在应务。仁似近内，义似近外。此后孟子常以仁义连说，实深得孔子仁礼兼言、仁知兼言之微旨。"[①] 正因为如此，仁、亲更偏重内心道德情感；义、礼则更偏重外部行为规范，乃至政治制度设计。所以人们通常习惯于说"父子有亲，君臣有义"，因为孝悌之亲是"仁之本"，君臣之间虽无亲，但有由孝悌仁心外显推广而来的礼和义。就此而

---

① 钱穆：《论语新解》，生活·读书·新知三联书店 2002 年版，第 94 页。

言，"义"和"仪"（礼仪）倒的确有意思上的相通之处，它们都是外在的行为规范。

上面讲的主要是中国古代儒家对"义"的理解，这是中国传统文化中正统的理解。从这种理解中，又可以派生出墨家的"义"。墨家的创始人墨翟最初是孔子的信徒，后来背离孔子而另创一家，但对"义"的理解基本上还是沿用了孔子的，只不过取消了孔子的义和利的对立，反过来把义奠立在利的基础上，带有某种实用功利的倾向。在他看来，"万事莫贵于义"（《贵义》），凡是不利于民生的就是不义的，例如国家人民之间的攻伐："处大国攻小国，处大家乱小家，强劫弱，众暴寡，诈谋愚，贵傲贱；……是谓天贼。"（《天志中》）那么，如何避免这种相互攻伐？除了"兼爱"以外，墨子主张要"立仪"。他认为，"天下之所以乱者，生于无政长"，由是"一人则一义，二人则二义，十人则十义，其人兹众，其所谓义者亦兹众。是以人是其义，以非人之义，故交相非也。"（《尚同》）所以必须要"一同天下之义"，即"天下之百姓皆上同于天子"，而"天子又总天下之义，以尚同于天"（《尚同》）。所以，"故子墨子之有天之意也，上将以度天下之王公大人为刑政也，下将以量天下之万民为文学出言谈也。……故置此以为法，立此以为仪，将以量度天下之王公大人卿大夫之仁与不仁"（《天志中》）。墨子特别强调了"义"与外在的"仪"的同一性，主张"言必立仪"，而立仪有三个标准（三表），一是"上本之于古者圣王之事"，二是"下原察百姓耳目之实"，三是"发以为刑政，观其中国家百姓人民之利"（《非命上》）。三个标准都是外在的，与主观内在的恻隐恭敬羞恶是非之心毫无关系。甚至于连儒家视为义之根本的"仁与不仁"，在墨子这里都反过来要由这种外部的"仪"或"表"来量度，表现了墨家对儒家仁义关系的颠倒。尽管如此，仅就义本身的外在方面（即"仪"）而言，墨家和儒家的理解倒是颇有重合之处，所以虽然墨家学派在先秦只是昙花一现，尤其对"义"的理解后来完全笼罩于儒家正统意识形态之下，但两千年来墨家的义在民间始终未曾完全绝迹，反而成为底层"侠义"精神的重要来源，成为民间或江湖那些讲"义气"的人和"侠义之士"的行为准则，并从中发展出一套"平等"原则，如劫富济贫、仗义疏财、锄强扶弱、打抱不平，等等。

至于法家和道家，则公开反对讲仁讲义。在法家韩非眼里，"上古竞于道德，中世逐于智谋，当今争于气力"（《五蠹》），因此在现实中讲仁义根本行不通。他说："世主美仁义之名而不察其实，是以大者国亡身死，小者地削主卑。何以明之？夫施与贫困者，此世之所谓仁义；哀怜百姓不忍诛罚者，此世之所谓惠爱也。夫有施贫困则无功者得赏，不忍诛罚则暴乱不止……吾以是明仁义爱惠之不足用。"（《奸劫弑臣》）法家的严刑峻法虽然自称来自天道天理，但并无道德上的正当性，完全是一种功利性和实用性的治国技术。道家则从另一个角度证明，这个世界之所以如此糟糕，正是由于人们大讲仁义道德，败坏了人的自然本性。如老子说："大道废，有仁义；智慧出，有大伪"，"绝圣弃智，民利百倍；绝仁弃义，民复孝慈"（《道德经》18、19章）；"故失道而后德，失德而后仁，失仁而后义，失义而后礼，夫礼者忠信之薄而乱之首"（《道德经》38章）。可见，真正讲仁义并深入义的概念构成的，在先秦只有儒家和墨家，而且主要是儒家。

## 二　古希腊正义观的形成

与中国古代相当，古希腊也很早就提出了"正义"的概念。梭伦改革时代所提出的公正（正义、公道）观念主要是为了调节人与人之间的财产关系，"公正作为一个道德规范是与财产密切联系在一起的，一切损害私有财产的行为被看作最不道德、最不公正"。而在贵族与平民的对立中，"梭伦认为，公正就是对立双方都要抑制自己的欲望，……梭伦的公正就是使氏族贵族集团和平民集团双方都不占优势，让它们保持平衡"，他说："我制订法律，无贵无贱，一视同仁"[1]。与梭伦同时代而稍后的米利都派哲学家阿那克西曼德，则把

---

[1]　章海山：《西方伦理思想史》，辽宁人民出版社1984年版，第29—30页。

这种公正放在时间中作为一种宇宙秩序来考察："万物由之产生的东西，万物又消灭而复归于它，这是命运规定了的。因为万物在时间的秩序中不公正，所以受到惩罚，并且彼此互相补足。"① 这里讲到的"公正"概念在希腊文中就是 dike 或者 dikaiosyne，也就是希腊神话中的狄刻，即正义女神，她是正义女神忒弥斯（Themis）和宙斯所生的女儿之一，是专司正义的，其他两位女儿是时序女神和命运女神。可见阿那克西曼德这段话中的"命运""时间的秩序""不公正"都是有来历的。这种理解与中国古代把义理解为"万物自然之则，人情天理之公"在万物的自然法则这点上是共同的，而不同的是，这里不讲"人情"。正义女神的形象是一手持天平，一手持剑，后来还加上蒙住双眼的布，以示"无贵无贱，一视同仁"。② 而梭伦所讲的双方"保持平衡"与阿那克西曼德讲的"彼此互相补足"，就是正义女神手中的"天平"的寓意，即客观的"公平""平等"（isos，英译 fair）。西方的正义必然包含公平或平等，这也是中国古代的"义"所不强调的，中国的义是以差等和名分为前提的。③

梭伦之后，雅典民主制开始定型，并成为希腊地区政治体制的成功典范，而希腊哲人们也开始热衷于探讨正义的客观本质或原理。如主张万物的本原在于"数"的毕达哥拉斯，就把"4"和"9"称之为正义，理由是，它们是第一个偶数和第一个奇数（1 不算）的平方，如果要说保持平衡的话，这两个数是最平衡的了。赫拉克利特则从正义与自己的对立面非正义的矛盾斗争关系来看待正义的内涵，他说："如果没有那些（非正义的?）事情，人们也就不知道正义的名

---

① 北京大学哲学系：《古希腊罗马哲学》，商务印书馆 1961 年版，第 7 页。

② 当代美国政治哲学家约翰·罗尔斯所谓"无知之幕"就是对这种形象的理论化，他由此而建立起"作为公平的正义"。

③ 英语的 fairplay（汉语曾音译为"费厄泼赖"）指遵守游戏规则，即博弈双方的机会平等。但博弈的公平在中国只被视为小技，不能称作大义。中国人的大义必须"顾大局，识大体"，也就是牺牲公平。

字。""正义一定会击倒那些作谎言和作假证的人。"① "应当知道，战争是普遍的，正义就是斗争，一切都是通过斗争和必然性而产生的。"② 这是与阿那克西曼德关于"不公正"和"受到惩罚"的观点是一脉相承的，也是西方正义观和中国传统义的概念又一个明显的不同之处。在中国，不义当然也必须受到惩罚，但这种惩罚本身并不被看作就是"义"本身。人们可以用种种办法匡扶正义或行侠仗义，甚至为了"聚义"而无法无天，那都是为了义的目的而采取的手段；但这手段本身不存在义或不义的问题，为达目的可以不择手段。所以我们看到法家的严刑峻法、赏罚分明并不是正义原则，而只是实用原则，为的是用树立模范（哪怕是假模范）和杀鸡儆猴（哪怕是替罪羊）的技术手段来维持统治的稳定。如韩非说："重刑者，非为罪人也"，"重一奸之罪而止境内之邪"，"报一人之功而劝境内之众"（《韩非子·六反》）。貌似讲公平的法家却不讲正义，而讲正义的儒家却极力贬低法家，如孔子说："道之以政，齐之以刑，民免而无耻；道之以德，齐之以礼，有耻且格。"（《为政》）按照孟子将义归结到"羞恶之心"的说法，"有耻"即有义，"无耻"即不义。

赫拉克利特还提出了一种对后来的西方正义观有深远影响的观点，这就是将最高的正义或公正归之于神。他说："对于神，一切都是美的、善的和公正的；人们则认为一些东西公正，另一些东西不公正。""然而人类的一切法律都因那唯一的神的法律而存在。神的法律随心所欲地支配着，满足一切，也超过一切。"③ 这可以比之于前述墨家的"天下之义"，因为和儒家、道家与法家不同，墨家是信鬼神的，他们主张有"天之意"，能够以此为法度仪轨来度量天下王公大人之刑政和百姓的言语行为。墨子相信，尽管人各有义，但只要天下百姓上同于天子，就可以"一同天下之义"了。但由此也可见墨

---

① 北京大学哲学系：《古希腊罗马哲学》，商务印书馆 1962 年版，第 21 页。
② 同上书，第 26 页。
③ 同上书，第 28、29 页。

子的天下之义并非像赫拉克利特的神的公正那样高高在上，而仍然是人间世俗的，即以"天子"一人之义等同于天下之义，尚同于天子就是尚同于天。至于为了天下之义而建立起来的这一套专制政治体制本身究竟是正义的还是非正义的，则不论是墨家还是儒家都没有想到过要加以考虑，在他们看来这是天经地义、不容置疑的。而赫拉克利特把最高正义归之于神，则使他对于现实的世俗政权具有了超验的批判性眼光。

　　古希腊的正义观念到了古典时期的苏格拉底和柏拉图那里，便成了哲学家所考虑的核心问题之一。例如在柏拉图早期的《欧绪弗洛篇》中，苏格拉底表面上是在和欧绪弗洛讨论什么是虔诚的问题，实际上却通篇都在引向公正（正义）的问题，即真正对神的虔诚就是公正。而在成熟期的《国家篇》（其副标题为"论正义"）中，柏拉图更是借苏格拉底之口从当时流行的正义观中一个个地引出了相反的或荒谬的结论。[①] 这些观点都是建立在现实的个人利益之上的，其前提都是私有制，而它们的矛盾也正反映出私有财产关系之下的种种矛盾。所以，柏拉图所关注的问题不在于正义的表面上的利益，而在于"正义对拥有正义者内在地有什么好处"，[②] 或者说，怎样才能确定"正义是因其自身的缘故而值得选择的"。[③] 苏格拉底说，正义的问题要先从大处着眼才能看得清楚，"让我们先探讨正义在城邦里的性质，然后再到个别人身上考察正义，这就叫以大见小"。[④] 这就将个人利益和私有财产暂时抛开了，而将正义的问题首先建立在城邦的"善"上。

　　他认为，一个好的城邦应该具有智慧、勇敢、自制、正义这四种

---

　　① 参见《柏拉图全集》第 2 卷，王晓朝译，人民出版社 2004 年版，第277—315 页；参见汪子嵩等《希腊哲学史》第 3 卷，人民出版社 2003 年版，第961 页，对这几种正义观的归纳。

　　② 《柏拉图全集》第 2 卷，第 324 页。

　　③ 列奥·施特劳斯、约瑟夫·克罗波西主编：《政治哲学史》，河北人民出版社 1993 年版，第 39 页。

　　④ 《柏拉图全集》第 2 卷，第 325 页。

美德，前三种分别体现在构成城邦的三个等级即统治者、卫士和劳动者身上（他们被形象地比喻为神用金、银、铜铁分别造成的），它们都是这个城邦的完善所不可缺少的，而正义则是"每个人就各自有的智慧、自制和勇敢为国家作出最好的贡献，也就是各人做分内该做的事而不干涉别人，这就是正义的原则。"① 当然这样一种各方面和谐的社会只有由代表智慧的哲学家来当城邦的王（哲学王）才能做到。这些说法与中国古代对"义"的规定即在君臣父子的名分之下"礼容各得其宜"十分类似，也是等级制的。但不同的是，礼容之宜或"仪"是基于人内心的自然亲情、良知和"人情天理"，是按照家族血缘等级关系（辈分）或官本位（级别）来确定"宜"或"不宜"；而柏拉图的正义则是基于城邦内部的社会分工，是一种城邦组织的技术操作原则。前者是立足于内心对待家庭亲缘关系的自发情感而扩展为天地万物（包括国家社会）的秩序，后者则是立足于人的个体性灵魂结构而提升到城邦作为一个更大个体的各个功能相互协调的关系。在柏拉图那里，倘若理想城邦（哲学王的贤人政治）达不到的话，从现实的可操作来说，民主制度也是可以当作比较正义的制度来接受和设计的，并没有中国古代的"王制"那样的僵硬性。因为柏拉图的正义是从效果的"善"来考虑的，有理想的善和现实的善之分；中国的义则是从动机的"善"来预设的，不按照这一动机来实行就是不义和背德的，在道德上就没有通融的余地。

## 三 柏拉图的正义思想

所以苏格拉底（即柏拉图本人）其实并不满足于技术操作原则。苏格拉底接下来就揭示了城邦这种美德结构底下的人性根基，这就是个人灵魂中的正义。苏格拉底认为，每个人的灵魂都有三个部分，即智慧、激情和欲望，这三个部分各自有自己的作用，它们的协调和谐

---

① 汪子嵩等：《希腊哲学史》第 2 卷，第 777 页；参见《柏拉图全集》第 2 卷，第 409—411 页。

使灵魂能够自己主宰自己，使灵魂保持健康，而这种自身协调本身就是"灵魂的正义"。在他看来，城邦的正义和个人灵魂的正义是同构的（类似于中国的"家国同构"，但一个是立足于个体灵魂内部各要素之间的功能等级关系，一个是立足于家族各成员之间的血缘等级关系），国家组织形式是从人性中推出来的，正义不是用来达到某种另外目的的手段或工具，而是人性本身的要求。或者说，只有正义才是合乎人性的，正义发源于个体灵魂的完善。这样一来，柏拉图就绕过了建立在私有财产之上的个人利益来谈论一种合乎人性的正义，正义具有了超越功利之上的普遍价值，并摆脱了由私有制所带来的各种正义观的自相矛盾性，走出了黑暗的"洞穴"而见到了"善的理念"的阳光。由此他进一步提出，一种理想的正义的社会制度的前提应该是取消私有财产，甚至取消家庭，一切都是为了城邦在道德上的完善，这就是他所设想的"共产主义"乌托邦。

但他同时很清楚，这种理想在现实生活中是不可能实现的，它只是一个理念，人间的社会制度只能努力地去模仿它，但不能达到它。所以正义"本身"就是一个正义的"理念"，它存在于彼岸的理念世界中，不是与现实世界发生关系，而是与神的超验世界发生关系。这种正义观使正义本身赋予了某种神圣性，并将正义问题一下子提升到了政治哲学甚至神学的层次。西方后世的正义学说的主流从此以后便一直都传承了这一基本结构，即依仗超验的神学给政治学提供终极哲学根据，既从彼岸为世俗的正义提供神圣性的支持，又对世俗的不正义作出批判。相比之下，中国传统的"义"不论如何被视为"万物自然之则"或天下之公义，甚至"天意"之"仪"，毕竟还只是此岸的人际关系，只能用作"修齐治平"的工具，尽管被看作天经地义，实际上本身并不具有内在的神圣性。这种"则"或"仪"本质上是一种主观内在的"情理""情义""情谊"，要根据特殊的个人当时当地的特殊境遇而定，不能外在地形成一种普遍一律的法规，而是某种"潜规则"。

柏拉图晚年所写的《政治家篇》和《法律篇》，实际上是对《国家篇》中所提出的那种不现实的理想的城邦理念如何在现实中产生出其模仿的作品进行了一种理论尝试，涉及一些具体的操作问题。柏拉图认为，要成为能够设计和治理一个好的城邦体制的政治家，首要的素质就是理性思维能力。所以在《政治家篇》中，他以很大的篇幅来讨论统治者的政治技艺，即以纺织技术为类比来阐明一种按照概念等级划分种、属和类的次序的层层递进的思维技巧，借此来把握最高的类别即抽象的理念。他说："因此我们必须训练自己理解每一存在的事物，并能作出合理的解释。因为没有可见形体的存在具有最高的价值和重要性，只能用理性来加以证明，而不能借助其他手段来加以理解。我们当前所有讨论的目的就是训练我们把握这种最高类别的存在。"① 在这种统治技术中，柏拉图考虑的既不是世俗的人际关系和利害关系（如同儒家和墨家），也不是维护最高权力的操作技术（如同韩非的法、术、势），而是按照正义的理念合乎理性地推论出能使城邦健康发展的举措。

但由于这样的政治家在现实中很少有，所以通常城邦只能根据法律来治理国家，这些法律由于包含着约定和经验，总是有这样那样的漏洞，它们并不是科学真理本身，而只是科学真理的复制品。② 然而，在现实生活中，毕竟没有法律是不行的，依法办事的民主制虽然比不上哲学王的统治，但至少比无法无天的寡头制和僭主制要好，要更接近于正义。所以到了《法律篇》中，柏拉图就更为具体地讨论了现实立法的问题，包括私法（民法、刑法）和公法（国家法）的问题。几乎可以说，他在这里将《国家篇》中所置疑的前面那些功利性的正义观全部纳入了自己的考察范围，但为之提供了更高的、不局限于功利的依据，这就是理性。不论是哲学王或贤人治国还是依法治国，它们都是"理治"（理性的统治）；而这种理治归根结底又都是"神治"。所以《法律篇》开宗明义第一句就是："你们所说的这些法的确立应当归功于谁？归功于某位神，还是归功于某些人？"回

---

① 《柏拉图全集》第 3 卷，王晓朝译，人民出版社 2004 年版，第 132 页。
② 同上书，第 155 页。

答是："无疑应当归功于某位神。"① 他认为不守法其实就是不敬神，如果没有对神的虔敬信仰，那人们就会认为"根本不存在绝对真实和自然的正义"。② 因此柏拉图认为，现行法律反对把神看作私人可以贿赂的对象，这表明神的活动具有理性的普遍性和单一性，是非常恰当的。③

可见，与《国家篇》相比，《法律篇》在根本立场上并没有什么大的改变，而是在"神义论"的大前提下详细讨论了"人义论"的具体细节，涉及一系列的民法、刑法和国家法的问题，而最后又返回到神义论。④ 但正因为如此，《法律篇》在西方政治思想史上的地位极其重要，"现代许多学者都认为不仅罗马法许多思想源自《法篇》，而且近代资产阶级启蒙思想家如洛克、孟德斯鸠等提出的代议制、分权制即三权分立和相互制约的学说都可以上溯到《法篇》"。⑤ 柏拉图尽管在神义论的理想层面上主张"哲学王"和贵族（贤人）统治，在现实生活中却为民主政治留下了极大的空间，并同时在理想和现实之间保持着有机的张力。中国传统天人合一的正义观则缺乏这种张力，皇权要么就是绝对正义或天意的化身，不可更改甚至不可置疑（儒家和墨家）；要么没有任何神圣性和正义性，完全成为实用主义和机会主义的工具（法家）。而这两方面骨子里是一回事（儒表法里，王霸合一）。

## 四　亚里士多德的正义观

亚里士多德的正义思想可以看作是延续柏拉图《法律篇》的思路走下来的，但也有了一些重要区别。亚里士多德与柏拉图相比更多

---

① 《柏拉图全集》第 3 卷，第 365 页。
② 同上书，第 651 页。
③ 同上书，第 678 页。
④ 列奥·施特劳斯指出："《法律篇》的终点也就是《理想国》的起点。"见所编《政治哲学史》第 87 页。
⑤ 汪子嵩等：《希腊哲学史》第 2 卷，第 1108 页。

地带有经验主义的倾向，这一点也鲜明地反映在他对正义的论述中。在《尼各马可伦理学》第五卷中，亚里士多德集中讨论了什么是正义的问题。在他看来这个问题非常具体，不是柏拉图所说的什么抽象理念或者普遍性、统一性，也和神没有什么关系，正义就是人所具有的一种品质（性质），就像人拥有"健康"的性质一样。那么，正义是一种什么样的品质呢？他说了两点，一点是"守法"，一点是"公平"（isos），这两点都是与人的现实生活密切相关的。守法的"法"（nomos）包括人所制定的法律和流传下来的习惯（后者最初也是人为制定的），它们是为了城邦的共同利益而制定的；法律鼓励美德而禁止恶行。然而，"如所颁的准则正确，法律也就正确，如若任意而行，也就是种坏法律。"① 所以必须不断地去尝试修订法律，其办法是在人与人的各种关系中寻求"中道"。而这就涉及第二点，即"公平"。"公平"这个概念一般说和"正义"概念意思很接近，但更为具体一些，它是可量度的。② 亚里士多德甚至为这种公平列出了"几何比例"，③ 以数学化的严谨为三种公平即分配的公平、补偿的公平和交易的公平确定了精确的关系，④ 这是柏拉图所未曾做过的。亚里士多德在多数场合下实际上是把正义等同于公平了，虽然他也引用"正义是一切美德的总汇"这条"谚语"，但并不像柏拉图那样理解为个人的智慧、勇敢和节制三种美德的相互和谐，或三个等级之间的互相合作，而是理解为一个人在对待他人的关系中各种美德的总和。⑤

因此，与柏拉图先从城邦正义入手再考察个别人身上的正义的思路（以大见小）相反，亚里士多德是从个人与他人的民事和刑事关

---

① 《亚里士多德全集》VIII，苗力田译，中国人民大学出版社1994年版，第96页。

② 罗尔斯的"作为公平的正义"概念正是着眼于这种区别而提出来的。

③ 《亚里士多德全集》VIII，第100页。

④ 这种定量化的做法一直影响到后来的古典政治经济学和马克思的《资本论》。

⑤ 参见汪子嵩等《希腊哲学史》第3卷，第963—964页。

系开始再进入到城邦的正义（以小见大）。不但如此，亚里士多德的小或大都与神没有什么直接关系，至少他不像柏拉图那样关注于这种关系。他只是顺便提到"众神"的正义，至于这种神圣的正义与自然的和人为的正义究竟是什么关系，却没有下文。尽管如此，这也为后人从亚里士多德的世俗智慧返回到柏拉图的神义论而埋下了伏笔。在自然的和人为约定的正义中，亚里士多德也还是坚持了柏拉图提出的普遍性的"一"的思想，他认为："公正和法律的规定，对于个别的行为来说，每一条都是普遍的，因为所行的事为数众多，但那些规定每条都是单一的，从而是普遍的。"① 这种单一性并无神学色彩，而只体现为逻辑上的种属等级关系。不过，他认为这种过于数学化、逻辑化的关系也有自身固有的缺陷，这就是往往会忽略当时特殊的个别情境或例外，这就需要有另一种特殊的标准来对法律加以补充，这种标准就是"公道"（epieikes）。② 这个希腊字和前面讲到的"公平"（isos）类似，都是平衡的意思。但公平如前所述，更倾向于数学上的比例的平衡，而公道则更倾向于情感接受上的平衡，又译作"适当""适宜""合情合理"，因此它又有"衡平法"（即不依据死扣法律条文所作的判决）的意思。因此，"公道"才最贴切地反映了亚里士多德对感性经验的重视，它与亚里士多德后面第六卷大力强调的"友谊"（philia）是相通的。这种情况不禁令人想起中国古代对"义"的解释，即"适宜""情谊"，它们都是表达人际关系上的情感关系。但是亚里士多德的公道并不等于正义，而只是正义的补充，与其说它属于法律，不如说它属于道德。就正义而言，它体现在法律上，"好的统治者不能不顾法律通则，不能由情感用事；而法律正是没有情感的，人则容易受情感影响。……这样就得由最好的人制定法律"。③ 但因为现实中没有人能够摆脱激情的掌握，所以实际上只好由法律本身来统治。"他说由彼此平等的人组成的城邦中如果由一个

---

① 《亚里士多德全集》VIII，第 109 页。
② 参见汪子嵩等《希腊哲学史》第 3 卷，第 972 页。
③ 同上书，第 1085 页。

人凌驾于全体公民之上，显然是违背自然的，天生平等的人按其本性
必然有同等的权利和价值，每个人都既能统治又能被统治才是正
义……所以依法治理比由任何个人统治更为完善。即使由某个人统治
更好，他也应该是法律的捍卫者和监护人。人们认为当所有的人都是
平等的，却由一个人来统治是不正义的。"① 在这一点上，亚里士多
德和柏拉图也是一脉相承的，即认为不管哪种政体，都必须以理性为
原则才是正义的。"他认为根据法律治理就是由理性（nous）统治，
而由个人统治便难免含有兽性即个人的欲望和好恶，只有法律才是摒
弃了欲望的理性，也才能达到他所要求的中道。"②

## 结论

综上所述，中西正义观，也就是中国先秦的"义"和古希腊的
"正义"，虽然都是维系一个社会的核心理念和价值，但在其源头上
有如此多的差异，究其本质来看，这种差异主要源于以下几个方面。

1. 中国古代对于义的理解是建立在人性本善的前提下的，体现
为在既定等级框架之下人与人之间的互相帮助和扶持，必要时可以牺
牲个人成全集体；古希腊的正义则是建立在私有制的基础上的，体现
为人与人之间以人性恶和人性自私为原则的一种等效的相互制约。

2. 中国古代的义是主观内心的道德标准，带有天经地义（诚、
良知）的固化性和具体执行中"潜规则"式的偶然性、随意性和不
确定性；古希腊的正义则是人对他人的客观行为准则，表现为法律条
文的客观严密性、可操作性和根据现实情况变化的可修改性。

3. 中国古代的义是情感上的合适、相宜，是人际关系中一种无
形的礼数和情理，靠人们在日常待人接物中长期潜移默化的体验和熏
陶来掌握；古希腊的正义则是诉之于理性的普遍性的公平原则，构成
一门通过学习和思考来理解和掌握的政治"科学"，排斥个人情感。

---

① 参见汪子嵩等《希腊哲学史》第 3 卷，第 1086 页。
② 同上书，第 1087 页。

4. 中国古代的义是天道在人间的直接体现，有天人合一的宇宙观作为形而上的基础；古希腊的正义则是人间行为准则对神的理念的间接模仿，在人法和神法之间拉开了无法跨越的距离，就人法而言则具有可批判性。

5. 中国古代的义是在家庭和家族中按照血缘差等关系所作的一种制度设计，并自然扩展为国家体制的类比结构；古希腊的正义则是在预设陌生人之间人人平等的前提下个人利益的一种平衡，并以此为基础来设计国家城邦在技术上效果最好的组织方案。

6. 中国古代的义只是各种德目如仁、义、礼、智、信中的一项，而且通常并非最重要的一项（最重要的是仁以及作为"仁之本"的孝）；古希腊的正义则是"一切美德的总汇"，是一切道德的核心，只有它是可以与神相通的。

（作者系华中科技大学哲学系教授）

# 政治的与司法的代表概念：
# 一些历史性的追溯

威廉·施密特—毕格曼　文　杨顺利　译

## 一　中世纪的代表概念

"代表"是西方一神论神学的一个关键概念，它的出现要归因于中世纪神学传统，其最重要的地方在于天主教圣餐的教义，即，圣餐代表基督的身体。对这一符号的传统解释是，它是代表者，也就是它呈现了历史情境，即基督在最后的晚餐中说"这是我的肉，这是我的血"。圣餐是基督在十字架上的受难与受死的再现（representation）。

圣餐并不是一个政治的措辞，它体现的是宗教范式，体现了代表（representation）的辩证性：通过处在别物/别人的位置上，某物/某人成为真实的、在场的。他/她/它在其不在场中在场。

这一辩证性在托马斯·阿奎那的思想中也有体现。阿奎那讨论了一般的政治体制——贵族制、民主制与君主制——并为君主制辩护，因为这一体制在政治领域中代表宇宙的神圣的君主。①

不过，在欧洲中世纪，最高的属灵权威与最高的世俗权威之间永无休止的争斗，也即代表教会的教皇与代表世俗统治的皇帝之间的争斗，则是代表的概念史上更有影响的议题。

---

① cf. W. Schmidt-Biggemann, 1992, "Repräsentation", in *the Historisches Wörterbuch der Philosophie* [HWPh], ed. by J. Ritter & K. Gründer, Darmstadt: Wisenschaftliche Buchgesellschaft, Vol. 8, col. 790 – 835.

在属灵权威这一边，卜尼法斯八世 1302 年在著名的"神圣一体敕谕"（Bulla "Unam sanctam"）中宣称代表基督的神秘身体的是教会。教皇作为教会的首领因此也是基督在世间的最高代表。他宣称教皇代表了"能够审判任何人而不受他人审判的属灵的人"。

随之，很显然，神圣者的代表者观念能够支持合法性声称，而且如果它是至高者的代表，那么，它也包含对包括主权在内的最高权威的声称。然而，即使在教会内部，这一主张并非没有争议。在这些问题上的争论更为激烈：关于教皇是否代表了基督的属灵肉体，或教会的普世的代表议会是否是完美的、合法的代表性的主权机构。1415 年的康斯坦茨会议主张，普世议会代表的是作为一个整体的教会，而 1434 年的巴塞尔会议主张，普世议会高于教皇。教皇机构当然拒绝接受这一主张，因为它对教皇关于主权的声称的合法性提出质疑。甚至在议会内部行使其主权的手段也是备受争议，在决策中，人们讨论主体部分的决议是否比更健全部分的决议更合法。这一区分当然会引发问题：更健全部分的代表是谁，以及谁来决定健全的论证是什么。

另一方面，罗马/德国的皇帝及法国的国王，主张其自身作为国王的权利。他们代表人民，而独立于教皇提出自身为最高的神学与司法权威的声称。由此，最高的世俗权力争取从属灵权威中独立，因此也是在争取他们自身的合法的主权。

从这一历史的思想发展中形成西方政治神学的决定性的结构，即，政治权力与属灵权威关于主权的声称之间的持续不断的竞争。两边都提出主权的要求——属灵的一方认为他们是独立的道德权威，而政治结构则声称是自为的独立权力。可见，在西方中世纪的司法讨论中，代表、合法性与主权诸问题是密切相关的。在中世纪相关的讨论中，我们已经能够发现现代国家的主要概念：代表，委员会和议会，合法性，上帝，人民，主权。

这些论证在现代早期将会持续展开。

## 二 现代早期：霍布斯、《联邦党人文集》、卢梭

### 1. 霍布斯

现代早期在代表问题上最有影响的作者是托马斯·霍布斯。他继承这些关于代表、合法性和主权的中世纪的问题，并且把它们结合成一个具体的政治理论。不过，他的代表理论仍然模棱两可。

一方面，主权观念来自于社会契约的合法化虚构。这一契约论述到，自然状态下，每个人都有"权利"去行使他或她的个体性权力；最终，这一自然状态成了所有人反对所有人的战争。在霍布斯对自然状态的构想里，个体并不生活在家庭或家族中，而只依赖于他们自身。自然状态下，每个人都生活在对生命的恐惧中，他（或她）渴望结束不安全的处境。因此，个体之间拟定契约将他们所有的自然权力移交给一个政治实体；这也就意味着，主权者的合法性是从下往上产生的。在服从决议将他们所有的权力移交给主权者的过程中，个体就完全服从于他们的新主子。在这种服从性的契约关系中，个体们成为一个人民，相应地，他们的政府就成为主权者。以这样的方式，主权者是——或曾是——人民的代表。个体不再有任何权利；每条法律和权利都基于主权者的决议。这里没有任何自然法遗留下来，每条法律都是主权者颁行的实证法。主权者自身不对任何人负责；他的法律作为他的意志的产物来颁布。法国国王就是这样签署法令的："这就是我的意愿，这就是我的决定。"

另一方面，主权者代表了所能想象的最高权力，这里指上帝，作为全能者他从虚无中创造天与地。主权者是上帝的全能在世间的代表——没有什么权力能够与他的权柄相比——除了上帝。霍布斯《利维坦》的扉页上就写着，"在地上没有强权可与伦比"。因此说，主权者是至高无上者也即上帝的代表。将该代表合法化的方向是自上而下的。

当然再无高于上帝者，所以，主权者就是据其意志来拟定法律的绝对权柄；任何人都不能强迫他。因此可以说，霍布斯式的绝对国家

代表神圣的绝对权力。主权者，绝对的国王，即国家，如路易十四所宣称，"朕即国家"。

2.《联邦党人文集》

关于代表概念，在 18 世纪有与霍布斯的理解针锋相对的两类相互对立的思考模式。其一是卢梭对任何代表观念的坚决反对，其二是 1776 年的美国革命中的关键性的代表观念，它在《独立宣言》中得到表述，并在《联邦党人文集》中得到解释，作者主要是 J. 麦迪逊。美国宪法规定，这个新宣告成立的国家的机构由一个"代议的政府"组成，由一个"代议的民主"构成。民主的合法性建立在人民的主权之上。不过，唯有通过代议性的国家权威机构，人民才能行使他们的权力。这些权威机构通过民主选举来获得合法性。这就需要一个政治上知情的人民，相应地，需要一个公共领域。所以代议是人民主权的建制性的中介。① 与霍布斯不同，这里的观念是说，人民从未彻底地将他们最初的主权移交给政府，而是保留了在任何时候都能从政府权威结构中收回权力的权利。就是说人民保留了抵抗的权利。这一权利的行使当然依赖于对人民的有保留性的主权的承认——显然这并非经常是事实。

人民主权与它在政府权威机构中的代议者之间的联系，体现为"代议式的信任"观念。代议式的信任在形式上被赋予了所有的民主建制，它受控于公共领域建制，特别是独立的司法。代议式信任的主要观念是，民主建制下的男人和女人对民众有一种特别的响应性。这里公共舆论所起的作用至为关键。《联邦党人文集》及托马斯·潘恩的《人的权利》（1791 年）将代议提升成为美国宪制最重要的成就。

3. 卢梭

不过，卢梭坚决拒绝作为民主中介的代议观念。对他而言，主权显然不能移交给一个代议者或一个代议结构。他深信，主权不能够被

---

① cf. HWPh：Aticle "Representation"，col. 818 von B. Haller. cf. Haller, S. B.，1987，Von der hierarchischen Gesellschaft zum demokratischen Verfassungsstaat. Diss. phil. Münster.

代表，它只存在于公意之中，而公意不能够代表它自身。对于卢梭来说，普遍意志和代议是相互扞格的。一个人一旦把自身交给代议者，他就不再自由，他也不再存在。[①]

那么，为卢梭特地创发的"普遍意志"是什么？他的核心观念是一个直接的、非代议式的民主观念。卢梭所意指的是小规模的国家，其成员集结起来拟定法律。政治领域与公共领域因此合二为一。它是一个持续协商讨论的公共领域。既然每个人都关心他或她自己的个体自由，那么，作为根本性的立法议会的结果的法律促进了每个人的自由。如卢梭所设想的，直接民主的结果就是：通过公民集会中的几乎永久性的公共讨论自由得到了促进——普遍意志恰恰体现于对促进自由的政治实现之中。"公意"因此是空间——或说是精神，它使永久性的政治进步有保障。

这一构想遭到民主代议观念的捍卫者们的严厉批评。他们的论证是实用性的：很难想象这一构想如何能够运作，尤其在规模更大的国家。它建立在这些预设之上：（1）在规模小的社会，人们有可能为了大大小小的政治议题进行集会，（2）它需要一个愿意持续不断讨论的民族，（3）它预设了该民族非常理解他们决议的内容。此外，它向每一种类型的修辞性的推理开放。它还取决于预设（4）多数人的民主决议与进步是相一致的。从这些实用性的论证出发，代议民主的捍卫者们更愿意选择能从根本上响应他们的代议者。

## 三　马克思主义与代表

现代早期的那些政治理想都与由领土、法律与政府的联合体来定义的国家的观念相匹配。三个要素又在循环中相互定义：领土的政治联合体是由政治权威所颁布的法律的权威性来定义的；而人民由该国家的居民组成；共同的文化、语言在政治上并非是必须的。不过，因

---

① HWPh：Aticle "Representation"，col. 818. cf. Rousseau，*Contrat Social* III，15.

为在形式上主权永远由人民所保留，那么，人民概念在代议制民主的建构中起着必不可少的作用。因此，在宪政的建构中，人民是一个国家的人民，国家由法律的有效性范围来界定，而国家的领土又由法律的管辖来界定；国家的居民就是正生活在该领域内的它的人民。这些要素之间彼此依赖，仅当这些要素是齐备的，国家才能作为一个司法的联合体存在。

不过，国家的司法联合体概念并不考虑经济及它的蕴含，这里卡尔·马克思的社会阶级理论至为关键。对于马克思来说，作为司法联合体的国家是一个资产阶级国家。考虑到资产阶级国家只促进有产者阶级的利益，对于国家的代议机构与权威机关来说情况尤其如此，那么，民主的公理——人民即主权者——就变得毫无价值。工人阶级在这个国家里没有任何利益，它只服务于或仅仅体现资产阶级的利益。因此，工人阶级所需要的是超出民主国家疆域的另外的代表，那就是国际共产主义或社会主义政党。它的合法性在于它是工人阶级的代表，而工人阶级同时被认为是社会进步的动力。既然对于代表的选举并没有约束性的规则，那么，是否存在着确定共产党内部谁代表了谁的正式程序，就是模糊不清的。

党，就其正式的语义而言，意味着它是整体的一部分。马克思构想中的共产党当然是整体的一部分，它同时也是社会的健全的部分，健康的部分。它在抽象的层面代表了对被压迫、被剥削阶级对自由的渴望，作为对工人阶级的自由的合法的政治主张，它促进了进步的过程。既然这个群体就其定义而言就是多数，因此是社会的健全部分，它最终必然会使社会整体获得自由。在这个意义上，共产党是一个代表并且保障社会进步的组织；共产党不需要通过人民的选举来获得正式的合法性，因为人民已不再是主权的根本范畴。主权者是工人阶级，它的代表是共产党。所以说共产党是普遍意志的代表，因为工人阶级不可再以其他方式被代表。共产党从定义上就是工人阶级的意志。

关于民主国家概念，很显然，一种国际主义，如共产主义式的，使得国家之内的一个政党成为国家概念的一部分。如果人们对政党的国际主义的认同强于对国家观念的认同，就会带来合法性与忠诚问题。对于作为代议者被选举出来的代表，其作为一个国际政党的成员的忠诚，跟对他们的国家的忠诚，二者会产生冲突。如果党总是正确的，人民民主选举的合法性概念就失去它的价值。[①]

按照这一思考模式，至少，议会民主理论所表达的代议概念，与国际性的阶级利益概念，二者并非和谐一致。这对于共产主义或社会主义的民族国家建设会有什么后果，并不十分清楚。问题仍悬而未决。

（作者系德国柏林自由大学哲学系教授）

---

① cf. Schmitt, C., 1928, *Verfassungslehre*, München: Duncker & Humblot, pp. 200ff. cf. Schmitt, C., 1926, *Die geistesgeschichtliche Lage des heutigen Parlamentarismus*, München: Duncker & Humblot.

# 宽容与法之正当

瓦特·普凡库赫　文　赵剑　译

## 多元主义与法律效力

几乎在每一现代社会里，公民都会面临多元主义这一事实，即人们拥有实践或行为指导上的不同信念，这主要体现在三个方面：

——关于生活的意义，也就是说，关于什么是美好的生活，他们的看法不同。对有的人而言是足球，有的人则是家庭，而对大所数人而言是不同要素的特定混合。

——关于什么是道德的和不道德的，在追求自己的美好生活时可以对他人做些什么，以及能够从他人那里合理地期待什么，人们拥有不同的信念。

——一个秩序井然的社会应该是怎样的，如哪些法律和自由应该存在其中，人们对此也有不同的看法。

不过，我们需要生活在一起，我们大多数人的首选也是和平地生活在一起。然而为了和平共处，我们有必要接受他人拥有不同的目标和价值。这一必要性引发了两个问题：

1. 哪些多样性和哪些类型的差异是我们必须接受的？这是关于宽容的范围和界限的问题。

2. 我们如何找到一套对所有人具有约束力的共同规则和法律，并合理地要求每个人服从？这就需要一个策略以确立正当的法律。

为了回答这两个问题，我将从审视宽容的结构入手。正是宽容使我们能够与那些拥有不同实践信念的人和平共处。我将论证，只有当我们找到一个共同的构想，以此确定正当使用法律效力的界限，宽容才有可能。

## 一 宽容的概念和难题

宽容似乎是用来表示一种具有张力结构的行为或性格特征：

——一个人对另一个人口头的或实际的行为感到不快。这种不快可以具有情感的形式，或是厌恶，或是愤怒，或是道德怨恨。也有可能没有这些情感，但一定会有一个价值判断，后者的行为中有某种东西被前者认为是不当的。

——前者觉察到，针对这一问题行为的某种倾向或意愿并没有发生，她通常倾向于阻止其发生。

——与此同时，对于后者的所作所为，前者无意予以干涉，她是无所作为的。

且让我们看看其中的理由。一定存在一些责备后者的理由，也一定有些理由告诉我们，即便你有能力阻止她，也不要干涉她的行为。对于某种程度上我们认为的不当行为，只有当我们有力量制止之时，我们通常才能知道自己是否是宽容的。

我的首要任务是澄清这些支持和反对理由的性质，并确定宽容的范围和界限。我认为，如今我们需要区分两种类型的宽容：一种是某一道德内部的宽容，另一种是不同道德之间的宽容。

### （一）道德内部的宽容

解释宽容行为的最常见方式是认为，支持宽容行为的理由来源于一个人的美好生活理论，而反对的理由则出自他的道德理论。美好生活的理论告诉我们追求什么样的目标是好的，而道德理论则告诉我们，为了达到我们的目标我们可以对他人做些什么。对于我们的道德原则，我们要求其为普遍有效的，每个人漠视这些原则都是错误的。但对于美好生活的构想，我们则不必要求这种普遍有效性，这一构想可能只是个人的。

设想一位母亲发现儿子的房间糟成一团，或极其懒于上学。她很有可能想要孩子变得更有纪律一些，甚至可能认为，拥有更好的纪律对于获得美好生活而言是必要的。但是她可能避免采取行动，因为她认为自己邋遢的儿子应当拥有塑造自己生活方式的自由。也就是说，只要不是道德上犯了错，儿子可以照着自己关于美好生活的构想而生活。

宽容的概念于是意味着：

宽容1：如果一个人并不试图强迫他人接受自己关于美好生活的构想，而只是期待和要求他人遵守她的道德原则，那么她是宽容的。

这种宽容还具有第二种形式，它被刻画为道德理由间的冲突：你认为某一行为是不道德的，但是你也有一个更为强大的道德理由不干涉他人的这种行为。

尽管你认为违背承诺是不道德的，但是当你看见一个承诺被违背，你可能会发现进行干涉并非是道德上应尽的义务，甚至不是道德所允许的。你或许会认为，对违背承诺进行干涉是那些身涉其中的人所应处理的事务，而他人理应置身事外。

这种宽容的另一更为重要的形式与行政人员的行为有关，这些人代表的是国家。当我们谈及国家的宽容，我们相信国家或其行政人员不应干涉公民的选择。我们相信，存在一些限制，它们确定了什么样的法律力量应被使用。同样，从道德的角度规定这些界限也是可能的，因为道德理论通常包含以下两个要素：

a）有关什么是道德上对与错的理论。

b）有关法律应该制裁哪些不道德的行为，具有法律效力的国家权力在哪些情况下能够被使用的理论。

什么是道德的，什么是应该通过法律制裁加以防止的，这两部分的分野凭借大多数道德理论的特殊内部结构而被规定下来。比如，一个功利主义者将会在通盘考虑之后划出这两部分之间的分界线，他会考虑他的总目标（幸福的最大化）中的哪些要素，在法律许可之下能够最大程度地被实现，以及与其他种类的公共或私人反应（如谴责或赞扬）结合在一起的哪些要素能够更好地被实现。

因此，在大多数的道德内部，宽容有一个三重空间：

——假使另一个人的行为是愚蠢的或令人厌恶的，但并非是不道德的，那么人们不应该干涉。

——甚至在某些道德过错的情况下，也不应以个人的身份介入。

——应设立一个界限，它用于确立哪些国家权力和法律力量能够被使用。

如果某一社会的全部成员共享同一种道德，那么有关宽容的这一描述就已经足够了。然而，当今的时代无法产生出一个有关宽容的充分构想。原因在于，在现代的多元的社会里，人们的道德理论差别巨大，人们关于哪些事情属于美好生活的私人领域，哪些事情具有道德意味的观念因此也差别巨大。于是，干涉他人的行为何时合法、何时不合法，人们的看法也不尽相同。遗憾的是，一个穆斯林、一个康德主义者和一个功利主义者所描画出的不干涉界线是迥异的，但可能都认为自己是宽容的。甚至，他们可能使用着同一个宽容概念。

如果一个人期待并要求他人只是遵守某些原则，对于这些原则他有最好的理由认作是普遍有效的，那么他是宽容的。

所有这些道德体系的信徒们甚至可以说宽容是一项重要的德性，但是对于成为一个宽容的人应具备什么，他们却有不同的看法。当问题原本就诞生于这些不同的规范性标准，这些人如何能够解决他们的问题？他们或许可以从讨论他们的道德信念开始，并试着说服彼此：要么，这些道德信念中只有一个是正确的，要么它们都是有缺陷的，因此大家最好是接受一个新的道德体系。不幸的是，通过讨论获得共识几乎不可能。道德多元主义意味着相反的道德信念会一直存在。至少目前我们并无明智的办法，因此也不会不切实际地期望将所有的理性存在者统一于单一的道德体系之中。

对于宽容和正当性这两个概念而言，这都是极为重要的：

——如果我们期待宽容这一德性能允许不同道德观的人们和平共处，那么我们需要寻找第二层次的宽容，即不同道德之间的宽容。

——通常，人们的道德信念是一个人判断法律规范是否合意与正当的基础。这样的一个人认为：

正当性1：如果一个法律秩序的规则通过法律而被实施，而法律依循的是我的道德信念，那么这个法律秩序是正当的。

然而，正当性的这一概念在多元主义者的社会里无多大用场，因为它所建立的正当性只适用于某一特殊的道德。但在一个多元主义者的社会里，互相对立的道德并存，因而我们几乎找不到能够被所有公民视为正当的法律的共同基础。

（二）道德之间的宽容

因此，在多元主义者的社会里，宽容难题在第二个层次上再次出现：要成为一个宽容的人，仅仅根据自己的道德标准而克制自己不干涉他人是不够的。与之相反，在多元主义者所处的情境中，一个宽容的人应当有时乐于宽容那种根据他自己的道德标准而应制止的行为。在这样的社会中，人们需要一种道德之间的宽容。但是，这一点如何可能，它的边界又在哪里呢？

假设你认为堕胎是严重不道德的，应当予以禁止并受到法律制裁，但是你发现在你身处的国家堕胎是合法的，是你必须加以容忍的，那你怎么办？或者作为一个女人，你发现你身处的国家在法律上禁止女人投票或在公共场合穿着某类衣服，而你认为这两项规定都是不道德的，但你必须容忍这样的事情，你又怎么办？

如果你的道德信念告诉你某一行为 A 应当被法律禁止，而我的道德信念却告诉我它应该被允许，那么我们此时应该怎么办？一个国家毕竟只有一个法律体系。面对这种情况，公民有两种选择：

——他们可以暴力地解决他们之间的冲突。于是，更为强大的一方将把他们的规范标准强加于其他所有人头上，也即利用国家和法律的力量使其他人屈服。

——由于这种压制通常代价高昂，所以公民可以试着寻找一些方法，以拓宽法律规范的接受范围。

我将在下文探索第二条路径，并研究拓宽法律规范接受范围的两种可能性。这两种方法都致力于在所有公民中间产生出一个共识，即在何种情况下法律力量的使用是正当的。

## 二 力量的正当使用

### （一）第一种解决方法：法律的最小主义

面对道德多元主义以及根深蒂固的有关美好生活本性的对立，各方已经意识到把自己的道德强加于他人身上其实得不偿失。他们或许会发现，只有依据那些能被各自的道德观所共同接受的规范，彼此合法地行事才是明智的。以此出发，他们规定出共同认可的重叠区域，这些区域将限定法律力量的使用范围。

关于法律力量的正当性的第一种理解于是建立了：

正当性2：如果一个法律秩序只包括这样一些规则，它们在公民现存的所有道德观中被共同接受，那么这个法律秩序是正当的。

这同时也将宽容的范围重新确定为：

宽容2：如果一个想指引他人的人依据的只是这样一些规范，它们在公民现存的所有道德观中被共同接受，那么他是宽容的。

涉及国家的则是：如果一个国家使用法律力量所依据的只是这样一些规范，它们在道德上被所有公民所接受，那么这个国家是宽容的。

这或许会是一条好的出路，但遗憾的是，至少有两道障碍困住了它：

（1）正当的领域有可能依情形而定且很窄小。由于目前为止所有被信徒们宣称为普遍有效的诸规范必须被视作道德规范，情况尤其如此。而且，由于许多人的道德理论最终是建立在宗教预设之上的，其中不乏稀奇古怪的预设，这就产生了各种各样互相对立的指示。对于许多行为，世俗的道德通常听之任之，而这类道德倒是经常发布各种指示，如关于某些类型的食物或酒精的消费、音乐的创作和欣赏等。

（2）此外，对于信奉严苛道德的人而言，一致性这一原则并不具有吸引力。当不那么严苛的自由主义或自由意志主义道德的拥护者们没有受到一致性原则的伤害之时，这一原则要求这些人放弃他们的许多指示。

## （二）第二种解决方案：策略性的法条主义

意识到这些困难之后，那些寻求一致同意的解决方案的人们发现，超越他们自己的道德原则是合理的。不过，由于当事各方已经植根于他们各自的道德体系，在此并无道德商讨的余地。他们所能做的是启动一个策略性的程序，其目的是从其他各方获得尽可能多的让步。当事一方为了使作出这样的让步是合理的，其所得必须大于所失。为了在这一过程中获得最多的利益，当事各方需要揭开他们的威慑潜力这一面纱。因为讨价还价的过程受到当事人的能力和威慑潜力的影响，谈判的结果必定反映了权力和才智上的既定差别，也即结果具有强烈的不平等特征。

虽然粗略，但这一程序将再次改变当事各方关于宽容和正当性的概念。

宽容3：一个这样的人是宽容的，他把自己对公民行为的干涉限制在众人接受的规范之内，这些规范既包含一开始就共有的规范，也包含作为谈判的结果而被接受的规范。

相应地，正当性概念将变成这样：

正当性3：如果一个法律秩序只包含这样一些规则，它们或者在公民现存的所有道德观中被接受，或者作为策略性谈判过程的结果而被接受，那么这一法律秩序是正当的。

这种在正当性和普遍接受之间的联结或许可以被理解为某种二阶的道德，除了最初带入谈判过程的道德，个体也将认同这种道德。不过这可能也会带来误导，因为以这种方式被接受的某些规则可以与主体最初的道德直接对立。也许某些公民放弃了禁止堕胎这种他们认为道德上正确的主张，是为了获得一个使用毒品方面的让步。在许多情况下，接受规则并在实践中乐于遵守，与其说是道德态度的表达，不如说是出于审慎。一个人可能会接受规则上的妥协，只要他认为，比起把自己珍视的道德规则强加于其他人身上，这样做更为有利。以这种方式描述实际上正在发生的事情是公允的：那些目前为止遵循这一程序的人将会依据他们原先的道德继续批评彼此，但是只会出于审慎的习惯而施行于彼此。

正是这一习惯规定了他们关于正当施行的构想，并因此定义了他们关于宽容的新概念。当然，人们为了守法无须在所有情况下诉诸自己审慎的理性。在许多情形中，法律所要求的与他们自己原先的道德是一致的。因此，我倾向于把由此产生的行为称作混合的宽容。在结论部分，我将探讨这种混合的宽容的范围和界限。

从合法化的逻辑来看，第一个界限逐渐变得清晰起来。当事各方很快就会意识到，一些影响谈判过程的不平等因素，其实来自于他们社会内部业已生效的规则或实践。在谈判过程中，有人可能碰巧拥有一家大工厂。毫无疑问，在有关劳工权利的议题中，他将拥有巨大的优势。将一个人描述为一些生产资料的所有者，恰恰表明某些产权已经在那个社会被确立，在谈判过程中这些权利无疑是被视为合法的。

这意味着：如果正当性是通过谈判过程获得的，那么这一过程必须囊括一个社会的所有规则以达到完全的正当化。在此意义上，规则的合法化是彻底的，不允许遗漏任意一条规则。

这要求：如果期待建立一个正当的法律秩序，那么在谈判过程中必须忽视所有因规则的运行而产生的不平等。

这种彻底性引出了正当和宽容的第四个定义。

正当性4：如果一个法律秩序只包含这样一些规则，它们或者在公民现存的所有道德观中被接受，或者作为彻底化了的谈判过程的结果而被接受，那么这一法律秩序是正当的。

这也再一次在宽容的第四个概念中反映出来。

宽容4：一个这样的人是宽容的，他把自己对公民行为的干涉限制在这样一些规范之内，它们或者在公民现存的所有道德观中被共同接受，或者作为彻底化了的谈判过程的结果而被接受。

这第四个层次的合法化并不立刻会对所有公民具有吸引力。在既定的不平等中获利的人们当然会有所顾虑，因为他们想在谈判过程中发挥他们既定的力量。另一方面，他们会意识到，如果合法化进程在某一时刻被临时打断，社会的稳定将是有限的。我以为，从长远来看，坚持这样一种临时的限度是不可能的。

## 三　民主及其难题

宽容与正当的第三和第四种定义涉及的是谈判过程。在庞大的现代社会里，这种谈判如何运作呢？我认为有三个基本要求：

1. 为了行使其功能，谈判过程需具备保持其运转的永久性结构和制度。由于谈判过程的每一成员都会受到这种愿望的驱使，即根据他的信念安排他所在的社会，我们需要一个所有人都能表达和倡导其意愿的结构，一个对所有主张开放的结构。我们需要一个开放的社会。

2. 人们不只是想表达其观点，他们也想影响所处社会的结构。这就需要一个为了公民的各种价值和诉求而发挥作用的政治实体。它要求某种形式的民主代议。

3. 在一个理想的谈判世界里，人们不仅能够表达其诉求和价值，而且能够找到实现它们的折中方案，对于当事各方而言这一方案都是合理的。但在现实生活中，这种普遍的同意很难达到。因此为了事情的解决，当事各方设立一个决策程序是合理的，它准许即使在有分歧的情况下也能达到一个定论。以多数人为导向的结构是这种程序的通常形式，它规定了对于解决哪类问题而言哪些多数是充分的。但是，与这种民主程序联结在一起的多数人具有一种公认的危险，那就是多数人的暴政。只有对这一民主程序加以某些限制之后，把自己托付给这一程序才是理智的。

如果坚持以民主程序而非以暴力的方式解决冲突，那么需要哪些限制从而使之变得理智呢？我认为至少有四项：

### （一）功能的限制

在集体决策的过程中，参与权建立起了第一个限制。如果民主谈判是解决冲突的办法，那么剥夺任何人的民主参与权将是自相矛盾的。政治参与的权利必须从政治过程中独立出来。这些权利不仅在于选举权和担任公职的权利，也包括自由宣扬政治目标的权利、公开出版的权利及在公共场合讨论的权利。甚至也包括受教育的权利，只要这种教育对于理智地参与政治而言是必要的。这些权利必须免于政治过程的干扰，否则社会将缺乏永久稳定的程序以解决冲突。

此外，也应列入不受政治过程干扰的个人安全与自由（两者均相对于其他个体和国家而言）的权利。倘若没有这些权利，如不受他人攻击的权利，法治政府将是一句空话，甚至政治权利也将失去其意义。

由于这两组权利对于参与式集体决策的正常运行而言是必要的，它们理应面对所有人。这些权利作为宪法权利处于政治过程之外，并划定了宽容的界限：任何人不得取消这些宪法权利并在这种情况下要求宽容。

不得不承认，功能方面的论述是模糊的。它只是主张了一种对所有人而言积极参与政治决策过程的权利，但是这种权利应该采取何种形式呢？如果所有人都成为一个无所不包的执政党的成员，这是否就足够了？又或者，它也主张成立某人自己的政党的权利吗？初看之下，政治权利应该尽可能地扩大乃至允许成立一个政党貌似是合理的。但是另一方面，我们已经看到，这样做的后果是整个国家的毁灭。当政党依据种族或宗教的划分而成立，并通过彼此的倾轧使国家陷入分裂或瘫痪之时，就会发生这种情况。此时，程序上的考虑和结果论者的考虑所指的方向是相反的。毫无疑问，对于那些想保护自己、免于拥有或不拥有这些政治权利所可能带来风险的人而言，这两种考虑都是重要的。此处并无捷径可走。显然，我们不能以抽象的或非历史的方式确定正当的政治权利的范围。至少有两点需要说明：

1. 拥有政治权力的人不能只是通过诉诸传统或他们自己的大多数而认为，关于政治权利的各种限制是正当的。毋宁是，他们有义务证明，放弃一个既定的限制弊大于利。

2. 那些主张更多政治权利的人着实也应当考虑这种结构上的改变所带来的后果。在他们的社会里，哪些群体是这种改变的获益者？

这些人又会如何使用他们新获得的权力？显然，疏离、仇恨和内战作为修改民主程序的代价是过于昂贵了。

（二）普适性的限制

设想这种情况：绝大多数公民认为同性恋是变态的行为，应在法律上予以禁止。由于禁止同性恋既没有侵犯政治权利，也没有侵犯基本的安全权利，作为少数的同性恋者似乎不得不接受这样的法律是正当的。

然而，这种决议并没有足够严格地对待法律的普适性品格。如果这种解决方案在法律上是可行的，那么在类似的情况下，任何既定的多数人都有可能会压制少数人。在将权限给予立法部门的同时，我们必须考虑这种决议所导致的结构性后果，必须考虑以某种方式解决某类问题的可能后果。就最大程度满足社会成员的利益而言，"议会应根据实际情况判定何种性行为是被允许的"这一原则远不是确证无疑的。政治机构拥有这种权力可能同时也会导致公众的疑虑。立法权限的普适性品格促使各当事人根据交互关系而思考。一个人需要考虑，当这样一种权限施行于自己身上，自己是否能够处之泰然。我们必须问问自己，当人们基于共识而互动的时候，允许国家干预法律的施行在政治上是否是审慎的。即便有些人在某些场合倾向于干涉他人互愿的行为，但从长远来看，如果他们知道其他人或许不会干涉他们自己的互愿行为，他们将会更有安全感。在人们彼此互愿互动且并不严重伤害他人的所有情况下，禁止立法者出台限制性法律是政治审慎的一大要素。

当然，此处的关键问题是，什么样的伤害算是严重的。毕竟，如果允许同性恋的存在，那些想要禁止的人总会感到某种不舒服。权衡伤害和所得能够决定这一事情。看到或仅仅知道他人的互愿行为不在自己的道德范畴之内，比起禁止某人的互愿行为而言其伤害要小。通过比较这两种伤害，并意识到集体自决程序中的多数导向结构，我们有理由认为，如果一个人通常不强加限制于他人，只因不想在自己的国家发生这样的事，那么产生的危害是很小的。①

### （三）共存和区域化的限制

只要互愿行为不过分影响他人，从交互关系角度所作的论证为人与人之间的这种行为提供了法律保护。遗憾的是，这种无害的共存并非总是可能的。

设想社会中的两个群体：其中一个认为堕胎是不道德的，应在法律上予以禁止，而另一个则认为堕胎与道德无关。这些道德理念并不能简单地共存，因为每一方的主张都是普遍的。即使法律对此只是保持沉默，容许堕胎的一方还是会赢。与此同时，出于功能的和互惠的理由限制权力的使用，并不会使堕胎自动地得到保护和容许。

——她被禁止堕胎，然而她的功能性权利并未受到侵犯。

——她无法宣称堕胎是公民之间的互愿行为，因而通过合理地限制国家权力而得到保护。

因此，需要借助民主决策在法条上对堕胎作出规定。许多可供选择的法律可能都是正当的。但是，在那些看见自己深植心中的道德信念受到侵犯的人身上，疏离感无论如何将由此产生。为了减少这种疏离，寻找多种法得以共存的解决方案将是明智的。关键的是一个举国支持的决议已无必要。在此，我们可以思考在一国之内的不同地区之间建立某种形式的共存：一个地区的居民可以选择允许堕胎，而其他地区的公民则禁止堕胎。如果人们能够在这些地区间自由地移居，多数人的暴政将被缩小为地方性的暴政。

我们已经拥有国家间的这种情形。欧洲就有这样的例子：波兰禁止堕胎，德国却准许；德国禁止协助自杀，然而荷兰允许；此外，人们可以自由地去往能满足其期许的国度。这种做法并没有破坏所涉国

---

① 这些从交互关系角度所做的论证可以说服一些人，但是不一定能说服所有人，因为这取决于人们对待风险的态度。一个对上帝的诫命怀有强烈义务感的人或许会接受民主的框架，但会否认民主决策的范围必须以这种方式加以确定。当他一方获得权力之时，他能乐于冒受压制的风险，以便获得一个机会把世界变成更为上帝所喜的样子。

家的社会稳定。那么我们为什么不能在一个国家允许这种法律上的差异呢？如果我们对允许这样的法律区域化表示疑虑，那么我们应该能够指出一些人人都想避免的不良后果。诚然，我们需要某种适用于所有人的法律框架，但这是由功能性要求和普适性限制所决定的。在这个全球性的框架中，明智的政治活动应该朝向最大可能程度的个体和集体的自决。我认为，规定法律差异化的范围和界限将成为未来法哲学的任务。

（四）国家的中立

通过这种思考方式，我们已经把国家看作一种机制，其目的是减少疏离感。当一个人看到，与他深厚的道德信念正相反的法律某种程度上掌管了他的生活，他会感到自己的疏离。在多元主义者的国家，疏离在某种程度上是不可避免的。掌管某一事务的政治决策，如果没有取消任何一项宪法权利，也没有违反其他几项限制性原则中的一项，那么这些决策是正当的。那些更愿意在这些事务上采用其他法律的少数者必须接受多数者已经决定的事情。

为了使疏离降到最低，除了具体的法律，国家还应展示出一种重要的态度：它应宣称自己对于道德体系和美好生活理论的中立，尤其是在宗教事务方面的中立。这并非意味着国家应该宣称自己为无神论的或提倡无神论。它只是说，国家应在这些事务上保持沉默，不要将它的运作与一个或另一个宗教捆绑在一起。在某种意义上，世俗国家确实并非是中立的，它的运作方式更接近于个体自我理解的世俗形式。一个有宗教信仰的人可能会非常渴望他的国家承认他的宗教信条，但比起认同某一特殊的宗教或道德体系而言，国家对于宗教事务保持沉默却不会引发他那么强烈的挫败感。

## 四　两种类型的宽容

根据以上论述，区分两种类型的宽容是必要的：

1. 第一种我称之为强宽容。这种宽容与所有需要保护的、免遭政治程序干扰的权利相关，并且被这些权利所要求。这些权利是政治权利和基本的安全权利，以及互惠和共存原则所保护的所有自由。一个在强意义上宽容的人不会做这样两种事情：

——即使她拥有减少或操控这些权利和自由的政治权力，她也不会想这么做。她认为确立并尊重这些权利是合理的。

——她不会想要阻止他人在这些法律所许可的范围内行事。

举个例子：你是一个好的天主教徒或马克思主义者，你发现穆斯林男人想与一个以上的女人结婚实在令人尴尬。你觉得婚姻应该是一对一的关系，但是作为一个宽容的人，如果穆斯林男性和女性双方自愿的话，你不会试着阻止这种形式的婚姻。

2. 第二种类型是弱宽容。这种宽容与正当的政治决策的结果相关并被其要求。在这种意义上宽容的人将会尊重随之而来的法律，但立法批评者及这些法律的守法者也令其感到自在。甚至，当他这一方一旦通过民主的方式上台，他将会觉得有权修改法律。他只是出于对政治程序的尊重而遵守自己讨厌的法律，但并不认为这些法律的内容是每个有理智的人都有理由接受的。

举个例子：令你难堪的是，堕胎在你的国家是合法的。你尊重这一法律许可，但只是出于对法律的尊重。这意味着你终究是反对这一做法的，只是克制自己不做非法的抗议——比如，你不会威胁一个堕胎的女人，也不会烧毁堕胎的诊所。即便如此，一旦你的抗议运动以民主的方式获得权力，你将会毫不犹豫地在法律上禁止堕胎，并惩罚那些曾经尝试过的人。

**参考文献**

R. Forst, *Toleration in Conflict. Past and Present*, transl. by C. Croni, Cambridge UP, 2012.

R. E. Goodin, *Reflective Democracy*, New York: Oxford UP, 2005.

R. Hastedt, Toleranz, Stuttgart: Reclam, 2012.

J. Locke, *A Letter Concerning Toleration*, ed. by Tully, Indianapolis: Hackett Publishing, 1983.

A Lohmar, "Was ist eigentlich Toleranz?" in *Zeitschrift für philosophische Forschung*, *Vol.* 64, 2010, pp. 8 – 32.

J. Maclure & C. Taylor, *Secularism and Freedom of Conscience*, Cambridge, MA: Harvard UP, 2011.

A. Margalit, *On Compromise and Rotten Compromises*, Princeton: Princeton UP, 2010.

J. S. Mill, *On Liberty*, ed. by G. Himmelfarb, London, New York: Penguin, 1974.

J. Rawls, "The Idea of an Overlapping Consensus", in *Oxford Journal of Legal Studies* 7, 1987, pp. 1 – 27.

T. M. Scanlon, *The Difficulty of Tolerance*, Cambridge: Cambridge UP, 2003.

J. A. Schumpeter, *Kapitalismus, Sozialismus und Demokratie*, Bern: Francke, 1946.

M. Walzer, *Über Toleranz*, Hamburg: Rotbuch, 1998.

（作者系德国卡塞尔大学哲学系教授）

# 正义、基本善品与公共理性

## 韩水法

### 一

这篇论文将分析和考察正义与基本善品的关系，以及这两者与公共理性的关系，由此揭示有关公共性的主流话语的特征和存在的问题。

在现代社会，一种正义观念与基本善品在两个基本方面直接相关：其一，基本善品的分配方式，其二，基本善品项目的认定。正义观念并不一般地与社会善品相关，因为出于不同的欲望、爱好和习惯，善品在不同的人们那里具有相当不同的意义和判定标准。

如前面所说，善品概念不同于自由权和权利，因为它泛指形形色色被人们认为好的事物，而这些事物之所以被认为好并不是出于一个统一的标准，而是出于不同的标准和爱好，因此在不同的人那里对善品就有分歧颇大的判断，甚至彼此冲突和矛盾的判断，有如审美的判断。诚然，善品概念包含自由权和权利，后者自然也属于好的事物或好的东西的范畴。不过，自由权和权利乃是一种政治善品——虽然它们的效用遍及其他领域——而与其他性质的善品区别开来，比如财富、健康和美貌。自由权和权利也可以列出一长列的清单，因而在不同的政治共同体那里人们对它们的选择会有差异。鉴于它的基础性和根本性的特征，正义规范无法将所有被人们视为自由权和权利的内容都纳入宪法保护的项目之内，因此，无论在理论上还是在实践上，遴选出那些最基本的而最可以普遍化——这当然要以实践的乃至技术的可能性为前提——的项目的措置就是必须的和无可回避的。而这些被遴选出来的根本性的自由权和权利就被称为基础自由权和权利。基本善品与基础自由权和权利在这里看起来似乎是重复的，不过是以不同的名词来指称相同的事物。这在一定的意义上是正确的，因为两者之间有部分的重合。但是，它们在内容和范围方面还是区分的。基本善品的范围大于基础自由权和权利，基础自由权和权利一定属于基本善品的范畴，但并非所有的基本善品的项目都等于基础自由权和权利。比如，在罗尔斯那里，将财富和收入与基础自由权和权利（basic rights and liberties）一并列入基本善品。基本善品概念的提出以及它之得到人们的关注这一事实表明，正义观念在现代得到了进一步的扩展，自由主义通过吸纳其他渊源的主张而拓展了自身。而这一做法也造成了自由主义自身的内在冲突。与此相关，在这里基本善品是从正义的角度来讨论的，因此，善品在这里被剔除了道德的属性，而只是限制在人们公认为好的东西这个范围内。

前面所说的正义观念与基本善品的直接关系，是从界定正义概念着眼的。出于这样的考虑，基本善品可以从如下两个维度来考察：第一，从当代的观点来考察当时哪些事物被人们认为是普遍所欲的而必须的；第二，从当时的观点来考察哪些事物是当时人们普遍所欲而必须的。这是两种不同的观点——虽然仅仅是历史的观点——而它们之间的重大差别就在于判别基本善品的标准是不同的，从而，被视为和归入善品的事物也就不同，乃至是根本对立的。诚然，差别主要体现在善品的性质和种类，比如在古代世界，特权、地位、荣誉和财富等被视为善品；而在严格的意义上这些项目与现代同类的善品的性质和所指是大不相同的——所谓同类或者仅仅意指表面上的相似性。造成这种意义和所指差别的关键，不在于这些善品的内容，而在于这些善品的分配方式。这就是说，这些善品在人们之中的分享程度。

一种善品，当它的分配方式发生变化，它的性质也就会发生变化，以至于在严格的意义上它就会变成另一种事物。比如，自由权，当它仅仅为少数人所拥有的时候，它就是一种特权，它包含着拥有这种善品的个人对其他一些人的支配的权力，而对那些不具备或被剥夺了这种善品的人来说，就意谓他们必须从属于那些拥有那些特权的人。而当自由权是为一个政治共同体的所有个人共同享有的时候，那么它就成了确保每个人的平等的地位和对等的资籍的原则。在这种情况下，承带对他人奴役的那种作为特权的自由权就不再是善品，而是恶品了。

不过，基本善品是一种现代的概念，因此一开始就具有普遍性的特征：即为所有人需要而又为每个人所分享，亦即平等地分配。换言之，每个具有同等资籍的个人能够平等地享有这种善品。因此，在这个限定之下，财富和收入等就不能简单地纳入基本善品，列入基本善品的只能是拥有财富和收入的平等资籍和机会，以及在一般的意义上，以某些具体条件为限的社会福利。在这一点上，罗尔斯把财富和收入都列入基本善品的做法是有问题的，因为就如前面讨论平等的文字已经表明的那样，实际上，它们无法像自由权、权利或者机会一样，为每个人所平等地享有：这一点在任何意义上都是无法做到的。①

这样，前面所说的两种观点其实也都是现代的。第二个所谓当时的观点是以现代人的观点来比照古代人的类似选择，而实际上，古代人的普遍所欲和普遍肯定的事物通常是将政治的、道德的、宗教的和传统的东西混合在一起的，而没有现代人这样的力求分明的区分。设定这样两种观点是从比较的观点来说明与不同时代正义观念——简单的两分，古代和现代，而实际上远为复杂——的不同特征：普遍性和特殊性。

这里再回到论文起首提出的两个问题，即正义与基本善品的分配方式及其项目的认定方式。为了简便起见，我们先把正义观念简单地区分为普遍的和特殊的两种。普遍的正义观念是现代的——这一点是清楚的，尽管基本善品的认定方式不同，从而基本善品的项目不同，普遍的正义观念在性质上也会发生变化，从而形成不同类型的普遍性的正义原则。比如，在自由主义内部，自由至上主义和平等自由主义之间的分歧，并不在于普遍性，而在于善品项目的不同，即哪些善品

---

① cf. Rawls, *Political Liberalism*, expanded edition, p. 181.

属于基本善品，亦即哪些善品应当为每个人所平等地享有。这样，即便在简单划分的普遍性和特殊性两个范围之内，正义观念的性质也依赖于善品项目的认定。特殊的正义观念同样也因为善品项目的不同而各有分别，秉持特殊正义观念的各种政治共同体也因此有其各种不同的类型，从雅典的民主政体到中国郡县制国家。通过基本善品项目认定这样一个范式，人们可以梳理出许多类型的政治共同体，它既可以用来分析实际存在过的形形色色的政治共同体，也可以用来推演特定类型的政治共同体的各种可能的变化，就如亚里士多德在其《政治学》里分析希腊城邦的各种常规形式及其变体一样。它还有一个重要的功用，就是用来分析从特殊正义观念主导的政治共同体向普遍正义观念主导的政治共同体的演变。另外，人们也可以据此来研究各种不同正义观念冲突的实际意义和社会效果。这样，人们可以看到，基本善品的分配方式与项目的认定就使正义观念和原则有了现实的基体。这样的基体使正义观念得以落实，而且使公共理性也获得了实在的载体和领域。

## 二

公共理性与基本善品之间的关系属于政治哲学领域。按照罗尔斯的理论，公共理性和基本善品两者都是政治的，而在我看来，它们之间的关系则属于正义领域的问题。

基本善品的分配方式以及基本善品项目的认定这两项事实上从一个方面规定了社会的基本政治结构和制度。因此，有关它们的讨论基本符合罗尔斯为公共理性所指定的职能。在罗尔斯看来，公共理性就是公民有关宪政的基体和基础正义的事务（constitutional essentials and matters of basic justice）的思考和推理。[1] 而基本善品的分配和项目的认定恰恰就事关宪政的基体和基础正义的事务。因此，当我们从基本善品这个维度来考察其与公共理性时，着眼点正是在于基本善品

---

[1]　cf. Rawls, pp. xlvii, 48, 241.

如何为公共理性提供了运用的范围和落实的基体。在罗尔斯所规定的公共理性适用的现代政治共同体内，基础的自由权和权利是为每个人所同等地享有的。在这一点不仅成为共识而且也得到落实的情况之下，有关基本善品及其分配方式还有什么是尚需公共理性来思考和论证的？

罗尔斯为公共理性规定了五个适用的层面，但是当我们从公共善品的维度来考察时，它们可以进一步概括为如下三个方面：（1）对基本善品的项目——扩大或缩小，内容的调整——的讨论和思考，（2）对分配的原则及其衍生的规则的讨论和思考，当然，（3）还包括对基本善品的分配方式本身的思考，但这只能在普遍性的限制之内，否则，它就会蜕变而成非公共理性了。在罗尔斯看来，公共理性的运用者主要是立法者、高级行政官员（总统）以及美国最高法院的法官或者公民——当他们也来思考上述宪政的基体和基础正义的事务时。[①]

就基本善品的分配而言，除了普遍性这一要求是不可更改的外，其他方面都会需要运用公共理性的思考和推理不断地予以调整。这也就等于说，分配原则本身以及它的衍生规则是需要不断修正的。而调整的方向和宗旨是什么，这仍旧依赖于公共理性对人自身现实必需的普遍性思考。

这里出现了如下一个问题：公共理性思考这些问题的思想资源来自何处？倘若来自生活世界或生活实践，这就进入了罗尔斯所谓的背景文化的领域了。罗尔斯认为哈贝马斯的公共领域属于背景文化，而背景文化有异于公共理性，属于非公共理性。[②] 这无非就是申言：哈贝马斯只是在真正的公共性的领域之外来讨论问题，而未触及公共性的实质。什么是非公共理性？罗尔斯的解释在理论上是相当清楚而中肯的：它的思考只是对特定社团——如大学、教会——的人员才是公

---

① cf. Rawls, *Political Liberalism*, expanded edition, p. 382.
② Ibid. , p. 220.

共的。① 换言之，这些人员，或者任何其他人，在这些社团中就要服从它们的规则，比如，大学授予学位的特权以及教会神职人员的等级制。在这些社团之中，正式成员当然可以来讨论社团的章程和规则，后者只对这些成员有效，它们也与一个国家的根本原则和基本结构无关。然而，这里就存在另外一个问题，即个人或公民的思考要在实际上作出这么清楚的区划和换位，是相当困难的。诚然，理性的这种清楚的区分和换位在罗尔斯那里是必不可少的。罗尔斯唯一没有清楚解释的是，仅仅就理性这种能力来说，那种非公共的理性与公共的理性存在着什么样的区别？或者我们可以进一步追问：这是理性的自我限制，还是理性的外在限制？

当我们从基本善品的分配和项目认定角度来考察这种区分时，就可以这样来解决罗尔斯的问题：这种区分是就运用的对象和内容而自主地区分的。基本善品的分配原则和方式关涉每一名个人或公民，而基本善品项目的认定受到这种普遍性的制约。但是，在每个人的实际思考之中，理性的这种不同运用并不可能如理性的描述一样是那么单纯的，而必定是重叠和混合的。

从历史的和发生史的角度来看，基本善品的分配及其项目的认定，作为一种普遍的原则，有其思想的渊源和演进，而在这个过程中，理性的混合运用而非单纯的运用是一种更为一般的现象，而且也是促成有关基本善品普遍分配的正义观念获得普遍承认的中心力量。作为普遍权利主张的经典文献，美国的《独立宣言》、法国的《人权和公民权宣言》实际上依赖于理性的奥援，而它们公开求援的最终根据都是基督教的上帝。罗尔斯认为，政治的正义概念虽然可以来自于背景文化并得到它们的支持，但不能以它们为根据。② 这是在正义观念和原则得到普遍肯定之后才获得的认识和理解。因此，我要强调如下一点：在罗尔斯的语境内，单纯的公共理性的思考及其对政治的正义概念和原则的措置并非是在这类正义概念和原则的普遍性得到确

---

① cf. Rawls, *Political Liberalism*, expanded edition, p. 220.
② Ibid. , p. 376.

认之前，而是在其之后。这一点是准确理解公共理性与正义原则普遍性之间的历史关系的要点。

## 三

罗尔斯在《政治自由主义》里要把公共理性、政治的正义概念从他所谓的包罗的学说中分离出来，目的在于证明，政治的正义概念和原则能够凭借公共理性获得的重叠共识而达到，在这个基础上这些原则或共识是自立的（free-standing）。就如他引以为理论先导的社会契约论一样，罗尔斯的正义理论也旨在于营造在根本的正义原则支配之下的社会基本结构和制度，是一种理论的思想设计——无论公共理性还是重叠共识，更不用说原初状态和无知之幕。历史的维度在这里几乎是忽略不计的。这有如设计一座巨大建筑物，设计者需要考虑功用、力学结构和可用的材料，而不必考虑力学思想史、建筑功能的思想史或材料的演化史，等等。但是，罗尔斯正义理论其实在如下三个方面直接关涉历史：第一，正义原则及以其为指导的社会基本结构和制度构造前后的变化；第二，政治的正义概念与公共理性何者为先；更进一步，公共政治文化与公共理性和政治的正义概念的关系是如何形成的？① 第三，这可以看作是对前面两个问题的提升：正义理论不是一种思想游戏，而是一种实践理性，它就必然承带社会正义状况改善和进步的效果；即便在罗尔斯视之为当然的既有条件即民主社会的公共政治文化之上，更加正义这个目标也正是他的正义理论的现实动力。诚然，这里还可以补充一句：虽然罗尔斯的公共理性的适用范围要比哈贝马斯的公共领域狭窄得多，但是，它的作用——也就是对事关宪政基体的现实状况的评价、调整和改善的要求——要比哈贝马斯的商谈具有更大的以言行事的力量。

罗尔斯的正义理论在实践上相当依赖于美国的政治结构和制度及

---

① cf. Rawls, *Political Liberalism*, expanded edition, p. 43.

其运作，以及美国立国和几次重大改革的历史。① 甚至可以这样说，罗尔斯的正义理论是美国社会的政治结构、制度及其运作的理想类型，当然是一种大大完善了的理想类型。美国政治的演进倘若可以简单地概括的话，乃是通过从立国到民权运动几次大的关涉原则和基本结构的根本改革（革命）而实现的。罗尔斯在《政治自由主义》中更加关注正义理论的现实的历史背景，而在《正义论》里，现实的历史几乎是在理论视野之外的。在这个时期，问题在于，罗尔斯没有清楚地说明，在现代自由民主社会里，事关正义原则、社会基本结构和制度的调整这样的事情不是以其理想的形式来进行的。这就是说，不是像新建一座大楼那样，从图纸设计到奠基，从施工到布置，是一个纯粹的重新营造的过程。在相当大的程度上，它更像旧城池的改造，是以混合、交叉、替换等方式进行的。新的观念与旧的正义原则和基本结构同时存在，或者新的正义原则与旧的基本结构同时共存，如此等等，部分的改革与基础的调整，部分的维持与另一些部分的更动，这些都是实在的现象。因此，公共理性必定要走出罗尔斯为其规定的界限才能发挥切实的作用，这在后面还要稍加论述。

只是到了《政治自由主义》，罗尔斯才重视和关注公共理性、公共性以及他的理论的历史背景。不过，罗尔斯对公共理性和公共性与历史之间的关系有多深的研究和思考，尚待研究。

在我看来，罗尔斯有关历史的文字的核心主要讨论和论述了如下一个复杂的问题：人们通过公共理性突破既有的正义的观念、原则和规范，从而形成新的政治的正义概念。这当然是罗尔斯的概括，并据此来改造社会。更具体一点说，正义的实现是一个过程。人们在一定的阶段就正义的观念和原则——事实上，在现实的社会之中，这些观念和原则是通过基本善品的分配方式的调整及其项目的调整体现出来的——达成一致的意见，然后据此来调整庞大的社会的规范体系（主要是法律规范）和制度。然而，就如人们通常所看到的，这种调整会是一个颇费时间的过程，而在这个过程之中，人们的需求、认识

---

① cf. Rawls, *Political Liberalism*, expanded edition, pp. 234, 406.

因而观念又可能发生变化，变革原则——基本善品的分配及其项目的调整——的要求又会提出来，在这个时候公共理性就会集中发挥作用，然后，有关观念和原则的新的共识就会形成，社会改革又要开始。实际的历史进程当然要复杂得多，而我上面的描述所要突出的一点就是：虽然罗尔斯认为公共理性主要是在关键时机发动，事实上，社会向着正义目标的改革却始终是重叠地进行的，因此虽然一段时间主流的意见会集中在某些问题上面，但其他问题，甚至宪政攸关的问题，始终也是受到人们的关注和讨论的，至于它们没有成为主要的话题，其原因或许就在于一般民众所发出的声音尚未响亮到足以引起人们的注意和重视。比如说，没有人可以否认，美国的种族歧视在民权运动之前就严重，而美国黑人要求改变这种状况的要求也一直是以各种方式表达出来的，但是这种歧视现象和这种声音并没有引起美国权力精英阶层的重视和积极的行动，或者首先在他们那里就消除这种状况而实现更加平等的资籍没有达成共识——无论什么共识。我们看到，即使在强调重叠共识的政治自由主义时期，公共理性的运用在罗尔斯那里主要还是权力的精英人士的事务，[①] 尽管他也同时提及公民对公共理性的运用。当我们从基本善品着眼，那么就会看到，公共理性所措置的事关宪政基体和基础权利的事务起源于人们对这些基本善品的欲求，并且如果公共理性是有效的，那么它思考和措置的结果最终也会落实到这一点上。

## 四

倘若置历史的演变于不论，公共理性与基本善品有如下的一些关系：第一，公共理性指定了基本善品的分配方式；第二，基本善品所覆载的领域以及可能拓展的领域，正是公共理性的范围。因此，在政治哲学里面，或者在正义理论之中，公共理性就是通过基本善品以及相关的讨论和规定得以落实并拓展自身的。

---

① cf. Rawls, *Political Liberalism*, expanded edition, p. 382, footnote 13.

　　基本善品项目的认定既依赖于人们的欲求和需要，也取决于普遍分配的可能性。而对基本项目的认定就意谓划定范围。这种划界行为也就与任何其他的划界活动一样，不论是虚拟的还是现实的，都要处理这个界限的两面。这样，公共理性与非公共理性就不可能如罗尔斯所说的那样是两个可以明确区分而截然不同的区域；如果用区域概念的话，那么它们仅仅只是观念中的区域，而非现实世界中的区域。比如，罗尔斯归之于非公共理性适用的范围的团体、大学，同样也是公共理性运用的范围，因为现实的大学行动，不仅受到大学章程的限制以及大学某种特权和其他特殊规定的限制，它的活动也受到正义原则因而一般法律的制约。不过，至关重要的一点在这里不是大学章程与正义原则或一般法律的冲突，而是作为大学成员的个人同时也是政治共同体的成员，他或她如何能够在既运用公共理性又运用非公共理性之间清楚自如地转换？即便是美国最高法院有关宪法案件的判决也会产生意见分歧而必须用投票来表决，而这意谓公共理性所适用的范围以及那些宪政基体和正义的基础事务的界限和性质，即便在这些被罗尔斯视为公共理性代表的人物那里也是难以一时清楚地判定的，那么处于日常生活中的个人又如何能够随时清楚地分辨呢？康德非常清楚地认识到人的这种双重身份的意义，强调公民在这样的双重身份之间换位思考的重要性。罗尔斯对公民的这种双重身份或许有更清楚的认识，但是，他更倾向于关注的是人们通过公共理性而达到共识，而不考虑，事实上非公共理性同样要现实地思考和措置事关正义原则——或者更具体地说——基本善品的分配及其项目所面临的各种分歧和冲突，所牵涉的各种复杂关联，尽管非公共理性与公共理性在各色人等身上是混合地运用的。

　　当论及哈贝马斯的时候，我们就必须面对另一个概念，即公共领域，尽管罗尔斯把它——实际上相当严厉地——归入背景文化之属，亦即非公共理性的范畴，但这个概念在哈贝马斯的语境里确实也包含了罗尔斯公共理性的部分意义、作用和范围。不过，公共领域在哈贝马斯的文本中确实是滥用了，他为公共领域增加了许多限定词，亦即提出了多种形式或类型的公共领域，如政治的、法律的、规范的和自主的，等等。这一事实所揭示的正是哈贝马斯理论的一个重要缺点，即芜杂而不清楚，而其特征就是把许多未加区分或难以清楚分别的事物混合在一起。比如，他众多的有关公共领域的定义中有如下两个看起来比较清楚的说法："像自由主义模式一样，商谈论尊重'国家'和'社会'之间的边界，但是把市民社会（Zivilgesellschaft）① ——作为自主公共领域的社会基础——同经济行动系统和公共行政两者都区分开来。从规范的角度来看，这种民主观要求对现代社会用来满足其整合和导向需要的三种资源——货币、行政和团结——的相对重要性进行重新排列。"② "在法治国原则之讨论的范围内，这里涉及的是一个规范性的公共领域概念的宪法意义。政治意志形成过程——其组织形式为政府立法部门——如果阻隔自主的公共领域的自发源泉，如果切断与自由流动在结构平等的民间领域中的主题、建议、信息和理由的联系，就会破坏使它能合理运作的那个市民社会基础。"③ 在两段话里，我们可以看到哈贝马斯把国家与社会区别开来、把公共领域与经济行为与政权行为区别开来的主张，但是，自主公共领域和规范公共领域有什么样的关系，哈贝马斯没有清楚的答案。他把公共领域与公民社会分为两个不同却又交织在一起的社会范围或现象，但它们之间的区别在哪里，在哈贝马斯的著作里也很难找到前后一致的答案。

有一点当然是清楚的，即公共领域的理论在哈贝马斯那里首先是批判性的，指向他所要批判的资产阶级社会，尽管在晚年他的这种态度有了很大的变化。不过，我在这里要指出的一点却是：哈贝马斯使用了过多的学术术语——多数是从他的精神导师们那里获取而加以重新阐发的——以至于几乎掩盖了需要说明的事实。他从一个术语到另一个术语，一种范式到另一种范式，一种理论到另一种理论，在术语

---

① 合理的译法应当是公民社会。

② 哈贝马斯：《在事实与规范之间》，童世骏译，生活·读书·新知三联书店 2003 年版，第 372 页。

③ 同上书，第 223 页。

的丛林之上滑行，而忽略了底下的社会实在，后者只是偶尔被提及的点缀。但是，出于不同理论背景的术语、范式和理论，倘若缺乏意义一致的调整，其结果只能是混乱。这样，哈贝马斯的批判理论在相当大的程度上就成了话语批判——因为，这些术语和词组是每个学者和受过教育的人都可以谈论的，即便它们的真实意义是空疏而难有所指的；这种批判从表面看来可能充满挑战性，在实践上却根本无法触及核心或者致命的东西，当然也就难以提出处理社会现实问题的方案。然而，这也能够凸显出批判精英的理智优势。这一点从他们对大众媒体的不满和批判之中可以看出来，而正是现代的大众媒体和文化产业，使得普通民众也可以直接接触以往被视为高尚文化的那些精神产品，从绘画到音乐，从文物到建筑物——不论它们远在异国他乡，还是深藏皇宫。文化产业所导致的效果有如西方的新教改革，普通的民众不再需要通过那个垄断而权威的信仰特权体系来理解圣经和上帝，而是能够直接阅读圣经，直接与上帝沟通。

　　哈贝马斯的批判传统——对资产阶级社会的批判实际上也包含对公民社会的批判——如何与他们学派的文化精英主义的精神结合起来，这是需要另文专论的，[①] 这里可以暂且放过。哈贝马斯的公共领域始终面对的是政治权力或国家权力和资本权力（或经济权力）：公共领域构成两者之间的中间地带。但是，与此相关的一个重要事实是，平民亦即非资产阶级的民众，后者构成所谓平民的公共领域，[②]被排除在市民—公民的公共领域之外了。在论述公共领域时，哈贝马斯利用 Bürger 以及 Bürgetum 的多义性，即同时包含市民、公民和资产阶级等意项，以及更进一步包含有教养的市民和公民等潜在意义，来表达他有关公共领域的精英主义观点。[③] 这样，哈贝马斯公共领域

----

　　① 阿多诺在《启蒙的辩证法》里面对这一现象和趋势痛心疾首；而法兰克福学派对现代文化产业所持的反对态度透露出他们对欧洲封建时代寄生性精英文化的浪漫想象，以及他们的自我定位。

　　② 哈贝马斯：《公共领域的结构转型》，曹卫东译，学林出版社1999年版，第6—7页。

　　③ 哈贝马斯，2003年，第372页。

的理论并未直接触及现代社会民众的真正关切，当然也就没有提出任何有效的方案。

罗尔斯的公共理性的关切是政治的正义原则，旨在基础自由权和权利在每个个人之间的平等分配，以及机会的平等。但是，正义原则与社会基本结构和制度的营造，在他们那里主要还是政治精英阶层的事务，至少通过他的理论设计可以看出，公共理性的运用主要是由政治精英人物来完成的。虽然罗尔斯倾向于平等的自由主义，但古典自由主义的精神特性依然残留在他的理论体系里面。

我们从基本善品分配和项目的认定这一维度来考察正义概念及其原则，就是把正义建立在一种现实的基础上：它们对每个人来说都是可以切实理解的，可以与自身的欲求和需要相比较而得到衡量的；而这无非意味着，每个人都能够就这些实在而具体的问题直接运用理性进行讨论，展开普遍化的思考。只有针对这样切实的问题并在这样的环境之中，与普遍而平等的资籍相应的公共性才有切实的意义。在这里，我们大概还需要重温康德要有勇气使用理性的教导——这是对每个人都有效的。毫无疑问，一切其他的复杂体系都可以在这个基础上建立起来，当然也需要针对这个基础来调整；而一切理论的构造也需要对照这样的基础来予以考察和分析，虽然它们无法简单地还原为基本善品的内容和分配方式，却能够在一个体系里面与它们直接关联起来。公共性的原初意义和基点就在于此。

（作者系北京大学哲学系教授）

# 密告*伦理

## ——正当的全球性公民不服从行为
## 或对全球公众的误解?

亨宁·哈恩　文　汤明杰　译

　　近年,由于维基解密的政治成功以及爱德华·斯诺登的突出案例,密告成为公共争论的常见词汇。对一些人来说,密告者定义了一种英雄反抗的新类型;对另一些人来说,他们代表的是对公共安全产生巨大威胁的叛国者。那些同情政治密告者的人倾向于侧重民主进程,并强调全球公众作为隐秘(且常常不正当)政策之矫正者的角色。而另一方面,密告实践的反对者们则认可一般性机密政策具有更大的必要性,或者捍卫为了特定国家利益而进行的政策隐瞒。

　　作为应用伦理的一个案例,对密告的评估极为有趣,它是一种充满悖论且诸多规范层面相冲突的实践。笔者只能在本文中试图解答其中的某些挑战。笔者的主要目标是探讨以爱德华·斯诺登为例之密告形式的正当性。笔者将从所谓政治密告的一般定义开始,然后通过斯诺登的个案来举例说明这个概念。笔者在文中的主要部分将展开三条

---

　　*　英文原词为 whistleblowing。Whistleblower 这个术语来自吹口哨(blow the whistle),指雇员尤其是公务员公开指出其所在组织的非法、违规或不伦活动。其中 whistle(吹口哨)借自在出现违法行为时,警察吹哨警示罪犯、呼叫警力并警告公民出现危险;或借自体育比赛中裁判以吹口哨的方式指出犯规行为并叫停比赛。70 年代美国公民活动家拉尔夫·纳德特别使用 Whistleblower 以避免与"情报提供者(informers)"或"告密者(snitches)"这样可能带有贬义的词相混淆。译文中为避免"告密、揭发"所可能带有的贬义或特殊含义,特使用"密告"以示区别。——译者注

辩护路线。如其所示，证明政治密告的正当性，既不是纯粹的原则问题，也不是个体行动主义视角上的一种权衡过程。将政治密告理解成合法实践的最好方式是在公民不服从传统中对它进行阐释，这一点笔者还会论证。以笔者看来，可以分别从自由派和共和派①对公民不服从的两种阐释来对斯诺登的行动进行辩护。当然，笔者最后也会质疑斯诺登揭秘事件的世界政治维度。笔者的主张是：对全球公众的误解误导了共和派对世界性政治密告正当性的证明，对斯诺登揭露事件正当性的证明，应该聚焦于全球正义的先锋原则之上。

一

"密告"是一个相对新鲜的术语，尽管它将一个惊人的事业表现成一个已然明确的政治行动类别。但这种行动意味着什么？它是如何与其他形式的政治反抗和抗议相对立而被定义的？一些新近的著述已经提出了详尽的区别。彼得·B. 贾布所引入的定义可谓最全面充分，笔者以下定义从中借取了很多要素：②

> 密告是一种向一般公众披露机密信息的审慎行为，密告者对某个一般来说规范组织的数据拥有或曾经拥有进入的特权，密告者的目的在于揭露由该组织负责范围内出现的并非无关紧要的非法行为或其他严重的不正当行为，并旨在通过公开渠道矫正该不正当行为。

---

① 笔者是在政治理论中的参与路径的意义上使用"共和派"这个术语，不应与政党相关的政治术语相混淆。

② cf. P. B. Jubb, "Whistleblowing: A Restrictive Definition and Interpretation", in *Journal of Business Ethics* 21, 1999, pp. 77–94. 比较贾布的定义："密告是一种非义务性的有意披露行为，密告者拥有或曾经拥有某组织的数据或信息进入特权，其所披露的是在该组织控制之下其真实、疑有或涉嫌的并非无关紧要的非法活动或不正当行为，被披露内容抵达公众，朝向某个具有矫正不正当行为可能性的外部实体。"（Jubb, 1999, p. 78）

笔者将暂时使用该定义简要讨论其中的几个要点，并保留对此进行争议的空间。首先应该清楚的是，密告指的是审慎的或深思熟虑的行为。闲聊中意外地透露秘密不是有计划的政治行动，而密告则从定义上就是有计划的。

同样无可争议的是，密告者通常是被泄密组织的成员。密告者与间谍的区别是，密告者对于敏感数据和机密信息有正式的进入渠道。

所以，密告者的不忠行为表现在他（她）侵犯了对该组织应有的忠诚责任。而这是因为一般来说各个组织是合法或规范的。[①] 要求忠诚这种特殊责任的条件，就是这个组织合法运行并经常为公众提供重要功能或产品。揭露一个犯罪组织的内部信息，既不是密告也不是不忠，而仅仅是揭露一个已然涉及非法活动的非法组织。

这个定义中可能最具争议的一个要点就是并非无关紧要的非法行为或严重的不正当行为，而密告也是因此才可原谅甚或被需要。这里的问题不仅在于并非无关紧要和严重性的界限在哪里，还在于确定谁有设置这个界限的合法位置，以及如何构造一个客观的正当性证明。笔者将在第三部分讨论政治密告的正当性时回到这些问题。

这个定义的第五个要点，其中的不正当行为责任在于各个组织。揭穿某个组织中未经认可的不正当行为或孤立的犯罪者，不能自动证明责难整个组织的正当性。只有在整个组织负有责任或应受谴责的情况下，对于这个组织不正当行为的公开揭露似乎才是恰当的。之所以如此，因为这个组织作为一个整体，故意行为不当、由于疏忽承认这些不正当，或者在预防或追踪这些不正当行为上没有尽到全力。

接下来的一个要点，密告行为将敏感数据告知于一般公众。与商业或国际间谍相反，密告者并不把敏感数据特别交给某些有竞争关系的国家或企业；与机密检举人不同，密告者揭露不正当并不只是为了告发权威。密告政治实践的目的在于告知并引起公众觉察。

---

① cf. N. Dandekar, "Can Whistleblowing be Fully Legitimated? A Theoretical Discussion", in *Business Ethics. A Philosophical Reader*, ed. by T. I. White, New York: Macmillan, 1999, pp. 556 – 568: p. 558.

这是因为将公众本身看作认定合法性的真正机关以及进行矫正的有效方式。对于密告实践来说，公众的这一核心角色既具决定性又有争议性。有的人会认为密告行为也包括内部控诉或报警。笔者认为，在这里区分专业、法律和政治密告是非常有益的。笔者所说的政治密告，指的是维基解密类型的公开披露案例，这种公开披露的意图明显是要让一般公众参与公民性矫正进程。当问题中的不正当责任在于统治机构，而所有统治权力都表明无力或不愿对其进行矫正的时候，政治密告就变得重要起来。至此，笔者将专门讨论政治密告的正当性问题。

## 二

依此定义，笔者将以爱德华·斯诺登 2013 年披露美国国家安全局（NSA）档案为例，简要阐述一个具体的政治密告行为。斯诺登在夏威夷国防承包商所在公司工作的时候，有进入机密资料的特权。他在这里开始泄露资料，这些资料揭示了对国内外进行广泛监视的项目。之后，为了逃避起诉，他从美国飞往香港，在香港又有选择地向一些西方记者发送了更多资料。在美国国家安全局监视项目公布后不久，他暴露了自己的身份，并立即被控触犯《美国反间谍法》以及偷窃政府财产。他的护照被没收，并面临高达 30 年的狱刑。2013 年 6 月，他飞往俄罗斯，最终在那里获得临时居留许可。到目前为止，美国政府阻挠了他在欧洲或南美寻求避难的所有尝试。

根据笔者所使用的定义，斯诺登的行动是政治密告的一个清晰案例：这是一个审慎的泄密行为，并伴有"长久的内在道德反思"①。斯诺登有进入敏感数据的特权，美国国家安全局作为美国政府的一个机构，表现为一个完全合乎规范的组织并提供重要的服务和公共产

---

① （参见笔者之后的论证）cf. W. E. Scheuerman, "Whistleblowing as Civil Disobedience. The Case of Edward Snowden", in *Philosophy and Social Criticism* 40, 2014, pp. 609 – 628: p. 614.

品。很明显，被揭露的大规模监视活动责任在于美国国家安全局，并且显然是一个并非无关紧要（尽管也许合法）的不正当行为。然而，由于美国国家安全局监视项目的法律意见和道德评估仍有争议，笔者届时将再次定位这些问题。

目前要紧的是必须注意到，斯诺登的意图是将他认为广泛侵犯公民权利的事情公之于众。他因而主张他的行动是关乎美国人民的利益，为了矫正明显不正当的行为，不惜完全毁掉美国国家安全局的声誉。这使得斯诺登撕开秘密的行为成为典型的政治密告行动。显然，他发现自己的处境是：政府机构做出了不正当行为，而法律体系难以胜任起诉或缺乏依法行事的意愿（敏感的情报事件会落入非公开的特殊法庭管辖）。斯诺登显然认为矫正不正当行为的唯一出路就是诉诸第四种力量，即媒体和民主公众。

## 三

以上关于政治密告典型案例的讨论已经很多了。笔者现在将要考量关于其正当性的重要规范性问题。让我们回忆一下：政治密告者非法地揭露了一个他需要保持特定忠诚的政治组织的秘密，这个组织总的来说是完全合法的，对之进行公开揭露会严重损害该组织的权威。如果可能，这样的行为怎样才能是正当的呢？接着，笔者将区分和讨论四种证明正当性的路径。第一个路径主张政治密告是原则问题。人们要么对不可接受的实践负有明确的揭露责任，要么对忠诚和合法行动负有明确责任。第二个为密告辩护的思路是将密告视作对不同理由的权衡结果。密告的合法性依赖于密告者是否充分考虑了所有实际相关的正反双方。然而，最有力的证明路径将走向公民不服从理论。大体上，当政治密告实践被认为是法律规则的实现或负有政治责任的修正，那么它就是正当的。

（1）原则问题。证明密告合法性的方式之一，就是认为密告者是为了避免自己被卷入任何形式的严重不正义或道德卑劣的行动之中，这在道德上具有无可争议的正当性。雇员对企业非法倾倒垃圾的行为有疑虑，或公务员对政府机构秘密考问行为有疑问，他们有强有力的道德理由来揭示这些不正当行为，以避免成为共谋。有时，简单地选择置身事外是不够的。当公开是唯一或最有效地制止这些不正当行为的方式时，参与者有更进一步将这些行为公之于众的义务。

有的人可能认为，判断这些明显不正当行为的依据是清楚和绝对必须服从的规则。如考问是不道德的，倾倒垃圾是非法的。拉尔斯·林德布洛姆就持这种观点，他旨在用不可剥夺的言论自由权利来消解密告悖论。对林德布洛姆来说，密告悖论在于"政治言论自由与对工作场所的道德责任之间的冲突"。① 然而，无论何时，当一个公司有非法行为的时候，任何限制言论自由宪法权利的条件都不适用，这也意味着特定忠诚没有任何规范统率力，因而密告也总是合法的。况且，政治密告的标准案例比林德布洛姆所意指的职业密告更令人困惑。正如笔者所示，对政府总体上良好声誉的维持以及对之无条件的忠诚也是一个原则问题。政治密告者有相互矛盾的双重责任。进行考问的国家是不正当的，言论自由的权利是基本的，但密告者不忠诚地打破（经协定且道德合理的）保密责任，并损害公众对重要机构的信任，密告者也有所不当。② 此外，假设这里所说的考问行为（或"强化了的询问技术"）并非完全非法，单纯诉诸不可剥夺的言论自由权利就不能解决这个两难。

由于个体对不正当的感知以及言论自由的一般权利，与保密责任相冲突，行动者很难说有权只根据其个人的原则作出决定。很明显，如果一个极端和平主义者恰好在国防部工作，他（她）无权根据私德泄露发射核武器的密码。或者更具体来说：密告者也许依据自己关于善的观念，认为自己是正当的，但唯一能够公开证明揭秘行为正当

---

① L. Lindblom, "Dissolving the Moral Dilemma of Whistleblowing", in *Journal of Business Ethics* 74, 2007, pp. 413 – 426: p. 413.

② 希瑟拉·博克认为："可能的密告者必然是将其服务公共利益的责任与其对同事及其工作机构的责任相比来来权衡的。"（S. Bok, "Whistleblowing and Professional Responsibility", in *Ethical Theory and Business*, ed. by T. Beauchamp & N. Bowie, Englewood Cliffs: Prentice Hall, 1988, pp. 292 – 299: p. 293.）

性的理由只能是公共理由。这些密码的机密与公共利益相关，应由民众来决定正当的揭露场合和条件。避免黑手或遵循超级原则，并不能充分有力地证明政治密告的正当性。政治密告需要的是公共理由下的正当性，这是构成一个社会之道德常识的理由；由于政治密告的典型问题就是矛盾原则的相互冲突，指出某些明确责任或优先理由都不足以证明这种正当性。因此，密告行为的正当性在于权衡公开可接受的理由。

（2）权衡责任。证明政治密告正当性更有希望的方式是权衡所有相关的责任和理由。这个证明策略承认密告者有避免与严重不正当行为同谋的初步责任，但认为政治忠诚责任可以比这种初步责任更重要，反之亦然。权衡过程必须考量不同类型的理由：结果、权利和忠诚。一方面，我们有基于结果考虑的保密责任。未经许可的泄露行为很可能破坏公众对官方组织的信任，从而损害该组织提供重要职能的能力。这也是通常遵守法律的理由。另一方面，我们有理由去揭露政府的不当行为，这总是会带来好的结果。简言之，揭示隐藏的考问行为可能会损害一个国家的声誉，但从长远看，这也会促进重要的改革进程，并可能有益于建设未来的公众信任以及更好的透明度。从这方面来说，笔者同意拉尔斯·林德布洛姆的观点，即"不应以单个案例为基础来评估结果，我们应该将密告实践"[1] 作为一个整体来考量。对密告实践的普遍容许会在事发之前预防很多非法行为。

然而，如果我们打算平衡种种可预见结果，这是很难找到一般性答案的。很可能出现的情况是：揭露考问秘密的后果要比考问本身所带来的严重损害要严重得多。哲学家如果对于特定案例没有深刻的认识，就不能谈什么最好的结果；但哲学家可以解释为什么某些权利和义务比较重要，以及为什么道义理由在权衡过程中必须扮演特殊角色。这些道义理由不是无条件的王牌，但它们能够给予特别的道德权重。从道义观点来看，考问是特别严重的不当行为，不仅因为它在物理层面上伤害受害者，还因为它侵害受害者的尊严，后者的道德价值

---

[1]　L. Lindblom, 2007, p. 423.

超出许多可比较的结果。在政治密告这个问题上，笔者认为至少有两个道义性限制条件：政治忠诚和告知公众的义务。

政治忠诚。在真实的世界政治的复杂竞技场，出于善意的揭露总是会导致危险的或者事与愿违的结果。相反，道义理由可以为我们提供支持和反对某类型行动的清晰论证。公务员对国家有特殊的忠诚，这就是一种道义理由。政治密告者享有进入敏感信息的特权，大多数这种敏感位置都需要有法律约束力的委托和机密声明。综上，支持特殊忠诚的论证可以做如下解读：

a. 国家实际上提供不可缺少的功能，特别是法律统治的加强。

b. 这些功能的实现基于国家公务员服从国家组织以及对国家组织保持特殊忠诚的普遍道德命令。

c. 国家有权要求其雇员对此忠诚责任进行具有法律约束力的确认。

d. 即使当个别政策与私人的正义感相抵触，国家雇员和公务员也对此忠诚负有特别重大（且具有法律约束力）的责任。

忠诚责任之所以是绝对的，在于即便在我们认为某事是错误的时候，也需要保持忠诚。作为父母，即便我们有时反对孩子的所为，我们也应该支持孩子。类似的，国家公务员即便依据自己的标准发现国家不正当，也应该遵守官方规则。毕竟，国家的运行本身具有某种二度秩序的价值，它可以推翻个体对不正当的感知。但是，也需要考虑一个重要的不可比性。孩子本身就是父母的目的，而国家只是为公民提供重要公共产品和服务的一种方式。当国家不愿或不能提供这些功能的时候，那么无条件委托国家的根基也就消失了。毕竟，在国家失败或非法的情况下，我们不会再接受相同的忠诚责任。

无论如何，关于政治忠诚的论证只能解释保密的初步责任；这些论证并不能提供任何压倒性的理由来证明或拒斥政治密告。一个人可以不够忠诚，也可以过于忠诚。正当的决断还需要恰当平衡特殊忠诚与严重不正当或其他类似结果。简言之，忠诚事关重大，但并不能一劳永逸地解决权衡问题。

告知义务。告知义务也存在这个问题。乍看来，公众有权得知那些影响着他们自由的政策。相应地，消息灵通人士似乎有分享消息的初步责任，理由有二。第一个理由与国家的合法性有关。我们不只需要国家提供必不可少的产品和服务，我们还需要国家以合法的方式来完成这个工作。政治合法性的主要来源就是以民主、代表或商议过程的形式表现出来的人民意愿。这并不意味着秘密政策永远是不合法的。警察的工作、保密情报机关和外交当然都依赖机密性。如果这些形式的隐秘政策遵守公开达成一致的规则并由被选举的代表监控，那就完全可以要求控制对信息的公开。但一旦这种控制机制失效或监控代表未能完成其工作，各个政策也就失去了其合法性，那么揭露这些过失就必然是正当的了。①

第二个论证无条件告知义务的理由涉及一个哲学悖谬。一个人对他所不知道的事情负有责任吗？乍看起来，答案明显是："不！"一个人不能因其未预见的结果或可谅解的无知而遭受责备。然而，很容易发现，有些情况下无知是不可原谅的。人必须积极不懈地让自己掌握信息，以规避危险和避免伤害。对一个行为、决定或态度进行道德评估的底线不能总是行为人实际的知识，而常常是其最有可能获得的知识。无知不是借口。

笔者的重点在于，这个自我告知的道德责任也意味着知情者有使信息可被获得的责任。怎么是这样的呢？论证很简单，责备无知者的理由也同样适用于责备隐蔽重要信息的人。理由就是，每个参与政治商议的人在充分被告知的情况下作出政治决定，这对于共同利益来说事关重大。在任何共同利益处于成败攸关（如有技术风险）的时刻，我们有责任竭尽全力让自己和他人知情。对自己政治自主的尊重也意味着对他人政治自主的尊重，这也意味着必须让自己和他人都知情。与忠诚的初步责任相反，这一道义理由是为密告说话的。告知义务不

①　但是这种揭露必须是以负责任的方式：告知责任不能否定对无辜者或秘密行动者的保护。例如，当维基解密2011年不再防护消息源和敏感信息时，他们就开始了政治上不负责任的行为。

如决断性理由那样有效，但它需要与所有规范化的相关责任和结果相平衡。

这就是笔者目前为止的主张：政治密告的正当性不是原则问题，而是权衡理由的问题。其中一个重要理由就来自可预料的结果，但我们也必须将非结果性理由考虑在内。笔者所称的这些道义理由，表达了某些类型行为的内在不正当，它们给予政治忠诚与告知责任以同样重要的地位。对这些责任的亵渎尽管并不总具有决定性，但总是不好的。权衡模式提出将所有类型的相关理由都考虑在内（某些道义理由具有特别的权重）。具体的权衡则似乎取决于密告者本人。面对严重的不正当，如果公之于众有利于共同的善，那么密告者揭穿这种不正当就在道义上是正当的。

这也使笔者必须面对核心问题：如何定义共同的善以及谁有资格来下这个定义？掩盖水门丑闻的尼克松政府成员难道不是持有服务国家利益的强大信念？显然，像"国家利益"或"共同的善"这样的术语是模糊的概念，它们可能被误用和误解。有些密告者对于共同的善有着偏狭、天真甚至狂热的见解。问题依然是：是否存在比密告者对理由的主观权衡更客观的正当性基础。所幸当笔者开始将政治密告行为理解为公民不服从的标志时，这个更客观的正当性基础出现了。

（3）公民不服从。公民不服从的标准理论为我们提供了评估政治抵抗和不遵从的详尽框架。最为重要的是，约翰·罗尔斯将公民不服从定义为"公开、非暴力和审慎地与法律对立的已然政治性的行为，通常目的在于带来法律或统治政策的改变"。[①] 这个定义表明：密告尤其是政治密告，是公民不服从的一个子集；它以公务员所进行的揭露为不服从的方式。正如公民不服从，只有在"勉强合理"[②] 的社会的语境下，即这种社会由适度合理但又未充分实现的宪法所统

---

① J. Rawls, "Definition and Justification of Civil Disobedience", in *Civil Disobedience in Focus*, ed. by H. A. Bedau, New York: Routledge, 1991, pp. 103 – 121: p. 104.

② J. Rawls, *A Theory of Justice*, Revised Edition, Oxford: Oxford University Press, 1999, p. 335.

治，不遵从才是正当的行为。① 正如公民不服从，政治密告旨在修正非宪法性政策或改善宪法，而不是规避或替代宪法。

那么，转向公民不服从理论如何能帮助我们解决客观正当性问题呢？政治理论中的自由派和共和派提出两种并驾齐驱的优先考虑项。自由派路径主要是将六七十年代的美国民权运动②进行理论化。其主旨在于对宪法权利——即那些常常已经就位但未充分保障的权利——的平等享有和完全实现。自由派阵营基本上将公民不服从构想为行使宪法权利的破坏性政治活动。

对罗尔斯来说，公民不服从是针对非理想状态提出不遵从问题的理论。问题中所提到的社会已经通过其宪法及其政策的表达建立了某种正义概念，但社会本身并非完全正当。政策制定者的腐败、有偏见的警察、狭隘的法官或根深蒂固的歧视态度经常侵犯宪法权利。而行政和司法部分并不总是能够履行对人民负有的义务。当这导致实质和清晰的不正义，公民不服从就在道义上是正当的——当然，条件是公民不服从是以审慎、恰当和非暴力的形式进行，正如罗尔斯所强调，公民不服从作为最后的诉求手段，需要与其他处于不利地位的群体相协调。

根据自由派的阐述，公民不服从作为对不完善宪法制度的政治修正，是以媒体和公众参与的方式进行的。这也是为什么公开化标准是公民不服从之正当性的核心。不服从行动是公开表明且直接知会法定权威的象征性行动，旨在"维持和加强合理的制度"。③ 这个图景中的决定性因素在于，当不服从与在宪法中表达的关于正义的共同概念相一致时，不服从才是正当的。不服从的动机之所以是合理的，在于不服从遵循公众承认的、官方实践的以及宪法宣称的原则。因此，在

---

① 对于合理社会，不遵从既不必要也不合理；对于不合理社会，不遵从采取公开抵抗的形式。

② cf. J. Rawls, 1999, pp. 335 – 346; R. Dworkin, *Taking Rights Seriously*, Cambridge, MA: Harvard University Press, 1977; J. Feinberg, "Civil Disobedience in the Modern World", in *Humanities in Society* 2, 1979, pp. 37 – 60.

③ J. Rawls, 1999, p. 336.

自由派看来，公民不服从不能被看作是革命实践，而更是公民对宪法原则的关注。

应用到政治密告上，从关于正义的主流政治概念这一客观立足点出发，揭露行为旨在让公众参与对严重失当政策所进行的修正，作为这样的象征性行为，揭露行为是正当的。这与斯诺登的论辩思路完全一致：在几次声明中，斯诺登都强调他的行动与宪法第四修正案一致，即保证"人民在人身、房屋、文书及效力上的安全，免于无由搜查和没收"。[①] 斯诺登并没有像经典悲剧人物那样撕裂积极法则与神圣或更高的道德法则。相反，他主张忠于积极法则的行动，这些法则从法律技术上将使国家安全局的监视项目成为不正当的行为。如果斯诺登的密告行为符合上述标准，那么他的行为就在客观上（依据宪法精神）是合法的，尽管严格说来是非法的（侵犯了官方规定）。[②]

当我们转向共和派的阐述，斯诺登的案例将会显得更为合理。共和派认为公民不服从具有两个不同的功能：一个是将隐蔽或异常的非正义形式公之于众，另一个是给予少数或边缘群体以公共场合发声的机会（参考乌克兰女权团体 FEMEN）。笔者这里的重点在第一个功能，即引起对被低估或异常类型之不正义的关注。在斯诺登案例中，反对"无由搜查和没收"的宪法附带条件及其相关规定，可能仍然低估了"大数据"的新特质对于知识分子工作的影响。根据共和派的论证，行动者并不是为了实现共享原则而斗争，而是号召公众仔细考虑对宪法实践进行必要的重新阐释和修正。在这一点上，决定一个空前尺度的秘密政策是否应该导致宪法修正的唯一合法实体，就是一般公众。[③]

然而，共和派的阐述面临两个问题：对公众商议颇为乐观的信

---

① Scheuerman，2014，p. 612.

② 笔者这里不涉及不服从的合法行为是否需要（同等地）接受惩罚的问题。一般来说，笔者赞同罗纳尔德·德沃金（Dworkin，1977）的观点，即合理的公民不服从可以从轻发落。

③ cf. W. Smith，"Civil Disobedience and the Public Sphere"，in *The Journal of Political Philosophy* 19，2011，pp. 145 – 166.

任，以及笔者所谓预期公众意见的悖谬。首先，共和派信任公众商议预设了公众的公正结构，然而，至少在我们非理想化的世界，公众意见的形成通常是被不对称的权力扭曲的。其次，笔者所谓"预期公众意见的悖谬"指的是，密告者必须事先模仿公众商议。因为在做决定的情况下，判断某个实践是否在客观上足以不正当到警告公众并因而进行密告，这是由行动者本人决定的。一方面，共和派基本原理不允许在没有公众要求的情况下对不正当行为作出决定；另一方面，只有在不正当的严重性被商议程序确认以后，密告者才能得到一个过时的公众要求。

共和派对斯诺登案例正当性的证明必须与这些问题进行斗争。斯诺登总是强调他之所以揭露美国国家安全局的行为，是因为这些行为可能意味着一种知识分子工作的新特性，即一种尚不为公众所知并且已有法律和规定还没有预计的特性。所以他才决定由公众来对此作出决定。然而，他对公众的信任以及他所声称的以公众利益为准的行为，其合理性（至少）仍然有待商榷。①

一个相对广泛传播的保留理由就是斯诺登政治抱负的全球视角。虽然斯诺登对侵犯国内公民权利的揭露完全符合自由派和共和派对公民不服从正当性的证明，但揭露国际情报实践的正当性并不能被同样证明。为什么不能呢？至少依据自由派方式的正当性证明似乎是可能的。斯诺登的行为遵从国际法，其意图明显是为了矫正美国国家安全局的非法国家行动。以全球公民的精神，斯诺登诉诸《世界人权公约》（第12条），并参照"1945年在纽伦堡宣布的原则：个体的国际责任超越对国家义务的服从。为预防反和平和反人性的犯罪出现，

① 从统计上来说，斯诺登的行为只代表那些关于公民权利、隐私和国家角色分享共同观点的人群。其他公众则将其视作国家的敌人。2014年1月，一则民意调查显示，美国人仍然在斯诺登是否为公众利益服务这点上意见分歧——57%的年轻人（18—29岁）赞成他的揭露，但是年龄稍大的人群（49—65岁以上）只有不到40%支持斯诺登。参见：http://www.pewresearch.org/fact-tank/2014/01/22/most-young-americans-say-snowden-has-served-the-public-interest/（16. 04. 2015）。

公民个体有责任违反国内法"。①

笔者认为，斯诺登诉诸国际人权的做法是对的。国际人权是最低限度的正义概念，它不但全球共享，而且在当今时代，世界上大多数国家普遍盛行间谍行为，而根据国际法的定义，这些行为不被纳入反和平和反人性的犯罪。对广泛间谍实践的揭露，是全球性先锋计划从全世界范围推进公民权、促成公平国际合作的一部分。可以为这个计划找到极好的辩护理由，但在全球宪法原则的基础上，按照自由派的理解，这个计划则不能被证明为正当。当运用于全球竞技场，罗尔斯的论证框架可以将揭露侵犯人权的正当性与揭露种族清洗的正当性相提并论，但是这个框架并不支持揭露间谍行为。

那么斯诺登的全球计划是否能在共和派的语境中被证明为正当呢？当今间谍技术已经达到影响全世界居民生活的层面。将这种危险告知全球公众难道不是正当的吗？是，但又不是。"是正当的！"因为技术危险涉及全球范围，这实际上应该（从道义上说）成为全球治理的主题。但也是"不正当的"，因为将揭露共同危险视为全球责任的这种观念，既误解了全球公众的角色，也误解了全球治理的结构。与国内案例不同，全球公众性的联结与国际法的进展是微弱的。更重要的是，全球公众这一概念是有误导性的，因为它意味着一个或多或少政治整合且交互沟通的团体。然而，事实上，国家或文化上的联合仍然十分强大，对各个国家来说形成公共意愿的进程还十分受限。更让人担忧的是，"全球公众"只包括全球精英，且只代表世界人口的极少数。

所有这些都反对斯诺登对共和派的论证进行全球性扩展。只有在全球公众为不同声音提供开放论坛，允许平等的自尊公开登台，尊重少数派，平等地分配资格和背景信息，这种全球公众才有合法的权威。这需要先进的机构基础和广泛传播的全球公民德性。然而，在我们并不理想的世界里，全球公众缺乏所有这些必要条件。全球公众由

---

① Statement by Edward Snowden to Human Rights Groups, Moscow, 2013; reprinted in Scheuerman, 2014, p. 623.

先锋世界主义者控制，被国家情感扭曲，并且排斥大多数民众。但这既不意味着全球政治密告行为的正当性不能被彻底证明，也不意味着斯诺登的辩护完全失败。这只意味着：密告者将全球公众理想化为程序合法性之源，其实混淆了理想化层面的论证与现实层面的论证。

在笔者看来，证明政治密告实践合法性的最好方式是将自由派和共和派的路径结合起来。自由派路径接受诸如公民自由、自主和自治的普遍价值。这给予密告者一个确立共同利益和吸引一般公众的正当性基础。然而，即便在自由派民众那里，自由之核心价值的含义和所及的范围也备受争议，还必须用公众商议来解决。这也就是需要先锋世界主义切入的地方。全球公众性的意见并不能从其自身的权利中获得合法性，而是作为辅助手段用以形成所谓国内意见。在斯诺登案例中，国际愤慨给国内话语带来了次级意见。毕竟，世界（或即便其国际伙伴）如何看待美国的双重标准以及对基本自由的不敬，影响着美国国内关于国际事务宪法价值及原则的争论。因而，笔者认为，理解（以及证明）斯诺登行为的最好方式，就是将其描述为公民不服从，而这种不服从是基于对国内政策的公正以及合宪性的考虑，而不是对更广的世界主义理想的考虑。

## 四

笔者在本文中以爱德华·斯诺登一案为例，讨论了一些谴责或证明政治密告实践正当性的策略。起初，保持行为忠诚、遵守法律以及信守承诺似乎显然正确。然而，很快就能看到对密告的评估涉及相对立的原则和忠诚。这里需要仔细权衡多种多样的相关规范性理由，而这是任何伦理理论无法以抽象和一般的方式解决的。应用伦理的角色就是既要阐明特定的理由，也要解释为什么某些结果以及诸如政治忠诚这样的道义条件占有特别的权重。显然，密告的正当性在于行为者是否仔细考虑了其行为的正反双方。为了寻找更客观的正当性，笔者转向公民不服从的规范性理论，该理论提供了两条证明正当性的路线。自由派论证的辩护将密告看作是对主流正义概念的充分实现所进行的恰当关注。在这方面，斯诺登的揭秘实际上体现了对宪法权利的一个客观正当的关注。同样的，在共和派论证线路上，斯诺登正确地主张：监视技术的新维度需要公众在扩展规定上进行探讨。

但当斯诺登将其论证延伸到某种新型的全球政治性密告，他却丢失了客观的根基。在自由派基本原理之内，只有在对核心人权的清晰侵犯或者国际间侵略的情况下，全球政治性密告才能被证明是正当的；而根据共和派论证，全球政治性密告的正当性受限于不充分的全球公众结构。显然，斯诺登诉诸全球公民权的世界主义理想，这会使关于正义的主流机构和意识负担过重。在这方面，斯诺登以先锋世界主义成员的身份所采取的行动，僭越了现状、预支了国际法并试图使其与新挑战相适应。然而，对于斯诺登的行为是否正当的结论性回答，需要结合自由派和共和派因素，并考虑国内商议与全球观察的交互作用。基本思想在于，调动尽管不完备且可能是精英主义的全球公众，能够帮助我们反思我们国内政策的漏洞和双重标准。正当的全球政治密告不需要寻求全球公众作为公正的裁判，而是以之触发国内外的公开讨论。笔者在本文中只能尝试开展这样的理论探讨。

（作者系德国卡塞尔大学哲学系研究员）

年度文选

# 无神论或迷信？

## ——对某一当前问题的非当前性考虑

雷米·布拉克　文　　丁君君　译

1873 年，伊格纳兹·戈德齐赫尔（Ignaz Goldziher）离开家乡布达佩斯，前往东方。作为史上最伟大的伊斯兰教学者之一，戈德齐赫尔当时只有 23 岁，在伊斯坦布尔城外的一处隔离区，他遇见了一群土耳其人。很快他和所有人打成了一片，除了其中某一人，用他的话来说，那人是"所有人中最狂热的一位"。那人曾对他说，理性是认知神的能力，那些不信神的人丧失了人性的特征，因此只能算是披着人皮的野兽。①

这是一种原初场景。这位来自西方的学者对待伊斯兰信徒十分友善，甚至不乏敬意。然而面对这位同伴，他能想到的词只能是"狂热分子"。而这位土耳其人自认只是一位虔诚的信徒。他觉得戈德齐赫尔这位虔诚的犹太人是一个无神论者，在信仰上误入歧途，并因此背离了人类族群。

在研究戈德齐赫尔的材料时，我偶然发现了这段轶事。当然在西方世界与其他文化的交流过程中，此类的事例或许不胜枚举。

这一幕并不仅仅是历史的遗影，故事仍在继续，当事者却换了人。旧仇不断被新仇替代。多年前，邪恶的敌人是"无神论的共产主义"，而我们则代表羔羊般虔诚的"基督教的西方世界"。而现在，在敌人的眼中，我们成了新的无神者。在我们眼中，敌人则是被黑暗

---

① R. Patai, *Ignaz Goldziher and His Oriental Diary. A Translation and Psychological Portrait*, Detroit, 1987, 23. 9. 1873, 89；92.

迷信所蛊惑的宗教狂热分子。被我们拒之千里的那些人，无论他们来自阿联酋还是德克萨斯，都是"狂热分子"。

我希望能先将当前的问题略作搁置。这也是这篇文章的副标题所提的"非当前性"的意旨所在。我想对这几个被用得云遮雾罩的基本概念略作说明：无神论，迷信和狂热主义，各种极端分子之间的宗教之争，这些并不是第一次被置于对峙的战场。事实上，我们面对的是一个极其古老的问题：无信仰和迷信究竟孰优孰劣？

这篇论文试图追溯到这个问题的根源处。我想简略回溯迷信和无神论的对比历史。由于其中很多概念互相纠缠，因此我会简要摘出三个对比维度来作阐述。第一个维度是一个心理学问题：迷信者和无神论者之中，谁的处境更轻松？第二个问题是神学层面的：谁的立场更渎神？最后一个问题是政治意义上的：作为公民的两者，谁更盲目轻信，谁更爱好和平？

## 一 作为无神论的迷信

上面提出的前两个问题在古典时期已经得到了回答，虽然并不是最早的回答。

早期的迷信其实是无神论的一种表现，并不是其对立面。柏拉图认为存在三种无神论者。第一种人完全不相信神的存在；第二种人虽然接受神的存在，却认为神决不会理睬凡人的琐事；第三种人既相信神的存在，也认为神具有预知万事之能，然而他们坚信神是可以被人收买的，在接受了"祈祷"或献祭之类的贿赂之后，即使人有逾越之举，神也会置若罔闻。[①]

伊壁鸠鲁的观点和柏拉图提出的第二种类型相似，他认为无神论者是那些用无知大众的想象去揣测神的人："不敬神的，并不是那些

---

[①] Platon, *Gesetze* X, hg. v. K. Hülser, Frankfurt/M. , 1991, 888c.

将大众之神抹杀的人，而是那些跟从大众观点揣测神性的人。"①

伊壁鸠鲁和柏拉图虽然同床异梦，他们对无神论的观点却颇有共通之处。柏拉图认为迷信者属于无神论者中的普通一员，而伊壁鸠鲁则认为迷信就是终极无神论者。

这种观点在基督教神学家当中颇有呼声。例如公元 4 世纪初，亚挪比乌（Arnobius）就提出了诸多反对异教神的观点，并将基督教推上了正统位置。他质问道：异教徒凭什么将那些否认或怀疑神的人，或者那些以蜉蝣般的目光将神视为被升华的圣徒的人划为"无神论者"？他们忘了，自己将无数不雅罪行称为神之行迹，其实才是真正的无神者。②

## 二 普鲁塔克：无神论或迷信？

普鲁塔克（45—120 年）是史上第一个将无神论和迷信分为两种截然对立的观点的学者。他在一篇论文中提出了这种对比，虽然简短，却体系清晰。③ 这篇短文对整个欧洲公众产生了巨大的影响。这种影响首先得益于其诸多语言的翻译，1509 年这部作品的希腊语版本由威尼斯的阿尔达斯·马努蒂厄斯（Aldus Manutius）出版，被收录在普鲁塔克的文集《论道德》（Moralia）中。1471 年，作品又被翻译成了拉丁语。雅克·阿米欧（Jacques Amyot）（1572 年）的法语译本被公认为一部传世佳作，尤其在法国反响强烈。

普鲁塔克在这篇论文中的表述发人深省。他很少从理论的层面谈"无神论"这一词，而是将其视为与信神者对立的一种立场。他采用的词是 atheotes。而普鲁塔克对迷信的称法是 deisidaimonia，这个词与

① Epikur, "Brief an Menoikeus", in *Epikur. Briefe, Sprüche*, Werkfragmente, hg. v. H. – W. Krautz, Stuttgart, 1982, § 123, 43.

② Arnobius, *Adversus Gentes*, hg. v. A. Reifferscheid, Wien, 1875, V. 30, 1 – 2；PL, 5, 1145ab.

③ Plutarch, "De superstitione（Peri deisidaimonias）", in *Moralia*, Cambridge MA, 1928, 164E – 171F.

信仰毫不相干——这里插一句题外话，信仰这个词在描述希腊文化中的宗教观念时显得有些捉襟见肘。这个词的含义更多指的是对神灵的敬畏。

普鲁塔克认为无神论者要优于迷信者，然而他身为德尔斐阿波罗神庙的祭司，自身非常虔诚，认为无神论并不是最优解决方案。在这篇文章的最后他提出，最佳的方案是一种接受了启蒙洗礼的虔诚信仰，这是介于两种极端之间的黄金大道，普鲁塔克为其采用的称谓是eusebeia。[1]

信众和迷信者所肯定的，正是无神论者所否认的，然而他们肯定或否认的对象并非是神灵，而是中性（to theion）的神性。无神论者认为，世间"并不存在神圣不朽之灵"（meden einai makarion kai aphtharton）。[2]

无神论是一种理性的抉择（logos）；迷信则是一种激情（pathos）。[3] 无神论对神性无感（apatheia pros to theion）；在他的想象中并无美之物；而迷信者则激情过甚，怀疑美的本质是恶。[4] 无神论对神灵并无恶意，迷信则是对神灵的亵渎。与其指责神灵是睚眦必报的小偷或通奸者，否认神的存在更似是一种尊重的表现。普鲁塔克就不会因为人们否认他的存在而感到受辱。与其让人们认为，普鲁塔克像诗人笔下的萨图恩那样，[5] 把刚出生的孩子吃掉，还不如让他们认为世间并无普鲁塔克其人。

迷信从本质上而言是一种畏惧（phobos），因此它会使人的性情变得孱弱。它会扼杀人的灵魂，令其丧失行动的兴趣（drasterios horme）。[6] 最终它会导向一种极端的宿命论：生病的迷信者是不会去

---

① Plutarch, "De superstitione（Peri deisidaimonias）", in *Moralia*, Cambridge MA, 1928, 14, 171F.

② Ibid., 2, 165AB.

③ Ibid., 2, 165C.

④ Ibid., 6, 167F.

⑤ Ibid., 10. 169F – 170A.

⑥ Ibid., 3, 165C.

找医生的。① 普鲁塔克字斟句酌地总结道：神应是道德的希望，而非
懦弱的借口（eretes elpis ho theos estin，ou deilias prophasis）。②

　　不信神的（asebeia）不仅仅是无神论者；迷信者的身上也应打
上不信神的烙印。③ 迷信者设想中的神的统治是暴君式的。④ 他隐秘
地希望神不存在（tê proairesei atheos）。是的，他嫉妒无畏的无神论
者。因此迷信其实是一种懦弱、不坚定的无神论。⑤

　　一部分基督教神学家接受了普鲁塔克的观点，普瓦捷主教希拉里
乌斯（Hilarius）就是代表者之一。爱德华·吉本（Edward Gibbon）
曾引用过他的一句话。希拉里乌斯写道，谬误的信仰还不如对神一无
所知。这位苏格兰的历史学家不无幽默地评论道，普瓦捷主教竟和贝
尔、普鲁塔克站在了同一立场（the bishop of poitiers would have been
surprised in the philosophic society of Bayle and Plutarch）。⑥

　　这种观点经久不衰，被后人不断重申。19 世纪中期，龚古尔兄
弟（E. de Concourt & J. de Concourt）还在日记中写道："如果存在神
的话，那么在神的眼中，无神论比宗教造成的损害要略轻微一些。"⑦

　　然而并不是所有人都认为无神论要优于迷信，持相反观点的也大
有人在。1572 年，法国的宪政学家让·布丹（Jean Bodin）用拉丁语
发表了一篇关于历史撰写方法的文章。在文章中，他提到了利维乌斯
（Livius）和波利比奥斯（Polybios）等描述一些怀疑神迹的历史学
家。对此他写道："相对于那些冥顽不灵的怀疑论者，他更愿意原谅
那些迷信者；迷信要胜于无神论；与其毫无信仰，还不如跟随一个错
误的信仰"（illi venia digniores，quod superstitione praestat quam impie-

① Plutarch，"De superstitione（Peri deisidaimonias）"，in *Moralia*，Cambridge MA，1928，7，168C.

② Ibid.，8，169C.

③ Ibid.，10，169F.

④ Ibid.，4，166D.

⑤ Ibid.，11，170F.

⑥ E. Gibbon，*The History of the Decline and Fall of the Roman Empire*，XV，Bd. 1，hg. v. D. Womersley，London，1994，457.

⑦ E. ／J. De Goncourt，*Journal*，Paris，1989，24. 1. 1868，129.

tate obligari；et falsam quam nullam habere religionem）。①

　　大多数人会选择像普鲁塔克一样，寻找一种虔诚或信仰的中间道路。例如皮埃尔·沙朗（Pierre Charron）（1541—1603 年）在其 1601 年出版的《论智慧》（*De La Sagesse*）中就区分了宗教和迷信。他认为并不存在第三种可能，即理论上的无神论。宗教的特征是道德层面的，是一种真诚（preud’hommie），而真诚应通向虔诚的。不真诚的虔诚是迷信；不虔诚的真诚则是无神论。②

## 三　培根和审美道德的可能性

　　近代伊始，对这个问题的思考有了新的转向。这个转向出现在弗朗西斯·培根的作品中。在其 1612 年出版的《论说文集》（*Essays*）的第二版中，这位英国大臣以上文提到的那句普鲁塔克的引文开篇：与其相信普鲁塔克是一个罪人，还不如相信并不存在普鲁塔克其人。然而在普鲁塔克的笔尽之处，培根却开辟了新篇。

　　迷信比无神论对神的亵渎更严重，同理，其对人的威胁也更大。培根选取了一个新的角度来思考这个问题，这个角度在前人的讨论中多被忽略，或只是被轻描淡写地提到过：宗教行为的社会和政治后果。无神论让人保留了健康的理智、哲学、自然的虔诚、法律以及尊严（Atheism leaves a man to sense，to philosophy，to natural piety，to laws，to reputation）。这些都会让人具备一种外在的庄重。

　　当时不信神的人经常被视为恶棍，人们把无神论和道德败坏混为一谈。叔本华认为，这种概念混淆正中牧师们的下怀，而且它会引发

---

　　①　J. Bodin，*Methodus*［1566］，hg. v. P. Mesnard，Paris，1951，IV. 130a。参见法语译本 301a；布丹在其 *Les sir livres De la République* 一书中作出了类似评判，参见 IV，655；更详细的讨论见其身后出版的 *Colloquium Heptaplomeres de rerum sublimium arcanis abditis*，Kap. 5，182–184。

　　②　cf. P. Charron，*De la Sagesse*［1601］，Paris，1968，II，5，134，148，150.

狂热主义的"恐怖灾难"。①

和当时无神论的境遇相反，迷信一路无阻，在人的心中构建了一种绝对的君主制。这种借用于政治的隐喻也发展成了一种真正意义上的政治反思：无神论从来没有给一个国家带来混乱。它的效应是让人更谨慎地行事，因为他们的目光专注于当前。我们通过观察也可以发现，那些更倾向于无神论的时代在文明的进程上走得更顺畅。为了证明这一点，培根举了奥古斯丁大帝的时代为例。而迷信则导致了某些国家的政治动乱。

在文章的最后，培根打了一个比方：迷信会制造一种新的第一原动天（a new primum mobile），它会占据政权的所有空间（ravisheth all the spheres of goverment）。② 这一段有些语焉不详。可以确定的是，这种说法的历史背景是古典和中世纪时期的洋葱状同心宇宙观。然而培根并没有采用主动意义上的第一原动力的说法，而是将其称为"被推动的力"，换言之一个新的恒星系。③

在培根这里可以发现，无神论者可以是一个正直的人。然而培根认为这只能是一种保护伞。用他自己的话说，这种比喻在整体上必然是不恰当的。培根也写过一篇关于无神论的文章，文中他比较了无神论和迷信。他认为无神论不足以成为一种理论立场。因为无神论只是一件外套，在其掩护下，贪婪者偷偷满足自己邪恶的欲望。所谓的无神论者虽然能承认自己没有信仰，却不能在思想上坚持贯彻这一观念。

培根谈到了迷信如何以史无前例的方式给国家带来动乱。这一背景并不难理解：在宗教改革大潮中，欧洲的教派四分五裂。国家政权第一次为宗教起义提供了支持。各种以宗教为名的战争接连而来。当然，这种分裂还导致了更灾难性的后果——培根的这篇文章发表不到

① A. Schopenhauer, *Die Welt als Wille und Vorstellung*, hg. v. A. W. v. Lohneysen, Darmstadt, 1986, 498 note 1.

② F. Bacon, "XVII: Of Superstition" [1625], in *Essays*, hg. v. M. J. Hawkins, London, 1973.

③ 背景史料参见上条脚注，XV: Of Seditions and Troubles。

十年后，他亲眼目睹了三十年战争的爆发。培根试图通过对立信仰之间的宽容来构建市民社会的和平。这一点上，他秉承了鹿特丹的伊拉斯谟（Erasmus v. Rotterdam）等前代学者的观点，同时也和新一代学者颇有共通之处，后者中特别值得一提的是约翰·洛克。

最重要的一点是，他们所面对的敌人的面目和古典时代已截然不同。普鲁塔克笔下的迷信者和狄奥佛拉斯塔（Theophrast）在《人物志》（Charaktere）中讽刺的迷信者是相同的，迷信者的特征是面对神灵的懦弱。① 古典时代人们眼中的迷信者是可笑的。人们可以指责他们，取笑他们，却不会惧怕他们。近代的迷信者依然是同样的形象，这个故事以喜剧开始，却以悲剧收场。迷信者变成了危险的激进分子。这一刻，让启蒙运动最胆战心惊的概念油然而生：狂热主义。

培根的文章被译成了拉丁文，在欧洲学界广泛传阅。文中的经典段落曾被很多自由思想家引用，例如法国学者、自由思想家拉莫特·勒瓦耶（La Mothe Le Vayer）。

## 四 贝尔和无神论社会的可能性

众所周知，17 世纪的 70 年代和 80 年代素来被视为欧洲思想史的分水岭。斯宾诺莎的《神学政治论》（Tractatus Theologico Politicus）（1670 年），巴黎的古今之争（querelle des anciens et des modernes）（1687—1688 年），牛顿的《自然哲学的数学原理》（Philosophiae naturalis principia mathematica）（同为 1688 年），洛克的《论宽容》（Epistola de tolerantia）（1689 年）在此间先后出版，所谓的欧洲意识的危机（Crise de la conscience européenne）也初现端倪。②

在 1682 年出版的《彗星时论》（Pensées diverses sur la comète）③

---

① Theophrast, *Charakteren*, Leipzig, 1978, § 16.

② P. Hazard, *La Crise de la conscience européenne*, Paris, 1935.

③ P. Bayle, *Pensées diverses sur la Cométe*, hg. v. A. Prat/P. Rétat, Paris, 1994, § 113 – 123, 301 – 350.

中，皮埃尔·贝尔对无神论与迷信的问题作出了极其深刻的探讨，他
的思路也影响了整个 18 世纪的学者。当时恰逢一颗彗星出现，贝尔
借彗星的话题指出，这种天体现象并不是一件验证某事的奇迹。接下
来他提出疑问，这样的奇迹究竟能验证什么，究竟谁才会对此感兴
趣。迷信者比无神论者更乐于见到彗星的出现。"Il n'y jamais eu de
malheur moins à craindre que l'athéisme"。① 和无神论者相比，魔鬼
当然更青睐敬神行为。因为无神论者对魔鬼是没有敬畏的。然而异教
信仰的某些分支是崇拜魔鬼的。贝尔试图辩护的一种观点在他自己看
来其实是一种明显的悖论：无神论者的危害并不比偶像崇拜严重
（Que l'athéisme n'est pas un plus grand mal que l'idolâtrie）。② 此
处他也引用了普鲁塔克的名言。③

在基督教神学家眼中，偶像崇拜是最大的罪恶。他们认为偶像崇
拜者是真正的无神论者。认为存在多个神灵，不啻于对神的彻底误
解。对神的认知只会令偶像崇拜更加罪恶深重。偶像崇拜者比无神论
者更难感化。无神论者不会做出比偶像崇拜者更大的罪行。古典时代
从没有罪大恶极的无神论者。之后他列举了几位作风正派的无神论者
为例证。④ 在不考虑上帝恩惠的前提下，对神的认知在激情面前几乎
毫无作为。要建构一个社会，无神论者和偶像崇拜者一样，需要比宗
教更强力的阻力，这种阻力就是人类世界的法则。⑤

在后来的著述中，这种悖论变得更加尖锐：从道德风尚和社会行
为的层面而言，一个无神论者的社会和偶像崇拜者的社会是非常相似
的。⑥ 当人严惩罪行，有明确的是非尊卑标准时，无神论者的社会和
任何社会一样，能够很好地贯彻公民行为和道德行为（le actions civ-

---

① P. Bayle, *Pensées diverses sur la Cométe*, hg. v. A. Prat/P. Rétat, Paris,
1994，§ 105，Bd. 1，288.

② Ibid.，§ 114，Bd. 1，303f.

③ Ibid.，§ 115，Bd. 1，307f.

④ Ibid.，§ 130，Bd. I，338 – 341；§ 174，107 – 114.

⑤ Ibid.，§ 131，Bd. 1，342.

⑥ Ibid.，§ 161，Bd. 2，77.

iles et morales）。因为人的心中的敬畏感是自然生成的，换言之，是万物皆然的天意。①

我们可以将贝尔的思考再推进一步。虽然对宗教和无神论的政治意义的思考自古有之，但无神论更多涉及的是个体或小群体。它属于人的私事。希腊历史学家波利比奥斯（Polybios）（前 200～120 年）曾指出，智者组成的社会并不需要宗教。然而由于普通民众盲目而轻信，不如让宗教散发的威慑力来让他们安分守己。②

现在我们来思考无神论社会的可能性。贝尔对此的回答令人惊异：无神者的社会不但是完全可能的，而且会比狂热分子社会更易运作。这样一来，无神论在理论上站住了脚，同时也成了一种有生命力的观念。

贝尔的思考受到了托马斯·霍布斯的政治哲学的影响。③ 霍布斯认为，对死亡这种至恶的恐惧，正是人心中最强劲的推动力。让人构建社会的动力正是这种恐惧，而不是对至善的追求，这样的社会能够和暴力互相遏制。如果世上存在比死亡更令人畏惧之物，如地狱，那么整个社会体制就会岌岌可危。因此社会必须通过宗教启蒙驱逐这种幻象。

贝尔对这个问题的关键性思考得到了后世学者的认可。吉本（1794 年去世）在其身后出版的自传中写道，贝尔谈到的悖论虽然原本出自普鲁塔克，但他通过幽默的色彩和敏锐的逻辑让问题变得更鲜活清晰，因而为其赋予了更为强大的力量。④ 贝尔最终的结论我们不得而知，也无须纠结于此。维科曾在其探讨"世间万民皆曾信神"⑤

---

① P. Bayle, *Pensées diverses sur la Cométe*, hg. v. A. Prat/P. Rétat, Paris, 1994, § 172, 102f., 105.

② Polybius, *Geschichte*, hg. v. L. Dindorf/Th. Büttner-Wobst, Leipzig, 1889, VI, 56, 10–12 Bd. 2, 306f。相似观点参见 al-Biruni, *Indien*, hg. v. E. Sachau, London, 1887, Kap. 91, 280；（1983），433。

③ cf. L. Strauss, *Natural Right and History*, Chicago, 1953, 198.

④ E. Gibbon, *Autobiography*, Oxford, 1796, 53.

⑤ G. Vico, *Principi di una scienza nuova*［1744］, Bd. 1, hg. v. A. Battistini, Mailand, 1990, I, III, 543.

定理时提到过贝尔。贝尔认为没有神灵观的民众是可能存在的，即便不信神，他们也依然能秉着公正的原则生活。维科将他的观点和波利比乌斯梦想的哲人社会作了一番对比。1845 年，卡尔·马克思把贝尔称为全新社会形态的预言者："［贝尔］宣告了即将到来的审美社会的出现，他的依据是，世间存在完全由无神论者构成的社会，无神论者也可以是值得尊重的人，一个社会不会因为无神论者而堕落，却会毁于迷信和偶像崇拜。"①

## 五　18 世纪的大争论

对于贝尔提出的无神论优于迷信之悖论，启蒙时期的学者观点不一。

一部分学者认为这种争论毫无意义。门德尔松就在其 1783 年发表的《耶路撒冷》中尝试定义国家的使命和界限。他提出，无神论和狂热主义都是恶行，两者皆不能被容忍。至于两者孰优孰劣，其实并不重要。②

还有一部分学者倾向无神论。刚开始时，他们表达这一观点的方式非常隐晦，18 世纪 60 年代后，随着普遍的"哲学"潮的兴起，这种观点逐渐得到公开表达，例如伏尔泰致爱尔维修的信函。③ 霍尔巴赫这样的学者也曾勇敢地站出来宣传无神论。

不出所料，迷信行为没有拥护者。

其他人继续追随普鲁塔克的观点，批评两种极端道路，寻求一种纯净的"宗教"。温和的启蒙学者则反对贝尔对无神论的青睐。

---

① K. Marx, *Heilige Familie* ［1845］, Berlin, 1965, VI, 2, 134f.

② M. Mendelssohn, *Jerusalem* ［1783］, in *Schriften zur Philosophie*, *Ästhetik und Apologetik*, Bd. 2, hg. v. Brasch, Leipzig ［= Olms］, 1880, 394f.

③ Voltaire, "À Claude Adrien Helvétius", 26 juin 1765, in *Complete works* (= *Correspondence XXIX*), hg. v. Th. Besterman, Banbury Oxfordshire, 1973, D 12660, 139.

## 1. 孟德斯鸠

在其《论法的精神》（1748 年）一书中，孟德斯鸠也探讨了贝尔提出的悖论。书中有两个章节专门讨论这一问题。在第一章中，他批判了普鲁塔克的神学观点，认为其是一种诡辩，只要将宗教的社会作用也考虑进来，这种观点就会立刻失效。无论人们是否相信存在普鲁塔克其人，对于整个人类而言都是无关紧要的小事。相反，对神的信仰则非常有用。如果人们相信世间没有神灵，那么他们只会追求独立。如若我们没有能力理解这一观点，那么无神论的后果就是社会起义。宗教的任务就是遏制这种起义。孟德斯鸠罕见地采用了一种政治表述方式，这种表述风格后来被 19 世纪的浪漫普罗米修斯主义重拾，其含义却截然相反。宗教必须扮演一种遏制者的角色，宗教缺席的危害要远甚于对宗教的滥用。[①]

在第二章中，孟德斯鸠探讨了另一个观点，这种观点认为真正的基督徒无法建立一个有活力的国家。孟德斯鸠指出，基督徒市民清楚地了解自己的义务，也会积极履行。他们对宗教的付出，也会是对国家的付出。基督教的原则比政权的三种原则——即尊严，道德，敬畏——更强大。孟德斯鸠认为贝尔的思考有误区，因为他没有区分旧约戒条和新约福音。[②]

## 2. 伏尔泰

1763 年，伏尔泰出版了《论宽容》（*Traktat von der Toleranz*）。在此书的第 20 章中，他比较了迷信和无神论。伏尔泰的出发点带有悲观色彩：人是虚弱而扭曲的，需要阻力（frein）。任何一种信仰都比无神论好。一个理性思考（raisonneur）、暴力、掌权的无神论者就和嗜血的迷信者一样，意味着一场可怕的瘟疫。有社会的地方就需要宗教；法律监管公开的罪行，宗教则监管隐秘的罪行。然而伏尔泰作了一个区分：只要人还没有获得对神灵的正确认知，就需要迷信这个

---

① C. deMontesquieu, *Esprit des lois*［1748］［V］, hg. v. R. Caillois, Paris, 1951, XXIV, 715.

② Ibid., 6, 719.

替代品。而当人成功地接受了一种纯净神圣的宗教之后，迷信不仅毫无用处，还会滋生危险。文章最后他打了一个比方：迷信对于宗教正如占星术对于天文学。[①]

七年之后，伏尔泰又回头对这个问题进行了更详尽的思考。在1770年出版的《哲学辞典》（*Philosophisches Wörterbuch*）中，伏尔泰又花了整整一章来讨论这一问题。章节标题"关于无神论和偶像崇拜之间的常见对比"已说明，这个问题已成为一个老话题。普鲁塔克的观点是，与其指控一个人恶贯满盈，还不如认为他不存在，伏尔泰却指出这种观点站不住脚。有人否认上帝的存在，也有人散播关于上帝的不实谣言，至于上帝是否会因此不快，我们其实无须纠结。在没有神谕的前提下，人无法得知上帝的态度。因此关于上帝之怒、上帝的嫉妒、上帝的复仇心之类的传言，从根本上只是一种比喻罢了。

真正的问题是——这是一个"对于整个宇宙而言都有意义的课题"——从人类的利益出发考虑，接受一个惩戒严明的上帝，一个悄无声息地扬善惩恶的上帝，是否比根本没有上帝要好。

伏尔泰以一种有趣的方式为异教文化正名。他区分了古典时代的神扮演通奸者和小偷角色的神话，以及那个时期的"真正宗教"（véritable religion），例如在宗教记述中，朱庇特就惩戒了地狱里的恶人。

值得思考的一个问题是，无神论者组成的民众是否能长久存在？这里伏尔泰区分了真正意义上的民众，以及哲人构成的群体，后者是高于普通民众的。任何一个国家的恶棍都需要一种"有效阻力"。如果贝尔统治的对象是五六百个农民，他就得宣扬一个奖惩分明的神的存在。而如果他管理的民众都是伊壁鸠鲁派信徒，就不用费这个力气。因为这些人原本就富足安宁，重视社会礼仪，珍惜友情，远离政治。

我们也无法拿原始居民的情况作为例证。无神或有神的选择与他们也毫无关联。虽然他们也生活在一个社会中，但那种社会究竟是一

---

① Voltaire, Traité de la tolérance, Paris, 2000, Kap. 20.

个真正的社会，还是一种兽群?①

3. 迷信的作用

康德也表达过迷信并非百无一是的观点。在其 1793 年出版的关于宗教的著述中，他建议不要去损害"民众信仰"。他写道，"根除"这种信仰"并非上策"，因为"这样会导致对国家危害更大的无神论的泛滥"。②

法国大革命和拿破仑战争之后，约瑟夫·德·梅斯特尔（Joseph de Maistre）也在其身后（1821 年）出版的《圣彼得堡对话录》（*Les Soirées de Saint – Pétersbourg*）一书中表达了类似的看法。在这篇哲学对话录中，他笔下的一个军官作了一个军事比喻：迷信是宗教的前线堡垒，不能贸然拆除，否则真正的敌人会逼到身前。③

4. 卢梭：狂热主义的益处

卢梭在此问题上提出了一种新的视角，其中含有两个全新的维度。

在《社会契约论》（1762 年）一书中，卢梭再次提到了贝尔的悖论问题。他把宗教分为两种。一种是对于国家宪法有消极影响的现实中的基督教。他认为还存在另一种没有消极作用的宗教，即国家宗教（religion civile），这是他自己的一种设想。④

在另一篇著述中，他又提出了一个新的问题：在此之前，人们讨论的是无神论和迷信，以及偶像崇拜，并把它们置于对立面。人们要么倾向于无神论，要么倾向于一种中间道路的宗教。在某些情况下，人们可以给迷信更多一些宽容。所有赞成迷信的人都能证明，一种宗

---

① Voltaire, " Athéisme, 1: De la comparaison si souvent faite entre l' athéisme et l' idolâtrie", in *Dictionaire philosophique*, Bd. 1, hg. v. R. Naves, Paris, 2008, 338f.

② I. Kant, *Die Religion innerhalb der Grenzen der bloßen Vernunft*, hg. v. W. Weischeidel, Frankfurt/M. , 1977, III, 6, 772.

③ J. de Maistre, *Les Soirées de Saint-Pétersbourg*, Bd. 1, Paris, 1918, 7. Gespräch, 264f.

④ J. – J. Rousseau, *Du Contrat social* [1762], in *Œuvres complétes* ( = Pléiade), Bd. 3, Paris, 1964, IV, 8, 464.

教，即便是一种原始、巫蛊式的宗教，对于人的群居，对于社会都会有益处。迷信实际上是一种无害的天真，并无威胁性。具有威胁性的是暴力，是"狂热主义"。没有人愿意站出来为这群"疯子"正名。虽然启蒙者把反对自己的人称为"狂热分子"，但那些人自认为是虔诚的信徒，当然狂热分子也从来不会自称狂热。例如巴莫斯（J. Balmes）在试图证明天主教比新教更正统时，就称后者招致了狂热主义以及对立面的中立主义。[①]

卢梭给狂热主义阵营提供了新的论据，而无神社会的可行性则遭到了严重质疑。1762 年，卢梭出版了《爱弥儿：论教育》，书后附了一篇萨瓦省牧师的著名自白，在这段文字中卢梭总结了自己对宗教的看法。在牧师那段讲话最后，卢梭作了一段长篇注解，直截了当地点明了这个问题。在注解中，卢梭并没有把无神论和迷信或者偶像崇拜对立起来，而是把狂热主义置于无神论的对面。文章开端他以一种典型的启蒙口吻批评了狂热主义。

接下来他谈到：贝尔毫无疑义地证明了狂热主义比无神论更有害。然而他忽视了另一个事实：虽然狂热分子暴躁好战，但狂热毕竟是一种强大的激情力量，这种激情鼓动人们的心，让他们无惧死亡，赋予他们令人惊异的动力。我们要做的是给这种激情更好地引导，从中提炼出高尚的道德。

据我的考察，卢梭的观点以及这种积极意义上的"狂热主义"并没有得到后世关注。迄今为止我只找到两个支持的论调：奥古斯特·孔德（Auguste Comte）在一封信中谈到一个信徒，他"心怀当前时代追求一种庄严狂热的需求"（besoin actuel d'un digne fanatisme），因为"奉献理当取代谦恭"[②]；而超现实诗人安德烈·布勒

---

①　J. Balmes, *El protestantismo comparado con el catolicismo*, hg. v. Casanovas, Madrid, 1967, 67–92.

②　A. Comte, *Correspondance génèrale et confessions*, Bd. 6, hg. v. P. E. de Berrêdo Carneiro et al., Paris, 1984, Brief DCLV an A. Leblais, 15 Moses 63 [1851], 11.

东（André Breton）也在向共产主义示好时表达过类似看法。[①]

这种观点的新颖之处在于，狂热主义被视为一种有生力量，是一种积极的热情。在这一点上它和迷信背道而驰。正如上文所言，普鲁塔克在迷信中看到的本质是畏惧（phobos），因此它会带来惰性。狂热主义则让人不再畏惧死亡，而因为死亡是恐惧的至境，也是一切恐惧的根源，那么人将不再会有任何畏惧。

在这一点上，卢梭秉承了一种古老的关于创造性激情的观点。他开启了一个新的课题，而这个课题在后世的思考者身上得到了展开：只有在某种信念，哪怕是一种幻觉信念的影响下，人才能创造。

而如果不是这样，我们就得承认：

> ……谬误的宗教以及一切理性思考的哲学精神会将人捆绑在生活上，令人懦弱，让灵魂沉沦，所有的激情都会专注于私欲，满足人的自我，因此会悄无声息地损毁任何一种共同体；因为个体之间的共同点是如此之少，根本无法平衡他们之间的差异。

卢梭用来描述谬误宗教危害的词是令人懦弱（effémine），字面上的意思就是让人变得阴柔。这里他或许刻意驳斥了马基雅维利对基督教的指责，马基雅维利认为基督教令人懦弱，让天堂丧失了威严（effeminato il mondo, e disarmato il Cielo）。[②]

> 如果说无神论并没有引起血腥的战争，那也并非是因为他们爱好和平，而是对善无感（indifférence pour le bien）；……无神论的原则或许不会带来死亡，但会妨碍生命的滋养，因为它摧毁

---

① A. Breton, "Trois interventions à Contre-Attaque", in *Ceuvres Complétes*, hg. v. M. Bonnet et al., Bd. 2, Paris, 1992, III, 8. 12. 1935, 609.

② N. Machiavelli, "Discorsi sopra la prima deca di Tito Livio", in *Opere*, Bd. 1, hg. v. F. Flora/C. Cordie, Mailand, 1949, 238.

了那些让人繁衍生息的良好风尚，它令种群异化，让万千情愫退化成隐秘的私欲，让民众无法繁衍生息，道德朽化。（ils les empêchent de naître en détruisant les moeurs qui les multiplient；en les détachant de leur espèce；en réduisant toutes leurs affections à un secret égoïsme aussi funeste à la population qu'à la vertu）哲学上的冷漠就像暴君统治下的国家的寂静；那是死亡的寂静——它比战争更有摧毁力。

卢梭点到了当时初次开始引发公众关注的问题：避孕。避孕措施最早在法国底层民众中传播开来，并导致法国的人口革命比欧洲其他国家提前了100年。

我们以卢梭的一段话来结束此节："狂热主义虽然从直接结果上看，比我们眼中的哲学精神造成了更糟糕的影响，但从长期效应上看，它并没有那么糟糕。"①

## 六 当前形势

在卢梭之后的时代，问题的形势发生了转变，人们已经不再提出这个疑问。

当今时代中，这个问题是何种面貌？我在此文中无法把局势剖析得面面俱到。欧洲的大教会日渐式微。宗教已渐渐不再作为一种整体概念被理解。一个欧洲或者北美的知识分子在环游世界的时候，会途经各种各样的宗教密集区。对于这样的人，美国社会学家彼得·L. 伯格（Peter L. Berger）创造了一个非常有趣的称法："选择性瑞典"。②

---

① Rousseau, *La Profession de foi du vicaire savoyard*, *Emile*, *IV*, in *Ceuvres complétes* (＝Pléiade), B. Gagnebin/M. Raymond, Paris, 1969, 632f。（作者注：关于 espéce，我更愿意选择种群而不是种族的表述；population 一词我根据当时的语言风格理解为人民的繁衍，而不是德语翻译中的民众。）

② P. L. Berger, *A Far Glory. The Quest for Faith in an Age of Credulity*, New York, 1992, 37.

在迷信的问题上，社会上依然没有自称为迷信者的群体。然而被我们这样的开蒙者称为迷信的行为依然存在着，无孔不入地蔓延着，甚至在继续滋长。

无神论则不再需要面对质疑的目光，相反，它成了一种时尚。从前的坏标签现在变成了一种中立的"信仰"，并得到了接受。无神论成功地在实践中证明了，不仅可以存在正直的无神论者，一个国家也可以在宗教上做到中立。法国大革命曾证明，世俗化的社会是可能的，或者至少已成事实。在某些人那里，无神论一词几乎已不再带有含沙射影的批评意味：1869 年托马斯·赫胥黎（Thomas Huxley）首次提出的"不可知论"说法便是例证。①

各大宗教究竟是否能略收锋芒，与一种温和的无神论达成和解？我提出的问题是不是早已失效，或者比我想象得更不合时宜？最近几年，一种新的现象初现端倪，或慢慢受到关注：好战的无神论。这些"无神论的僧侣"② 不承认信仰和迷信的区别，他们希望同时消灭两者。

1. 不合时宜性

现在我们来整理一下上面提到的各家观点，看究竟哪些对我们有用。

我们现在所面对的狂热主义，依然根植在霍布斯曾试图铲除的那种根基上。我们的民主心照不宣地认为，用死亡恐吓已足够令敌人退散。然而自杀式袭击者并不畏惧死亡，他们蔑视我们中那些把死亡当成"终极大敌"的人。面对这些对天堂和地狱的信仰如岩石般坚固的人，我们的民主完全无能为力。

伏尔泰所恐惧的"理性思考的无神论者"（athée raisonneur），已经变成了一种历史形象，或者说创造历史的人物形象，早已打破了宗

① L. Huxley, *Life and Letters of Thomas Henry Huxley by his son*, Bd. 1, London, 1900, 344.

② H. Heine, "Briefe über Deutschland" [1845], in *Zur Religion und Philosophie in Deutschland*, hg. v. W. Harich, Frankfurt, 1966, 210.

教狂热主义在史上造成的灾难纪录。

至于宗教的社会作用问题，人们的态度莫衷一是。一方面，宗教的社会功能已成为一种社会事实，并被人所接受。对无神社会的幻想早已消逝。另一方面，当人们认真提出这个观点时，又会激起怀疑甚至厌恶的情绪。自斯宾诺莎和他的中世纪考察之后，我们已无须再区别有益的信仰和真正的信仰，① 更何况有益的并不一定就具有真理性。

在上文提到的萨瓦省牧师的自白的最后一段，卢梭指出存在短期效应和长期效应之分。从短期来看，狂热主义虽然危险，但长远看无神论会导致更灾难性的后果。

我认为卢梭的观念在后世并没有得到很好的继承和发扬。只有很少人会意识到无神论逻辑的后果。费利克斯·勒·当泰科（Felix Le Dantec）是19世纪晚期的一位法国生物学家和哲学家，现在早已被人遗忘，他在1907年出版的一本题为无神论的书中写道，"坚定的无神论者"（l'athée logique）对生命毫无兴趣；这是一种真正的智慧。然而这种智慧走得太极端。就他自己而言，他虽然身为坚定的无神论者，但很庆幸自己还有一种道德良心，这种良心来自他犯下的无数命中注定的错误（erreurs ancestrales），在理性抛弃他的时候，这种良心指导着他的行为。在一个真正无神论者构成的社会中，"麻醉自杀"（suicide anesthésique）将成为常态；这样下去社会或许将逐渐走向消亡。②

没有袭击的麻醉自杀会比自杀袭击者更危险。卢梭提出的问题依然没有得到解答：无神论的长远后果是什么？"对善的漠然"究竟会导致什么？即便无神论者能证明自己可以与社会友好相处，他们又是否能促进生命的进步呢？

---

① B. de Spinoza, *Tractatus theologico-politicus*, hg. v. J. v. Vloten/J. P. N. Land, Den Haag, 1900, Bd. 2, 109ff.

② F. Le Dantec, *L'athéisme*, Paris, 1907, 101, 106.

培根的文章中有一段话，我并不确定自己是否正确地读懂了这一段。① 在我的理解中，培根认为无神论者之所以聪明，是因为他们的目光只放在这一世生命中。无神论者的目光是短浅的，矛盾的是，他们也因此而更谨慎。托克维尔（Tocqueville）沿用了这一观点，不过他用来表达的是另一层意思：在他看来，缺乏长远目光恰恰是民主制拥护者的特点，如果他们和宗教决裂的话。而对于这些人，宗教才是一味良药。②

2. 当前性？

这是我为什么在副标题中放弃亲切的"当前性"而选择"非当前性"的第二个考虑。从卢梭的观点来看，无神论的危险永远不是指向当前的。我们的当前问题恰恰在于，我们只能考虑此时此地的问题，却经常忽视长远之后的形势。另一方面，影响到长远后期的决定，却只能由我们在当前作出。我们在当下做出的预防措施，不但会决定未来子孙的生活，更会决定他们的存在——不仅仅是生活的方式，而且还有生活的可能。

从 17 世纪开始萌芽，到 18 世纪晚期定型，近代的思想运动梦想实现人的彻底自治，让人能够自我定义、自我定位。人应该拥有自主的空间，而无须参照任何外在标准——无论是宇宙还是神学标准。神的形象，无论是自然力量（斯多葛学派意义上的），还是一个在历史中现身的神（犹太教或基督教意义上的），应该退出舞台，在极端情况下人们甚至可以粗暴地否认他的存在。四百年后，这个梦终将在某些社会上层群体和区域成为现实。决定人的行为和选择的，是人自己，也只有人自己。

然而，实现人的自决能力的说法忽视了一个问题：人的自决为什么非得是好事，而不能是坏事？它难道必然会走向自我实现，而不是自我毁灭？如果这个问题针对的只是当下的人类，我们可以用任何一

---

① cf. Bacon, 1973.

② A. de Tocqueville, "De la Démocratie en Amérique", II〔1840〕, in *Ceuvres Complétes*, Bd. 2, hg. v. A. Jardin, Paris, 1992, 663.

种传统道德——无论是宗教还是世俗道德——来轻松作答。然而如果问题针对的是子孙后代，我们将无法回答。

（作者系德国慕尼黑大学哲学系荣誉教授）

# 德国哲学研究的当代意义<sup>*</sup>

路德维希·西普　文　张东辉　译

## 一　作为风格的德国哲学

有德国哲学吗？应当有德国哲学吗？至少两位在世界范围被视为古典学者的哲学家，费希特和海德格尔，认为一种真正的德国哲学是可能的，并且要求一种真正的德国哲学。对他们来说，真正的德国哲学有必要保留由希腊人创建的哲学，甚至有必要拯救人性。对此，他们给出了基本的语言哲学和历史哲学的理由。但从当前语言哲学和历史学的角度看，他们再也不能令人信服。各种关于民族和文化的本质特性的看法，处处都表明自身是带有整合与辩护功能的神话。因此，共同的传统、经验和特殊的"文化记忆"必定不是任何单纯的操控。

德国哲学不单纯是使命意识的一种建构。自第一次世界大战以来就有了一系列批判性的尝试，试图在德国人的伟大哲学家那里寻求他们的侵略性民族主义和后来的法西斯主义的原因。杜威将康德的二元论和严格论算作这种民族主义和法西斯主义，波普尔则认为是费希特和黑格尔的体系的绝对要求，卢卡奇又认为是谢林、浪漫派以及尼采的所谓非理性主义。对卡西尔（Cassirer）或普莱斯纳（Plessner）而言，康德以后的德国哲学也属于德国偏离国际法和人权的共性而走上歧途的本质原因。这肯定不是单纯的神话，而是涉及值得思考的东西。但人们宣称的思想史的效应链大多都经不起一种更精确的检验。

---

* 本文系作者 2014 年 10 月 2 日在明斯特召开的德国哲学学会第 23 届代表大会的闭幕讲演稿，略有改动。

1914 年的伪宗教民族主义、纳粹意识形态的法权虚无主义都是与从莱布尼茨到黑格尔的理性法权正相对立的。据哈曼（Brigitte Hamann）所著的《希特勒的维也纳》讲述，当时各种绝对理念的杂糅甚至比一个被歪曲的尼采对民族世界观的影响还大。

这并不是说，这种哲学传统对德国政治文化的畸形发展是毫无过错的。在 20 世纪中叶以前的德国哲学思想中，个人针对国家的防卫权、对暴政的批判和议会民主制还没有形成强大的传统。我们甚至不能说，1848—1919 年宪法中的公民基本权利和民主的萌芽会得到当代国际知名的德国哲学家的支持，也就是原则上的辩护。我作为在第二次世界大战中出生的人，并非完全明显地察觉到全世界的研究者和学习者令人钦佩地致力于阐述和发展德国哲学的努力。一位德国籍犹太哲学家、流亡国外的回国者马克斯（Werner Marx）正好 50 年前在其弗莱堡的就职演说中说过的一席话，总是令我释怀：

> 在德国，甚至就在不久以前，野蛮占据统治地位，很多在流亡中和在弗莱堡出生的德籍人士对他们的出身表示怀疑——因为怀疑是寻求力量和希望的一种慰藉与根据：是否有过这样一些著作［尤其是指康德、费希特和黑格尔的著作］，在这些著作中，德国人为所有人追求最高的伦理。

无论是慰藉还是歧途，通过驳斥一种德国哲学来摆脱传统的重负，显然都是过于简单了。尽管如此，我在下文仍不会进一步探讨各种可能的划界标准，例如语言、效果历史、文化或政治的其他领域的相互影响。毋宁说，我想外在地预先确定研究领域：德国哲学在世界范围内得到研究，尤其是自从英美分析哲学也重新转向研究历史以来。在很多国家有莱布尼茨、康德、费希特、尼采和海德格尔的研究学会。德国哲学引人入胜的地方或许只是卓越的文本和上述著作者以及其他人：直到当前，可以想象维特根斯坦、阿多诺、伽达默尔、布卢门贝格（Blumenberg）、亨利希（Dieter Henrich）或哈贝马斯。但与可比较的德国文化产物（例如音乐或文学）不同，人们可以谈论这类哲学思考的一种统一风格。

在此，我仅根据一些占主导地位的问题和解决这些问题的方式所具有的一种连续性来理解德国风格。关于这种德国风格的特征，我提出如下看法：首先，德国哲学是历史思维与体系思维的一种特殊结合；其次，它是科学与宗教的中介，或者诸多世界观的中介；其三，它是对极端的新开端的要求。所有这些特征在德国哲学以外肯定也是存在的，而且也有使用德语的哲学家，例如利希滕贝格（Lichtenberg）和施蒂纳（Stirner），但他们并不很好地适用于德国风格。尽管如此，与其他传统相比，这种风格将最有影响力的德国哲学家们彼此结合起来的力度仍更大，而且它让人认识到他们的长处和短处。

1. 历史的—系统的特征：自亚里士多德以来，哲学对前辈们的谬误与进步产生了兴趣；自文艺复兴以来，人们对于时间间距的意义的意识开始提升。对陌生的过去、对根源与影响的兴趣是 19 世纪欧洲历史意识所共有的。但对我而言，至少自 18 世纪以来德国哲学的典型特征在于，努力以它自身的特性，同时作为体系探讨的挑起者去理解前辈们的论题。在康德之后的哲学中，哲学史就随之变成了体系的一部分，并且这个部分又变成了哲学史随后的发展结果。

历史定位趋向于这种哲学史的定位，例如“弗利德里希的世纪”中的康德，法国革命“壮丽日出”后的黑格尔。体系的原则和理论同这种历史起源的关系自身自然而然地发生着原则性的改变。黑格尔还主张，虽然理性必然使其对历史的把握变成对其自身的认识，但结论基本上避开了进一步的历史进程。在 20 世纪，为了一种不可终结的反思进程，人们大多放弃了这一要求。一个时代为了获得关于自身的明晰性，首先就必须正确理解自己的起源。这个起源不仅包括概念和制度的起源，而且——例如在布卢门贝格那里——包括各种为全部世界观奠定基础的隐喻的起源。或者借用伽达默尔的话说，一种不再绝对的反思，需要与前辈们交谈，这种反思要感谢前辈们的思想前提，并以新的方式提出前辈们的问题。

对历史局限性的洞见，与要求关于不可移易的对象的知识和精确的方法长期处于一种紧张关系之中。近代的欧洲哲学总体上定位于数学性自然科学的"可靠进路"。要求一种从最初自明的原则或公理出发的 philosophia more geometrico demonstrate（几何证明式的哲学），要追溯到笛卡尔和斯宾诺莎。但这一要求也许在任何地方都没有像在从莱布尼茨和沃尔夫直到早期马克思的德国哲学中产生如此持久的影响。德国哲学在胡塞尔那里和在海德格尔《存在与时间》中仍是体系哲学，即使在他们那里一种基础解释学已然取代从原则出发作出的系统演绎。

与近代自然科学的数学—逻辑方面相比，德国哲学更少地定位于经验方面。科学经验是如何可能的，它的有效范围有多大，当然是康德理性批判、费希特知识学或黑格尔意识的经验科学的研究对象。甚至毋庸置疑的是，关于物质世界和人以及人的历史的最好的经验科学解释也必须得到哲学的接受。这些解释决不允许凭借任何思辨而被跳过。然而，德国哲学始终对特别是英国传统的经验主义持怀疑态度。德国哲学也不愿接受自身结论的暂时性和可修正性。只有到了 20 世纪，德国哲学才逐渐认识到，正是对基于共同经验的理论和规范的修正推动了个体的自由与共同决策。

2. 介于科学与宗教之间的特征：17—19 世纪早期德国传统中的庞大体系构思，被明确地用于统一近代科学与业已启蒙的基督教。但在这些方面，以下的难题也始终是根本性的，即必须评判宗教在人对世界的解释、个人的生命意义和依据对自然的科学解释正确行事的命令的问题上作出的回答。这也仍适用于尼采或马克思，对他们而言，反对宗教、尤其是基督教的解释权和统治权的斗争，就是激发他们的哲学狂热的利刺。德国哲学，与英国哲学或法国哲学不同，几乎没有一种平静的、可以说新伊壁鸠鲁派的自然神论、怀疑论或不可知论。

哈贝马斯也曾指出德国哲学的这种介于科学与宗教之间的地位，说明了德国风格的长处和短处。哲学的绝对要求——精确只是和宗教真理的榜样——的一个后果就是对各种可供选择的哲学观念的不宽容。这种不宽容不仅在学识领域，而且在国家和社会中扩展为排他性的要求。费希特对他晚期的先验哲学，黑格尔对思辨思维都曾提出这样的要求。海德格尔的德国"运动"对哲学的定位，显然不如说是一种短期限的希望。这种认识论的要求往往意味着对历史变迁的一种免疫，这种免疫在今天德国哲学获得接受的现状中仍具有问题重重的影响。

但另一方面，在科学与宗教之间作出调和的目标使得德国哲学对科学还原主义和社会寂静主义保持着距离。直到今天，宗教的改善世界的乌托邦遗产，特别是在德国哲学中得到要求：世界、尤其是社会世界不能如其现实存在的那样被容忍。世界必须变得更加公正、理性和自由。康德仍表示怀疑，人类理性的努力是否足够实现这种愿景，或者说，上帝的帮助是否必须被人期待。但费希特已经通过他的表述——这些表述预先道出了马克思"人民的鸦片"的比喻——针对彼岸的空口许诺提出了抗议：这些许诺不过是对改良不力和巩固统治的辩护。对黑格尔而言，上帝甚至必须通过维护尘世的一种合乎理性、法权和伦理的秩序，而从他的彼岸被"解放"到尘世。

但这种改善世界的巨大干劲也有它的反面，即救赎宗教的历史哲学—末世论的遗产。借助各种不同的认识要求，将世界史看作是理性的实现的救世史的整体解释在18—19世纪占主导地位。在欧洲理性步步攀升的道路上，过去和当下的灾难与不公就这样获得了必然性的特点。一种世俗化的世界末日论具有的源于宗教的特征仍是有问题的。费希特针对反基督教的拿破仑提出的德国拯救世界的理念（1808年《对德意志民族的演讲》）至少还是旨在建立一种维护所有人的权利和平等的从未现实存在的状态。相反，海德格尔希望趁存在形而上学、资本主义和技术主义中被遗忘的危险发生以前，拯救德国"意识"，这使他濒临混乱的反闪米特人的阴谋论的境地。

3. 极端考古学的特征：这第三个特征是通过宗教的思想模范的"传染"产生的，极端考古学的说法为了与托伊尼森（Michael Theunissen）使用的一个概念衔接起来。自17世纪以来欧洲哲学就打上了新开端的烙印，而自18世纪以来任何地方都没有像在德国哲学中那样极端。这不仅涉及对常识的摒弃，而且涉及对整个哲学传统的颠覆——想想尼采或海德格尔。美国实用主义者罗蒂（Richard Rorty）还证实了思维的这种极端性的魅力所在。在他看来，表象活动的根本转换构成哲学的真正价值。表象将哲学与艺术、尤其是现代艺术中的造型方式和生命形式的革命结合起来。革命在科学中则通常以范式的转换为出发点。

但极端地割裂传统的做法有其自身的危险。尤其是在实践哲学中，割裂传统导致遗忘经典理论中的好宪制和坏宪制、人和公民权的近代历史、三权分立和法治国家。这相对于德国的宪政史，至少自保罗教堂建立以来，甚至可能意味着一种灾难性的倒退。

在哲学中革命性的观点变化比在艺术和描述性科学中更成问题。法权制度和道德规范归因于一种长期的学习史和经验史。它们的哲学根据也具有一种论据上的连续性。这并不排除在近代历史情境中的根本转变。但由于从马克思到海德格尔的极端思想家而造成的对法权的近代发展的蔑视，并非仅对他们而言是灾难性的。

结论就是，我们或许应当保持恰当的、批判的距离来深入研究德国哲学的著作。体系的贯通和反思的极端并非全是哲学的长处。

## 二　对待德国哲学文本的方式

德国哲学现今在很多国家既是历史研究的对象，也是体系研究的对象。可以说，它是具有其自身风格的对象。但它也有仓促的现实化和非历史的永恒化的颇成问题的特点。真理的要求和体系的形式诱使人们对历史的间隔加以跳跃，对上文概述的短处加以忽视。在这方面，人们首先可以从解释学上断然否认当下所固有的权利，其次，可以建设性地将今天明白易懂的东西移植进过去的文本，或者第三，系统地——有选择地在宏大体系的某些部分为自己的初想念头寻求证明。所有这三种形式——不单只是在德国——广为流行，需要批判地加以考量。

1. 第一种对待哲学文本的解释学—肯定性的方式，试图设身处地地将哲学本文的论证理解为不容反驳的思想进路，而不质疑这些论证的前提。这样一种由 principle of charity（善意原则）推导出来的进路无疑是必要的，以便凸显论据和体系的长处。但哲思越广泛地向社会现实领域迸发，或者越广泛地被用于指导经验科学事件，我们就越发可能碰到今天的哲学家们通常可能不会接受的结论。

于是，肯定性解释的"硬核"，像宗教传统主义者一样，会摒弃糟糕的当下。例如，他会作为康德派坚持严格的刑法，作为费希特派坚持父权制的亲属法，作为黑格尔派坚持伦理性战争的理论，或者作为尼采派坚持对民主国家的摒弃。稍微弱些的继承者将在内核与外沿之间作出区分：他们把不可接受的教育材料看作是具有时代精神的局限性，而不是体系上必然的。他们过渡到这样的主张，即这些教育材料是由大多拥有巨大的、体制的权限的相关哲学家所支持的。此外，他们通常不会揭示，加以变换的外沿与古老的内核究竟是如何协调的。

在过去的时代，一个哲学体系的不可移易的有效性，不仅在形式性的体系中，而且在自然的、历史的进程中都预设了一种无时间的、客观的理性。德国古典哲学甚至不把历史和风俗所涉及的东西设想为这样一种理性，因而也没有把过去各种哲学的有效性设想为全部的哲学的有效性。但理性在历史上把过去的各个体系当作必要的阶梯加以辩护。人们也必定会以这样一种历史观放弃这种看法，在这种历史观中，各个时代不再是带着必然性和一种全面的目标方向前后相继的。在特定的领域，例如技术史或法权史领域，可能还存在学习过程和"各种成就"。但历史进程的复杂性与偶然性或许仍需要对各种未来开放的发展趋势作出解释。

源自于前工业时期的欧洲等级社会的各种思路，是在进化论或相对论之前被构想出来，并以它们时代的语言阐述出来的；它们在21世纪再也不能作为整体思路得到维护了。这些思路通常引人入胜的内在的合乎逻辑性再也不能面对进化论和相对论蒙混过关了。对哲学文本所作的历史—语境的解读最初自剑桥学派以来就已取得巨大进步。概念史和隐喻史——广泛地讲，明斯特人的来历——或由亨利希发起的局势研究对此也作出了贡献。这使得古典学者不会过时，但康德派、黑格尔派等之间的学派斗争最终都成了多余。

2. 第二种和第三种解读类型根据当前的问题或理论萌芽阅读历

史文本。在这方面，我把试图将历史文本或著作者整体上理解为实际理论的先行者的做法称之为"重构的"。根据这些实际理论，历史文本或著作者就始终完全摆脱了矛盾。效果历史变成了一连串的误解。今天的解读者才利用的纯粹学说，变成了在历史上起作用的学说。汗牛充栋的解读观点削弱了解释学的绝对主义。随着各种精心编辑的历史文本和评注的增多，肯定可以排除一系列的解读作品。但从民主政治直到宗教多元主义，如果人们过分地将现代精神强加于古典学者，取代被摧毁的神话——例如第二次世界大战作为黑格尔左派与右派之间的一场战争的神话——的通常都是新的神话。

3. 第三种系统的—有选择的解读提取前辈哲学思想的某些部分，而摒弃其他部分。因此，这种解读通常被批评为是折中主义的，或者是采石场方法。但贯通的系统的特点由此被悄然接受下来。时至今日，这样一种特点不仅在各门科学中已然过时，而且在神学中也不再被看作是毫无限制的。哲学家们说得对，我们没有义务完全接受或根本不接受过去的学说。

所以，人们完全可以将德国古典哲学与现代的方法和观点结合起来，例如将自我意识理论和行动理论同现代语言哲学的方法结合起来。现代逻辑学家与莱布尼茨或弗雷格的关联已经是不言而喻的。

这种类型的解读对我来说最切近德国风格的优势。但这种解读也有其自身的问题。追寻系统的先驱思想可能既高估又低估了当前的思维。当现代性的痕迹作为一种毫无争议的标准在过去的本文中随处都被发现时，当前的思维就被高估了；当科学革命和政治解放斗争只不过被归结为早就被人构想出来的草案时，当前的思维就被低估了。必要且合理的改变的哲学根据在于，澄清人们必须放弃过去体系的哪些前提。关于自身系统观点的一种谱系学的建构，由于对一项遗产的专有权限而始终具有某种自我立法的意味。我们从政治史学中能领略到这种权限造成的问题重重的后果。这样的吸纳也导致视野变窄，例如从康德到早期海德格尔的德国哲学仅仅被看作是原初的实用主义。

如果说历史思维与系统思维的结合属于这种哲学的风格，那么，在研究这种哲学的过程中就必须在系统的结合能力与历史的编排、现实性与界限之间作出区分。有些古典学者为了凸显自己的独创性而贬低他们的前辈。人们也不应当基于更多的解释学的好感，而消除与宗教文本的解读之间的差异：宗教文本的神圣化要靠真理的假设。神学的新解读通常不想抛弃启示的整体框架。但哲学不会固守任何文本规范和任何理论框架。哲学可以受到重要文本的激发，同时又追问这些文本过时的原因。

## 三 当前的各种转变形式

人们应当继续探讨德国哲学的风格，即历史与系统、科学与关于生命和世界的总体解释之间的结合吗？如果是的，那么，根据我的看法，这种探讨只需借助一种根本的转变即可。这样一种哲学应当以问题为目标，（1）在一种消极的系统概念的意义上批判地界定任何科学和解读观点的权限；（2）这种哲学的任务在于，为了全球性的共同行动目标而寻求一种同意框架；（3）一切都要遵照过去思维的经验和公开的制度，这包括一种关涉问题与语境的哲学史。

1. 经过转变的德国哲学应当对现代社会和科学的问题保持开放，而无需工具化，沦为化解危机的政治助手。这些问题是什么，当然不是简单地由社会现实预先规定的。但这些问题也不是单单与哲学原则相同一的；毋宁说，它们要追溯人的需求、生活世界的技术变迁和集体的、规范的自我形象之间的一种复杂的交互作用。例如，据此可以提出在食物和医疗方面克服全球不公的问题、压制和排斥问题或新的残暴不容忍问题。

德国新近的哲学在这些任务上决不是走在前列的。各个哲学学科的必要区分早就已经遭到拒绝，一种应用伦理学的发展也遭到了极大的不信任。几十年来，各种国际公约以日渐形成的世界公开性制定出来。它们不仅涉及人权和国际法，而且涉及共同的自然遗产和文化遗产以及在由人造成的环境问题方面的目标确定。既对各种规范也对自然概念追问内在的文化一致和差异，在今天也是哲学的任务。

对形而上学的"终极问题"的反思是不能否认的，但形而上学所作的科学回答似乎比以往任何时候都更加疏远。在德国当代哲学中已经取代古典的上帝存在证明的或许是一种与德国观念论、与维特根斯坦或晚期海德格尔相结合的理性神秘主义。在这方面，对个体性和自我意识的克服通常与亚洲思维方式的传统相契合。这些思考是否已经掌握普遍清楚的论据，或者是否能够在哲学和宗教学之外得到证实，在我看来似乎是有疑问的。

与上帝和不朽问题不同，在自由问题上一种跨学科的进路看来至少是可能的。但这种进路预设了对有形事件的经验观察的观点同权能和义务的规范属性的观点的一种批判性区分。在这方面，既涉及制度框架内的自我归属的问题，也涉及他人归属的问题。自由问题的一种跨学科探讨必须在方法上是"多视角的"。

2. 在德国传统中，知识要求与效用要求的批判性划界是与寻求理性与各门科学的体系的统一结合在一起的。康德早期的追随者仅仅将批判理解为这样一种体系的准备，这种体系应当给予关于自然和人类精神的知识以一种必然的、先验演绎的或整体主义的关联。这种要求甚至在 20 世纪也没有被哲学家（例如胡塞尔和海德格尔）完全放弃，他们想在生活世界的自我规划中给各门科学的方法和明见性奠定基础。各种不同的知识形式以一个前科学的基础为出发点建构的一门系统的谱系学是否是可能的，在我看来似乎是有疑问的。我们的生活世界本身就贯穿着应用科学。但相对于庞大的组织机构自主利用知识的情形，知识与理解的意愿的原初意义仍能批判地发挥作用。

不要在各种科学方法之间划出任何绝对界限。相反，在相同的对象——从考古学到脑研究——中各式各样的方法和视角的运用在今天已是硕果累累。但在人们对一首钢琴鸣奏曲的体验上，即在音乐学中对这首鸣奏曲的理解或在神经生理学中对它的聆听的解释之间，始终存在本质的差别。这些差别不可能在没有丧失经验的维度和解释的复杂性的情况下而被消除。但在一个知识圈里，当在不能被逾越的自然规律与能够并且必须被确定、改变、批判和辩护的规律之间再也不能作出区分的时候，社会的重要性也会存在。对单方面的主导性要求的批判和对存在论的与认识的内涵的发掘，就是对体系思想的继续发扬，即探寻各种观点的互补性。

批判能够产生进一步的意义，这种意义在德国传统中至少从黑格尔延伸到了批判理论。在黑格尔那里，批判涉及集体意识的各种形态，在马克思那里涉及社会关系、尤其是经济关系，在晚近的批判理论——援引耶吉（Rahel Jaeggi）的一种称呼——中，则涉及各种生活形式。这种类型的批判不想演绎批判的标准，而想表现各种社会冲突，并激起对这些冲突的体制变革的结果。但在多元和民主的社会，这样的证明是困难的，即对社会紊乱的某种诊断能够依据一种共同的自我理解、共同承担的危机体验和很大程度上毫无偏袒的变革要求。

双重意义上的批判与公共问题上的定位是紧密结合的。人们可以在生物工艺学、经济学或社会学的事例中看到这种情况。在生物工艺学、科学及其应用中，不仅外在的自然，而且人本身都日益表现为可改善的机器。人们可以在技术上通过改变基因或大脑使人更好地适应于日益增长的世界人口的食物问题和合作问题。从哲学的角度看，通过在人的大脑中安装一种 god-machine（神器），人在它的建议的辅助下会被自动阻止对他人的伤害，并且这种机器会促使人达到自愿的状态。这种情形的实现会造成一切关于可归责的行为及其惩罚、与犯科者达成谅解与和解的规范失去效力。取代这些规范的则是修理机器和药方治疗。这些关于人类图景的问题至少必须在各门规范科学和公共讨论中得到探讨。

经济学对一门无涉价值的科学的状况提出的要求，也无视这样的情况，即产品的生产和分配或者服务，是同法权规则和"信任的养成"，也就是说，是同规范的抉择相结合的。公平观念对受损有一个宽容界限，这揭示了经济学意义上的斗争及其制度性的结论。现代的工作奴役和腐败——尽管存在各种各样的法权秩序和社会秩序——今天仍在世界范围内受到批评。规范和制度对经验有一种独特的、不同于技术学习的维度。

类似的情况也适用于这样的尝试，即确保经济学在自然科学中对社会生物学和生物进化起源学可靠有效。在某种程度上，经济学理论肯定可以脱离这些环境。今天，人们日益意识到经济学体制正不断嵌入文化的生活形式和价值优先性中——想想穆斯林兴办金融的问题。但经济学理论不允许把要求科学的东西更多地转换到政治学上去。用同样的经济措施给世界上各个不同国家的经济学"消毒"的尝试，迄今为止尚未产生任何鼓舞人心的成果。

各门科学自身也有能力对它们的权限作这样的批判性限定，但它们通常将其自身的理性类型绝对化。这也表现在晚近围绕社会科学的现代化理论和世俗化理论展开的争论中。在这里，不仅可观察的发展动态得到过高评价，而且科学的态度被假定为长久地必须严肃加以对待的唯一价值观。但对科学的批判不能复又以历史哲学的方式宣告一个"后世俗的"时代的来临。并不是世俗化的所有形式——尤其是在法权领域——都是可逆的：世界观中立的国家本身就是宗教自由的绝对必要前提。哲学要感谢这样的国家在近代使其摆脱了任何思想意识的监控。

这样一种批判哲学今天在科学与宗教之间站在哪里呢？数学性的自然科学对于物质世界的解释在两个方面具有优先性：首先，数学、逻辑学、实验的体验或受控的观察显然是唯一普遍的、不限于任何特殊的语言、文化和传统的方法论。在现代物理学中，理论模型甚至逾越了人的空间—时间的表象方式。其次，自然科学的对象，即物质世界，据我们的全部所知，是一切事件和成就的载体，包括人的思维、意愿和想象的活动。虽然我们可以杜撰或想象无穷无尽的语境，但这种活动是与人脑中的各个事件结合起来的，即使这种活动的内容单独用神经元运动过程的语言根本不能作出解释。适合于解释物质世界，这对一些影响共同行动的、建构意义的学科而言也是一种排他的标准。因为这预设了关于物质世界的因果关系的可靠假设。

结论就是，物质世界的自然科学解释与神学解释的统一，对哲学而言是再也没有任何意义的任务。无论如何都是这样，只要哲学，例如近代的德国哲学，想要独立于特殊的启示、流传下来的文本和独特的宗教体验。从一个有理智的存在者的意图出发作出的各种解释，如果没有这样的前提，亦即看不到借助普遍可用的方法对这些解释所作的一种证实，就是没有说服力的。此外，我们是否能够从意图出发而无需物质基础就自行产生一种比神秘表象更多的表象，仍是有疑问的。

但从自然科学对物质世界的事件作出说明的这种优先权出发，并不能得出自然科学对精神、文化和规范的领域享有任何解释的霸权。生活和行为的语境与规范既不能从根据自然科学作出解释的世界的规律和过程中展示出来，也不能从中推导出来。行为规范要求共同的和公认的承诺。从进化论中得不出任何伦理学，从人类的发展生物学中也得不出任何保护生命的规范。人类是否在进化中应当持续存在，这也取决于人类持久的道德品性。

但从道德学中再也没有任何必然的道路通向上帝存在的拟设。虽然小罗斯（Peter Rohs）在康德拟设学说的实现过程中维护了这个论题，但有神论似乎比无神论更好地适合于道德学。罗斯的出发点也在于，"不论是经验科学还是关于规范的辩护都缺乏上帝存在的前提"（《信仰的地位》，第 143 页）。但道德责任必须延伸到生命之外，并与终极正义的希望结合起来。然而，当人有能力通过理性和同情遵循道德规范的时候，任何关于一位惩恶扬善的上帝的假设显得都是与自律不配的，这是费希特反对康德的一个对我而言始终颇具说服力的论据。人们也可以追问，拟设上帝的实存是为了人们彼此的道德和睦，这是否适合上帝尊严的概念。最终，对终极正义的希望，对很多哲学家而言也适用于对愿望思维的怀疑。

但要求一种属人的道德学，这也是罗斯的一个主题，这是对宗教的规范内容的一种批判。这种类型的宗教批判将德国哲学与自 17 世纪以来的一种全欧洲的传统划分开来。理性——今天不仅是哲学理论的对象，而且是世界范围内法权公约的内容——要求从宗教那里获得权利的尊重，即每个信教者和不信教者都有身体免受伤害和自我决定的权利。此外，理性要求宗教放弃操纵政治共同体的规则或对宪政和公民基本权利享有排他性解释权的特权。哲学批判把自古代以来所谓自然的或超自然的预定性揭露为是历史的设定物，通常是为强权者服务的。当今属于这种情况的也包括关于自然的或上帝青睐的性别的引证，甚至包括上帝观或教士职位的获取。宗教史与民族史相统一的神话也经受不住哲学和历史的启蒙，这是现代宗教自然主义的一个来源。

但多元主义国家的制度理性也对宗教怀疑论者提出了要求：他必须赞同每个对宪法原则表示同意的人在其常规建议方面的可能正确性，赞同的程度就如同他赞同自己的常规建议一样。宗教——不单单是基督教——教给人一些对于现代社会的冲突具有关键意义的美德：团结弱者、友爱他人、放弃与悔过、宽恕与和解。

宗教仍要从中立的哲学那里期待的东西，不像在康德或黑格尔那里一样更多的是关于上帝存在的证明，或者对基督教独断论所作的一种去神话学的理性概念的转化。反正自19世纪以来德国哲学的上帝概念更多地就已经疏离了百姓日常的宗教。哲学——伦理学除外——再也不能将宗教内容转化为纯粹合理性的概念。哲学应当放弃对一种竞争的神学或超神学的要求，但它不能放弃作为人类学以及作为政治哲学或社会哲学，对宗教现象作出解释的要求。例如，早期的海德格尔对宗教实存的解释学作出了重大贡献。

当今由人种学和社会学推动的宗教哲学尤其感兴趣的东西是社会整体的礼俗和仪式因素。在这里，宗教哲学与实际问题的关系也必定没有被人构想。例如，宗教仪式涉及的是集体融入感的可能性和管教性。卡内蒂（Elias Canetti）就将划出神圣空间、分匀时间和抑制极度兴奋的消涨看作是驯化的手段（《大众与权力》）。将这样的精力用于破坏性的强权目的能力超凡者，已经成了内在宗教批判的对象。在明斯特，宗教和权力是一个尤其统领历史和科学的主题。

在维护公民基本权利的情况下，宗教始终仍能代表向内的终极真理的要求。哲学家也必须放弃这样的要求。哲学家今天——不同于在各个庞大的体系中——必须承认各种哲学理论的理性的多元性。连在道德和法权方面，甚至在像可普遍化原则这样的形式性原则中，可能再也不存在这样的终极根据，这种终极根据能够表明任何选择在自身都是矛盾的。契约或讨论显得令人怀疑，它们是否真正独立于诸如自律、平等或团结这样的有内容的原则和价值。而这些原则和价值是历史地形成的，并且不是在根本上缺乏选择的。

现代法权秩序、人的尊严及其在一系列不断扩展的人权中的表达的共同基础，像自律的个人的权利的哲学根据——也有神学根据———一样，依赖于压制和侮辱的集体经验。这样的根据部分地对侵犯肯定是敏感的，尽管德国古典哲学仍令人惊讶地容许例如在性别和文化之间作出很多权利的区分。相同的人权今天可以被看作是不可逆转的，因为在关于原因的可设想的空间中，任何可以为其自愿的撤销做辩护的东西都是不可认识的。

这意味着没有任何历史主义或建构主义。奴役或大量的刑讯与灭绝不会被评判为无涉价值的和"直接面对上帝的"。痛苦和屈辱是身心上的遭受，不是由讲述者杜撰的，即使讲述的痛苦和屈辱的材料往往使未曾参与的大众也深感良心不安。可以猜想，痛苦和屈辱在各种不同文化的经验史中也可以得到认同。这可能是这样一种多元主义的同意的基础。对这种同意来说，任何宗教或哲学都不能要求解释的霸权。

一个人的生命的意义也不必追溯到世界和历史的一个共同目的和一种隐秘意义。生存哲学的在极乐与地狱之间作出抉择的各种世俗化，是骄横的和僭妄的；在这些世俗化传播集体使命时，就越发骄横和僭妄。对个人而言，他的生命的意义和价值并不取决于一种出色的自我规划或一种极端的命运选择。可以说，世界上的大多数人都要克服生命中的困境而"忙得不可开交"。只要这个世界公正地对待各个合理的期待，它在自身就具有一种意义，哪怕它遵循的是寻常的社会模式。对准则规范和顺应时势的蔑视，是听任个人的，但不会听任这样一种哲学，这种哲学独立于宗教甚至美学的前提而追寻有意义的生活标准。

哪些期待是合理的，在法权之外，哲学伦理学对这个问题协助作了回答。同样的情况适用于评判人性问题，对人性问题的共同解决之道可以赋予一种宗教生活或一种在哲学上业已启蒙的生活以意义。意义问题不同于探讨好生活的伦理问题。但对两者而言，提高满足的可能性的一般标准是可以指明的，而这些标准是与主体性的结构结合在一起的。属于这种情况的是兼有内心的平衡与自我的间距，遭遇他人而无需迷失自我，用黑格尔的话说：在"他在"中守住"自在"。

对哲学而言，难道只存在对绝对要求的"紧缩通货"的批判和对观点的限制吗？在哲学中再也不能谈论理解和行动的广泛界域吗？或者说，观点的互补性的理论盲点必须通过共同行动的一个广泛框架才能得到补充吗？

3. 在我看来，在两个方面寻求这样一种框架似乎是必要的：首先是各种异质文化的实践关系方面（a）；其次是日益变成极端的技术改造对象的自然方面（b）。

（a）就全球和国际的多元主义的框架而言，我们至少拥有世界范围的人权公约和国际法公约，例如气候公约和生物多样性公约。但对于这些一致意见的解释，尤其是这些一致意见的行动结果，一再陷入冲突。对我而言，草拟一个在其中这些冲突可以得到定位和划界的框架，属于体系哲学的遗产。

对于社会冲突，可以根据歌德、康德、费希特和黑格尔所重视的一个概念，即承认概念，尝试加以解决。针对现代的问题，即由移民和驱逐造成的在狭窄的空间各种不同文化的共存问题，必须重新规定承认概念。人们可以在人类共同生活的基本制度，例如家庭、经济和国家方面进行承认的尝试，就像霍耐特（Axel Honneth）对黑格尔的承认萌芽加以转化一样。从非暴力和非歧视直到团结和相互的、文化的丰富，各个阶段性的承认形式——部分地是强迫性的，部分地则是值得促进的——在我看来是必要的。

（b）针对有限制的不一致和冲突设计的这样一种共同的框架，对人们与自然的交往也是必要的。相对于笛卡尔对自然的机械化、培根对自然的统治权或二元论对自然的贬低，高扬自然的价值是自18世纪以来——当然是在宣扬卢梭哲学或浪漫派的欧洲哲学的情境下——德国哲学作出的一次主要推动。今天，这个问题不论是在全球资源紧缺还是在全面侵占自然的可能性方面，都以很多极端的方式提了出来。因此，在我们的技术化生活方式的持续性之外，我们还需要共同的价值观念，建立值得维护和值得追求的自然状况。对此，当我们想在生命体、生物生活区和无机构造物的疾病与健康、繁荣与凋零、稳固与脆弱之间作出区分时，自然科学的解释只能提供辅助的参考资源。自然科学的解释对技术统治和经济用途的日甚一日的依赖，也可能导致一种政治—经济的唯科学主义。在这方面，技术统治日益从对辛劳、痛苦和灾害的摆脱转向纯粹技术性的功能与效率标准的优化。

在这个方面，与宗教、艺术和其他各种传统智慧和创造性想象力形式的对话是富有成果的。上帝创世的观点或东方宗教的整体主义自然观，在关于对待自然的正确态度的争论中并非错误地具有传染性：不是作为因果表象，而是——例如在康德那里——作为道德—实践表象。但认为自然只有通过人才获得一般的意义和目的的主张，再也不适合于一种进化的看待方式。这种看待方式再度提议采纳一位博学友善的观察者——他赞同建立一个繁杂、正义和兴旺的世界——的观点。这种观点可以在被看作是不成熟的机器或单纯物质的自然之外，具体化到各种不同的文化培育的愿景中去。例如在社会领域，放弃彻底的统治地位的目标，才能使真正的自由和丰富通过一种独立的面对面而成为可能。对此，人们不能放弃针对自然招致的痛苦进行的技术斗争。

促进这里概述的哲学，并不是德国专有的，但可能延续德国哲学风格的积极方面。至于我们所建议的转化是否是一种极端的新开端，可能会得到不同的评判。这种转化在人类共同创建的规范和制度方面，不是一种极端的新开端；但鉴于在近代哲学中占优势地位的体系和自然的概念，它又是一种极端的新开端。取代体系的是在承认的社会框架内，为了一种互补的多元主义而对各种主导思想的批判。一种活跃的、在进化和培育中可能的良好秩序的自然概念，取代了唯物主义的、二元论或精神一元论的自然概念。这既是一个新开端，也是对"德国风格"的哲学的意图所作的一种变得更加谦逊的延续。

（作者系德国明斯特大学退休哲学教授）

# 什么使人成为人?[*]

罗伯特·施佩曼　文　　张东辉　译

## 一　人格性与个体性

"人"不是简单地指个体。个体是共同体的一部分,个体属于共同体,共同体使个体能够生活下来。但通过个体自愿作为部分隶属于整体,整体就远远多于一个部分。个体本身就是整体。个体之间是不可通约的。两个个体比一个个体多。但他们都是富有价值的。在面临选择的时候,拯救两个人的生命比拯救一个人的生命更加重要。在紧缺的捐赠器官的分配过程中,留给我们的除了对可能的器官接受者的生命的评估之外,别无他物。波兰神父科尔贝觉得,一个被判以饿死的神父的生命可能比一个男子的生命更加重要,他所以选择饿死,是用以交换这个男子的生命。[①] 但通过这个行动,科尔贝甚至避开了那种给他的行为奠定基础的评估。毋宁说,他的行动使生命所意味的东西变得明确,人不是拥有价值,而是拥有尊严。

但尊严与价值不同,是没有任何价格的东西。我们称这样的尊严的承载者为"人"。我们赞同这样的人有这样一种地位,这种地位迫

---

　* 本文"Was macht Personen zu Personen?"系作者 2010 年 10 月 22 日在慕尼黑大学的讲座的修订稿。感谢慕尼黑的诺勒(Jörg Noller)先生所做的修订。

　① 科尔贝(Maximilian Kolbe)是波兰籍圣方济各会教士,二战期间为众多逃亡者,包括犹太人提供避难所。他在 1941 年被捕,被关进奥斯维辛集中营。同年 7 月,三个男人逃走。作为惩罚,德军要抓十个男人活活饿死以防止更多人逃跑。科尔贝不是被选中的人,但他甘愿帮人顶罪。三个星期后只有他活了下来,但仍被注入苯酚致死。——译者按

使我们为一切其结果涉及人和针对人的行动提供辩护。甚至那些其结果涉及动物的行动，也是需要辩护的。但不是在动物面前，而是在我们自己面前。因为动物不能区分对它们利益的需要辩护的损害与无需辩护的损害。我们不能期待动物出于公正的考虑，同意对它们的愿望和需要进行某些损害。人却能够。这使得人（Menschen）成为可认同的人（Personen）。

## 二　关于人格概念的历史

什么使一个人成为人？什么赋予人那种以自身为目的的地位，这种地位不准使人从属于一些简单的、在原则上也许是非人的目的的目的？我的首要回答——我将在下文对此提供根据——是：物种的归属，这个物种的正常的、成熟的个体具有这样一些属性，为了这些属性的缘故，我们才谈论人。

但这些属性是什么？为了回答这个问题，几乎要不可免除地求教于概念史。[①] 古典拉丁语概念"persona"并不是指我们今天将人理解成的东西，而是指演员的角色，并通过概念域的隐喻延伸，指某人在人类社会中扮演的角色。在我们的剧目单上仍有这样的含义，上面写道："人物与演员"。相反，我们今天会称演员为人物。当保罗（Apostel Paulus）写道，上帝不会在意人[②]时，这复又是古代的用法，是想说上帝不会在意一个人的社会地位。那他在意什么呢？正是在意我们今天称作"人格"的东西，在意"人本身"。

中古和近代的人格概念在基督教神学中有其根源。在那里，人格概念两次用于解决一个看似不可解决的神学问题，准确地说是三位一体和基督学的问题。在此，我仅以最简略的方式加以提及。早期基督教宗教会议的长老们看到，《圣经·新约》的陈述向他们提出必须思

---

① 　Vgl. R. Spaemann, *Personen. Versuche über den Unterschied zwischen "etwas" und "jemand"*, Stuttgart, 2006, S. 26ff.

② 　Vgl. Römer 2, 11.（意指"神不偏待人"。——译者按）

考耶稣与上帝的一致性问题，一方面耶稣不能简单地与他本人称之为父亲的上帝同一，而另一方面又不能引入三位神，而是必须严格地坚持一神论。西方教会自德尔图良（Tertullian）以后费力用以解决这个任务的位格概念，不是起源于戏剧，而是起源于语法。拉丁语的语法，就像我们仍使用的那样，谈论第一格、第二格、第三格。德尔图良也是这样做的，他说，上帝虽然拥有一个唯一的存在者，一个唯一的"essentia"（本质）和"substantia"（实体），但上帝并不就是这个存在者，而是拥有，而且是三重地拥有，但又不是在这样的意义上，即我们谈论一个概念的三个例证，谈论一个物种的三个样品。毋宁说，存在唯一的神圣存在者，上帝将这个存在者认作是他的，而且这样适宜地加以认识，即父亲的相像者在所有方面都与父亲相像，因而也在这个方面与父亲相像，即他们在自身都是活生生的。同样的情况适用于父亲对儿子的爱，全部的神圣存在者复又包涵这种爱，但这种爱是作为天资存在的。神圣存在者第三次也以这种方式实存，这一次是作为"hagion pneuma"（圣灵），即作为圣灵实存的。我们在西方称神圣存在者的这三个实存方式——在东方被称之为神体——为位格，三个神圣的位格，他们所有三个都不直接是祂们的存在者，而是以三重方式有祂们的存在者。

后来，同样的人格概念在一世纪的基督学探讨中有助于我们能够将耶稣设想为同时是真正的神和真正的人，因而不是混合存在者，不是半神半人。正统的基督教界达成一致的说法：耶稣是一个人，而且是第三个神圣的位格，这个人除了他的神圣本性，还有一种人的本性，在这种人的本性中，他能经历某种他作为神恰恰不能经历的东西：遭受。因此，一个人有两个本性。在这里，结局也在于，人不是简单地与他的本性统一的，而是拥有他的本性，并由他的本性赋予他以实存。

这种在神学语境中得到发展的位格概念，只有到了中世纪和近代才发展出其人类学的潜质。人是这样的存在者，这种存在者的存在方式是一种自相关联。存在者不是简单的是其所是，而是与其之所是的关联。存在者的存在是对一种本性的占有，对一个身体的占有，甚至对一种内在世界的占有。人是所有者。动物能够占有某物，但在市民世界，我们区分了占有物与所有物。所有物，因而属于我的东西，甚至我根本不知道它并且它只是从土地簿的登记内容里产生的。所有物也通过这样的方面区别于占有物，即我可以让渡、买卖或赠予。"Habeas corpus"（人身保护权）是对人所应给予的尊重的一种早期说法。

## 三　人格同一性

构成人格性存在的自相关联，在法兰克福称之为"secondary volitions"（第二意志）的东西变得很清楚，第二意志是第二阶段的一种愿望和意愿，在其中我们再一次与我们在第一阶段所意愿的东西发生关联。[①] 我们可能希望不要拥有我们有过的某些愿望。毒瘾的情况在这方面只是一个特例。第二意志不仅涉及最初的愿望和意志行为，而且涉及我们整个的如此存在。我们可能对我们的外貌和某些性格特征感到恼怒。如果某人在莱布尼茨的意义上回答我们说："假如你有其他的性格特征，你就不再是你了"，这也不会给我们留下深刻印象。人格同一性是一种数的、而非质的同一性。因此，人会做梦，会有梦的文学塑造，在梦里某人会变，例如变成一个动物，但不是在这样的意义上，即以前是一个人在那里，现在是一个动物在那里，而是说，我就是动物。或者有这样一个梦，在其中我们遇到我们认识的某人，但他完全改变了外貌。我们看不到，但我们知道，这就是某人。

人格同一性，正如我说过的，是数的同一性。它同时是最深刻和最平庸的东西。我们的确也谈论很多我们今天等待与之共进晚餐的"人"，或者我们谈论客运列车而不是货运列车，当我们在谈到人而不是物的时候，会觉得欠妥、虚夸或庄重。人居于户籍登记册中，并且始终停留在那里，不论人们今天称之为人格同一性的东西有多少变化，虽然不是同样的人，但始终都是同一个人。人格同一性决不是心

---

① Vgl. H. Frankfurt, "Freedom of the will and the concept of a person", in *The Journal of Philsosophy* 68, 1971, pp. 5－20.

理学的东西。与洛克认为的相反，人格同一性所记起的好和坏对它来说不仅必须加以计算，而且其他与它相关的人格同一性所记起的东西，同样属于它。① 一般来说只存在作为人类共同体的复数的人格性；在其中，彼此之间的主体变成客观的。非三位一体的一神论不能把上帝现实地设想为人，因为不存在任何没有其他人的人，就像不存在没有其他数的数一样。因此，斯宾诺莎主义是非三位一体一神论的逻辑结果。

在我已经谈过"第二意志"以后，为了解释清楚业已说过的内容，我想列举特别属于人的本性的三种行为类型，即承诺、后悔和宽恕。承诺之所以是可能的，因为我们并不简单地就是我们的本性，而是有这种本性，并且在某种程度上能够支配这种本性。如果我通知某人后天晚上要去拜访他，以便帮他解决一个技术问题，那么，这就不仅只是意味着我现在准备后天拜访他。因为这的确可能意味着，我根本不再准备后天拜访他，因为我打算做别的某件事。人的特殊性就在于，人今天就可以决定他后天想要做的事情。人确定可以在明天简单地改变这个决定。但在他向另一个人承诺要去拜访时，他本来答应了这个人的邀请，因而使他摆脱了当时的糟糕情绪。他将他的决定交给人类共同体，并免除了这个决定的主观性的各种偶然性。这就是人的自由的最高表达。允许承诺对尼采而言是真正自由人的特权。② 这在最高程度上也适用于一种终身承担义务的承诺，例如婚姻承诺。在这种承诺中，每一方都与另一方携手共进，患难与共，就像两个爵士乐手，他们中的每一方的即兴演奏都只有在另一方的密切配合下才能发挥。今天能够决定我明天想要做的事情，并且能够在另一个决定的要求下超越性地改变这个决定——这是人格性的一种特殊表现。

后悔涉及过去。我遗憾做了某事或没做某事。而且不是由于行动

---

① Vgl. J. Locke, *An Essay Concerning Human Understanding*, hg. von P. H. Nidditch, Oxford, 1975, Book II, Chapter 27, §16.

② Vgl. F. Noetzsche, *Zur Genealogie der Moral*, in *Kritische Studienausgabe 5*, hg. v. G. Colli und M. Montinari, München, 1999, S. 293.

的未曾意愿、或者未曾预料的结果而内疚，也不是由于某件我想秘密隐藏的事情已经败露，等等的意义上，而是说，我担心我是一种可能做了或没做某件事的人。也就是说，后悔复又是自相关联的一种形式。在后悔中，我改变了我的如此存在。我们会对一个做了某桩非常不堪的事情的人在未来失去任何信赖，假如他只是信誓旦旦地表明将来不会再做同样的事，却又拒绝再次面对过去，并拒绝对他过去是某种可以做这样的事的人而感到痛苦。舍勒在他的名篇《懊悔与重生》中描写了他对此的领悟。①

最后，在我们谈论人的时候，我们所持的观点在宽恕行为中变得清楚明白。人们不会宽恕动物，也不需要宽恕它们，因为它们不能由于自己的行为而成为有罪的。它们就是它们之所是，就是它们之所为，它们必然地从它们之所是中产生出来。他人则会宽容地对待我，不通过我的全部行为来界定我。宽恕者不会对他的欠债者说："你就是这样。你对我来说就是而且始终都是那个做或不做某事的人"，而是会说："你永远都不是那个做某事的人。对我来说，你是另一个人。"凭借宽恕，我实际上可能洗心革面，重新开始。宽恕是一种极富创造性的行为，如果说这种行为是某种不同于漠然和懒散的话。此外，另一方面，当某人伤害了另一个人时，固执而放肆的一句"我就是这样"就对应于无情的回应"你就是这样"。"我就是这样，不论这样对你合适不合适。你必须如我之所是来接受我。"人们也称这为"自以为是"（stehen zu sich selbst），但这是对这个表达的一种误用。自以为是是指推脱所做的事，并任其推脱。但不应当将那种放肆理想化——凭借那种放肆，某人拒绝改正他的如此存在并让人予以宽恕。

## 四　人的本性

人决不会形成这样的物种，这种物种对归属于它的品种数量漠不

---

① 　Vgl. M. Scheler，"Reue und Wiedergeburt"，in ders.，*Vom Ewigen im Menschen*（ = *Gesammelte Werke* 4），Bonn，2000，S. 27 – 59.

关心。人形成一种先天的人类共同体。人是一个物种。像每种生物一样，每个人都切身地居于他的世界的中心。但他作为人从这个中心凸显出来，可以说是从外部看待自己的。我们乘船在海上航行，始终居于圆形地平线的中心。但作为思维着的存在者，我们借助一种"view from nowhere"（无从立足的观点）看待自己。船卡上的小旗向我们显示我们船只每天的位置。作为人，我们知道，船——从地平线上看极小——上的人也是他们世界的中心，从他们的角度看，我们也很小。也就是说，人是求真的存在者。因为人有人的本性，而不是人的本性，所以人可以从中心凸显出来，从这个中心出发，人将一切都与自身联系起来。人可以将自己理解为他人的世界的一部分。

很久以前我见到汽车标签上写的一句话："想想妻子，小心驾驶。"这句话解释了我要说的东西。对亲属表示关心和担忧是一些高级生物所共有的特征。但当心自己——因为人都是他人世界的一部分，可以避免他人的损失——就表明人具有人格。这表明人的"离心立场"，普勒斯纳如是说。① 这也许也是"真理的行为"的含义吧，《约翰福音》用这句话表述人的爱。

以其为人的特征的自相关联，是人之求真的根据。人知道自己的感知真理的透视能力，唯独这个事实使人超越了这种透视能力。但这个事实并没有取消透视能力。有限的人不是上帝。当人相信可以成为上帝时，人就恰好不是上帝。这适用于功利主义者，例如彼得·辛格，基本的伦理义务对他而言在于世界的优化。② 当两个小孩落入水中，而我只能救一个时，根据辛格的看法，先救我自己的孩子并非我的权利。我必须救更有价值的小孩，因而就是更有才华、并更有可能给我提供生活享受的小孩。远近对辛格来说是无关乎伦理的概念。③ 自奥古斯丁以来的传统称之为 ordo amoris（爱的秩序）的东西是不存在

---

① Vgl. H. Plessner, *Die Stufen des Organischen und der Mensch*, Berlin/New York, 1975, S. 288ff.

② Vgl. P. Singer, *Praktische Ethike*, Stuttgart, 1984, S. 30ff.

③ Ibid., S. 220.

的。当人的存在是一种自相关联，因而是一种本性的拥有时，人就不会在无视本性中实现自身。包含于本性中的偏好、饥渴、性渴望、温暖和居所的需求奠定了基本义务的基础，同样，我们对世界的基本感知也奠定了猜想真理的基础。满足所谓的基本需求不是某种动物性的东西，而是发生在人的行为，例如吃、喝、异性交往，等等中的。正是人格概念，不允许将人拆成两部分，低级的动物性部分和高级的纯粹理性。人既不是动物或天使，也不同时是两者。人的生物学本性已然是一种人的本性，人的理性是一种以生物学本性为条件的理性，这种理性知道这种条件，并努力加以摆脱。我们的自由就是自然存在者对自由的要求。

如果我们思考业已谈到的东西，结论就能得出来了，即对作为人格的人的承认必须独立于人格性由以得到界定的那些属性的现实存在。似乎显而易见，只有那些实际上具有某种资质，例如具有自我意识，因而具有一种与自我及其生命的有意识的关系的存在者，才能被看作是人。在最近几十年的讨论中，这种要求也一再被人提出。也就是说，人们剥夺了胚胎、幼儿、有精神障碍者、老年痴呆者的人格性存在，并要求在欧洲国家的宪法以及联合国宪章中用人格尊严概念取代人的尊严概念。这种思维路向在欧洲传统中并非是没有任何根基的。这种思维路向虽然有最伟大的革命者康德明确表示反对，但在托马斯·阿奎那那里得到了一定的支持，他认为，除了耶稣基督，所有人最初在以胚胎形式存在的最初数十天里具有一种动物性的灵魂，后来上帝通过一种创造活动用人的、因而人格的灵魂予以取代。由于科学的缘故，这种看法在今天几乎不再有拥护者了。但洛克对人格的理解已经日益占据主导地位。洛克将他的"ontological commitment"（本体论承诺）严格地局限于内在或外在的经验知觉的内容，因而排除了本体论的超验者的一切结论以及先验反思的一切结论。因此，人格性对他来说不是要成为一种通过某些意识状态而变得可认识的方式，而是决不是作为这样一种意识状态而存在的。存在一种将其自身体验为超越时间的流逝而同一的主体性的状态。① 既然对经验主义而言只

① Vgl. Locke，p. 335.

存在外在或内在的经验对象，而不是某种诸如这样的对象的承载者的东西，那么，也就不存在任何无意识的或睡着的人格。休谟后来更进一步，连人格性也一般地否定了。① 因为他认为，严格地说根本不存在任何超越时间的经验。虽然存在回忆，但任何回忆都是在此时此地作为当下的体验发生的。回忆不是过去的当下，而是对于我们现在对过去的看法的一种当前图像的当下。所以回忆也能骗人。因此，始终只是存在现实的、瞬间的体验，而不是人称代词"我"所涉及的一种超越时间的同一性。例如，现在帕菲特凭借他的书《理性与人》与洛克站在了一起。② 对他来说，在睡觉之外不存在人的连续性。睡着的人决不是人，醒着的人同先前入睡的人不是同一个人。每次睡觉都会结束一个人的实存。睡醒的人根据人及其大脑的生理学同一性，从入睡的自己那里继承了记忆内容。③ 有趣的是，帕菲特以这种方式赋予了人对人的义务以一种新的根据，这些义务以前只能从宗教上被提供根据。根据这种理解，预先关心我的健康的义务是对一个不同于我的存在者的义务，因而也是对后来者④的关心。

因此，人格性在这里与人被明确分离开来。存在作为生物的人，也存在很多，但不是全部这些人的人格状态。因此，人格的存在不是始于他的作为鲜活有机体的实存，而是始于特定意识状态逐渐觉醒。不论这种看法不甚显著地得到怎样的传播，都必须从中看到，在比德意志主教区主席卑微的人当中没有任何人在几年前表明关注关于所谓的脑死亡的谈论，情况可能的确是这样，即脑死亡据说不是人的死

---

① Vgl. D. Hume, *A Treatise of Human Nature*, hg. von L. A. Selby-Bigge, Oxford, 1978, Book I, Part VI, Sect. VI.

② Vgl. D. Parfit, *Reasons and Persons*, Oxford, 1984.

③ Ibid., p.275："一个人的实存在任何时期都恰恰在于他的大脑和身体的实存、思维的思考、行为的做出以及很多其他物理状态和精神状态的发生"；p.279："重要的不是身份，而是与恰当原因的关系：心理学上的关联和/或心理学上的连续性。"

④ 此处德文为 Nachkomme，本意为子孙、后辈，但在此特殊语境中是一语双关，一是指子孙后代，二是指睡醒后的一个新的自我，故统译为"后来者"。——译者按

亡，但无论如何都是人格的死亡。

我要反对这种看法，并维护这样的主张，即人格性存在不是人的一种属性，而是人的存在，因此并不会比一个新的、不与双亲的有机体相同一的人的生命开始得更晚。

人决不是我们可以通过描述来加以认同的自然种类。没有人能够向我们指定，我们什么时候应该、什么时候不应该使用"人"这个词。这里涉及的根本不是一个理论问题，而是一个实践问题、伦理问题。我们称呼某人为"某人"而不是"某物"，这是一种承认行为，没有人能够被强迫做出这种行为。但这种决定也不是任意性的。把某人承认为"某人"而不是"某物"的承认行为——这种行为是与我们对"人"这个词的使用结合在一起的——具有一种内在的逻辑。获得这种承认的人的交际范围受到的不公正限制，也改变了对那些被承认为人的人的这种行为的性质。在生命的开端就给这种承认注明一个不公正的日期，这将在生命的最后阶段造成一种不公正的终结。

一个人是"某人"而不是"某物"。不存在任何从某物到某人的连续性过渡。说"某人"是带有某某属性的某物，是不对的。某人不是某物。因此，为了说明我们用"某人"所指的含义，我们必须同义反复地说："我们称'某人'为具有某某特性的某人"。但在我们考察某人，即有些存在者，而且特别是那些事实上根本不具备这些属性的人时，连这种表达也不是正确的。我们的态度或许可以由威金斯的话得到最好的描述："（一个）人是某种动物，这种动物所属的物种的物理组成构成了该物种的典型成员用理性和反思思考理智存在者，并且典型地能够使他们在不同的时间和地点都将自身设想为自身，即同样的能思维的东西。"[1] 对于这个定义，我仅挑剔一个词"能思维的东西"。我们中的任何人都不能将一种能思维的存在者称为一种东西。

---

[1] D. Wiggins, *Sameness and Substance*, Oxford, 1980, p. 188.

## 五　人格性与主体间性

人的典型标志的实际存在不是人格性的条件，这是我们在使用人称代词"我"和"你"的时候能够轻易弄清楚的。我们中的每个人都说"我在某个时候出生"或者"我在某个城市出生"，仿佛那个在当时出生的存在者不能说是"我"。人称代词"我"并不涉及一种作为哲学家的杜撰的"我"，而是涉及一种后来在某个时候才开始说"我"的生物。这种生物的同一性是独立于它实际记起的东西的。某人可能是针对他本人已经忘记的行为的感谢信或谴责信的收件人。一位母亲当然可以对她的小孩说："当我在怀着你的时候"或者"当我已经生下你时"，等等，而不会说："当我怀着一个有机体——你就是从这个有机体变来的——时。"所有要将人格性与人的有机体的活力和实存分离开的尝试，都是违背直觉的。这些尝试无法与任何正常人的语言习惯用法相一致。

此外，这种将人格性与实存分离的规定是下列情况的条件，即人们培养出一些构成人的典型特征的属性。任何母亲都不会有这样的感觉，即通过说话来给某物提供条件，直到它开始自己说话。因此，一个小孩也不是通过电脑学习说话的。毋宁说，母亲在与婴儿的交往中倒退回童真时代，并同他一起实现从人到人（von Mensch zu Mensch）的过渡。母亲对小孩说"你"，她把小孩当作小小的人对待，只是因为小孩已经被当作人对待，他变成了他从一开始就是的人，作为从一开始就被当作人的人存在。谁将人的人格性存在与他的鲜活存在分离，就切断了主体间性的纽带，而在这种纽带范围内，人才能变成他们之所是的人。因为只存在复数的人。对上帝而言，使用"Person"这个词只有在三位一体学说的语境中才有含义。

对人格性存在与某些属性的实际存在的结合提出的进一步反对意见在于：这个条件把人的承认行为变成了一种添加行为。这个条件给业已彼此承认的人的任意性提供了添加的人。因为的确正是以界定特性的这个条件为根据，某人才被添加进人类共同体。在此无论涉及怎样的任意性，我们都看到，科学家对于人权的起始点的观点存在极大分歧。一些人想在怀孕三个月时，另一些人想在婴儿出生时，还有一些人则想在婴儿出生六周时，启动生命保护，辛格却按一贯的立场否认新生儿及其生命权。① 如果我们放弃以人类物种的归属性和这个物种的其他成员的出身为唯一标准，那么，哪些人享有人权和哪些人不享有人权就变成了一个纯粹的权力问题。人不是作为被添加的成员，而是作为新出生的成员在普遍的人类共同体中占有自己的席位，这属于人的尊严。

每个人都由于他属于人类大家庭，因而由于他与人同宗同源而属于人类共同体。进化生物学以迈尔（Ersnst Mayr）为代表告别了这样的做法，即把物种界定为样品由于相似性而归属于其中的纲目，就像无生命之物被分门别类一样。人口概念取代了纲目概念。一种动物由于谱系的关系，因而由于共同的起源，由于性交而属于一个群体。但人与人之间的亲属关系决不仅仅是某种生物学的东西。亲属关系同时始终都是人的关系。父母、子女、兄弟姐妹、祖父母、孙子女、堂表兄弟姐妹、叔伯姨婶、连襟妯娌在一种人际结构中都有特定的位置。除此之外，占据这样一种位置的每个人，从他的生物学实存的开始就占据着这个位置，并在他有生之年都持守着这个位置。这与几乎所有动物都是完全不同的。一个胚胎从他的实存的第一瞬间就是他的父母的孩子。但他作为一个人类家庭的成员是人类共同体的一个成员，而他作为人类共同体的成员又是人，完全独立于某些属性。据辛格告知，他悉心照料其患有早老性痴呆症的母亲。他在一次访谈中被问到，他的这种行为如何符合他的信念，即这种病症已经解除了人格性，他答复道，它毕竟是他的母亲。② 这就是说：母亲始终都是母亲，儿子始终都是儿子。但这种关系是一种人的关系，与这种关系是否是由两个人主观地加以实现的完全无关，因此母亲始终都是人，只

① Vgl. Singer, S. 219.

② Specter, "The Dangeours Philosopher", in *The New York*, September 6, 1999, pp. 46–55: p. 55: "我认为这件事迫使我看到，患有诸如此类的病症的人的问题事实上是非常难的。它也许比我此前设想的更难，因为当这个人（it）是你母亲的时候，情况是不同的。"

要她还活着；同样，儿子就是儿子，自从他有了生命。如果说生物学上的亲缘关系并不同时是某种属人的东西，那么，如何解释非婚生的和领养的小孩最迟在青春期就产生了认识他们亲生父母的愿望？他们把与他们根本不认识的亲属的关系看作是他们的人格同一性的一部分。此外，类似的情况也适用于男女之间的性关系。性关系也决不是某种单纯生物学的东西。性关系在哪里被归结为单纯生物学的东西，哪里就涉及败坏之风。

## 六　人格的起源

追问人的人格性在时间上的开端，其实是某种无法回答的问题。因为人格性是某种超越时间的东西。人通过人格性参与"Mundus intelligibilis"（理智世界）。人格性意味着，人是一种求真的存在者。而真理是超越时间的。我们今天聚在一起，这始终是真的，并且将永远都是真的。囿于人格性分有超越时间的属性，所以任何想要给人格性规定开端的一个时间性瞬间的企图都是徒劳的。正如我们不能确定死亡的瞬间，而只能回顾性地说："现在这个人已经不在人世了"一样，我们一旦与一个人打交道，也始终只能说："这是一个人。"此外，康德准确地看到这一点，他写道："（既）然出生者是一个人，而且不可能对通过一种物理程序生育出一个享有自由的存在者形成一个概念，所以这在实践上是一个完全正确的、也是必要的理念，即把生育看成这样一种行为，通过这种行为，我们把一个人……置于世界上来。"① 所以，我们可以说，把人的生成与生育等同起来是这样一种不可能性的结果，即在时间上对人的开端一般地加以规定。任何提议人的开端有一个较晚的时间点的人，都需要在根本上比他能够知道的东西了解更多。

（作者系德国慕尼黑大学哲学系教授）

---

① I. Kant, *Metaphysik der Sitten*, hg. von der Königlich Preußischen Akademie der Wissenschaften, Bd. 6, Berlin, 1907, S. 280 – 281.

# 作为"破坏的狂怒"的独立性

## ——黑格尔、施蒂纳和马克思的自我规定的辩证法*

约翰·特拉劳　文　张东辉　译

关于个体的自我规定、独立自由的人的观念具有强势的历史力量：这是现代人的原则。时至今日，已鲜有人用到"自我规定"的称谓，因为这个称谓已被用于阐发一些极为不同的、有的甚至截然相反的规范立场。在自律性个体的名义下，曾发起过各种反对或捍卫无政府主义和国家秩序的斗争。但显然，任何自我规定的理想作为消极的规定都必须以某种方式包含独立性因素：谁是自由的，他就独立于他者，因而在一种完全奠基性的意义上不是依赖性的。从特别现代的偏见看，倾向于自由的亚里士多德早就说过，谁是"为了他自己，不为了他人"（eleutheros ho autou heneka kai mē allou ōn），他就是自由的。① 但是，当独立性的思想最后被设想得极其激进和坚定时，人以及任何一个人的起源就成了问题。有起源，就意味着是依赖性的。我们想在下文阐发黑格尔的某种含糊地表达出来的思想：对独立性的

* 本文的第二、三部分要追溯到业已出版的研究：J. Tralau, *Människoskymning. Främlingskap, frihet-och Hegels problem hos Karl Marx och Ernst Jünger*, Stockholm och Stehag：Symposion, 2002；*Menschendämmerung. Karl Marx, Ernst Jünger und der Untergang des Selbst*, Freiburg & München：Alber, (übers. Klaus-Jürgen Liedtke), 2005 (dort Kapitel III und teilweise Kapitel VI)。但本文在此阐述的主题在体系上是全新的。本文感谢菲舍尔（Karsten Fischer）和卡泰尼格尔（Markus Kartheininger）给予的建设性评论。

① Aristotle, *Metaphysics*, 982b 26 - 27.

探求可能转变为破坏。本文的主题要展现这样的内容，即对独立性的追求，作为片面地思考的环节潜藏着破坏性；这不仅是一种针对外部——在这种关系中，黑格尔认为首要的乃是涉及外部——的破坏，而且最终目的甚至是一种针对内部的破坏，因而针对从一开始就谨防依赖性的人的破坏。此外，本文还将表明，事实上，在黑格尔的继承者中，因而在黑格尔左派自身中，这种后果严重的自我规定的辩证法的发展成了纷争的种子。当对独立性的追求被推至极致的时候，要逻辑连贯地思考这种自主性就存在两种相反的可能性。我们将研究青年马克思和施蒂纳的这种思想，他们试图连贯而激进地将这种思想变为现实，只是方向不同而已。我们将在其中发现思想史的一种奇特讽刺，即正是两位青年黑格尔派，不顾黑格尔的告诫，在政治和哲学领域将这种破坏性的潜质实现出来。

除了这个结论，本文还会阐述，对这些事物的感受是如何损害马克思的传统形象，如何使一位新的、很有问题的马克思呈现出来的。

## 一 黑格尔的告诫：作为特殊者的扭曲解放的破坏性

黑格尔在《法哲学原理》中展现了意志——作为自然法权的基础——的一种理性重建。意志的最初环节是简单的，单纯地建立在自身之上，因而也是空洞的。"意志包含 α）纯无规定性或自我在自身中纯反思的要素。在这种反思中，所有处于本性、需要、欲望和冲动而直接存在的限制，或者不论通过什么方式而成为现成的和特定的内容都消除了。这就是绝对的抽象或普遍性的无界限的无限性，即对它自身的纯思维。"[1] 黑格尔本人关注的是，必须将意志的这种"抽象的"、仍非现实的和原始的规定把握为合乎理性的意志的展现过程中不充分、但必要的环节。然而，意志的这种规定决不是在精神发展过程重建中的单纯初步虚构和仅仅理论性的环节：这种规定是一种实在

---

[1] G. W. F. Hegel, *Grundlinien der Philosophie des Rechts*, Hamburg: Meiner, 1995a, § 5.

的危险。因为黑格尔在同一段落中明确说明，他在这里想到的是政治现象。

这里所规定的只是意志的一个方面，即我从我在自身中所发现或设定的每个规定中能抽象出来的这种绝对可能性，亦即我从一切作为界限的内容中越出逃遁。如果意志的自我规定不仅在于此，或观念把这一方面本身看作自由而予以坚持，这就是否定的自由或知性的自由。——这是被提高到现实形态和激情的空虚的自由；当它还停留在纯粹理论上的时候，它在宗教方面的形态就成为印度的纯沉思的狂热，但当它转向现实应用的时候，它在政治和宗教方面的形态就变为破坏一切现存社会秩序的狂热，变为对某种秩序有嫌疑的个人加以铲除，以及对企图重整旗鼓的任何一个组织加以消灭。这种否定的意志只有在破坏某种东西的时候，才感觉到它自己的存在。

这里描述的意志不会容忍任何"限制"和"内容"。这种意志是抽象的，对黑格尔即是说，是处于它的本质关联之外的，在那里它对于自身的特殊性不愿知道任何东西。它只愿成为普遍的。但谁只想是普遍的，它就尤其是这样的情况：它仍不认识它自身。[1] 在印度的婆罗门——这也是《法哲学原理》第 5 节里黑格尔举出的对特殊者和依赖者的这样一种片面否定的第一个事例——那里，一切事物都始终只是普遍的。[2] 在政治领域，这种意志在追求"破坏一切现存社会秩序"的愿望中是可以认识到的。黑格尔本人在这种关系中想到的是法国革命。[3] 为了获得这种绝对的自主性，自我带着敌意反对一切外在的东西，全然反对传统的东西和依赖性。在这种关系中，我们原则上应当坚持的是，黑格尔在此告诫谨防这样的思想，即自我作为某种

---

① Vgl. etwa G. W. F. Hegel, *Phänomenologie des Geistes*, Hamburg: Meiner, 1988, S. 256.

② G. W. F. Hegel, *Vorlesungen über die Philosophie der Kunst*, Hamburg: Meiner, 2003, S. 138; *Vorlesungen über die Philosophie der Geschichte*, in *Werke*, XII, Frankfurt/Main: Suhrkamp, 1995b, S. 176, 195ff.

③ Vgl. J. Ritter, *Hegel und die französische Revolution*, Frankfurt/Main: Suhrkamp, 1965, S. 63f.

仅仅指向自身的东西，应该独立于一切"现存的""给定的"内容。因为黑格尔可能不仅在这种学说中看到一种空洞的认识、一种无根据的观点，而且要在对一切特殊状况的独立性的追求中发现破坏和"狂热"的潜质。因此，在这种关系中对我们极其重要的不是要使意志变成普遍的，而毋宁说是对他者的依赖的反感。黑格尔在其他地方，例如在《精神现象学》中各个不同的意识之间的独特舞蹈中曾阐述道，片面追求普遍性以独特的方式反映了普遍性的对立面，即对特殊性和个别性的坚持。因此，黑格尔可能也在其中认识到了破坏性的萌芽。我们将在下文看到，黑格尔没错。

## 二 变体之一：施蒂纳与"唯一者"的原子主义

施蒂纳着手研究一种极端的、片面地思考的独立性思想；在他那里，哲学、政治和道德领域中潜在的原子主义展露无遗。他关注的是通过排除一切不是他律的东西的自主性。如果说康德想要将某种个体性的自律设想为对一切不是理性的东西的独立性，那么，施蒂纳可能就明确地将人从一切被视为依赖性的最后残余即理性中解放了出来。相对于一般的黑格尔左派要求一种从异己东西中返回自身的计划，施蒂纳的无政府主义—自我主义构想意味着一种显著的极端化：不仅诸如"精神""伦理"和"祖国"的理念，而且"人性"或"善"的理念对他来说都是不自主的压制使用的一种仍需加以摒弃的工具。施蒂纳明确地不想将这种立场理解为自由的立场："我关注的既不是神的事情，也不是人的事情，不是真、美、正当、自由等，而唯独是我的东西，它决不是普遍的事情，而是唯一的，就像我是唯一的一样。"① 虽然施蒂纳也认为自由的理念不重要，但很清楚，我们必须在本质上把他的立场理解为一种绝对而消极的自由、因而一种意味着对一切内在力量——这些力量被施蒂纳理解为"本来"是外在的——的独立性的自由的体现。理性以及良心变成一种内在化的强

---

① M. Stirner, *Der Einzige und sein Eigentum*, Stuttgart: Reclam, 1991, S. 5.

制，变成这样一种理念，这种理念其实与"我"没有丝毫关系，而是必须被认作内在化的依赖与压制。不论是康德那里的理性还是弗里斯那里的良心，都不是决定到底什么是正当的东西；反过来，国家也不能对主权提出任何要求。"我的权利的拥有者和创造者就是我自己，除了我自己，我不认识任何其他的权利来源"①：任何他者的东西、任何异己的东西、任何不是"我"的东西都意味着隶属于他者的依赖和奴役。

然而，施蒂纳的极端化的消极自由毕竟不能缺少一种积极的规定：正是"我"，应该主宰他自己。施蒂纳非常清楚地表明，这种我是一种完全特殊的东西。他的感觉不需要建立在传统观念上。重要的差别在于：他的感觉是否现实地就是他自己的。当然，施蒂纳必须承认，不是任何东西都来自内部；对他而言，选择一种极端的、认识论上的理性主义决不是始终保持开放的。可关键是，感觉是由其他"输入的东西"变成的，还是单纯"被激发的"。② 如果是前一种情况，我们就"着迷于"输入的东西，因而是不自主的；如果是后一种情况，感觉就是真正来源于"我"的，因为感觉应当被视为我们自己的产物。当然，这种区分不是特别精确。但从批判向这种规范理想的发展不仅是模糊的，而且非常成问题。施蒂纳早就注意到，儿童的社会化也是通过父母的有形优势，因而正是通过感觉被"输入"而发生的。③ 因此，第二天性，即作为伦理生活的前提的道德偏见，并不是我们"自己的"。但这就意味着，最大程度地契合"自身"的自我可能是统一的，这种自我没有他者方方面面的影响，没有规范的调停，没有社会化就已然形成：一种几乎不能在社会上生活的野蛮的自我。因为施蒂纳也想把"我"从善、正直和人性的理念中解放出来："我"着迷于理念。因此，施蒂纳也不能容忍思想的任何延续

① M. Stirner, *Der Einzige und sein Eigentum*, Stuttgart：Reclam，1991，S. 225.

② Ibid. , S. 69ff.

③ Ibid. , S. 9ff.

性："只有在我能驾驭思想，思想却不能驾驭我的时候，思想才是我自己的思想。"① 谁被他自己的思想统治，他就是被某个他者、某个异己的东西统治的；正因为如此，施蒂纳谈论这样的必然性，即要"消除"和"否弃"我们自己的思想。② 因此，出于不要让某个他者统治的担忧，施蒂纳退向近乎疯狂的立场，我们自己的思想在这种立场中被理解为某种异己的东西：因为思想的持久稳固与通过社会化实现的伦理的习得相比，并不会被更少地理解为异己者的奴役。

因此，通过对独立性的极端探求，社会生活完全成了问题。施蒂纳的绝对消极自由的规划要回溯到"我"的积极规定，这个"我"为了真正成为我"自己的"，必须是外在于社会的。我们一般很难想象，一个没有通过社会法纪、管教和规范调停获得伦理的人会是什么东西；但我们不难断言，这样一种人必定要被认为是不自由的。因为施蒂纳的原子自我作为原子主义自主性的实现，恰恰是完全处于他自己的不受管教的欲望的奴役之下的。因此，原子主义要在这样一种被设想的人身上实现，这种人必须真正无需语言、法律和同伴而生活，因而也将亚里士多德意义上的人视为"不幸的"、phaulos（不好的）而予以摒弃。③ 在人类历史上，使我们自己的欲望遵纪守约无疑是最大的文化成就；对这种成就的理论认识同样是思想史上的一项伟大功绩。柏拉图在法律中实现了使欲望与管束——而不是清除管束——达成和解的转向，这也必定要被视为对当前制度学说的极有预期的贡献：在柏拉图的晚期著作中，重要的不再是主人、即已成为其自身的人应当与诱惑和享乐划清界限，而是相反，他应当懂得如何去经受和驾驭诱惑和享乐。④ 然而，在人对他者和异己者的独立性的思想达至

---

① M. Stirner, *Der Einzige und sein Eigentum*, Stuttgart：Reclam，1991，S. 384ff.

② Ibid.，S. 384.

③ Aristotle, *Politics*，1253a.

④ Plato, *Laws*，626e；vgl. dazu wegweisend E. Belfiore，"Wine and *Catharsis* of the Emotions in Plato's *Laws*"，in *Classical Quarterly*，XXXVI，2，1986，S. 421 – 437.

穷途末路的地方，对这种任意的管教工作和解放本身就必定会被视为异己者和必须加以排除的东西。施蒂纳意义上的唯一者是这条歧路的终点，即这样一种人的现实化，这种人应当从异己者那里被解放出来，并且正因为如此而听命于其自身的非社会性的任意。

当然，在施蒂纳那里也有一些关于乌托邦人类学的描画，根据这种人类学，各个个人正是通过原子化才能达成彼此之间的和解："只有借助最终的分离，才能终止分离，并转向统一。"① 那些从彼此中彻底解放出来的"唯一者"，在这种模糊地让人感到有些黑格尔主义化的思想形象中，在彼此的独立平等中并通过参与一种完全自愿的彼此关系，能够保持交往，这时他们已然克服了自己先前的统治欲和对权力的追求。要反驳这些假设，即存在一个没有破坏性的人类欲望的无政府主义世界的可能性，或许完全是多余的，并且在现在的劳动环境下无论如何都是不可能的。但与此同时，施蒂纳暗示说，"特性"具有这样的重大而规范的分量，即它不可提出一般的政治秩序问题：哪怕是那个生活在压迫下的人也可以完全是"唯一者"和真正是"我"，只要他的信念不受管教并且是无政府主义的。② 但在这方面，具有一种彻底独立性的原子主义恰恰必定复又放弃那种从一开始自我就应当凭其获得解放的消极自由。因此，施蒂纳的相对于异己者的原子主义自主性，为了达到个体的独立，通过否弃一切现存的伦理与秩序而完成了；然而，或者说正因为如此，这种原子主义的独立性也必定意味着恰好放弃那种摆脱奴役的消极自由。独立性转向破坏性，这种破坏性作为对任意——既是我们自己的任意，也是他者的任意——的屈从而最终损害到独立者。

## 三　另一种变体：马克思，generatio æquevoca（自然生成）并通过消解自我达到的独立性

我们已经看到，一种极端地设想的个体独立性可以作为窘困的原

---

① M. Stirner, S. 254, vgl. 229, 342.
② Ibid., S. 174, 184.

子主义实现出来。但在黑格尔的继承者中，也可以找到对自主性问题的另一种选择、另一种回答。在《1844 年经济学哲学手稿》中，马克思是从一种类似的提问出发的。当然，他的提问就是一种回答，这种回答在后来研究青年马克思的文献中很少留下回响。在这里，马克思关注的主要也是，要摒弃黑格尔式的调和所达成的和解，并且要尽可能极端地提出独立性的问题：

> 任何一个存在者只有在用自己的双脚站立的时候，才认为自己是自主的，而且只有在依靠自己而存在的时候，它才是用自己的双脚站立的。……但是，如果我不仅靠别人维持我的生活，而且别人还创造了我的生活，别人还是我的生活的泉源，那么，我就完全靠别人的恩典为生；如果我的生活不是我自己的创造，那么，我的生活就必定在我之外有这样一个根源。①

在这里，马克思使自主性的一个被推至极致的规定显现出来。鉴于马克思对市民世界的个体主义的有力批判——他在当时总是将这种批判当作他自己的政治和历史规划的前提加以锻炼，——我们可以猜测，他在此可能认为这种自主性观念完全不重要，这种独立性可能只是资产阶级的神明，也可能是以人的名义存在的个体化存在者的扭曲形象，而它从来都不曾存在，也不可能存在。马克思可能的确在其他地方借助这个论证批判了人权观念，认为这些人权是根据一种作为"孤立的、退居于自身的单子"的人的观念建立起来的。② 这里似乎也要涉及一种在黑格尔主义的意义上恰恰被设定为片面的自主性，即一种我们已在施蒂纳那里将其看作是缜密而窘困的原子主义的独立性规定。后来在《德意志意识形态》中，这样的观点是非常中肯的，

---

① K. Marx, *Ökonomisch-philosophische Manuskripte aus dem Jahre* 1844, in *Marx-Engels Werke*, XXXX, Berlin: Dietz, 1990, S. 465 – 588: S. 511.

② K. Marx, "Zur Judenfrage", in *Marx-Engels Werke*, I, Berlin: Dietz, 1964, S. 347 – 377: S. 364.

即施蒂纳"对上帝王国的功绩在于，他宣称用了大约 600 页的篇幅对上帝的身份做了查验和证明：上帝如何不是这一个或那一个，不是'汉斯或孔茨'，而是神圣的麦克斯（指施蒂纳，Max Stirner——译注）和非他者"①。然而——有趣之处就在于此——马克思在这里可能充分肯定地作出了论证：他反而令人惊讶地关注拯救自主性这个概念。

反过来说，假如马克思想要反驳自主性概念，他本来是可以依据非常好的论证的。因为每个人都是被他人生成、生养、培育和抚养的。在这种意义上，任何人都不曾"创造"他自己的"生活"；任何人都具有"这样一种外在于自身的根据"，马克思想将这种根据认作人们所理解的依赖性。谁认识并承认这种不言而喻却意义重大的事实，他似乎由此就不能坚持这样一种自主性的观念。因为任何人都恰恰要归因于他的形成和发展，马克思在这里将这种形成和发展理解为依赖性的根据。尽管如此，马克思可能反对这种见解而坚持最大可能的极端的自主性概念。通过各个作为个人的个人的统一，他走出了一条摆脱不可能性的道路：

> 你也必定坚持圆周运动，这种圆周运动在这样的过程中从感性上是可直观的，根据这个过程，人在生成过程中重复自身，因而人始终都是主体。②

可以说，任何个体都是由其他个体创造的；为了维持片面的自主性，马克思干脆排除了这个问题。这样的个体恰恰不是应当被考察的个体，不是具有那种独立性的候选者应当成为的个体；毋宁说，他所说的个体是"人"。因此，马克思在这里已经抛弃个体性的基础，之所以如此，是因为个体性与这样一种自主性观念是不可统一的，根据

---

① K. Marx &F. Engels, *Die deutsche Ideologie*, in *Marx-Engels-Jahrbuch 2003*, I, Berlin: Akademie Verlag, 2004, S. 118.

② K. Marx, 1990, S. 545.

这种观念，一个自主者必定创造了其自身。

在青年马克思那里，人们总是希求发现个体主义、人道主义和拥护自由的东西：这在迄今为止的研究文献中已成为主流。[①] 但上文引用的黑格尔《法哲学原理》第 5 节的释义表明，这样一种个体主义的诠释不再是可能的。为了能够一般地坚持这种极端的自主性观念，马克思必须要么放弃这样一种自主性在经验上的可能性，要么放弃个体。他选择了后者。在迄今为止的马克思研究中，人们愿意宣称，一个人的死亡对马克思来说必然意味着一个世界、一个不可替代者的死亡，因为一个人在一种完全奠基性的意义上体现了某种特有的、独特的东西。[②] 但这对马克思而言重要的显然不是个体性或者方法论上的个体主义；在最初显得棘手的自主性问题上，他感兴趣的不是个体，而唯独是作为单纯集体性的、历史性的存在者的"人"。因此，对自主性的实现而言，重要的不是个体创造其他个体，而是存在着作为集体性主体的"人"，这种主体总是复又生成其自身。人类的形成问题，通过人的一种自我生成、一种史前的 generatio æquevoca（自然生成）的观念得到解决。

可以说，这是在这个时刻对马克思保持开放的几乎唯一选择：谁

---

① E. Fromm, *Marx's Concept of Man*, New York: Frederich Ungar, 1967, S. 64, 79; I. Forbes, *Marx and the New Individual*, London: Unwin, 1990, S. 166, 179; A. Schaff, *Marxismus und das menschliche Individuum*, Wien, Frankfurt/Main und Zürich: Europa, 1965, S. 58, 128f, 174, 190, 216, 233ff, 237f, 243ff, 262, (im Original: *Marksizm a jednostka ludzka*, Warschau: Wydawnictwo naukowe, 1965); S. – E. Liedman, *En värld att vinna. Aspekter på den unge Karl Marx*, Stockholm: Bonniers, 1968, S. 147, 150; H. Marcuse, "Neue Quellen zur Grundlegung des historischen Materialismus", in *Ideen zu einer kritischen Theorie der Gesellschaft*, Frankfurt am Main: Suhrkamp, 1969, S. 18; B. Ollman, *Alienation. Marx's Conception of Man in Capitalist Society*, Cambridge: Cambridge University Press, 1976, S. 110; I. Mészáros, *Marx's Theory of Alienation*, London: Merlin, 1970, S. 79, 167, 183f, 241, 277, 285; vgl. gewissermaßen auch K. Axelos, *Marx penseur de la technique. De l'aliénation de l'homme à la conquête du monde*, Paris: Minuit, 1963, S. 249.

② Schaff, S. 128 – 129, 190.

不能信服于传统的、神学的创世说，可能就觉得在达尔文以前人和自然的形成纯粹是神秘之事。因此，19 世纪初我们感到荒谬的自我生成、generatio æquevoca（自然生成）的学说，是一些生物学家所理解的在没有上帝的情况下关于类的起源的一种尝试。[①] 但对于人的自主性和个体性被把握的方式得出的结论，在这种关联中是清楚明白的。由于马克思想要拯救自主性观念，并使其成为片面地设想的环节和对外在东西与异己东西的绝对独立，他就放弃了个人的个体性：在自由问题方面，不再存在个人的个体性。但这也意味着，在迄今为止的研究中所宣称的青年马克思的个体主义不过是一种单纯的传说。[②]

因此，马克思为了自主性而排除了作为个人的个人。但很明显，人们必定要追问，是什么从一开始创造了作为集体性存在者的人。对此，马克思不能给出任何回答，即使他想通过在类中消解个体来拯救自主性观念，并且恰恰是在他这样做的时候，他不能作出回答。在此，我们看到，一位年轻的思想家在面对向他提出的一个从他自己的前提出发无法解答的问题时，是如何感受，又是如何以攻为守的。因为他将这个自行产生的问题视为"抽象"的产物而予以摒弃。"不要想，也不要问我，因为只要你去想去问，你对自然和人的本性的存在的抽象就没了任何意义。"[③] 这样一来，马克思毕竟最终要面对窘境。"不要问我。"但马克思必定要在中途辞别个体性；从一种非常极端地思考的自主性观念看，他为了保持最初的逻辑连贯，只能将独立性看作一种设想出来的集体性存在者"人"的特性，而不是看作个体的自由。

我们已经看到，对独立性的探求不仅像黑格尔在《法哲学原理》的相应章节所提示的，能够破坏性地转向外部，而且像我们在马克思和施蒂纳那里看到的，同样能够转变为针对单个自我的破坏性。因为

---

① Liedman，S. 142 – 143.

② 一个有趣的例外是 G. Dicke，*Der Identitätsgedanke bei Feuerbach und Marx*，Köln und Opladen：Westdeutscher Verlag，1960，S. 152。他评价《1844 年经济学哲学手稿》中这一章节对个体性而言非常重要，认为个体性在青年马克思那里是完全缺乏的。但奇怪的是，迪克的研究工作几乎没有被人察觉。

③ K. Marx，1990，S. 545.

一种被理解为对他者和异己者的完全独立性的自主性，最终可以在两个相反的方向得到思考。一种可能性在于，单个自我必须被从对他人的一切依赖中解放出来，这最终意味着，单个自我必须被从一切规范调停和自我管教中解放出来，这些调停和管教是由他者向他提供的，并使他同意，做他的主人。这是具有施蒂纳无政府主义的自我主义特征的选择；可以断言，这不仅在偏离主流的施蒂纳那里，而且下意识地在现代个体主义中都是完全起着作用的。另一方面，鉴于每个人对他人的强大依赖，事实就是，一般地都要涉及"他者"。反原子主义和反个体主义的方式，就是拯救对他者和异己者的完全独立性的理想。正是这一点是我们在马克思那里已经看到的东西。他在《1844年经济学哲学手稿》中阐发的理论选择导致这样的结论，即以黑格尔的"纯粹意志"所呈现的方式存在的人，作为完全独立于他人的人应当是自由的；尽管如此，重要的不是一种反社会的解放，而是说，"他者"一般地不再是不同的：在个体与类之间再也没有任何差别，因此始终只有作为自由的集体性存在者的"人"存在。只要个体仅仅是类，仅仅是"人"，个体自主性的问题就再也不会提出来了。①

---

①　在论证财产的例子中，情况是类似的。马克思在另一处这样写道："因此，我的个体性的个性应该就存在于［非异化的］劳动之中，因为这种劳动肯定我的个体生活。因此，劳动应该是真的、能动的财产。"（"Auszüge aus James Mills Buch，Elémens d'économie politique'"，in *Marx-Engels Werke*，XXXX，Berlin：Dietz，1990，S. 443–463：S. 463）首先似乎可以从中得出这样的结论，即马克思承认通常意义上的个体性既是"个性"。但必须指明，异化在马克思看来在于劳动属于"另一个存在者，而不是我"（K. Marx，1990，S. 518）。非异化的劳动属于谁呢？肯定不是属于个体自身，因而不是私人的，也就是说，非异化的劳动恰恰不是作为"财产"存在的。因此，"真的、能动的财产"在这里恰恰意味着决不是个体的东西，因为那指的会是私人财产。这意味着，马克思在此突破了语言惯例："财产"不是个体的，"个性"也必定遵循这条道路。它是这样一种人的"个性"，这种人不占有与他人相对的个人的东西，即特性或所有物。Dazu vom Verf. *Människoskymning / Menschendämmerung*，Kapitel III. ［从德文上看，"自己的"（eigen）、"财产"或所有物（Eigentum）、"特性"或"个性"（Eigentümlichkeit）、"特性"（Eigenschaft）具有相同的词根，因而从词源上考察具有类似的含义。在此，要注意到施蒂纳和马克思在措辞上的用意。——译者注］

向黑格尔视之为片面的和扭曲的、但潜在地必要的原初环节的回溯，就是这样进行的。由于施蒂纳将一切制度和一切内在化的伦理理解为不自主，他必须否认任何社会道德和任何真的东西，因而否认通过规约我们自己的欲望和任意而使之成为可能的自我规定，因为任何东西都被视为"异己的"和"不同的"。恰恰相反，对马克思来说，任何能够一般地宣称个体性的地方始终都是不存在的：他人不再是不同的，而仍只是"人"，因此极端地设想的自主性为了保持稳固，连一个自我也不能容纳。

黑格尔的直觉就这样得到证实：绝对独立性的片面地设想的环节必定转变为破坏性，并且不仅朝向外部，而且也朝向内部，朝向应当独立的人。"否定的自由所想望的其本身不外是抽象的观念，使这种观念实现出来的只能是破坏的狂怒。"①

始终必须坚持，一种关于自主性的政治和道德学说——这种学说将自身理解为制度学说——不能像在马克思或施蒂纳那里一样片面地置于独立性的环节之上。相反，独立性必须与对他者的依赖性达成和解：独立性必须将某些方式的依赖性理解为它自身的和自由的前提。

（作者系瑞典乌普萨拉大学政治学系教授）

---

① Hegel，1995a，§ 5.

# 论儒家的实践智慧

## 陈　来

　　中国哲学的传统非常重视实践智慧，可以说，实践智慧一直是中国哲学的主体和核心。儒家自孔子以来，更是强调哲学作为实践智慧的意义。儒家哲学思想的特点是：突出人的实践智慧，而不突出思辨的理论智慧；儒家的实践智慧始终是强调以道德为基础，从不脱离德性；同时，儒家的实践智慧又突出体现在重视修身成己的向度，亦即个人内心的全面自我转化；最后，儒家哲学思想总是强调实践智慧必须化为实践的行动，达到知行合一的境界。

## 一　道德德性

　　众所周知，现代哲学越来越关注的"实践智慧"，与其字面意义的直接性不同，乃是根源于古希腊哲学特别是亚里士多德的哲学。亚里士多德哲学中的 phronesis，英译曾为 prudence，中文译本以往亦多译为"明智"。而现在更多的学者从哲学诠释上接受把这个词译为"实践智慧"。它在亚里士多德的《尼各马可伦理学》第 6 卷被作为人类认识真理的五种方式之一，这五种方式即技术、科学、实践智慧、智慧和理智。当然，自从海德格尔和伽达默尔以来，当代哲学中有关实践智慧的讨论已经超出亚里士多德的意义，但仍以亚里士多德的讨论为出发点。①

　　在亚里士多德哲学中，"智慧"的地位本来高于"实践智慧"，

---

　　①　参见洪汉鼎《论实践智慧》，载《北京社会科学》1997 年第 3 期。

但他也指出:"人们称阿那克萨戈拉和泰利士为智慧的人,而不称为实践智慧的人。人们看到他们对自身有益之事并无所知,而他们所知的东西都是深奥的、困难的、非常人能及的,但却没有使用价值。因为他们所追求的不是对人有益的东西。实践智慧是针对人的事情。"① 很明显,智慧追求的东西对人无实际益处,而"实践智慧"(phronesis)追求的是对人有益的东西,这种有益主要是指人的事物的善,所以实践智慧紧密联系着善的实践。而"智慧"(sophia)则只是思辨的、理论的理智,即理论智慧,不是实践性的,没有实践力量,它只有真与假,而不造成善与恶。②

实践智慧的本意是强调德性实践中理智考虑、理性慎思的作用,然而亚里士多德哲学中的"伦理德性"与作为理论德性之一的"实践智慧"之间的关系,往往是不清楚的,实践智慧有时被理解为工具性的方法,这也是近代以来在西方哲学中实践智慧脱离德性而成为聪明算计的一个原因。

由于 phronesis 多被译为"明智",因此,狭义地看,在古代儒家哲学中,与 phronesis 较相近的概念是"智"。当我们说到哲学作为实践智慧时,我们也自然想到中国最古老的词典、约公元前 3 世纪成书的《尔雅》的解释,《尔雅·释言》:"哲,智也。"近一百多年以来,中文用来翻译 philosophy 的"哲学"之"哲",古代即以"智"为之释义,二者为同义词。在这个意义上,也可以说,古代中国早在轴心时代就已经把哲学理解为智慧之学,虽然中国古代并没有独立的一门"哲学"。③"智"字从知,在春秋时期又通用于"知",公元 2 世纪的词典《释名》说"智,知也,无所不知也",可见"智"是智慧,"知"是知识,智不是普通的知识,而是高级的知识和能力。

---

① 亚里士多德:《尼各马可伦理学》,苗力田译,中国社会科学出版社 1992 年版,第 122 页(下引同此书)。

② 同上书,第 116 页。

③ 章太炎也认为,哲训知,但若把哲学看作求知的学问,则未免太狭窄了。可见此知乃是智慧。参见章太炎《国学概论》,中华书局 2008 年版,第 34 页。

智又以见为前提，《晏子》："见足以知之者，智也。"《五行篇》也说"见而知之，智也"。表示智慧需要以经验为基础，而不是脱离经验的理性活动。另一方面，在公元前 4 世纪以前，中国哲学中的"智"多是就知人而言，指与人的事物、人的世界相关的实践性能力和知识，有益于人的事物，而不是对宇宙世界普遍事物的知识。如《尚书》说"知人则哲"①，《论语》中记载，孔子学生问"知"，"子曰知人"。② 孟子也说："智所以知圣人。"③ 表示哲学是认识人的智慧，从而哲学与人的生活、人的本性、人的生命活动以及人道的法则有关，可见这里讲的"哲""智"即是实践智慧。《周易》特别注重行动的实践智慧，如把智慧表达为："知进退存亡而不失其正者，其唯圣人乎！"④ "知"进退存亡的具体节度而不离于善，此即是行动的实践智慧。因此，哲、明、智在古代皆有智之义。

孔子谈仁很多，谈智较少，他说"智者不惑"，这里的智即是明智。《中庸》讲三达德，智甚至排在首位，居于仁之前，可见《中庸》对智的重视。中庸之道是理性对实践情境的一种把握，由经验而来，《中庸》对智的强调和亚里士多德是一致的。《中庸》里还有一个重要的观点，就是主张"好学近乎智"。我们知道孔子虽然较少谈智，但孔子非常重视"好学"，而按照《中庸》的看法，孔门提倡的"好学"和"智"是一致的，这提示了一个重要的通向实践智慧的诠释方向。

"好学"与智的关联性，在孔子关于"六言六蔽"的论述中最突出地表达出来：

> 子曰："由也，汝闻六言六蔽矣乎？"对曰："未也。""居，吾语汝。好仁不好学，其蔽也愚；好知不好学，其蔽也荡；好信

---

① 《尚书·皋陶谟》。
② 《论语·颜渊》。
③ 《孟子·公孙丑上》。
④ 《周易·乾·文言》。

不好学，其蔽也贼；好直不好学，其蔽也绞；好勇不好学，其蔽
也乱；好刚不好学，其蔽也狂。"①

这一段话很重要，从德性论来说，它表示每一个别德性对人的意义，
不是独立的，而是与其他德性相辅相成地发挥其作用的，诸德性的相
辅相成才能造就君子或圣人的中和不偏的人格，而在德性的相辅相成
的结构里，"好学"占有突出的地位。仁、知、信、直、勇、刚这六
种德性都是伦理德性，但是孔子强调，对伦理德性的追求不能离开好
学，所有的伦理德性若要中和地发挥其积极的作用，不能离开好学的
德性，不能离开好学的实践，否则这些伦理德性发生的作用就会偏而
不正。② 由此可见，好学不仅是一种优秀的能力和特长，也是一种心
智的取向，而这种能力和取向明显是指向于知识的学习与教育过程，
指向明智的能力。这样就把伦理德性和理智德性结合起来了。在这个
意义上，"好学"扮演的角色和好学所积累的能力也正是亚里士多德
的"实践智慧"。这和亚里士多德主张的实践智慧的作用以及主张所
谓整体的德性中不能缺少理性一致。在这个对比中我们才能深入理解
"好学近乎智"的意义。

不过，在古典儒家思想中对"智"的理解，最重要的还是孟子
"是非之心，智也"的思想。孟子的这个思想就把"知"与"明"
引向了对是非的道德辨识。"是非"是道德的概念，于是"智"在孟
子哲学中成为主要的道德德性。这个意义下的实践智慧是对于辨别善
恶、判断是非的智慧。汉代的儒学继承了孟子的这一思想，确立了智
和仁义并立的地位；宋代以后，"智"在儒学中一直是四项道德主德
（仁义礼智）之一。这便与亚里士多德有所不同，因为在亚里士多德
那里，作为一种理智状态，实践智慧不是德性，而是能力。但比起技
术来说，实践智慧又是德性。但他始终认为实践智慧不是伦理德性。

① 《论语·阳货》。
② 这也正如亚里士多德所说的，苏格拉底说德性离不开明智时，他就是完
全正确的，参见亚里士多德，1992 年，第 132 页。

而在孟子哲学中，智既是理智，也是伦理德性。后来明代的哲学家王阳明也明确肯定良知就是是非之心，是最根本的德性。① 而且，亚里士多德主张由实践智慧增进人的幸福，亚里士多德说实践智慧针对对人有益的事情，其所谓有益也包含着幸福，而亚里士多德的幸福包括外在的善。但孟子的德性论并不包含任何生活幸福或外在善的观念，完全集中于道德的完满。可见儒家的实践智慧明确是道德德性。儒家关注的幸福是康德所谓的道德幸福，而外在的善或身体的幸福在中国哲学中尤其是儒家哲学中是不被重视的。

## 二 修身工夫

不过，儒家的实践智慧不限于对智德的提倡与实践，而是包含了丰富的内容。首先，在思辨与实践之间，在孔子已经明白显示出了偏重，即重视实践而不重视思辨。孔子的学生认为孔子很少谈及性与天道，是孔子重视实践的明显例证。孔子对名的重视也只是重视名的政治实践功能，而不是名言概念自身的抽象意义。早期儒家就已经确立了这种性格，在理论与实践之间，更注重发展实践智慧，而不是理论智慧，其原因正是在于儒家始终关注个人的善、社群的善、有益于人类事务的善。退一步说，孔子即使关心宇宙天道，也决不用"理论化的态度"去谈论天道，而是以实践智慧的态度关注如何在人的生活世界与天道保持一致。整个儒学包括宋以后的新儒学都始终把首要的关注点置于实践的智慧而不是理论的智慧。当然，在儒家的体系中理论的智慧也是重要的，如《周易》代表的对宇宙的理解是儒家世界观的重要基础，宇宙的实体与变化是儒家哲学应当关心的，但站在儒家的立场上并在天人合一的框架下，对宇宙的关心不会完全独立于实践智慧，而是可以服务于实践智慧。

---

① 西塞罗认为智德是善恶与不善不恶之事的知识，阿奎那也认为实践智慧是智德，既是伦理德性，也是理智德性。参见潘小慧《德行与伦理》，闻道出版社 2009 年版，第 91、87 页。

另一方面儒家的实践智慧始终坚持智慧与德性、智慧与善的一致，而不是分离。亚里士多德所说的实践智慧是道德实践中的理性的作用，这种理性作用体现于在善的方向上采取恰当的具体的行为，这是实践智慧作为理性具体运用的特性。在亚里士多德，伦理德性要成为行动，离不开实践智慧，故所有行为都是二者结合的产物。亚里士多德把德性分为伦理德性和理智德性，又把他所说的理智德性分为五类，实践智慧即是此五类之一，他说："这就清楚地表明实践智慧是一种德性而不是一种技术。"①

儒家所理解的实践智慧既不是技术思维，也不是聪明算计，更不是一种工具性的手段，不属于功利性的原则，明智不是只顾自己、照顾自己的生活，② 而是一种道德实践的智慧。在亚里士多德，对实践智慧的说法往往含混不清，如他既说实践智慧必须是对人的善，③ 又说善于考虑是实践智慧的最大功用。④ 他说道德德性使活动的目的正确，实践智慧使我们采取实现目的的正确手段，这里所说的正确手段不是道德意义的，而是理性意义的。在这个意义上，实践智慧既不是道德德性，也不能提供善的目的，只是实践的具体方法。当然，亚里士多德也强调离开了实践智慧道德德性的实践就不能掌握中道，认为合乎实践智慧，伦理德性才能把事情做好，伦理德性必须有实践智慧的具体指导，从而实践智慧一定是做好事的。然而，无论如何，一个完整的道德实践必须有实践智慧作为理智的参与，由伦理德性完成，故可看出亚里士多德的实践智慧是强调实践中理性的具体作用，而不是强调伦理德性的导向作用。

可以看出，在亚里士多德哲学中，实践智慧的指向是"做事"（doing），⑤ 把握恰当的时机作出行动的决断，而无关于"做人"

---

① 亚里士多德，1992 年，第 120 页。
② 同上书，第 124 页。
③ 同上书，第 120 页。
④ 同上书，第 122 页。
⑤ 实践智慧是涉及行为的，参见亚里士多德，1992 年，第 123 页；实践智慧是关于行动的原理，参见同上书，第 132 页。

（being），这就与儒家不同。儒家所展开的实践智慧主要的指向是修身、"做人"（learning to be a person）。或者换一个说法，希腊的实践智慧重在"成物"，而儒家的实践智慧重在"成人"（to be a true person）。所以在儒家看来，亚里士多德的德性论是不完整的，他的实践智慧虽然与科学、技术、制作不同，但仍然是一种外向的理智理性，指向做事的行为，doing right things；而不是指自身德性的修养，being a good person，故不包含任何内在的觉解。所以，亚里士多德的实践智慧是做事的理性，此理性应有价值的理性来为之导向，而不能说伦理德性由实践智慧指导，因为伦理德性才真正是求善，而实践智慧是工具性的。而亚里士多德的另一句话是对的，"伦理德性使目的正确，实践智慧使手段正确"，①可惜他自己的说法往往不一致，按这个说法，在实践上，道德德性提供大的善的方向、目的，而实践智慧的作用应当是提供精细的行为制导。儒家哲学的实践智慧在这方面更为清楚而有其优越之处。

中国现代哲学家冯友兰指出，从中国哲学的观点看哲学，哲学的功能在于改变或提高人的精神境界，获得一种看待世界的全新的方式，因此提高心灵境界是中国哲学实践智慧的一个目的。精神的提升，内心的和谐、自由、宁静，这种心灵自我的转化是实践的根本目标。

实践智慧不仅表现为把精神的提升作为哲学的目的，而且表现为为了实现这一目的所探索的各种工夫手段、方法。儒家所说的心灵转化的方法不是古希腊的对话或沉思，而是以道德修身为根本的精神修炼。哲学的智慧必须为人的自我超越、自我提升、自我实现提供方向的指引和修持的方法。自我的转化即是内在的改造，是气质的根本变化，超越自己现有的状态，使生命达到一个更高层次的存在。

因此，一个重要的区别是，儒家哲学对哲学的了解是实践性的，而这种对实践的了解，不限于认识外在世界、改变外在世界，而更突出认识主观世界，改造主观世界。所以儒家的实践智慧包含

① 亚里士多德，1992年，第139页。

着人的自我转化与修养工夫，追求养成健全的人格，《大学》就是这一实践智慧的纲领。《大学》以"止于至善"为目的，即是确立实践活动的根本目的是至善（如亚氏之最高善），确立了儒家实践智慧的求善特性，而求善的具体修养工夫有慎独、正心、诚意、致知、格物。其中的致知就是扩充和发展实践智慧，而扩充实践智慧有赖于在具体事物和行为上为善去恶，如止于仁、止于敬等，此即是格物。诚意是追求好善如好色，达到自慊的内心境界，而诚意的工夫又称为慎独的精神修养，诚于中而行于外。总之内心的修养是儒家实践智慧的重点。当然，儒家的实践智慧在整体上包含治国平天下，即对现实政治世界的改造和整理，但这种整理以己所不欲、勿施于人为中心，而且《大学》讲得很清楚，自天子以至庶人，一切人、一切事都必须以修身为本。

修身是累积扩大实践智慧的根本途径，人格的锻炼是儒家最看重的实践方面。《中庸》把慎独作为主要的独立的工夫，由内在的中去建立行为的和，"修身以道""修身则道立"，同时，《中庸》强调君子的实践不离人的生活世界，愚夫愚妇可以与知，因为"道不远人，人之为道而远人，不可以为道"，实践智慧要求理性的运用不可离开人伦日用常行的世界。《中庸》又提出"时中"，而"时中"是"在事之中"，是"随时而中""做得恰好"，是针对个别事物、特殊境况的，是实践智慧在做事的恰当运用的状态。《中庸》最后要达到的是诚者不勉而中、不思而得、从容中道的圣人境界。

《中庸》主张的实践智慧还展现为"慎思明辨"，与亚里士多德的不同在于，亚里士多德的慎思就是善于正确考虑具体的情境，亚里士多德的慎思作为实践智慧的主要成分之一，主要是关于行为的考察，而不是关于自我的考察反省，《中庸》的慎思首先要求的是对自我内心的考察反省。

儒家的实践智慧又被概括为"为己之学"，"为己"的意义就是"己"的发展、转化，而美德的培养和精神修炼都是以"成己"为宗旨的。这些致力于发展美德的精神修炼也即是基督宗教所谓的精神性。《中庸》说："诚者非自成己而已也，所以成物也。成己，仁也；

成物，知也。性之德也，合外内之道也，故时措之宜也。"在这里的知即狭义的智指向成物，这与古希腊是一致的，但广义的实践智慧是成己与成物的合一，既包含着以诚成己，也包含着成物之智，而成物之智联系着时措之宜，后者正是亚里士多德做事的实践智慧，即做事的中庸之道，恰到好处。但在儒家，这一切成物的时措之宜是以修身成己为基础、为根据的。

## 三　知行合一

儒家实践智慧的一个特色是关注实践主体，因此从儒家的立场看，广义理解的实践智慧应当包含修身的向度，重视德性的修养是儒家德性伦理学与亚里士多德德性伦理的一个根本不同。这种立场包含着把哲学作为一种生活方式的理解，从而实践的智慧不仅仅是做事恰当合宜的智慧，而是面对人生整体的智慧。此外，亚里士多德的实践智慧只说了理性对行为的具体的指导，而真正的生活实践需要处理知行的关系。因为实践智慧的作用可以说正是要把"德性所知"与具体境遇连接在一起而成为完整的行动，把价值承诺落实在行动上。在儒家来看，不仅是德性所知，经典世界中的一切叙述若要通向现实世界，必须由实践来完成，实践的智慧必须化为实践的行动。实践智慧作为"知"本身就要求把自己展开为"行"。

在儒家思想中，"实践"本身就常常意味着道德修身的践行活动。《中庸》提出了"博学慎思明辨笃行"，其中就包括了"笃行"，这也是《中庸》实践智慧的重要方面。《中庸》中显示出，作者认为"中庸"与知（智）关联较多，智既是道德德性，也是实践智慧。而实践智慧必须包括对已知美德的践行、实行。

宋代以后儒学中的"实践"概念广为运用，而实践和躬行连用甚多。后世的历史编纂学家认为，北宋新儒家以"实践之学"为宗旨，[1] 南宋儒学的特征被称为"默然实践"，朱子哲学被概括为"其

---

[1]　《宋元学案》卷31。

学以求诚为本，躬行实践为事"，① 这些历史编纂学家认为宋明理学就是"以实践为宗旨"，② 理学家强调"圣贤所重在实践"，③ "穷理以致知，反躬以实践"，④ 成为理学对实践重视的明证。

现代新儒家哲学家梁漱溟尤以"实践"针对理智智慧。在他看来，认识真理的方式有四种，即科技、哲学、文艺和修养，修养即修持涵养。他说："孔子与实践中自有思考在内，亦自有哲学在内，但只为生活实践的副产物，最好不从思想理论来看待之。为学生讲论时当指示各自反躬体认实践，默而识之。"⑤ 他认为："把儒家孔孟切己修养之学当作哲学空谈来讲而不去实践，真乃一大嘲弄。""儒家之为学也，要在亲切体认人类生命之极高可能性而精思力践之，以求践形尽性。""儒家期于成己，亦以成物，亦即后世俗语所谓做人。"⑥ 所以，他所了解的哲学的实践便是"反躬内向"。这也涉及儒家对哲学的理解。按照梁漱溟的理解，哲学并非如西洋古代所说的爱智，而是"生命上自己向内用功进修提高的一种学问"，是一种强调修身和变化、提高自己生命的实践智慧。他认为"古书中被看作哲学的那些说话，正是古人从其反躬内向的一种实践活动而来"。⑦ 所以他又说，儒家的哲学可称为人生实践之学，是一种生命的学问，哲学必须是一种自我的实践和活动，强调儒家哲学作为人生实践活动的重要方面。

明代哲学家王阳明指出："凡谓之行者，只是着实去做这件事。若着实做学问思辨的工夫，则学问思辨亦便是行矣。学是学做这件事，问是问做这件事，思辨是思辨做这件事，则行亦便是学问思辨矣。若谓学问思辨之，然后去行，却如何悬空先去学问思辨得？行时

---

① 《宋元学案》卷 59。
② 《宋元学案》卷 73。
③ 《宋元学案》卷 86。
④ 《宋元学案》卷 90。
⑤ 《梁漱溟全集》第 7 卷，山东人民出版社 1993 年版，第 498 页。
⑥ 同上书，第 159 页。
⑦ 同上书，第 756 页。

又如何去得做学问思辨的事？行之明觉精察处，便是知；知之真切笃实处，便是行。"① 亚里士多德的实践智慧是指向行动的慎思明辨，而王阳明所说的"思辨是思辨做这件事"，意思与之相近；其所说的"行之明觉精察处，便是知"，"知之真切笃实处，便是行"，既是强调实践智慧是对行动的明觉精察，也同时强调实践智慧作为知必须和行结合在一起。

在古代中国思想中，孔子以前都使用"德行"的观念，有时简称为德。古代"德行"的观念不区分内在和外在，笼统地兼指道德品质和道德行为，重点在道德行为。其实，早期儒家便在德的问题上与亚里士多德有差别，即，虽然孟子集中关注"德性"的问题，但孔子和其他早期儒家重视"德行"的观念，主张德行合一、知行合一，而不主张把德仅仅看作内在的品质，强调要同时注重外在的行为，可见儒家的实践智慧必须强调践行的意义。同时智不是仅仅作选择、作判断或进行推理，知必须关注行、联结到行、落实到行。如果知而不行，那不是意志的（软弱）问题，而是实践智慧本身发展得不够，扩充得不够，还没有达到真正的实践智慧"真知"。

如前所说"致知"即是扩充实践智慧，明代的王阳明指出智或知应当是良知，而良知必须知行合一。因此，在儒家的立场上，实践智慧是伦理德性，也是道德知识，故实践智慧必须包含着知行合一的方面。这和现代哲学家海德格尔有些类似。海德格尔以实践智慧为良知，以召唤自己实际的生存作出决断，以回到本真的生存。因此儒学对哲学的理解，不是关注超感性领域，更不重视理论构造、抽象推理和逻辑演绎，儒家的哲学观显然不是海德格尔所批评的"理论化态度"，儒家强调的是在生命世界中的生命体验、生命实践，而这个生命实践是以人和道德实践为中心的。

总之，从现代哲学的讨论所针对的问题如技术理性的统治而言，儒家的实践智慧比起亚里士多德的实践智慧有其特色，也有其优越之处，即毫不犹豫地坚持道德的善是人类实践的根本目标，重视人的精

---

① 《阳明全书》卷6，文录三，答友人。

神修养和工夫实践。当然，儒学的实践智慧虽然重视向内的工夫，但不离事事物物，且能发为积极的社会政治态度与实践，促进社会改造和政治改良。然而，这就是《大学》八条目中"治国平天下"的范围了，正如亚里士多德的实践智慧广义上也包括政治学一样，[①] 这就不在本文讨论的范围之内了。

（作者系清华大学哲学系教授）

①　亚里士多德，1992 年，第 123 页。

# 认知科学对当代哲学的挑战

## 刘晓力

广义的认知科学是由哲学、心理学、大脑与神经科学、计算机与人工智能、语言学、人类学、教育学等构成的丰富的学科群，由于哲学在认知科学建立之初就占据着一席之地，始终与认知科学的经验研究相生相伴。从另一个角度看，哲学与认知科学也形成了一种"双向挑战效应"：一方面，在认知科学各种研究纲领的建立和修正中，哲学始终起着不可或缺的奠基、审查和批判作用，使认知科学研究纲领发生了几次重大变迁，特别是 90 年代以来，从表征—计算为核心的第一代研究纲领逐渐发展成以涉身性为特征的第二代研究纲领，大大推进了认知科学的实证研究。另一方面，认知科学的实证研究成果和认知科学内部产生的哲学争论对当代哲学提出了新的挑战。这种挑战不仅催生了哲学中的物理主义和新二元论的多种争论形态，也产生了各类自然主义哲学的研究方向，这些新的趋向对当代哲学研究的基本概念、研究的问题域和研究方法都造成了过去不曾有过的深刻影响。以下我们将聚焦意识问题，讨论认知科学的经验研究与哲学之间的双向挑战效应，并就哲学家面对这种挑战将何去何从的问题提出一些见解。

## 一　如何说明意识和意识的主观经验

认知科学哲学家萨伽德（P. Thagard）在反思长期占据主流地位的认知科学的计算主义纲领时曾经指出，作为计算主义核心假设的"心智的计算—表征理解"正遭遇来自情感的、意识的、外部世界的、身体的、社会的、动力系统和量子计算的七方面的挑战。① 我认为，这些挑战同时也是对哲学的挑战。这是因为，当代科学和哲学在面对如何说明心智本质的问题时，最为困难的是要回答"意识难题"② 和"解释鸿沟"问题③：具有精神属性的意识现象能否用处理物理现象、神经生物现象的自然科学去解决，对意识现象的解释与对物理现象和大脑现象的解释之间是否存在着难以逾越的鸿沟？

前述萨伽德所说的挑战，也正是哲学和认知科学家必须共同面对的人的意识和意识的主观经验难题。目前，为了应对挑战，认知科学的研究主要有三种路径：一是不放弃计算主义主张，将"心智的计算—表征理解"拓展为"包含生物学—社会学的对心智的计算—表征理解"；二是发展第二代认知科学研究的4EC进路，目前最为活跃的涉身认知、嵌入式认知、延展认知到生成认知研究进路；三是强调自组织演化的动力系统研究进路。相应地认知科学也呈现出如下几大特点，寻找意识相关物的神经科学实验在许多学科越来越成为核心方法；人们越来越强调认知过程中身体及外部环境的作用；将意识看作生命现象，人们越来越关注对认知的演化生物学的说明；引入自创生性、自组织等概念，倡导复杂动力系统理论；借助量子力学对认知机制进行说明。值得关注的是，这些新的研究趋向从不同侧面刺激和深化了当代哲学问题的研究，使我们有可能重新审视"物质和意识的关系究竟如何"这一亘古常新的哲学问题；各类复杂的冲突形态也使我们必须反思，像"意识难题"这样的哲学问题，是否应当完全交由认知科学家进行实证性研究？以物理学为核心的自然科学的说明能够弥合"解释鸿沟"吗？

对于意识—物质之间"鸿沟"的描述，一般可划分为本体论、认

① P. Thagard, *Mind: Introduction to Cognitive Science* (2nd edition), Cambridge: MIT Press, 2005, p. 140.

② D. J. Chalmers, *The Conscious Mind*, Oxford: Oxford University Press, 1996, pp. 3 – 31.

③ J. Levine, "Materialism and Qualia: The Explanatory Gap", in D. Chalmers, *Philosophy of Mind*, New York: Oxford University Press, 2002, pp. 354 – 361.

识论和语义学鸿沟三类：意识对象、状态和过程不同于物理对象、状态和过程；对意识现象的认知和说明不同于对物理现象的认知和说明；不同的主体拥有不同的意识经验，第一人称视角和第三人称视角的不同导致语言陈述意义的不同。从还原的眼光看，这三类鸿沟相应地体现为前者相对于后者在本体论、认识论和语义学上的不可还原性。

进入 20 世纪以来，笛卡尔的实体二元论已被大多数哲学家所抛弃，随着相对论和量子力学的诞生，以物质实体为唯一实在的传统唯物主义已经被新形态的物理主义所替代。今天的物理主义可概括为如下论题："世界上的一切事物或者是物理的，或者如当代一些哲学家所言，是随附于物理的，或者以物理的事物为必要条件。"[1] 物理主义最基本的一点是承诺物理世界具有因果闭合性，任何物理的结果必定由物理的原因引起，没有超自然的力量支配世界。物理主义除了"亨普尔两难"的诘难外，最强烈的批判来自反物理主义的三大知识论论证：内格尔（T. Nagel）的蝙蝠论证（1974 年）、杰克逊（F. Jackson）的黑白玛丽论证（1982 年）和查尔莫斯（D. Chalmers）的僵尸论证（1996 年）。[2] 这些论证都试图从更深层次揭示物理主义为什么将面临知识上的困境——即使能够掌握全部的物理学知识，也无法用物理的方式解释人类独特的意识经验的特殊质性。例如，物理学知识可以使你理解蝙蝠的所有物理行为，但你无法有蝙蝠那样的感受经验，更无法具体描述蝙蝠的感受性；一个完全在黑白世界掌握了全部物理学知识的人，能否用已知的物理学知识解释当她看到红色西红柿时的切身感受是什么，这种感受是否使她增加了物理学新知；即使一个具备了与你完全相同的物理条件，和你有同样的外部行为的主

---

① cf. D. Stoljar, "Physicalism", in *Stanford Encyclopedia of Philosophy*, ed. by E. N. Zalta, 2009.

② cf. T. Nagel, "What is it Like to be a Bat?", in *Philosophical Review*, No. 83, 1974, pp. 435 – 450; F. Jackson, "Epiphenomenal Qualia", in *Philosophical Quarterly*, vol. 32, 1982, pp. 127 – 136; D. J. Chalmers, *Philosophy of Mind: Classical and Contemporary Readings*, New York: Oxford University Press, 2002, pp. 219 – 225, 273 – 280, 247 – 272.

体，能否保证它和你有一样的意识体验？列文（J. Levin）曾断言，不管将来知道多少关于大脑的事实，在概念上人们仍然无法解释，为什么某一种复杂的大脑状态或过程会让人有某种特定的意识感受，如痛苦，而不是其他的意识感受，如喜悦等。即使物理主义在本体论上是正确的，它仍然因为在认识论上的"解释鸿沟"而令人困惑。可以说，在持续至今的这场争论中，物理主义与反物理主义立场都没有足够的证据消除"解释鸿沟"的困惑，而反物理主义立场多半都与某种形式的二元论有所纠缠。

## 二　来自神经科学的挑战

虽然"解释鸿沟"仍然在哲学上构成物理主义的一大威胁，但是不满足各类形而上学争论的神经科学家并不认为它对科学工作构成真正的挑战。20 世纪 90 年代，随着认知科学研究的推进，或者利用各种新的大脑扫描技术追踪大脑神经元活动，或者通过脑损伤技术观察特殊脑区的功能，"意识的科学研究"试图揭示意识经验的神经机制，反而对"扶手椅"式的纯思辨哲学构成了一定的挑战，迫使当代哲学家必须回答此前不曾遭遇到的一些新问题。

一些神经科学的经验研究似乎默认了心脑同一论[①]的假设，它正是 20 世纪 50 年代由斯玛特（J. C. Smart）、普雷斯（U. T. Place）和费格尔（H. Feigl）提出的物理主义的一种典型立场：（1）心理状态都是特定的大脑神经状态；（2）心理属性都可还原为大脑神经系统的属性；（3）通过对大脑神经特性和状态的详细描述可以解释意识现象。

例如，克里克（F. Crick）宣称，"你、你的快乐和忧伤、你的记忆和野心、你对自我的认同和自由意志的感觉，实际上不过是一大堆

---

① cf. D. J. Chalmers，philosophy of Mind：Classical and Conlemporary Readings，Oxford University Press，2002，pp. 55 – 72.

神经元以及与它们相关联的分子的行为"。① 意识和意识经验本身不过是大脑神经元非线性系统的涌现（emergence）性质。为了破解"意识难题"，克里克与科赫（C. Koch）还提出寻找意识的最小突触、神经元和回路构成的神经结构，即倡导寻找意识的神经相关物（neural correlates of consciousness）的 NCC 研究进路，② 于是，情绪、感受性和自我意识，以及他心等以往被视为科学禁忌的课题，今天都成了神经科学研究的主题。对于为什么物质的神经活动会从客观领域跨越到性质完全不同的主观的意识领域，神经科学家艾德尔曼（G. M. Edelman）和托诺尼（Giulio Tononi）认为，虽然意识经验是具有主观性的主体体验，但它是大脑神经活动的动态物理过程，是神经元集群分布式作用形成的动态核的整体性质。③ 托诺尼其后还致力于定量化说明作为意识必要条件的可度量的物理基底的因果效力，特别指出，作为整合信息（Integrated information）的意识在高度复杂的大脑神经元集群中具有内在的不可归约的整体性。神经生理学家里贝特（B. Libet）则提出一种"有意识的心智场 CMF"（Conscious Mind as a Field）概念，将意识的主观体验看作由脑的适当而多样性的神经活动产生的一种场效应。CMF 是提供神经细胞的物理活动与主观体验的涌现之间的媒介。但是，CMF 无法归入任何已知的物理类的"场"范畴，也无法用外部可观察的物理事件和已知的物理理论去描述，只有辅助以经验主体的第一人称报告才能获知其场效应。里贝特的一系列神经科学的实验结果，一方面回应了哲学家对物理主义的挑战；与此同时，这些结论又迫使哲学家重新反思第一人称哲学的正当性，哲学家如何坚持自我知识的私密性、权威性论题，如何坚守主体性哲学等传统领域不受侵蚀？

———————————

① 克里克：《惊人的假说》，汪云久等译，湖南科学技术出版社 2001 年版，第 3 页。

② T. Metzinger（ed.）, *Neural Correlates of Consciousness*：*Empirical and Conceptual Questions*, Cambridge, MA：MIT Press, 2000.

③ G. M. Edelman and G. Tononi, *A Universe of Consciousness*：*How Matter Becomes Imagination*, Allen Lane, The Penguin Press, London, 2000.

今天，一些神经科学家甚至使用日益精密的功能性核磁共振成像技术和脑损伤技术来探讨道德和价值的神经机制。他们相信，像"是否存在自由意志""进行道德判断时究竟是理性推理优先还是直觉情感优先"这样的哲学问题都可以通过实验科学研究获得结论。①那么，这些经验研究所默认的"心脑同一论"所包含的隐患又是什么？依照另一种分析，这种将意识和意识的体验完全归于大脑内部活动的解释也是一种笛卡尔二元论的新变种。

## 三 新二元论对神经科学理论前提的挑战

虽然今天哲学家大多不再持有笛卡尔式二元论立场了，但是，随着近些年"意识的难问题"和"解释鸿沟"问题引发的深层争论，二元论似乎重新回到哲学视野，只是其关注的焦点已超越实体二元论，转向了各种不同形态的"新二元论"②，这些形态更显示出由认知科学的进展所激发的当代哲学在本体论和认识论层面的争论如何更趋复杂化，这些争论对于神经科学家的工作假说也提出了质疑与反思，虽然绝大多数科学家表面上都默认了物理主义的哲学前提，然而在具体的科学研究范式中，科学家们也有意无意地卷入了某种新二元论的漩涡。

哲学上，新二元论的诸多形态最集中地体现在前述的反物理主义者的三大知识论论证中。这些论证都默认了称为"感受性"的意识现象在物理上的不可还原性，并因而默认了如下四个前提：③（1）与

---

① 参见本杰明·里贝特《心智时间：意识中的时间因素》，李恒熙等译，浙江大学出版社 2013 年版。

② "新二元论"的提法参见 J. Perry, *Knowledge*, *Possibility*, *and Consciousness*, The Cambridge, Massachusetts：MIT Press, 2001；M. R. Bennett & P. M. S. Hacker, *Philosophical Foundations of Neuroscience*, Oxford Massachusetts：Blackwell Publishing Ltd., 2003。

③ 参见［澳］贝内特、［英］哈克《神经科学的哲学基础》，张立等译，浙江大学出版社 2008 年版，第 87—89 页。

公开的行为和物理现象相比较，感受性是属于私人领域的东西，这种意识状态具有第一人称本体论地位；（2）意识经验是一种主观感受，只有通过主体的内省才能把握；（3）意识经验领域只能为主体所直接通达，其他人只有间接通道；（4）心理谓词只是表达内部实体（心理对象、心理状态、心理活动、心理过程）的名称，把握其意义不依赖于描述外部行为的概念。显然，这些前提都是笛卡尔在论证他的实体二元论时所承诺的一些前提的变种。查尔莫斯明确声称自己的自然主义立场的属性二元论①就是这种二元论变体的一个重要代表。虽然他认可世界是物理的，但与还原的物理主义的立场不同，他主张意识具有独特的不同于物理的心理属性，心智所具有的特殊性质，特别是主观经验的感受性，不能在逻辑上或形上学意义上先验地还原为物理属性，也不能以物理学理论得到解释。事实上在意识的科学研究中，持有这类属性二元论立场的科学家不在少数。

在神经生理学家贝内特（M. R. Bennett）和维特根斯坦哲学研究者哈克（P. M. S. Hacker）看来，致力于寻找NCC的科学家普遍持有的将心理属性归之于大脑的立场，可作为另一种新形态的二元论受到质疑。因为这一立场蕴涵着两个方面的谬误，一方面是划分出了脑内世界和脑外世界，相当于不自觉地承诺了一个与物理世界分离的"大脑实体"的观念；另一方面是犯了"神经科学部分归属谬误"。②这种部分归属论（mereology）将"如此……如此这般"的心理状态还原为"如此……如此这般"的脑神经状态，在本体论上把作为整体的人还原为其脑的神经系统，把应当归属于作为整体的人的属性单纯归于脑和脑的部分。例如，在埃德尔曼、托诺尼、克里克、格林（I. Glynn）等神经科学家看来，"意识是作为一种特殊的脑的过程产生的""意识当前的属性就是脑的属性"。但是，贝内特和哈克却指出，这种将意识现象或心理属性完全归于脑的观念，与笛卡尔把心理

---

① cf. D. J. Chalmers, *The Conscious Mind：In Search of a Fundamental Theory*, New York：Oxford University Press, 1996, pp. 123 – 171.

② 贝内特、哈克，第68页。

属性归于内在实体的心智的观点"在形式上是同构的"——"神经科学家不过是用物质的脑取代了笛卡尔的非物质的心灵,但保留了二元论心理学基本的逻辑结构"。[①] 这种部分归属谬误不仅导致了哲学概念与科学问题相混淆,而且,混淆的一大危险还在于,以 NCC 进路破解意识难题的实证研究可能会提出含有错误观念的研究问题,并且会影响对实验结果及其理论意蕴的科学解释。这正是神经科学的哲学基础值得质疑的一个关键之点。将心理属性归之于脑这个"内部实体",认为"意义只在头脑中",就类似"意义就在机器中的幽灵"中了,无怪乎这种观念也被称作"新笛卡尔主义"。

事实上,这种批判引起争议的问题还有很多:二元论一定与物理主义对立吗?将某种类型的心脑同一论冠之"新二元论"标签的深刻含义究竟是什么?如果承认心智或心理属性具有不可还原的独特地位,就一定是本体论形式的二元论,那么各种功能主义、非还原的物理主义、突现论的物理主义以及建基于世界层级结构理论之上的物理主义等各种自然主义立场,是否也都与新二元论家族脱不了干系?可见,当今关于二元论的争论[②]呈现的如此扑朔迷离的状态,远远超出了传统哲学的概念框架。由认知科学引发的关于二元论的新争论,包括哲学问题域的变化、描述世界的概念框架的变化、新二元论向各种老的和新的唯物主义提出的挑战,以及对意识和意识经验的本体论和认识论争论的深层理论问题,正是值得哲学家必须给予回应的极富挑战性的新课题。

## 四 生成认知进路如何消除"解释鸿沟"

正如前面所作的分析,还原的或非还原的物理主义与各种新二元

---

① 参见贝内特、哈克,第 113 页。

② 除了本体论的二元论,还有谓词二元论、交互作用二元论(包括交互作用论 interactionism、副现象论 epiphenomenalism 和平行论 parallelism)等。[cf. *Stanford Encyclopedia of Philosophy*, Howard Robinson: Dualism. https://plato.stanford.edu/entries/dualism(2016 年 2 月 29 日)]

论还不能找到破解"意识难题"、消除"解释鸿沟"的途径；新二元论的"神经科学部分归属谬误"或许真的忽视了作为有机体的人的本质特性。为此，第二代认知科学中4EC进路的代表人物瓦雷拉、汤普森等开始倡导一种融合生物学的新的生成认知的整体论视角。

在他们看来，前述的"意识难题"——"解释鸿沟"——"新二元论"的困境都源自作为第一代认知科学纲领的经典的计算主义纲领的误导。这一纲领以三大基本假设为基础：（1）认知状态是（具有心理内容的）计算—表征的计算关系；（2）认知过程是（具有心理内容的）计算—表征的计算操作；（3）计算的结构和表征都是数字（符号）的。[①] 显然，这种认知计算主义的假设隐含着心理世界和物理世界二元分立的哲学前提。而且，当认知计算主义把心智过程理解成大脑内部的符号计算时，它所承继的信息处理和图灵计算的观念完全排斥了意识和意识的主观经验独特的质性，把心智分隔成个体主观的心理状态与大脑中实现的符号计算状态两个领域。这种分离引发了一系列可以如下表述的"意识难题"：（1）"现象学"的心—身问题：像计算机一样的大脑如何拥有主观的意识经验？（2）"计算"的心—身问题：大脑如何完成推理、信念和意识经验的计算？（3）心—心问题：计算的心的状态和具有主观意识经验的主体的心理状态关系如何？显然，每一个问题都是前述的"解释鸿沟"的某种变体。[②] 而接下来将会看到，生成认知进路如何在"生命之心"框架下重述"解释鸿沟"，并将其彻底转化成独特的"身—身问题"。

瓦雷拉和汤普森主张，在生命与心智之间存在深刻的连续性——心智就是生命之心（mind in life），这种主张包含着三重义涵：首先，生命最根本的特征是自创生性和自治性，它们是一个自组织生命系统具有的内在特性，由系统的自组织和自我控制的动力机制决定。[③] 其

---

① 哈尼什：《心智、大脑与计算机：认知科学创立史导论》，王淼、李鹏鑫译，浙江大学出版社2010年版，第168—171页。

② 埃文·汤普森：《生命中的心智》，李恒威等译，浙江大学出版社2013年版，第6、194—199页。

③ 同上书，第38—39页。

次，包含主观经验的意向性，是"主观的鲜活的身体"的内在基本特征。所谓"主观的鲜活的身体"不是笛卡尔意义上的物理身体，而是有生命的活的有机体，是在生活世界中包含主观经验的生命有机体。最后，在整体论意义上，生命是包含有机体、主观的鲜活的身体和生活世界三大要素的，在这种观念下，心智是生命之心。

显然，这种生命之心的框架与传统对"意识难题"和"解释鸿沟"问题的理解图景有着重大差异。如果以"生命中主观的鲜活的身体"概念取代二元分立的对于"意识难题"中心—身的说明，最初的"心—身问题"就转换成了"身—身问题"。所谓的"鸿沟"不再是心智—肉体两个根本不同的本体之间的"鸿沟"及心理—物理的"鸿沟"，而是存在于涉身性的两个生命子类——即作为生命有机体的身体与具有感受体验和意向活动的、在环境中行动的鲜活的身体之间的关系，因此，也就不存在心理—物理的绝对鸿沟和心—身的绝对对立了。鲜活的身体就是生命身体在环境中包含着意识经验的活动状态，而意识是生命有机体在生存中与环境打交道所生成的东西。因此，不是大脑具有心智，而是有意识地与世界打交道的、作为整体的有机体的、活生生的人具有心智能力。在生成认知进路的倡导者看来，这种对于意识和意识经验的说明为"解释鸿沟"完美地搭建了一座"自然主义的新桥梁"。而前述所有关于"意识难题"和"解释鸿沟"的争论，都因为人们一直深陷在认知计算主义、还原的物理主义和二元论的漩涡中。而且，自笛卡尔以来使用的二元词汇表更是造成了诸多混乱和谬误。因此，他们主张要想填平"鸿沟"，必须抛弃传统的二元词汇表。而且，像瓦雷拉等人认为，无论是心理学还是认知科学，好的意识研究必然依赖一种好的第一人称方法论，使训练有素的被试能够提供稳定、准确和精致的对于意识经验的自我报告。[①]

我认为，瓦雷拉等人引入了生物学视野的生成认知进路，将意识

---

① F. J. Varela & J. Shear, "First-person Methodologies：What, Why, How?", in *Journal of Consciousness Studies*, 6 (2 – 3), 1998, pp. 1 – 14.

和意识经验看作从有机体与环境的耦合系统中涌现出来的，因此意识就不仅仅由大脑机制决定，这种观点无疑对寻找意识的神经相关物的工作范式提出了质疑与诘难。但是，也由于这种立场使用了许多隐喻性的术语表达，虽然在理论解释上具有一定的优势，却由于缺少现实的可操作性，是否能够真正地影响到神经科学的经验研究，还值得商榷。

## 五 面对挑战哲学何为？

如前所述，比起经典哲学语境中的身—心问题，今日对于"意识难题"和"解释鸿沟"的各种争论贯穿了认知科学 60 年的研究历程，从第一代到第二代认知科学的发展，哲学研究的概念框架和问题域在不断拓展、研究方法越来越多样化、精致化。在此基础上值得反思的元哲学问题是，面对哲学在如下几个方面的遭遇的挑战，当代哲学究竟何为？

第一，本体论的挑战。一系列与意识科学相伴产生的物理主义及新二元论争论的诸形态为本体论反思提供了新的视角，首先，本体论遇到的一个重要问题是，人类常识性的概念图景一向将自己看作世界上有意识的、自由的、有觉知的、有理性的行动者；而物理科学却认为，这个世界是物质的，没有超越物质和能量支配的事物、事件和过程。如何才能使这两种概念图景不发生冲突？20 世纪物理学革命带来的实在论与反实在论的激烈争论，使传统的以物质实体为唯一实在的本体论立场受到质疑一样，认知科学的经验研究为我们重新反思"世界究竟是由哪些对象、性质和关系构成的"问题提供了重要资源。对于物质和意识的关系，属性二元论和随附论等非还原的物理主义是否也是可接受的世界观？物理主义与各类新二元论的一系列争论，是否突破了传统本体论的疆域，需要我们重新审定本体论概念、范畴和问题域，重新勘定本体论地图？其次，物理主义者所推崇的物理世界因果闭合原则能否放弃？物理学所描述的因果律是否是支配世界的唯一规律？也许，要想解释世界上如何包含生命、包含人的主观经验、包含意义，仅有物理世界的因果闭合原则是不充分的，它仅仅是解释物理世界物质运动的原则，不应成为解释整个世界的唯一规律。当我们解释有意识、有主观经验的生命现象以及人之为人的本质时，物理学的因果律已经显示出自身的不完备性。那么，融合了生命科学的非线性动力系统理论，瓦雷拉、汤普森等生成进路所推崇的动力系统的循环因果性以及目的论的说明，是否是解释心智本质问题可接受的其他选项？

第二，认识论的挑战。意识研究所争论的一系列问题不仅仅是单纯的本体论问题，而是始终与认识论纠缠在一起的，这恰好也是 20 世纪后期自然化认识论的新的理论特征。人类究竟通过什么途径认识世界而达至真理？物理—心理。身体—心智究竟是形而上学的或本体论区分，还是认知的第三人称和第一人称视角的区分，抑或蒯因所说的是理论的"本体论承诺"上的区分？有一系列问题引发的一个不能回避的认识论问题是，对于二元论的各种非议，能否像汤普森等人倡导的那样取消二元词汇表，是否使用二元词汇就一定意味着采取本体论意义上的二元论立场？放弃了实体二元论，可否在认识论、方法论和语义学上仍然持有某种形式的二元分析的理论视角？

认识论上需要进一步探讨的问题是，"意识难题"和"解释鸿沟"究竟是本体论鸿沟，还是认识论鸿沟，抑或仅仅是语义学鸿沟？在如何说明人的意识和意识经验的主观性特性时，"心智是涉身的""心智是延展的""心智是生成的""心智是生命之心"的各种观念对于主体性的研究旨趣究竟何在？"自然化认识论"的各种进路虽然形态各异，但在不同程度上都标榜自己的自然主义立场，那么，自然主义的理论内涵、前提和纲领究竟是什么，这种认识论究竟为我们提供了哪些重要的反思传统认识论的理论资源？生成进路学者独特的目的论解释和因果解释有何种实质性分歧？自创生系统的循环因果解释、他们所宣称的"生物自然主义"的解释，或者"自然化现象学"的解释，是否归根结底也是一种诉诸物理世界的自然因果律的解释？

第三，哲学方法论的挑战。从古希腊的柏拉图到近代的笛卡尔、康德和胡塞尔等，哲学家虽然有过前科学式猜想，但多半是通过建构思想实验，以一种先验的、纯思辨的"扶手椅式哲学"探索人类认知和心智的本质。正是 20 世纪中期之后在实证主义研究的推动下，一些哲学家开始采取自然主义进路，将哲学作为科学事业的延续，试图以自然科学的方法研究哲学问题。这种倾向对传统哲学的研究方法无疑提出了严重挑战。随着越来越多地了解认知科学的进展，一些哲学家已不局限在纯思辨的领地反思认知的本性，也不甘心仅仅在科学家后面进行所谓"事后之明鉴"式的哲学追问，而是开始与科学家一道参与经验研究，以拓展认知理解的疆域。认知动力学理论的倡导者范戈尔德（T. Van Gelder）曾生动地概括了哲学家在认知科学中的多重角色地位，把哲学家比作拓荒者、建筑监理、禅师、制图员、档案管理员、拉拉队员和牛虻，[①] 哲学家不仅使用概念澄清和哲学论证的方法，也会充分借鉴历史研究的视角。那么，今天的哲学家似乎又添加了一重进行哲学实验的实验员新角色。一些哲学家开始像科学家一样，引入心理学问卷调查、计算机模拟实验和大脑神经科学实验来面对传统的本体论、认识论和伦理学等问题，目前流行的"实验哲学运动"似乎引导着心智哲学与认知哲学方法论的新变革，神经哲学、神经伦理学、实验哲学[②]等新的自然主义哲学方向和研究方法大有蓬勃发展之势，那么，这些自然主义哲学的前途究竟如何？

面对来自经验科学研究的挑战，许多哲学家也开始担忧，随着认知科学的不断发展壮大，越来越多的科学家进入哲学的传统领地，甚至有不断颠覆习以为常的传统哲学观念的危险。哲学向来只在前科学时代才能发挥作用。那么，今后随着科学的逐步推进，哲学家会不会逐步丧失自己的领地，从而退出认知哲学的舞台？对于这样的问题，我个人认为，科学与哲学具有不同的疆域，对于意识问题，科学家研究的应当是意识产生的机制，是心理过程和行为能力以及实现这些能

---

① cf. T. van Gelder, "The Roles of Philosophy in Cognitive Science", *in Philosophical Psychology*, vol. 11, 1998, pp. 117 – 136.

② J. Knobe and S. Nichols (eds.), *Experimental Philosophy*, Oxford University Press, 2008.

力的物理、生物、神经基础；哲学家研究的应当是心智的形而上本质，是在心智与身体、心智与人、心智与世界、心智与生命的意义的方面研究心智。哲学家并不需要提出可以被经验完全证实或证伪的科学假说，哲学更多的是在进行概念澄清、分析论证，站在历史视角对于科学研究的基本假设进行考察、批判和反思。在进行心智研究和理论说明时，科学家与哲学家往往使用相同的词汇，但事实上研究的目标和意义却并不相同。哲学问题不可能完全交由科学回答，大脑神经科学更不可能担负起哲学的全部重担，回答包括永恒真理和终极价值的所有问题。因此，只要人类认知的机制还在探索中，人类意识的本质还是未解之谜，哲学家仍然大有作为，哲学并不会因为认知科学家实证研究的推进而完全失去自己的疆域，哲学家大可不必变身为神经科学家和人工智能专家。但是，在包含哲学在内的认知科学这个巨大的交叉学科共同体中，哲学家应当尊重科学对于世界的解释，而且哲学家最明智的选择应当是更多地了解科学家的工作，并且与认知科学家并肩作战、携手共进，提出新的理论、方法和概念框架尝试解决"意识难题"。当然，我也必须承认，以上的讨论是在"双向挑战"的视角下，从"意识难题"问题出发对心智和认知的本质所作的元哲学反思。这种反思目前还是论纲式的、概略的，真正深入而系统的问题研究，不仅需要了解经验研究的成果和方法，还需要精致的概念分析、严谨的逻辑论证，同时也需要深邃的历史眼光。

（作者系中国人民大学哲学院教授）

# 东西方意识哲学中的"意向性"与"元意向性"问题

倪梁康

## 一 引论

东西方思想史上均有意识哲学的传统，或曰唯识论，或曰唯心论。儒学中的宋明陆王心学、佛学中的唯识瑜伽行派与西方哲学从笛卡尔到胡塞尔的超越论现象学发展的思想脉络，均为这个思想传统的最突出代表。

尽管东西方意识哲学的宗旨各异，它们对"意识"这个核心概念的理解却有诸多相近之处。"意识"是对这里的讨论课题之核心概念的现代汉语表达。在儒家心学中它叫作"心"，在佛教唯识学中叫作"识"。我们至今还没有找到一个可以超越这些古今东西的思想表述之上并可以俯瞰由它们所意指的整个思想领域的语词。无论是西方哲学中的心智（mind）、心理（psyche）、心灵（Seele，soul）、精神（Geist，nous，spirit），还是东方思想中的心、意、识、思、想、神，都无法充分涵盖这个博大精深的区域。但无可否认，东西方思想家都曾驻足于这个通过各种语言的语词而得到指明和表达的论题域。笔者在此只是勉强用"意识哲学的视阈"来命名它。

笔者对"意向性"与"元意向性"问题的理解，实际上已在近十年来先后发表的三篇文字中得到一定程度的表达，它们分别包含了对现象学、儒家心学、唯识学三个思想领域中的意向性与元意向性问题的理解与思考：（1）"现象学背景中的意向性问题"；（2）"客体化行为与非客体化行为的奠基关系问题——从唯识学和现象学的角度看'识'与'智'的关系";（3）"客体化行为与非客体化行为的奠基关系再论——从儒家心学与现象学的角度看'未发'与'已发'的关系"。①

这里之所以尝试再次论述这个问题，是因为在此期间一再受到以下两篇文字的启发，从而产生新的感想，也形成对新旧想法做一概括总结的意图。这里所说的两篇文字分别是：（1）耿宁："冥思沉定与意向意识"；②（2）赵东明："'转依'与'心、心所'认识论的'四分'说"。③ 无论如何，下面的文字是对这三个思想领域的相关问题的比较研究，并试图在一个跨文化的视阈中理解和诠释耿宁在《人生第一等事》中提出的八个"进一步的现象学问题"中的最后一个问题：究竟如何来理解"冥思沉定与意向意识"的关系？

这里所说的"冥思沉定与意向意识"，与笔者此前讨论的"客体化行为"与"非客体化行为"有关。胡塞尔曾试图通过他的现象学分析来表明：任何一种非客体化的行为（如情感、意愿），都必须以客体化的行为（如表象、判断）为基础。但另一位现象学家海德格尔却认为，最为根本和基础的并不是客体化的意识行为，而是此在的超越性，其基本结构是非对象性的基本情绪。这个分歧被看作是现象学乃至整个当代欧洲哲学内部的分歧。但类似的趋向在佛教唯识学中和在儒家心学中也已经多次出现过，只是并非以彼此分歧和相互对立的方式。在这里，通过对"三能变说""心王—心所说"以及"转识成智"等佛教理论以及对"未发—已发""良知—知识"等儒家心学理论的讨论与分析，我们有可能获得对当今思想界所发生的一切的重

---

① 这三篇文章分别载于《学术月刊》2006 年第 6 期，第 47—50 页；《哲学研究》2008 年第 2 期，第 80—87 页；《哲学研究》2012 年第 8 期，第 28—35 页。

② In I. Kern, *Das Wichtigste im Leben-Wang Yangming* （1472—1529） *und seine Nachfolger über die "Verwirklichung des ursprünglichen Wissens"*, Basel：Schwabe Verlag, 2010, pp. 783—788. 中文版耿宁：《人生第一等事——王阳明及其后学论"致良知"》，倪梁康译，商务印书馆 2014 年版。

③ 载《唯识研究》第 2 辑，中国社会科学出版社 2013 年版，第 1—47 页。

新领悟，尤其是对西方思想中发生主义与结构主义之间和理论哲学与实践哲学之间关系以及对东方思想中本体论与工夫论之间关系的重新领悟。

## 二 现象学的意向性

20 世纪初，胡塞尔在其老师布伦塔诺的影响下首次明确地将"意向性"作为哲学—心理学概念提出，为西方现代意识哲学的出场清扫出一块平台。在发表于 1900/1901 年的《逻辑研究》中，他将意识的本质定义为指向对象的，并在此基础上展开现象学的意识分析工作。胡塞尔的整个哲学工作，即对意识体验的分析工作，都可以合理地、但不尽全面地称作"意向性分析"。

保罗·利科参考欧根·芬克的阐述对胡塞尔的意向性概念作出诠释，认为可以发现三种不同的意向性概念：首先是心理学的意向性，它相当于意识的感受性；其次是受意向活动与意向相关项关系制约的意向性，它相当于意识的关联性；最后是真正构成的意向性，它相当于意识的构造性。[①] 这三个概念并非相互抵牾，而是可以被视作三位一体的，或者说，我们可以将它们视作意向性的三个视角或三个层面。在笔者看来，它们分别代表了胡塞尔在《逻辑研究》（1900/1901 年）、《纯粹现象学与现象学哲学的观念》第一卷（1913 年）与《笛卡尔式的沉思》（1929 年）时期对意向性的三种各有偏重的解释。[②]

从总体上看，意识的最普遍的本质结构是意向性，即意识始终指

---

[①] 参见胡塞尔《〈纯粹现象学和现象学哲学的观念〉第一卷法译本译者导言》，载胡塞尔《纯粹现象学通论》，李幼蒸译，商务印书馆 1997 年版，第 484 页。

[②] 这与耿宁在其《人生第一等事——王阳明及其后学论"致良知"》书中对王阳明不同时期的三个"良知"概念的划分十分相似。对此可以参见该书第一部分的第四章："对王阳明三个良知概念之区分的一个历史证明。这三个概念之间的关系。"（参见该书德文原版第 241—268 页）

向某物，其指向的活动就是意向活动，被指向的对象就是意向相关项。因此，意向性自身进一步展示为意向活动＋意向相关项，胡塞尔在《现象学的观念》（1907 年）中曾用"显现"与"显现者"来表达它，自《纯粹现象学与现象学哲学的观念》第一卷（1913 年）起也用一对古希腊的概念来命名它：Noesis-Noema①。第一个心理学意向性的概念包含了对作为意向相关项的客观世界存在的预设，因此意向性被理解为感受性；第二个意向性概念表明了意向活动与意向相关项的密不可分的关系，因此意向性被理解为关联性；第三个现象学意向性的概念从笛卡尔—康德超越论哲学传统的角度强调了作为意向活动的意识构造能力和立法能力，因此意向性被理解为构造性。

在意识构造了对象之后，与对象相关的情感行为和欲求行为等会出现。这里有一个意识先后的顺序，它不一定是时间的，然而是逻辑的先后顺序：首先有表象的行为，而后才有情感行为和欲求行为。具体地说，我们首先要看见某物，而后才会产生对它的喜欢或不喜欢的感觉，想拥有或不想拥有的欲念，如此等等。这与康德哲学中的知、情、意的奠基顺序是一致的。笔者在前面提到自己的三篇文章中已经说明：胡塞尔将此视作"客体化行为"（表象行为）与"非客体化行为"（情感行为）之间的奠基关系。

### 三 唯识学的意向性

与此类似的意识结构分析，在古代东方印度的唯识瑜伽行派那里也可以找到。唯识学认为人的认识活动可分为八种：眼、耳、鼻、

---

① "意向活动—意向相关项"这对概念起源于希腊文"$\nu\acute{o}\eta\sigma\iota\varsigma$-$\nu\acute{o}\eta\mu\alpha$"，前者的基本含义是"思维活动""思维行为"或"意义给予的行为"；后者则指"被思考的东西""思想"或"意义"。胡塞尔认为以往的哲学都忽视了这个区别，"尤其是对意向活动与意向相关项的混淆，乃是哲学的遗传恶习"［胡塞尔：《文章与讲演（1911—1921 年）》，倪梁康译，人民出版社 2009 年版，第 95 页］。它们也可译作"能意—所意""能识—所识""能依—所依""能指—所指""能构—所构""能见—所见"，等等。

舌、身、意、末那、阿赖耶，故称八识。前面的六识是从二能变末那识和初能变阿赖耶识转变而来的三能变。我们在这里暂且撇开第七末那识与第八阿赖耶识不论，而首先关注前六识的含义，它与胡塞尔所说的作为意向意识的表象行为或客体化行为十分接近。而在佛教中，作为第六识的意识也被称作"分别识"或"了别境识"。

"识"（vijñāna）在这里意味着通过分别、分辨来作出认知或确认的意识行为，即一种通过将某物从其背景中分离出来、从而成为面对认知者的认知对象的意识行为。① 唯识学将这种了别的意识活动称作"见分"，将此活动的相关项或对象称作"相分"。② 与现象学中的"意向活动—意向相关项"一样，在唯识学中对"见分—相分"也有相近的、但侧重不同的表达，如"能缘—所缘""能量—所量"，前者偏重于指明心识受其对象（境）制约（心识对其对象的攀缘或依附）的状况，后者则强调心识对其对象（境）的认知（量），如此等等。

"见分"与"相分"之所以被加上"分"的后缀，是因为它们处在唯识学四分说的语境中，并构成其中的两个要素（分）。其余的两分是"自证分"与"证自证分"。这个四分结构不仅贯穿在所有八识之中，而且也贯穿在伴随八识出现并在此意义上属于八识的心所现象（caitta）中。这也就是《成唯识论》所说的："心、心所，若细分别，应有四分。"③ 这里的"心"，也称"心王"，是指八识，尤其是指前六识，亦即胡塞尔意义上的客体化行为（表象、判断），心所则是指各种随心王产生并与之相应的心理现象。《成唯识论》对它的

---

① 这里不考虑"识"（vijñāna）与"了别"（vijñapti）之间的差别以及关于这两个译名的相关讨论。而仅仅指出一点：从"识"（vijñāna）的构词来看，"vijñāna"是"vi"（分离）与"jñāna"（知）的合成语，因而准确解释应当是"进行分别的认识"，而后面还会谈到的与此相对立的"智"（jñāna）则实际上只是没有了"分别"（vi）的"识"（jñāna）。据此可以说，世俗的认识有分别，而神圣的认识无分别。

② （唐）玄奘：《成唯识论》卷1，南京金陵刻经处刻本，第2页。

③ 同上书，第17页。

定义是："恒依心起，与心相应，系属于心。"① 唯识学列举五十一种心所，其中有许多是与胡塞尔所说的情感行为相符合的。

"心所"也各有四分，即各自的"见分""相分"，等等。也就是说，"心王"与"心所"都是意向意识。这意味着，在唯识学这里也可以发现心识的意向性的普遍原则。需要指出的是：唯识学意义上的"心王"与"心所"与现象学意义上的表象行为与情感行为一样，都是意向性的，但这里的意向性，对于"心王"与"心所"或对于表象行为与情感行为来说有不同的含义："心王"或表象行为的意向性，不仅是指它们指向对象，而且尤其是指它们有构造对象的能力，因此，胡塞尔将这类意识行为称之为"客体化的行为"，即构造客体的行为。而"心所"或情感行为，则只是指向对象，却不会构造对象，因此它们虽然是意向性的，却仍可在胡塞尔的意义上被称作"非客体化行为"。

以上展示的意向性思想实际上具有对知识学与伦理学进行哲学本体论奠基的作用，因为从意向性思想的角度来看，表象行为是情感行为的基础，这也就意味着，认知行为构成伦理行为的基础，而关于伦理活动的研究也就需要建立在关于认知活动的研究的基础上。传统西方哲学中"第一哲学"与"第二哲学"的排序根据在这里已然清晰可见。意向性理论为此提供了重要的依据。

但在佛教中，"第一哲学"与"第二哲学"的排序并未形成。这里可以看到的情况更多是相反的。佛教中的"第一教理"与"第二教理"更多是"缘起论"与"实相论"，而不是相反。我们在后面将会讨论其原因何在。

## 四 儒家心学的意向性

现在我们要转向对儒家思想史的考察。在这里虽然可以发现意识哲学的思想脉络，但难以找到与唯识学和现象学在意识的意向性方面

---

① （唐）玄奘：《成唯识论》卷 1，南京金陵刻经处刻本，第 13 页。

的类似思考。当然，不仅在儒家思想史上，而且在整个中国思想史上都无法找到连贯的知识论传统，这主要是因为儒道佛的思想诉求在总体上是以伦常行为与道德意识为目的的。这个特点也体现在中国的意识哲学即儒家心学的发展过程中。儒家心学对意识的思考主要集中在人的道德心的探讨与培养方面。在儒家心学的主要代表人物王阳明那里，儒家思想中最具认识论色彩的"格物致知"[①]的要求，也从"穷究事物，从而获得知识"被转释为"纠正自己的行为，从而实现良知"。[②] 或许这也可以解释严复曾提出过的问题："顾彼西洋以格物致知为学问本始，中国非不尔云也，独何以民智之相越乃如此耶?"[③] 当然，严复在这里的发问是修辞性的，他对此实际上已有自己的答案，即传统中国思想的问题起因于"格致之学不先，褊僻之情未去"。[④]

需要注意的是，儒家心学的思想取向虽然与胡塞尔的现象学立场相背而行，却是与现象学学派的另一位代表人物马克斯·舍勒的立场相一致的。舍勒将所有的意识行为首先并且主要视作情感行为，而后才将意向行为视作情感行为的一种。这个立场如今也为胡塞尔现象学的重要研究者耿宁所倡导。这很可能是在他的阳明学研究过程中受此学派思想影响的结果。在 2010 年于中山大学举办的心性现象学讨论会上，耿宁提出，任何意识活动首先都是道德意识的活动。这同样是与胡塞尔的观点相背，但与舍勒的立场相符的。

阳明心学主要致力于道德意识、道德能力与道德行为的讨论和培养，严格意义上的意向行为即表象在此传统中并未受到关注。儒家思想传统中"格物、致知、诚意、正心、修身"在这里均属于道德修

---

① 参见《礼记·大学》："物格而后知致，知致而后意诚，意诚而后心正，心正而后身修，身修而后家齐，家齐而后国治，国治而后天下平。"

② 参见《王阳明全集》上卷，上海古籍出版社 1992 年版，第 120 页："及在夷中三年，颇见得此意思乃知天下之物本无可格者。其格物之功，只在身心上做，决然以圣人为人人可到，便自有担当了。"

③ 《严复集·原强》，中华书局 1986 年版，第 29 页。

④ 同上书，第 6 页。

养方面的伦理诉求。意向意识的问题在这里并非没有被觉察到，而只是被放置在整个意识哲学的偏远位置上。例如王阳明弟子欧阳德区分作为表象行为的"知觉"与作为道德情感行为的"良知"，但"知觉"并不被视作本然的、真正的知识，而更多被用作"良知"的陪衬："凡知视、知听、知言、知动，皆知觉也，而未必其皆善。良知者，知恻隐、知羞恶、知恭敬、知是非，所谓本然之善也。"① "良知乃真识，而知觉当为分别事识无疑矣。"②

欧阳德在这里的最后一句中所说的"分别事识"，本来是一个佛教概念，与前面所说第六识"意识"同义，③ 也相当于现象学中的"意向意识"，或更严格地说，相当于现象学中的"客体化行为"。

在这里还需要指出两点：其一，阳明心学传统对"知觉"与"良知"的区分与轻重权衡可以在儒家传统中找到其起源，这里可以孟子所说"耳目之官不思，而蔽于物""心之官则思"④ 为例，或者以张载对"见闻之知"与"德性之知"⑤ 的区分与评价为例；其二，阳明心学对"知觉"与"良知"的区分与轻重权衡也与佛教传统对待"事识"与"真识"的方式相一致。

在儒家与佛家的意识哲学传统中，道德意识都具有相对于表象意识的优先地位，这是一个不争的事实。不仅如此，在这两个传统中，表象意识还在某种意义上被视作对道德意识的阻碍与隔绝，因而许多的修行努力都旨在削弱和摆脱表象意识。这正是我们要讨论的元意向性问题的切入点。

---

① 《欧阳德集》卷1，凤凰出版社2007年版，第12页。
② 载罗钦顺《困知记·附录》，阎韬点校，中华书局1990年版，第118页。
③ 除了耿宁在《人生第一等事》中所引《楞伽经》所论"分别事识"及相关说明外（第302页，注150），还可以参考《大乘起信论》中提到的"分别事识"："随事攀缘，分别六尘；名为意识，亦名分离识，又复说名分别事识。"（《大正藏》第32册，T1666，0577b24）
④ 《孟子·告子》第15章。
⑤ 参见张载《正蒙·大心篇第七》："见闻之知，乃物交而知，非德性所知；德性所知，不萌于见闻。"

## 五 儒家心学的元意向性

耿宁在《人生第一等事——王阳明及其后学论"致良知"》一书的结尾处提出八个"进一步的现象学问题",最后一个问题与意向性与元意向性相关:"冥思沉定①与意向意识"。耿宁在聂豹、钱德洪、罗洪先等人的争论中注意到一个问题,它与儒家经典中关于"已发—未发"的区分有关。用现象学意识分析的语言来说:"未发"是指一种本原的、先天的道德意识,即在表象活动和情感活动发生之前的非对象的、非意向的、无客体的道德意识;与此相对,"已发"则是指在表象活动和情感活动已经发生后产生的道德意识,它是习得的、后天的,奠基于客体化行为之中,它指向或针对具体的对象或客体,属于意向的道德意识。

儒家思想史为此问题提供了诸多的思想资源。尤其是在朱熹那里,"已发—未发"或是被解释为:"心为已发,性为未发"②,或是被解释为:"喜怒哀乐之未发谓之中,性也;发而皆中节谓之和,情也"③,两者的差别只是术语上的,对"已发"与"未发"的实质区分已经完成:前者被理解为道德意识的现实行为,后者则被理解为道德意识的潜在能力。如果我们用"敬"来概括朱熹的道德修养要求,那么就"已发"和"未发"两个方面而言就可以说,"敬"的工夫是双重的:有事的和无事的,亦即意向的和元意向的(前意向的)。

---

① 耿宁使用的德文原文是"Meditative Versenkung",笔者将其直译作"冥思的沉定",当然也可译作"冥想入定",但"入定"概念引发的佛教意味过重。耿宁自己对笔者的译名未持异议,但也在书中将它等同于"静坐",同时在谈及"静坐"时将其直译作"Sitzen in der Ruhe"。相关的讨论还可以参见杨儒宾、马渊昌也、艾皓德编《东亚的静坐传统》,台大出版中心 2012 年版,导论,第 vii-viii 页。

② 朱熹在 1169 年"与湖南诸公论中和第一书"中以此口诀来刻画他先前的立场(参见《朱子全书》,上海古籍出版社、安徽教育出版社 2002 年版,第23 册,第 3130 页)。

③ 《朱子全书》第 21 册,第 1403 页。

用朱熹自己的话来说："无事时敬在里面，有事时敬在事上。有事无事，吾之敬未尝间断也。"① "敬在里面"为"涵养"，"敬在事上"为"察识"。就总体而言，朱熹在工夫论上重"涵养"甚于重"察识"。②

此后的王阳明也在讨论"已发—未发"的问题。他虽然在工夫论上要求"惟精惟一"，主张"中和一也"，即主张"未发之中"与"已发之和"是一体两面，不可分离，而且他也不认为人心在清醒状态下有全然无念（无意念）的时刻，但他对"良知"概念的三重理解——即心理—素质的概念、道德—批判（区分）的概念、宗教—神灵的概念——已经蕴含着"致良知"工夫的三种修习可能：对先天道德能力的培育、对后天道德行为的修正、对道德本体的领悟。这也是他的弟子们在对老师思想的继承和发展过程中因各有偏重而引发彼此间争论的重要原因。③ 在这些弟子中，例如聂豹与罗洪先强调并施行第一种修习方式，钱德洪与欧阳德更多地主张和施行第二种，王畿则始终偏重第三种。

这里所说的第一种修习方式，与我们这里讨论的"元意向性"问题相关。聂豹将这种修习方式理解为通过"静坐"或"归寂"向在道德潜能意义上的、也是孟子"四端"意义上的"良知"（王阳明的第一"良知"概念）的回返，以及对此德性之端倪进行的保存和养育："不睹不闻者，其则也，戒惧者，其功也。不关道理，不属意

---

① 《朱子语类》卷 12，中华书局 2007 年版，第 209、210、213 页。朱熹这里所说的"事"，当可解作前述佛教中"分别事识"之"事"。

② 按照朱熹"始学工夫，须是静坐。静坐则本原定"的说法，可以推断出，"静坐"在朱熹那里是十分重要的修习方式，但由此并不能像高岛元洋那样得出"朱子学对于'敬'的具体实践方法为'静坐'"的结论（参见高岛元洋《日本朱子学之"敬"之意味》，载杨儒宾、马渊昌也、艾皓德编《东亚的静坐传统》，第 161 页），因为这个结论显然窄化了"敬"的方法论含义，至少排除了其中作为"敬在事上"的"察识"的向度。

③ 这差不多就是耿宁的巨著《人生第一等事——王阳明及其后学论"致良知"》整部书的论题。

念，无而神，有而化，其殆天地之心，位育由之，以命焉者也。"①

由于聂豹将"先天之学"与"后天之学"理解为"未发"的"良知"与"已发"的"知识"，并因此而偏重"先天"和"未发"方面的工夫，所以在他这里，我们所说的"元意向性"应当被理解为一种"前意向性"，即在意向的表象与情感发生之前的心理状态。

耿宁以其现象学家的目光留意到这一点，并指出："聂豹向'良知'寂'体'回返的做法带出了一个现象学上的特殊问题。这种寂静的'本体'先于所有意向的、指向具体事物、事件与事务的'作用'。在聂豹看来，这种'归寂'的意识是一种清醒而明澈的意识，不是含混而晦暗的意识，不是无意识状态，但在他看来，它也不是关于对象的意向意识。这是一种空乏意识（虚空），其中没有任何东西（无）。"②

但聂豹的这种观点在阳明学派内部受到质疑。欧阳德便曾对此提出反驳意见，并藉此也表达出阳明学派的第二种修习方式。他引述钱德洪的观点说："知无体，以人情事物之感应为体；无人情事物之感应，则无知矣。"③ 也就是说，良知是一种指向人情事物的意向活动，没有这方面的意向活动，也就无良知可言。对欧阳德来说，"未发"不是一个在前或在后的时间段，而只是心体的一种专一状态："体用一原，显微无间。非时寂时感，而有未感以前，别为未发之时。盖虽诸念悉泯，而兢业中存，即惧意也，即发也。虽忧患不作而恬静自如，即乐意也，即发也。"④ 这意味着，在"未发"状态中，各种心理活动已经停止，但仍然有"惧意"和"乐意"出现。在此意义上，"未发"仅仅意味着喜怒哀乐的意向情感与闻睹的意向表象没有发生，"寂"或"静"也仅仅是指情感与表象的不生起和不活动，但并不意味着完全没有任何意识活动发生。即使在寂静的、冥思的意识

---

① 《聂豹集》卷13，凤凰出版社2007年版，第534页。

② 耿宁：《人生第一等事——王阳明及其后学论"致良知"》，第785页。

③ 引自《罗洪先集》（上）卷3，凤凰出版社2007年版，第74页。

④ 《欧阳德集》卷4，凤凰出版社2007年版，第125页。

中，也有"惧意"在进行，即有"戒谨恐惧"在发生；也有"乐意"在进行，即有"安闲恬静、虚融澹泊"在发生。而且无论"戒谨恐惧"还是"安闲恬静、虚融澹泊"，都是一种"念"，即"意念"或"念想"。它是"本体之念"而非"私念"。

对此，在许多方面站在聂豹一边的罗洪先似乎给出了一种用来支持欧阳德所说的那种没有意识对象的意识或意念的解释。他认为在"静坐"中的心绪可以用"视于无形，听于无声"来描述："人情事物感应之于知，犹色之于视，声之于听也。谓视不离色，固有视于无形者，是犹有未尽矣。而曰'色即为视之体，无色则无视也'，可乎？谓听不离声，固有听于无声者，是犹有未尽矣，而曰'声即为听之体，无声则无听也'，可乎？"[1] 在欧阳德和罗洪先这里，"元意向性"也可以被解释为一种无直观内容的意向性，即"无意向性"或"非意向性"。

这与朱熹和王阳明的看法在总体上是相近的，他们两人都认为：即使在静坐、无事时，某种意念和心思仍然是存在的、活动的，无论它们被称作"敬"或"本体之念"，还是被称作"惧意"和"乐意"。也就是说，在以静坐为方法的道德修行活动中，意向活动仍在进行着，却没有相应的意向对象存在。

耿宁曾尝试以现象学的方式来理解这种说法，或者更确切地说，以现象学的方式来提出问题："这样一种'视于无形'和'听于无声'在现象学上看起来是怎样的呢？它是否是一种看，但却是对无的看？是否是一种听，但却是对无的听呢？""一种对纯粹空、纯粹静、单纯不存在的意识是可能的吗？"他最终以这样一句话来结束对这个进一步的现象学问题的论述："我们在这里所遇到的是一种非同寻常的意识，大概它不会使意向性概念成为多余，但会赋予它以一个新的含义。"[2] 简单说来，这个新含义在这里就意味着：一种唯有意向活动、没有意向相关项的意识之特性。

---

[1] 《罗洪先集》（上）卷3，第74页。
[2] 耿宁，《人生第一等事——王阳明及其后学论"致良知"》，第787—788页。

## 六 唯识学的元意向性

用唯识学的术语来表达，这样一种意识应当叫作惟有见分、没有相分的心识。但在唯识学这里，这种心识状态不是"前意向性"，而是通过修行实践完成或达到的"转依"的智慧境界，它在此意义上可以被称作"后意向性"。如果说，意向性是"识"的第一本质，那么我们也可以说，后意向性的本质标志就在于"智"。前者代表凡夫的认识方式，后者代表圣者的认识方式。与儒家心学的工夫实践一样，佛教唯识学也有类似的修行诉求：削弱乃至克服有分别的八识，通过体会真如的"无分别智"（nir-vikalpa-jñāna），转得与"八识"相应的"四智"：大圆镜智、平等性智、妙观察智、成所作智。从意向性到非意向性的转变，在这里就意味着通过修行完成的"转识成智"过程。这个过程也被称作"转依"。具体地说：转舍八识之所依，转得四智之所依。

赵东明的文章《"转依"与"心、心所"认识论的"四分"说》便试图借助《成唯识论》和《成唯识论述记》来回答一个问题：在修证成佛之后，圣者的"智"是否也有认识结构上的"四分"？[①] 这个问题在我们的语境中就意味着，"智"是否与"识"一样是意向性的，是指向对象的，是带有客体的？这里当然隐含了一个前提，即我们将"智"也看作是心的活动（即儒家所说的"心"或现象学所说的"意识"）的一种。不过有一点可以确定，"识"与"智"在《成唯识论》中都被称作"心品"。[②] 从前面对儒家心学的修行实践分析中已经得出：在以静坐为方法的道德修行活动中，意向活动仍在进行着，但没有相应的意向对象存在。这个结论在佛教唯识学中也可以发

---

[①] 参见赵东明《"转依"与"心、心所"认识论的"四分"说》，载《唯识研究》第 2 辑，中国社会科学出版社 2013 年版，第 1 页。

[②] 参见《成唯识论》，第 8、11、12、20 等页。从梵文的构词来看，"识"（vijñāna）与"智（jñāna）"的差别只在于有无"分别"（vi–）。

现。按照赵东明对《成唯识论述记》的解读与诠释，唯识学对此问题的思考更为细致。这里区分了一个从意向性到元意向性的转依之次第。

《成唯识论》中有"相缚"与"粗重缚"的说法。"'相缚'是约现行而言，'粗重缚'是约种子而言。它们都是指一种烦恼拘缚的状态。"① 这里暂且撇开"粗重缚"不论，仅就"相缚"而言，它主要是指相分对见分的拘缚，即窥基所言："分别之相，缚于见分，名为相缚。"② 摆脱"相分"，即摆脱意向相关项，同时也就意味着对"相缚"的摆脱。因此，凡人的意识状态处在第一阶段：有"相分"，因此有"相缚"。要想脱离"相分"的拘缚，需要"复数修习无分别智"③。是否可以将"无分别智"等同于入定过程中的智慧，即某种禅修的手段智慧？对此还要做专门的研究。无论如何，这里可以确定的是，"无分别智"作为"转依的动态修证的历程"在《成唯识论》中被分为"加行无分别智""根本无分别智""后得无分别智"三种。看起来这里有不同阶段或不同位次的区别。④

根据赵东明对《成唯识论》和《成唯识论述记》的解读，"无分别智"中"加行无分别智"和"后得无分别智"，以及作为"究竟成佛的果位"的所有"四智相应心品"即"大圆镜智""平等性智""妙观察智""成所作智"，均属于有"见分"和"相分"，但无"相缚"的心品。唯有"无分别智"中的"根本无分别智"是一种只有"见分"、没有"相分"、当然也无"相缚"的心品。⑤ 因此，我们在

---

① 参见赵东明，第44页。

② 窥基：《成唯识论述记》，载《大正藏》第43册，No. 1830，0567a18。赵东明也谈及窥基的另一个说法，即这里的"相"，不一定专门指"相分"，也可以指有烦恼执着的相貌："有漏相貌，缚能观心，名为相缚。非谓相者，是相分也。"（参见赵东明，第14页）

③ 《成唯识论》，第12页。

④ 武内义范曾提到原始佛教中入定的四个阶段。（cf. Yoshinori Takeuchi, *Probleme der Versenkung im Ur-Buddhismus*, Joachim Wach lectures at University of Marburg, ed. by E. Benz, Leiden, 1972, S. 47 – 56.）

⑤ 参见赵东明，第44—47页。

"转识成智"的过程中可以确定三个基本阶段或位次，"见分"作为共同的东西贯穿在它们的始终，区别它们的仅仅是"相分"和"相缚"的有无：（1）有"相分"，也有"相缚"；（2）有"相分"，但无"相缚"；（3）无"相分"，也无"相缚"。第一种属于凡夫之"识"，第二、三种属于觉者之"智"。

这里列出的大多数智慧形态都属于第二种，即有"相分"而无"相缚"。这意味着它们是一种既有"见分"也有"相分"，但"见分"并不受"相分"束缚的智慧形态。之所以会有"见分"不受"相分"束缚的可能，其原因在于，导致对"见分"之束缚的并不必然是"相分"，而是与"相分"相关的"能取"和"所取"这两种"执取"的烦恼。赵东明提出"无执取的分别"① 的说法，应当是指一种无贪欲的认识。在笔者看来，这种智慧形态与源自古希腊哲学的"理论（θεωρία）"思想形态在含义上已经十分相近了。它在包括现象学在内的西方哲学传统中始终被视作一种"无兴趣的静观"，即纯粹地思考真理本身，而不去考虑它的实现与应用。因此可以说，理论家可以是某种意义上的智者，或般若的拥有者。

而最后一种智慧形态是"根本无分别智"。它是一种只有"见分"而无"相分"的心品，用现象学的术语来说，是一种只有意向活动而无意向相关项的意识类型。当然，按照窥基的理解，"根本无分别智"仍以真如为所缘境，赵东明将此称作"无相之相"或"无分别的分别"。② 但此时的心品，实际上已经是"智""如"不二，易言之，"能缘智"与"所缘境"已是一而二、二而一者也。

唯识学中的这种"根本无分别智"或前述相对于"分别事识"的"真识"，以及儒家的"视于无形"和"听于无声"的"本体之念"，它们是否相同以及如何相同，或者说是否不同以及如何不同，这都是可以进一步思考的问题。

---

① 参见赵东明，第46页。

② 同上书，第47页。

## 七　现象学的元意向性

儒家心学和佛教唯识学对元意向性的重视，体现着东方思想在这个思考向度上的某种共通性。相对而言，西方哲学传统在这方面的思想特征并不明显。但在当代西方意识哲学的发展中，随着意向性问题的提出以及藉此而完成的对意识问题域的清理和确立，元意向性的问题也很快映入现象学家们的眼帘。

在讨论现象学意义上的"元意向性"时首先要谈及海德格尔的思想，因为他第一个公开而有力地将生存的元意向结构作为一种比意向性更为原本的元意向性提出。毫无疑问，海德格尔从一开始就看到了现象学论域中的意向性的意义与问题。他在1925年的《时间概念历史导引》的讲座中把意向性看作是现象学的三个决定性发现之一和之首：意向性、范畴直观和先天的原初意义。[1] 此后，他在为胡塞尔《内意识时间现象学讲座》所写的"编者引言"中还指明，通过胡塞尔的分析，意向性获得了"不断增强的根本澄清"[2]。在海德格尔看来，胡塞尔的意向性分析瓦解了近代以来主—客体关系思维模式的统治地位，以现象学的方式解决了认识论的难题。他用一座桥与一条河的比喻来形象说明前现象学的认识论与现象学的认识论在认识的理解方面的根本差异："就其本质来说，可认识者与认识者向来一体地取决于同一个本质基础。我们不可把两者分离开来，也不能要求孤立地找到它们。与其说，认识并不像一座桥，能够在某个时间一劳永逸地把一条河的两个自在现成的河岸连接起来；而不如说，认识本身就是一条河，它在流动之际首先把河岸创造出来，并且以一种比一座桥向来所能做到的更为原始的方式使两个河岸相互面对。"[3] 在这里，

---

① Heidegger, *Prolegomena zur Geschichte des Zeitbegriffs* (1925), GA 20, Frankfurt am Main: Vittorio Klostermann, 1979, S. 34.

② 参见海德格尔"编者的前说明"，载胡塞尔《内时间意识现象学(1893—1917年)》，倪梁康译，商务印书馆2010年版，第14页。

③ 海德格尔：《尼采》上卷，孙周兴译，商务印书馆2002年版，第556页。

认识并不是在已有的主—客体的两岸之间构建起来的一座桥梁，而是认识本身是一条河流，这条认识之河在流动中创造出河的两岸，亦即创造出构成这两岸的意向活动和意向相关项。

这里需要注意一点，如果认识是一条河，那么显然它本身还会有自己的源头和流程。而这正是海德格尔所要继续说下去的论题。因此，海德格尔在上述为《内时间意识现象学讲座》所写的"编者的前说明"中同时也表示："意向性"这个表达即使在胡塞尔之后也仍然"不是一个口令，而是一个中心问题的称号"①。这几乎是海德格尔对胡塞尔的意向性思维方式和思想立场进行颠覆的一个暗示性预告。

就总体而言，海德格尔的思想努力在于，深入到比意向性更为本原的层面，发现作为此在结构的"烦"（Sorge）或"超越"（Transzendenz），用它们来取代意向性。这种取代并不意味着海德格尔从一开始就要用自己的此在结构分析来排斥胡塞尔的意识结构分析（意向分析），而更多意味着，海德格尔把前者看作后者的基础。他将自己的立场表达如下："从其根本上透彻地思考意向性，这就意味着，将意向性建立在此—在的绽出性（Ek-statik）基础之上。"② "意向性建立在超越性的基础上，并且只是在这个基础上才成为可能，——人们不能相反地从意向性出发来解释超越性。"③ 海德格尔所说的比意向性更为原本和更为基础的此在结构，在《存在与时间》中也被刻画为"烦"和"畏"，它们是无对象的或非意向的基本情绪（Grundstimmung），是比意向意识、表象行为的"意向性"结构更为

---

① 参见海德格尔"编者的前说明"（Vorbemerkung des Herausgebers），载胡塞尔，2010 年，第 14 页。

② Heidegger, *Vier Seminare*, 1977, S. 122.

③ Heidegger, *Die Grundprobleme der Phänomenologie* (1927), GA 24, 1975, S. 230. 这里所说的"超越性"（Transzendenz）实际上就是随后就要提到的《存在与时间》中所说的"生存性"（Existenzialität），即"此在的'本质'在于它的生存（Existenz）"（参见海德格尔《存在与时间》，陈嘉映、王庆节译，生活·读书·新知三联书店 2000 年版，第 42 页），即后来在"关于人本主义的通信"中所说的人作为"绽出状态"（ek-sistenz）。（cf. Heidegger, *Brief über den Humanismus*, 1949, S. 79.）。

本真和更为基础的"生存［论］性（Existenzialität）"结构。① 与此基础存在论思想相应的是他的真理观：他将最本原的真理现象理解为"此在的展开状态"，并认为在此意义上、亦即在古希腊"去蔽"（ἀλήθεια）意义上的真理是"符合论"真理的存在论基础，或者说，是在命题、判断、符合（adaequatio）意义上真理的存在论基础。② 前者代表了"生存论"意义上的真理观或"元意向性"的真理观，后者则可以被理解为"智识论"意义上的真理观或"意向性"的真理观。

需要注意一点，海德格尔的这些思想实际上在胡塞尔那里、更早在狄尔泰那里也已形成，而且他们的思考曾对海德格尔产生过潜移默化的影响。海德格尔不仅对胡塞尔的"内时间意识现象学"讲座文稿做过仔细的审读和编辑，而且在撰写《存在与时间》时也"极其自由地阅读他［胡塞尔］尚未发表的文稿，从而使本作者得以熟悉至为多样化的现象学研究领域"，③ 因此他必定已经了解，在早期胡塞尔那里，"元意向性"问题也已进入其视域。即是说，胡塞尔的相关思考甚至要早于海德格尔十多年，④ 只是这些思考被胡塞尔本人视为不成熟而在其生前始终未得公开发表。它们如今可以被纳入发生现

---

① 参见海德格尔，2000 年，第 40—41 节。"烦"（Sorge）在这一版中被改译作"操心"。

② 参见同上书，第 44 节。

③ 参见同上书，第 45 页。胡塞尔在这里所说的"尚未发表的文稿"，主要是指胡塞尔的《纯粹现象学与现象学哲学的观念》第 2 卷。该文稿在胡塞尔去世后才作为遗稿出版。

④ 确切地看，"纵意向性"方向上的思考，始于胡塞尔与狄尔泰相识的 1905 年。胡塞尔自己曾回顾说："1905 年在柏林与狄尔泰少数几次谈话（并非他的著述）意味着一个推动，这个推动将《逻辑研究》的胡塞尔导向了《［纯粹现象学与现象学哲学的］观念》的胡塞尔，而不完整地展现出来的、并且实际上是在 1913 年至大约 1925 年期间才得以具体完善了的《观念》的现象学——尽管在方法上有本质不同的形态——导向了与狄尔泰的一种最内在的共同体。"（cf. Husserl, *Briefwechsel*, Dordrecht etc. : Kluwer Academic Publishers, 1994，Vol. 6，p. 275.）此后胡塞尔在时间、人格发生、精神历史的向度上不断地有所思考和表达，例如在未发表的《纯粹现象学与现象学哲学的观念》第 2 卷中，或在后期公开发表的《欧洲科学的危机与超越论的现象学》中。

象学的研究范围，而在胡塞尔那里的"意向性"与"元意向性"问题，完全可以用他自己的术语称作"横意向性"与"纵意向性"的问题，前者是静态结构现象学的讨论课题，事关意向意识的本质结构（类似唯识学的四分说和心王—心所说）；后者是发生现象学的讨论课题，事关意识发生的本质结构（类似唯识学的三能变说）。在胡塞尔看来，对前者的探讨需要借助横向本质直观描述（Beschreibung）的方法，对后者的探讨则需要借助纵向本质直观说明（Erklärung）的方法。① "说明"是"较高层次的功能成就（Leistung）"并且意味着"一种超越出描述性领域，即超越出一个可以通过经验直观而得以实现的领域以外的方法"②。与此相应，发生现象学代表着总体的现象学研究，它最终会将静态现象学包容在自身之中。这里可以借用海德格尔的比喻：意向性（横意向性）只代表意识河流的横向的两岸或这条河流的横切面，元意向性（纵意向性）在这里则意味着整

---

① 胡塞尔在 1921 年的文稿中写道："'说明的'（erklärende）现象学以某种方式区别于'描述的'（beschreibende）现象学，前者是合法则发生的现象学，后者是可能的、无论以何种方式在纯粹意识中得以生成的本质形态现象学，以及这些本质形态在'对象'和'意义'的标题下于可能理性的王国中的目的论秩序的现象学。"（cf. Husserl, *Analysen zur passiven Synthesis. Aus：Vorlesungs-und Forschungsmanuskripten*, 1918—1926, Hua XI, The Hague：Martinus Nijhoff Publishers 1966, S. 340.）胡塞尔对"说明"和"描述"方法的区分明显受到威廉·狄尔泰的影响，后者在其 1894 年"描述的和分析的心理学的观念"著名文章的一开始就对当时盛行的用物理学的方法来研究心灵生活现象的情况进行批评，将这种研究的方式称之为"说明的心理学"，即以自然科学方式进行因果说明的心理学。而在狄尔泰的理解中，"自然是我们要说明的，心灵生活是我们要理解的。"（cf. W. Dilthey, *Einleitung in die Geisteswissenschaften*, V, Stuttgart / Göttingen：B. G. Teubner Verlagsgesellschaft, Vandenhoeck & Ruprecht, 1990, S. 139, 144.）胡塞尔虽然接受了"说明"的概念，却赋予它以积极的含义。"说明"方法不再是指狄尔泰意义上的因果说明，因为胡塞尔已经将自然的因果性还原为意识的动机引发。"说明"因而不再具有"因果说明"的意义，而是指"动机引发的说明"。它成为意识发生现象学的特有方法。

② cf. Husserl, *Die Krisis der eruopäischen Wissenschaften und die tranzendentale Phänomenologie：Eine Einleitung in die phänomenonlogische Philosophie*, Hua VI, 1962, S. 226 – 227.

条意识河流。胡塞尔同样认为："一个横切面只有在其整体得到研究时才可能完整地被理解。"① 这也是对"纵意向性"与"横意向性"之间关系或"元意向性"与"意向性"之间关系的一个基本刻画。

胡塞尔与海德格尔的这些论述表明了现象学在"意向性"与"元意向性"问题上的基本思考取向和基本思想内涵。虽然他们的思考与东方思想史上关于"静坐"和"禅定"等修习要求并无明晰可见的内在联系，但"本质直观"与"存在理解"无疑可以与"本体之念"或"无分别智"相互比照，指明一个或多或少相同的精神视阈或思想境界。

## 八　结语

笔者在这里用"元意向性"概念来表达一种异于"意向性"、但同时也可以包容"意向性"的东西。中文的"元"字，有四个与这里的论题相关的基本含义：居首的，起始的，基本的，整体的。

与"意向性"相比，"元意向性"具有与此相应的多重意谓：回溯到意向意识之前，扩展到意向意识之后，深入到意向意识之下，超越于意向意识之上，绽出到意向意识之外，如此等等。

很难在西文中找到与"元"字对应的概念。通常会考虑用"meta"或"hyper"来翻译它，但仍觉有勉强之处。或许这里可以借鉴武内义范的做法，他曾在以《原始佛教中的入定问题》为题的马堡大学讲座中提出"超越—沉入性"（Transdeszendenz）② 的概念。这很可能是他生造的一个拉丁文—德文词，其中包含了作为拉丁文词根的"trans"（超越）和"des"（沉入）。③ 虽然不能用它来翻译，但

---

① 胡塞尔，《文章与讲演（1911—1921 年）》，第 318 页。

② Yoshinori Takeuchi, Probleme der Versenkung im UrBuddhismus, S. 86.

③ 这个概念很容易让人联想起佛陀称号"如来—如去"（tathāgata）的双重含义。参见《佛学大词典》的"如来"词条："梵语 tathāgata 可分解为 tathā-gata（如去）、tathā-āgata（如来）二种，若作前者解，为乘真如之道，而往于佛果涅槃之义，故称为如去；若作后者解，则为由真理而来（如实而来），而成正觉之义，故称如来。佛陀即乘真理而来，由真如而现身，故尊称佛陀为如来。"如果细究下去，这两个不尽相同的理解和解释可以引出许多需要讨论的问题。

至少可以用它来诠释和刻画这里所说"元意向性"中的"元"。它被用来表述一种追求原初性、彻底性、超越性和深邃性的思维方式和思想取向。

如果"意向性"以及"见分—相分"在意识哲学研究中开辟了一个基本的立足平台，揭示了意识活动的最基本结构，那么"元意向性"就是围绕此平台所进行的各种可能展开。无论是西方哲学的现象学，还是佛教唯识学或儒家心学，[①] 它们都不满足于各种意义上的常识或俗谛，试图以各自的方式来扬弃和克服"意向性"。这里的"扬弃"，可以用黑格尔意义上的"扬弃"（aufheben）来解释：以保存的方式加以取消；这里的"克服"，可以用海德格尔意义上的"克服"（verwinden）来解释：以继承的方式加以逾越。

（作者系中山大学哲学系教授）

---

① 我们这里尚未谈及"无意识哲学"或"无意识心理学"，它们的各种形态也可以被纳入此列。

# 马克思的历史道路理论及其具体化承诺

## 吴晓明

  长期以来，马克思的历史道路理论在很大程度上被曲解和误解了。人们普遍地把这一理论仅仅当作一种抽象化纲目，而完全忽视了其内在具有并且本质重要的具体化承诺。在如此这般地屈从于理智形而上学的解释方案中，马克思的历史道路理论在丧失其具体化承诺的同时，绝望地变成了一种僵化的历史哲学公式。这种历史哲学公式，按其基本性质来说，不仅必然是超历史的，而且只能从属于前黑格尔的主观思想及其外部反思。换言之，它变成了与历史现实分离隔绝的空洞躯壳，变成了与历史的实体性内容了无关涉的抽象形式；据说这样的形式可以被无条件地运用到任何历史进程的内容之上。而当这种完全无头脑的运用被看成是马克思历史理论的题中应有之义时，那些同样无头脑的实证主义者便似乎找到了合适的理由，来抨击"马克思主义借以强奸事实的空洞结构"了。为了有效地澄清这种理论状况，本文试图从历史唯物主义的本质根据中，来阐说马克思的历史道路理论。如果这一探讨能从主要之点上有助于正确把握马克思的历史道路理论及其具体化承诺，那么，它对于深入揭示中国历史进程的独特性质，对于更加切近地理解当今正在展开着的"中国道路"，将会是不无裨益的。

### 一

  马克思历史理论的核心，是将整个人类历史的本质性把握为生产方式的变动结构，亦即把握为以生产力和生产关系为主轴的社会基本结构的演化进程。因此，马克思的历史道路理论，便理所当然地依循生产方式的基础定向来展开。其经典的表述，出现在 1859 年的《政治经济学批判序言》中："物质生活的生产方式制约着整个社会生活、政治生活和精神生活的过程。……大体说来，亚细亚的、古代的、封建的和现代资产阶级的生产方式可以看作是经济的社会形态演进的几个时代。"① 这一表述，确实非常清晰地揭示了人类历史的基本发展道路。如有必要的话，还可以按照马克思的学说，在上述诸生产方式的前端和末端，分别添加原始公社制的生产方式以及社会主义（或共产主义）的生产方式。这样一来，整个人类历史道路的梗概就大体完备了。

关键在于把握这一梗概的基本性质。它实际上很快被把握为一种受自然规律支配的进程：在一部分历史学——特别是马克思主义历史学——的理论与实践中，这一历史发展道路的梗概确实是在其严格和完整的意义上被当作自然规律来理解的。似乎支持这种理解的是马克思的下述说法："我的观点是把经济的社会形态的发展理解为一种自然史的过程。"不仅如此，"一个社会即使探索到了本身运动的自然规律……它还是既不能跳过也不能用法令取消自然的发展阶段"②。

资本主义生产方式所具有的世界历史意义，似乎进一步强化并突出了人类历史道路之受制于一般"自然规律"的进程。这样的规律是如此强大有力，以至于它正在开展着并一往无前地实现着对全世界的征服。马克思在《共产党宣言》中说，资产阶级把一切民族甚至最野蛮的民族都卷入到文明进程中来了，"正像它使农村从属于城市一样，它使未开化和半开化的国家从属于文明的国家，使农民的民族从属于资产阶级的民族，使东方从属于西方"③。而在《资本论》第一版序言中，马克思又写道，尽管他在理论阐述上主要以资本主义生

---

① 《马克思恩格斯选集》第 2 卷，人民出版社 1995 年第二版，第 32—33 页。

② 同上书，第 101—102 页。

③ 《马克思恩格斯选集》第 1 卷，第 277 页。

产方式的典型地点即英国为例证，但如果德国读者以为本国的情况远不像英国那样糟糕而乐观地自我安慰，那么他将会向这些读者指明："问题本身并不在于资本主义生产的自然规律所引起的社会对抗的发展程度的高低。问题在于这些规律本身，在于这些以铁的必然性发生作用并且正在实现的趋势。工业较发达的国家向工业较不发达的国家所显示的，只是后者未来的景象。"①

根据对这样一些观点的多重阐释，大部分历史学的理论与实践从总体上构成了将马克思历史道路理论作为"自然规律"来加以论述和发挥的理解方案。根据这种理解方案，从纵向上来讲，亚细亚的——古代的——封建的——资本主义的生产方式，作为一种不可移易的自然必然性来展开和完成；从横向上来讲，至少是资本主义生产方式，同样作为一种不可移易的自然必然性实现并贯彻在一切民族或文明的实体中，从而使其一切实体性的内容统统瓦解并最终抵达一种彻底的齐一性。虽说在理论的实际运用方面可能要求某种必要的调整，但理论本身的逻辑看来就是如此。在这样的逻辑中，特别是在这种逻辑的根本性质中，马克思的历史道路理论毫无疑问地变成了某种地地道道的"一般历史哲学理论"。然而，在这里构成使上述理论逻辑得以通行无阻的严重障碍是，马克思本人非常明确也非常坚决地拒斥和反对任何一种"一般历史哲学理论"，尽管人们似乎很愿意将这种理论强加给马克思。

1877 年，在给《祖国纪事》的那封著名信件中，马克思谈到了一位俄国批评家米海洛夫斯基。"他一定要把我关于西欧资本主义起源的历史概述彻底变成一般发展道路的历史哲学理论，一切民族，不管它们所处的历史环境如何，都注定要走这条道路，——以便最后都达到在保证社会劳动生产力极高度发展的同时又保证每个生产者个人最全面的发展的这样一种经济形态。但是我要请他原谅。他这样做，会给我过多的荣誉，同时也会给我过多的侮辱。"② 我们确实有必要

① 《马克思恩格斯选集》第 2 卷，第 100 页。
② 《马克思恩格斯选集》第 3 卷，第 341—342 页。

反复领会这番话的每一个字，以便透彻地反思自己的先行理解——它是否已把马克思关于西欧资本主义起源的历史概述变成了关于"一般发展道路的历史哲学理论"。而马克思之所以坚拒"一般历史哲学理论这一把万能钥匙"，是因为它永远达不到对特定的具体历史现象的真正理解，"这种历史哲学理论的最大长处就在于它是超历史的"。①

即使在这封极简短的信中，马克思也从两个方面否定了那种仅仅以"自然规律"的抽象性为基础定向的关于"一般发展道路的历史哲学理论"。马克思写道，《资本论》关于原始积累的那一章只不过是描述"西欧的资本主义经济制度"从封建主义经济制度内部产生出来的途径。全部过程的基础是对农民的剥夺，这种剥夺既使生产者同其生产资料分离而成为雇佣工人，又使生产资料占有者变成资本家。这个过程只是在英国才彻底完成了，但"西欧的其他一切国家"都在经历着同样的运动。对这一概述——作为历史道路理论的重要组成部分——的运用主要包含两个方面。一个方面是横向的，大体牵涉到不同民族或不同国家的历史进程。马克思指出，当米海洛夫斯基把这个历史概述应用到俄国去时，真正可以应用的东西只不过是：（1）如果俄国想要遵照西欧各国的先例成为一个资本主义国家，它就必须首先把很大一部分农民变成无产者；（2）如果俄国一旦倒进资本主义的怀抱，它就必然受资本主义生产方式那些铁面无情的规律支配。可以肯定的就是这些，并且仅仅是这些——任何超出这些的企图都不能不沦为"超历史的"历史哲学公式。② 另一个方面是纵向的，大体牵涉到历史进程的不同阶段。《资本论》曾多次提到，古代罗马平民的被剥夺，同样既造成了除自己劳动力外一无所有的自由人，又出现了能利用其劳动并占有所创造出的全部财富的人。但"结果怎样呢？罗马的无产者并没有变成雇佣工人，却成为无所事事的游民，……和他们同时发展起来的生产方式不是资本主义的，而是奴隶制的。因

---

① 《马克思恩格斯选集》第 3 卷，第 342 页。
② 参见《马克思恩格斯选集》第 3 卷，第 341 页。

此，极为相似的事变发生在不同的历史环境中就引起了完全不同的结果"①。在这里显而易见的是，历史进程，无论是对同一时代的不同民族或不同国家来说，还是对相似事变在不同历史阶段中的结果来说，都不具有——而且也不可能具有——"自然规律"的性质。依照自然规律，任何一个标准气压下的水在100℃时沸腾，任何一个自由落体所跌落的高度都等于$1/2gt^2$，这在西欧和俄国不可能有任何不同，就像它们在罗马世界和现代世界中不可能有任何不同一样。因此，马克思的历史道路理论看来并不意味着历史进程具有自然规律意义上的那种自然必然性。

但是，这样一来，我们对马克思历史道路理论的理解便似乎陷入了一种高度紧张的二律背反。"正题"说：人类历史的本质进程是一种自然史过程，因而是受"铁的必然性"规律支配的；而"反题"则说：人类历史的发展进程是错综的、多重的和具体的，因而根本不可能通过被想象为自然规律的必然性来得到真正的把握。这两个方面，看来都能从马克思的理论中找到根据；而两者确乎又都本质重要地关涉到对历史发展道路的基本理解。在对马克思历史道路理论的阐释中，如果说"正题"在较早的时期几乎占据压倒性优势，那么我们后来还看到，"反题"的声音也逐渐大了起来。在第二国际的理论家以及西方马克思主义的早期领袖那里，特别是在这二者的参照和比对中，可以清晰地见到这种情形。虽说站在二律背反的一端反对另一端的观点并不鲜见，但调和的意见或许更占上风——尽管这种意见的很大部分仅只是游移徘徊在两个极端之间。我们就此且举出三种典型的观点。

一种观点认为，马克思早期在历史道路理论中更倾向于正题，而随着研究的深入和阅历的扩展，他在晚年开始更多地关注历史发展道路的复杂性、生动性和具体性，因而或多或少地改变了其先前的历史道路理论。例如，俄罗斯学者亚历山大·韦贝尔最近指出，在马克思的理论遗产中存在着某种两面性；马克思早年过于相信"抽象能

---

① 参见《马克思恩格斯选集》第3卷，第342页。

力"。进入中年后，马克思的思想更为成熟，对年轻时的某些观点进行了修正。"在生命的最后时光，马克思的脑海中或许浮现了新的研究计划，他希望更为具体地分析、解读历史进程。他放下手头未最后完工的《资本论》第二卷和第三卷，转而攻读起卷帙浩繁的世界历史来。……从中不难窥见，他试图透彻理解数百年来各大洲的政治、社会和宗教发展历史。这也令他的思维能够另辟蹊径，跳脱过去。"①根据这样的观点，对于马克思晚年的人类学（或民族学）研究，或许也应作出同样的评估。这种观点试图通过思想史进程来进行一定程度的调和：某种较为抽象的历史道路理论被更为丰富、具体和多重化的历史见解所修正、补充或提升了。

另一种观点则试图对马克思的历史道路理论进行严格的限定，以便使之在特定的范围内既作为形式的规律起作用，又同时能够容纳相关历史的经验内容。一般的做法是将马克思的历史道路理论限定在西欧的历史进程中，而更为激进的限定则使之仅仅适用于西欧资本主义生产方式的形成过程。按照伊林·费彻尔的观点，黑格尔就把真正历史的发展限定于西方；而马克思则比黑格尔更加明确、更加自觉地从他所处的现实出发，以便把这一现实阐释为先前发展过程的结果。这种发展决不像我们所耳闻的那样表现为绝对必然的。资本主义生产关系恰好首先在英国充分发展起来，这依赖于特殊的历史条件的总和。但这种生产方式一旦确立后便迅速战胜先前所有的生产方式，在一定程度上又是"合乎规律的"。不仅如此，"严格说来，马克思的历史理论仅仅适用于历史发展的两个时代：从封建社会向资本主义社会的过渡以及未来的资本主义社会向社会主义社会的过渡"②这种观点时下开始增多起来，它试图通过限制历史领域的范围来实现形式规律与经验内容的某种调和。

---

① 韦贝尔：《马克思的预言是正确的》，载《参考消息》2013年3月14日。

② 费彻尔：《马克思与马克思主义：从经济学批判到世界观》，赵玉兰译，北京师范大学出版社2009年版，第29页。

　　第三种观点与此不同，它不是通过限制历史领域的范围，而是试图通过调整（扩张）形式规律本身的外延，来使之更广泛地适用于整个世界历史的经验内容。其典型的并且是经常被采用的方案是：马克思的历史道路理论大体说来是五阶段的，即亚细亚的——古代的——封建的——资本主义的——社会主义的生产方式，但这一历史道路理论的本质内涵实际上是"三阶段论"。即（1）人的依赖关系构成最初的社会形式。（2）以物的依赖性为基础的人的独立性。（3）以自由个性为特征的第三阶段。① 因此，作为历史道路理论，虽说五阶段的进程对于历史的现实情形来说有可能出现跳跃、混杂或绕行等等错综的局面，但三阶段的历史道路则是必然的和不可移易的。在此意义上，关于历史道路的理论就不仅能够依然保持其作为自然必然性的形式规律，而且能够更多地容受全部世界历史的经验内容。

　　在对马克思的历史道路理论的阐释中，上述三种调和的观点时而作为单一的见解得到表述，更多的时候则作为相关的见解彼此交叉重叠。应当承认，这样的观点在一定的范围内是有道理的，而且就理论的特定部分来说也是有根据的。但是，这些观点在其既与的形态上则依然还是表面的——它们只是在表面上调和了历史道路理论的所谓形式规律与经验内容的对立。就此而言，这些调和的观点不仅是姑息性的，而且对马克思历史道路理论的基础和本质来说，还是纯全外在的。

二

　　全部问题的核心在于从历史唯物主义的基础和本质中来阐述马克思的历史道路理论，并辨明其基本性质。对这一历史道路理论之既与的或现成的理解，已经先行在很大程度上沉浸于理智形而上学的思维方式和普遍氛围中，因而它实际地造成比如说形式规律和经验内容的

---

　　① 参见《马克思恩格斯全集》第 30 卷，人民出版社 2002 年第二版，第 107—108 页。

对立（事实上当然还包括其他的对立），本来就是不可避免的。在这样的前提下，意欲消除其两歧并调和其对立的企图，就不能不是姑息性的和纯全外在的。这里的关键之点在于把握哲学上的历史原则本身——在这一历史原则得到真正阐明的地方，历史的形式规律与经验内容的分离或对立，从一开始就是不能成立的。

历史唯物主义不只是以历史为对象的唯物主义，它首先是并且特别是以历史为原则的唯物主义。把一般唯物主义推广到历史领域或应用于历史对象，尽管这种做法极其普遍，却从来不曾由此产生出历史唯物主义。未能以历史原则武装自己的唯物主义者，从拉美特利到摩莱肖特，从爱尔维修到费尔巴哈，总是把他们的唯物主义一如既往地在历史领域中加以推广和应用，但其结果则是众所周知的。真正的历史原则，亦即在哲学上得到充分把握的历史原则，首先是在黑格尔那里得到全面的阐述。正如恩格斯所说，黑格尔是第一个想证明历史中有一种发展、有一种内在联系的人。在其所有著作中，到处贯穿着这种宏伟的历史原则。因此，黑格尔哲学的历史原则被恩格斯称为"划时代的历史观"，并且正是这种划时代的历史观构成历史唯物主义的"直接的理论前提"①。

黑格尔的历史原则是以"现实"（Wirklichkeit）为基础定向的。所谓现实，一方面是"实存"与"本质"的统一，另一方面是在展开过程中表现为必然性的东西。因此，在其基础定向中，这一历史原则可以被简要地概括为："生成表现为存在的真理，过程表现为事物的真理。这就意味着，历史发展的倾向构成比经验事实更高的现实。"② 而在这样的历史原则中，内与外、形式与内容，或先前所涉及的历史之形式规律与经验内容的分离或对立，等等，是本身不能持立的，确切些说，是先行已被扬弃了的东西。这意味着，在黑格尔那里，为了能够真正把握历史的现实，必须首先扬弃上述的那些对立，

---

① 参见《马克思恩格斯选集》第 2 卷，第 42 页。

② 卢卡奇：《历史与阶级意识》，杜章智、任立、燕宏远译，商务印书馆 1995 年版，第 268—269 页。

而历史原则就是这种扬弃本身。

因此，如果说，我们在前面讨论历史道路理论时，实际上是遭遇了历史的形式规律与经验内容之间的对立所带来的严重困境，那么，消除这种困境的可能性首先在黑格尔的历史原则中被提示出来了。对于非历史的观点来说，这样的困境是不可避免的；因为它实际上起源于理智形而上学的局限性，起源于形式知性的独断主义的局限性。由于理智形而上学的目的是要使抽象化了的形式能够对内容进行切割与强制，就像外部反思试图把一般的抽象原则运用到任何内容之上一样，所以它就必须把这种内容定义为与自身完全分离隔绝的和不可改变的。与此相反，在黑格尔那里，历史原则意味着必须将全部现实把握为历史，而历史问题的真正核心便是实际内容的生成（Werden）。正是历史的生成迫使认识把概念结构建立在内容之上；同时，"只有历史的生成才真正消除事物和事物概念的——真实的——独立性及因此而造成的僵硬性。"① 因此，对于黑格尔来说，脱离历史之经验内容的形式规律从根本上来说是不现实的，它们至多不过是主观思想的空洞抽象罢了；同样，充分把握并支配着经验内容的历史规律因此就不是单纯形式的，而是在扬弃了形式与内容之抽象对立的意义上成为思辨的。我们在这里看到了辩证法——例如形式与内容的辩证法——的活动。如果说，"历史是辩证方法的自然的、唯一可能的生存因素"②，那么，在黑格尔那里，历史原则也就是辩证法。确切些说，历史的具体化方式揭示自身为辩证运动的过程。

这种历史原则—辩证法是有其存在论（ontology）基础的。黑格尔在"实体即主体"的命题中概述了这一基础的要义："一切问题的关键在于：不仅把真实的东西或真理理解和表述为实体，而且同样理解和表述为主体。"③ 因此，一方面，黑格尔史无前例地把现实的、

---

① 卢卡奇：《历史与阶级意识》，杜章智、任立、燕宏远译，商务印书馆1995年版，第222页。

② 同上书，第225页。

③ 黑格尔：《精神现象学》上卷，贺麟、王玖兴译，商务印书馆1979年版，第10页。

当前的世界提升为哲学的内容。"哲学的内容就是现实（Wirklich-keit）。……所以哲学必然与现实和经验相一致。"① 这种一致甚至可以被看成是哲学真理的外在试金石。另一方面，由于把作为哲学内容的现实本身理解为自我活动，理解为现实在自身中展开和实现的过程，所以这一自我活动过程就显现为历史原则—辩证法。马克思正是在这个意义上揭示了黑格尔思辨方法的基本特征：它建立在绝对主体之自我活动的基础之上，而这一基础的存在论性质"就是把实体了解为主体，了解为内部的过程，了解为绝对的人格"②。

正因为如此，所以黑格尔历史原则必然内在地包含一个坚决的具体化承诺，而这个承诺的展开或实现就是思辨的辩证法。唯通过这种思辨的具体化，才意味着作为内容的现实本身的自我活动，才能保障自觉的理性与存在于事物中的理性的和解，亦即理性与现实的和解。至于黑格尔的历史原则及其具体化承诺的"头脚倒置"，我们放到后面去谈。这里要说的是：在一般所谓"世界历史"的领域中，这一历史原则及其具体化承诺一方面要求着全面的贯彻与实行，另一方面又本质重要地改变了对于历史规律本身的理解。就前一个方面而言，世界历史的本质性被导回到"世界精神"，而这一精神的历史性既通过历史哲学的诸环节、又通过法哲学的诸环节来实现其具体化——《法哲学》的最后部分就是"世界历史"③。而在世界历史的领域中，世界精神或世界理性的具体化主要依循"民族精神"的定向来展开。"在国家内表现它自己，而且使自己被认识的普遍的原则……就是构成一国文化的那个一般原则。但是取得普遍性的形式，并且存在于那个叫做国家的具体现实里的——那个确定的内容就是'民族精神'本身。"④ 因此，在黑格尔的历史哲学构想中，各民族及其民族精神

---

① 黑格尔：《小逻辑》，贺麟译，商务印书馆 1980 年版，第 43 页。

② 《马克思恩格斯全集》第 2 卷，人民出版社 1957 年版，第 75 页。

③ 参见黑格尔：《法哲学原理》，范扬、张企泰译，商务印书馆 1961 年版，第 351—360 页。

④ 黑格尔：《历史哲学》，王造时译，上海世纪出版集团 2006 年版，第 46 页。

便得以形成并展开为世界精神的全面的具体化。在这种具体化的指引下，就像各民族精神作为历史诸环节之不断丰富起来的规定一样，历史行程的道路本身是为民族精神的实体性内容所不断开辟、不断充实的。

更加重要的另一方面是由此而来的对历史规律之理解的改变。根据黑格尔的历史原则及其具体化承诺，关于历史之空洞的形式规律、尤其是这种形式规律与经验内容的对立是完全抽象的，因而是不能真正持立的。这种本身是无内容的、但据说又能被运用到一切内容之上的形式——原则、规则、规律，等等，不过是从属于主观思想的抽象观念，并因而仅仅能够被外部反思来加以主观地运用。黑格尔把仅只知道外部反思的人叫做"门外汉"；对门外汉来说，"反思就是忽此忽彼地活动着的推理能力，它不会停在某个特定的内容之上，但知道如何把一般原则运用到任何内容之上。黑格尔认为这种外部反思的过程是诡辩论的现代形式，因为它任意地把给定的事物纳入一般原则之下"①。在这样的意义上，完全抽象的、与内容本身分离隔绝的形式规律不仅是空洞的，而且是依循具体化方式来把握真正历史规律的桎梏。对黑格尔来说，规律是事物的理性，全部问题就在于作为自我意识的理性能够深入于并且把握住作为现实世界的理性。其依据在于：思想（或理性）不只是我们的思想，而且是"事物的自身（an sich）"。在这个意义上，历史规律不是抽象的形式，而毋宁就是作为事物自身的理性，即展开着的实体性内容本身。"这也就构成形式和内容统一……的更为具体的意义，因为在其最基本的意义上，形式就是作为概念认识的那种理性，而内容是作为伦理现实和自然现实的实体性的本质的那种理性，两者自觉的同一就是哲学理念。"②

正是基于形式与内容在理念中的统一，黑格尔把作为理念之展开的现实理解为一个过程，从而把历史的现实把握为精神——作为无限

---

① 伽达默尔：《哲学解释学》，夏镇平、宋建平译，上海译文出版社 1994 年版，第 111 页。

② 黑格尔，1961 年，第 13 页。

的基质和无限的机能——的"自我活动",把握为"差别的内在发生",把握为由此开展出来的一系列阶段的具体化。这个根本性的历史原则在关于历史道路的理解上产生了两方面的重要后果。一方面,历史的发展是有规律的,历史的道路是依循规律(理性)的;但事物的理性本身就是实体性的,因而不是抽象的形式规律支配内容,而是实体性的内容本身在为自己开辟道路的进程中获取其本己的形式。在这样的意义上,历史道路也就是理性之自我运动的具体化及其路径。由于这一具体化在历史哲学中主要是依循"民族"来定向的,所以世界历史的发展道路就通过诸"世界历史民族"来揭示和展开其基本的和主要的阶段,并通过在这些阶段中诸民族实体的活动来形成进一步的具体化。由于其历史原则内在地包含具体化承诺,所以历史发展道路的规律不仅不褫夺内容本身的差别与特殊性,相反却是以差别的内在发生、以内容本身的特殊性为前提的。这意味着:在历史道路理论中,抽象形式的规律被思辨辩证的规律所取代。因此,黑格尔能够在历史道路的一般阐述中最坚决地维护一个国家或民族之具体的特殊性:"在世界精神所进行的这种事业中,国家、民族和个人都各按其特殊的和特定的原则而兴起,这种原则在它们的国家制度和生活状况的全部广大范围中获得它的解释和现实性。"① 因为在黑格尔看来,各民族作为"实存着的个体",只有在它们的特殊性中才具有其客观现实性和自我意识。我们可以由此来识别两种完全不同的历史道路理论。一种理论主张,普遍的世界精神只是在特殊的民族精神之辩证的发展过程中产生并被揭示,历史道路只可能通过历史之现实内容的充分具体化才得以开辟并显现出来;所以黑格尔能够在比如说宗教改革的进程中分辨出罗马民族和日耳曼民族的不同道路,在近代政治革命的进程中分辨出法兰西和西班牙、甚至法兰西和英格兰的不同

---

① 黑格尔:《法哲学原理》,范扬、张企泰译,商务印书馆1979年版,第353页。并参见《历史哲学》的下述说法:"雅典或者罗马国家之所以成为雅典或者罗马,完全由于当时各该民族间通行的异教的特殊形式而后才有可能,就像一个天主教国家所有的精神和宪法跟一个耶稣教国家所有的精神和宪法是不同的。"(黑格尔,2006年,第47页)

道路。① 另一种理论则认为，普遍的形式是没有内容并且以实际地铲除一切特殊内容为前提的，标志历史道路的形式规律能够先验地主宰并强制一切具体的历史进程；所以持这种理论的人会主张，比如说在近代世界中各民族必然会走英国和法国的道路，或者暗中假定中国必然会和美国走同一条道路（这里的西方诸国只是被当作标记来使用）。这样的假定是如此普遍，以至于我们可以在社会科学的几乎每一个领域中到处发现其或隐或显的各种标本。

黑格尔的历史原则所造成的另一个重要的理论后果是：这一原则是完全植根于绝对唯心主义的存在论基础的；虽然它本身承诺严格的具体化，但这一承诺作为绝对精神的自我活动——自我外化、自我差别化和具体化，最终必然是神秘的（绝对精神的创世说）。洛维特说得对，马克思之所以在历史的主题上针对费尔巴哈捍卫黑格尔，是因为黑格尔理解普遍者的决定性意义；而马克思之所以攻击黑格尔，是因为黑格尔在哲学上把历史的普遍关系神秘化了。② 在马克思看来，绝对精神的思辨创世是一种真正的奇迹：黑格尔仿佛是从"一般果实"这个非现实的、理智的本质造出了现实的自然的实物如苹果、梨，等等；而这种创世之所以可能，是因为"一般果实"并不是僵化的、无差别的、静止的本质，而是活生生的、自相区别的、能动的本质。③ 这里所谈论的正是黑格尔历史原则及其具体化的存在论基地。在这样的基地上，关于历史道路的理解最终必然包括：（1）现实历史的道路归根到底是由作为绝对者的上帝开展出来的；就像历史是"上帝自己的作品"一样，历史哲学是"真正的辨神论"④。（2）由于世界历史的行程本质上是精神的历史，由于伴随着精神在绝对的哲学体系中依上帝的目的达于完成，所以黑格尔也在一种终极史

---

① 参见黑格尔，2006 年，第 393 页；第 423—425 页。并参见黑格尔，1961 年，第 291—292 页。

② 参见洛维特《从黑格尔到尼采》，李秋零译，生活·读书·新知三联书店 2006 年版，第 127 页，注①。

③ 参见《马克思恩格斯全集》第 2 卷，第 71—73 页。

④ 参见黑格尔，2006 年，第 426 页。

（endgeschichtlich）意义上规定历史道路的终点。① （3）因此，黑格尔的历史道路理论，归根到底是超历史的。世界历史的进程包含有一连串关于自由的"事实的概念"，而"那个'概念'的一般逻辑的本性，和更加显著的辩证法的本性……在逻辑中被认识出来"。② 这意味着，历史的领域就像法的领域一样，属于"应用的逻辑学"，也就是说，属于那超历史的、精神之纯粹活动领域的"阴影的王国"。

## 三

如果说，历史唯物主义首先是以历史为原则的唯物主义，如果说，黑格尔的历史原则构成历史唯物主义的"直接的理论前提"，那么，对于马克思历史道路理论的较为切近的理解，就理所当然地要从批判黑格尔的历史原则入手。正如我们在前面已大略揭示的那样，思辨唯心主义史无前例地达成了哲学高度上的历史原则，并卓越地阐述了作为其内在本质的具体化；但所有这一切在存在论上都是颠倒的、头足倒置的，因而其历史原则归根到底是超历史的。正如马克思在《1844 年经济学哲学手稿》中追究思辨辩证法的基础时所说的那样：黑格尔"只是为历史运动找到抽象的、逻辑的、思辨的表达"；之所以如此，是因为"全部外化历史和外化的全部消除，不过是抽象的、绝对的思维的生产史，即逻辑的思辨的思维的生产史"。③ 这是一个由存在论基础而来的根本性批判，马克思对黑格尔历史原则或辩证方法的其他批判，都是从这一根本之点上发端的。

如果说，黑格尔的历史原则是抽象思辨的并因而最终是神秘的，那么，从存在论上被颠倒过来的马克思的历史原则又当怎样理解呢？这首先意味着马克思同其直接的理论前提（即思辨的历史原则）的批判性脱离，这一脱离通过下述命题被清晰地揭示出来："意识在任

---

① 参见洛维特，第 40—41 页。
② 黑格尔，2006 年，第 59 页。
③ 《马克思恩格斯全集》第 3 卷，第 316、318 页。

何时候都只能是被意识到了的存在，而人们的存在就是他们的现实生活过程。"① 约言之，"不是意识决定生活，而是生活决定意识"。② 这个存在论上的变革意味着：当黑格尔把历史原则的本质性归诸世界精神或绝对理性时，马克思则把这种本质性导回到人们的现实生活过程之中。现实的历史或历史的现实性不是从精神或理性的自我运动中发源的，而是从人们的现实生活过程发源的。因此，"这种历史观和唯心主义历史观不同，它不是在每个时代中寻找某种范畴，而是始终站在现实历史的基础上，不是从观念出发来解释实践，而是从物质实践出发来解释观念的形成"。③

这样一来，世界历史的现实性或本质性领域就从"绝对精神"被迁移到"人民生活"之中；从而，黑格尔历史原则的具体化纲领的基础——绝对精神的自我运动、自我差别和自我展开等等——也就被废止了。但是，在这种情况下，在正应当深究马克思历史理论之本质基础的场合，一般无头脑的观点却过分轻易地把黑格尔当作"死狗"，自然而然地屈从于理智形而上学的抽象立场，并且立即把现实的具体化要求从马克思的历史理论中驱逐出去。按照这种观点，马克思关于历史道路的概述就变成了超历史的抽象形式——"自然规律"，而作为全部内容的"人们的现实生活过程"，就不过是有待外部裁剪的"惰性的"质料。这样一来，对于历史道路的理解就以下述形式表现出来：通过外部反思把作为抽象形式的一般原则运用到任何内容之上。于是，马克思历史道路理论的整个具体化承诺就被终止了，它仅只变成先验地强制内容的外部反思，就像拿破仑曾经失败地尝试将法国的自由制度先验地强加给西班牙人一样。然而，对马克思历史道路理论的这种理解方案不仅是根本的和全局性的错误，而且是时代的错误——它大踏步地退回到黑格尔之前。因为在历史道路理论中去除其具体化承诺，就是去除历史原则本身。

---

① 《马克思恩格斯选集》第 1 卷，第 72 页。
② 同上书，第 73 页。
③ 同上书，第 92 页。

马克思固然摧毁了黑格尔历史原则的存在论基础，但同时使这一原则及其具体化承诺被改造并且被拯救出来了。如果说，客观精神的领域乃是历史之实体性内容自身活动与展开的领域，那么，在黑格尔将其本质性归诸绝对精神的地方，马克思则将这种本质性归诸人们的现实生活过程。在这里，"人民生活"决不是外部反思的抽象原则可以任意处置或剪裁的单纯"质料"，而是历史的真正发源地，并因而被揭示为历史原则的存在论基础。总之，在任何情况下，只要关于历史道路的理论或者公开或者隐蔽地表现为外部反思的抽象原则，它就必定是非历史或反历史的；它就必定既不是马克思的，也不是黑格尔的，而只能是从属于主观思想的。

外部反思的观点在"自然规律"的表象中找到了适合其滞留并制造超历史抽象的藏身之所，而完全曲解了马克思在谈论历史进程时关于"自然规律"或"自然史过程"等说法的真实涵义。在马克思那里，这些说法意味着——并且仅仅意味着——历史现象如同自然现象一样，是受客观规律或"铁的必然性"支配的，而这样的规律或必然性是不以人的意志为转移的。除开此点，这些说法在马克思那里没有任何别的意义。事实上，这同样也是黑格尔的观点。但如果以为马克思或黑格尔因此便把历史规律等同于或还原为自然规律，这无异于痴人说梦。至于历史必然性与自然必然性的差别，黑格尔和马克思说得够多了，因此这里只需补充一点：在马克思看来，历史规律，即如同自然规律一般的铁的必然性，就其本身而言也是历史的。例如，马克思在谈到所谓"铁的工资规律"时说："如果我废除了雇佣劳动，我当然也就废除了它的规律，不管这些规律是'铁的'，还是海绵的。"① 总之，超出上述那个唯一恰当的关于自然必然性的含义（事实上这只是类比的含义）来理解或谈论历史规律，都只能意味着历史原则及其具体化纲领的实际消除，并因而只能成为一种图谋以非历史的方式来强制历史的确切标志。

在马克思的历史理论——从而历史道路理论——中，唯物主义的

---

① 《马克思恩格斯选集》第 3 卷，第 310 页。

历史原则具有决定性的意义。它不仅克服了黑格尔最终使历史收摄到绝对精神中去的辨神论和逻辑图式主义，而且使从属于主观思想的外部反思成为荒谬的和陈腐透顶的。只是由于现代性意识形态的强势掩盖，由于理智形而上学在知识界中的支配地位，才使得马克思对黑格尔历史原则的超越被如此广泛地理解为向主观思想——外部反思的倒退。由于历史——辩证法原则确定无疑地具有其本质重要的具体化承诺，因而这一承诺的去留可以成为历史原则存亡的试金石。如果说在黑格尔那里，历史原则的具体化起源于"绝对精神"的自我活动和自我差别，那么对马克思来说，这一具体化只能从"人民生活"的自我活动和自我差别中获得其基础定向。我们可以从"差别"——特别是"差别的内在发生"——的原理中最为清晰地把握到历史原则的具体化。马克思写道："……如果说最发达的语言和最不发达的语言共同具有一些规律和规定，那么，构成语言发展的恰恰是有别于这个一般和共同点的差别。对生产一般适用的种种规定所以要抽出来，也正是为了不致因为有了统一……而忘记本质的差别。那些证明现存社会关系永存与和谐的现代经济学家的全部智慧，就在于忘记这种差别。"①

很明显，既然构成发展的恰恰是有别于一般和共同点的差别，那么，取消差别就意味着取消历史发展本身；历史原则的具体化承诺首先就在于捍卫现实的差别。同样明显的是，既然外部反思的活动方式就是把一般原则强加到任何内容之上，那么，这种方式的主旨就是"夷平"，即取消一切差别。外部反思只有在彻底消除历史原则及其具体化承诺的前提下才是可能的。也就是说，只有在使其一般原则成为非历史或超历史的情况下才是可能的。因此，外部反思的观点总已先行地将其一般原则想象为"一般人类规律"或"永恒的自然规律"。正如马克思所说，经济学家总是"把一切历史差别混合或融化在一般人类规律之中"。例如："他们所要说的是，生产不同于分配等等，应当被描写成局限在与历史无关的永恒自然规律之内的事情，

---

① 《马克思恩格斯选集》第2卷，第3页。

于是资产阶级关系就被乘机当作社会一般的颠扑不破的自然规律偷偷地塞了进来。"① 在这里，所谓"永恒自然规律"的实质就在于它是超历史的，即一般历史哲学公式的对等物；而在外部反思中，它们还往往只是些极为粗陋的对等物。

就历史道路理论而言，外部反思的观点决不会因为它们涉及历史道路的主题就自发地成为历史的。在对马克思历史道路理论的理解和阐释中，只要我们将之当作外部反思的一般原则，亦即将之当作某种意义上的先验图式，那就必错无疑。因为这将使此一理论先行丧失历史原则及其具体化承诺。在这里，"三阶段论"和"五阶段论"的差别是无关紧要的。因为不管是几阶段论，只要它们是仅仅作为外部反思的抽象原则或先验图式，就已经从根本上脱离马克思历史理论的真正基础了。如果有人以为"三阶段论"较之于"五阶段论"更适合于作为一般原则被运用到任何内容之上，那么这个出发点本身就是错误的。因为它并不意味着"三阶段论"有什么优越性，而仅仅意味着由之进行外部反思的优越性。对此我们可以说，在马克思的历史道路理论中，不同的阶段划分是在不同的主题和领域中起作用的，本身并无什么优劣之分——问题的真正核心不在这里。

全部问题以及问题的核心在于：从马克思历史理论的根基处来阐明其所有原理及观点的基本性质。那么，马克思关于历史道路诸阶段的概述究竟具有怎样的性质呢？回答是：和其所有关于历史的基本原理及其概述一样，它们是一些抽象；确切些说，是一些在特定条件下的科学的抽象。如果说，在马克思那里，关于历史的原理只能从人们的现实生活过程中加以揭示，那么，其基本原理的各种概说总是首先表现为一些抽象，亦即使得"描述人们实践活动和实际发展过程"成为可能的一些抽象。"对现实的描述会使独立的哲学失去生存环境，能够取而代之的充其量不过是从对人类历史发展的考察中抽象出来的最一般结果的概括。这些抽象本身离开了现实的历史就没有任何价值。它们只能对整理历史资料提供某些方便，指出历史资料的各个

---

① 《马克思恩格斯选集》第 2 卷，第 5 页。

层次的顺序。但是这些抽象与哲学不同,它们绝不提供可以适用于各个历史时代的药方或公式。"① 这一说法再清楚不过地指证出马克思关于历史道路之概述的基本性质;对这类概述的任何理解、发挥与运用,务必三复斯言!它们是一些抽象或抽象之结果的概括,因而绝不提供可以适用于各个历史时代的药方或公式。此种情形,正如马克思在谈论"一切生产的一般条件"时所说的那样:"总之:一切生产阶段所共有的、被思维当作一般规定而确定下来的规定,是存在的,但是所谓一切生产的一般条件,不过是这些抽象要素,用这些要素不可能理解任何一个现实的历史的生产阶段。"②

那么,这是否就意味着马克思关于历史道路的大体概述就几乎没有什么意义呢?如果这样的概述仅仅被当作外部反思的抽象原则来加以理解或使用,那么它确实没有什么意义。但是,我们知道,马克思的历史道路理论是以最坚决的历史原则为基础的,而这样的历史原则必然伴随着——确切些说,同时就是——最彻底的具体化承诺。由于马克思同黑格尔历史原则的批判性脱离,因而其具体化进程绝不表现为精神活动的自我展开,而是相反地表现为深入人们的现实生活过程之中。易言之,这一具体化不能由思辨的逻辑而来,只能向现实的生活而去。因此,对于马克思来说,上述的那些抽象之成为"科学抽象"的前提是:把对现实生活本身的研究作为其具体化承诺来加以充分地实现。离开了这一具体化的实现,那些抽象就立即成为恶劣的教条,也就是说,成为历史唯物主义的对立物。在这个意义上,对现实生活本身进行研究的具体化,必然成为唯物史观的"绝对命令"。如果说,马克思关于历史道路的概述乃是一些抽象,而这些抽象本身离开了现实的历史就没有任何价值,那么,它们的真正价值就在于承诺通过其具体研究而深入现实的对象中去。这样的对象可以是凯撒时代的罗马,也可以是汉武帝时代的中国;可以是整个西欧的历史进程,也可以是近代以来的中国道路。在对这样一些现实对象的研究

---

① 《马克思恩格斯选集》第 1 卷,第 73—74 页。
② 《马克思恩格斯选集》第 2 卷,第 6 页。

中，仅凭一些稀薄的抽象是无济于事的。因为正是在对现实对象的研究中，在实际阐述资料的时候，困难才开始出现（这种困难对于外部反思来说是不存在的）。"这些困难的排除受到种种前提的制约，这些前提在这里是根本不可能提供出来的，而只能从对每个时代的个人的现实生活过程和活动的研究中产生。"① 在这个意义上可以说，正是马克思历史道路理论的具体化承诺最关本质地要求着对植根于生活本身的现实对象的研究，并在这种研究的开展中实际地排除其必然遭遇到的种种困难——这里的困难由现实本身的差别而来，它们是不可能被稀薄的抽象或绝对的思辨所溶解的。

马克思关于历史道路的一般概述的意义在于：它一方面依循生产方式的变动结构作为基本定向，从而为唯物主义地阐述历史道路奠定了基础；另一方面又以历史本身已经形成了的世界史枢轴为出发点，从而为站在时代焦点上把握历史道路提供了可能。但所有这一切，必以其历史道路理论之具体化承诺的实施为后盾；离开了这一后盾，关于历史道路的一般概述就不得不转变为外部反思的抽象公式，因而就既不可能是唯物主义的，也不可能具有时代的高度。一个再清楚不过的事实是：马克思本人从未把这样的概述当作可用于任何内容之上的先验公式。例如，当查苏里奇向马克思询问俄国革命的道路时，马克思不仅慎之又慎，而且实际上只是根据他对俄国现实的了解就其现实的可能性——其中的一种可能性就是"跨越卡夫丁峡谷"——提示了若干指引，而将实体性的答案让渡给具体对象的研究本身。马克思甚至没有设想德国会走英、法的道路（参看《黑格尔法哲学批判导言》），即便在 1876 年，当马克思对德国读者说"这正是说的阁下的事情"时，其用意也只在于揭明资本主义在西欧发展的必然性，而并不意味着德国在发展道路上与英国的齐一性。在这里出现的正是不同类型和尺度的差别，是唯有通过具体化承诺所引导的研究方才能够真正把握的东西。谁遗忘了这些差别，谁也就在不同的类型和尺度上陷入抽象的外部反思中。

---

① 《马克思恩格斯选集》第 1 卷，第 74 页。

如果说，马克思的历史道路理论具有一个坚决的——事实上是性命攸关的——具体化承诺，那么这还意味着具体化必须在一切本质差别的领域中全面地展开。因为只要任何一个本质向度的具体化被忽略或掩盖，整个具体化的实施也就被中止了。有一种非常普遍、但实际上误入歧途的观点认为，在对世界历史的阐释中，黑格尔具体化纲领的主导线索是民族（世界历史性的民族），而马克思具体化纲领的主导线索是阶级（仿佛是世界历史性的阶级），因此马克思是用阶级的具体化取代了民族的具体化。伊林·费彻尔就持这种观点。[①] 但这样的观点是皮相的和没有根据的。如果说黑格尔由于其历史原则疏隔于物质生活过程因而其具体化方案中未曾本质重要地出现阶级的规定，那么，对于马克思来说，民族的具体化线索固然要求被置放在生产方式及其阶级关系之具体化的基础之上，但却没有任何理由殆忽这样的具体化并使之湮没无闻。这里的问题从根本上来说也不在于马克思是否更多地关注阶级关系，或者是否晚年又开始对历史学或民族学发生兴趣；关注或兴趣程度等等对于理论的实质来说是偶然的，而马克思历史道路理论的实质在于：它必然包含民族的具体化在自身之内。进而言之，对于确定任何一个现实对象的历史道路而言，不仅阶级、民族定向的具体化是非常必要的，甚至意识形态定向的具体化也是非常必要的。只要我们对意识形态不是采取如柯尔施所说的"先验的蔑视"态度，我们就能在马克思历史道路理论的基础上，准确地把握其作用的范围和意义。例如，马克思在分析路易·波拿巴时期的法国历史进程时，不仅要求把握其阶级和社会状况，而且要求考察其观念的领域——传统的观念、"拿破仑观念"，等等。而在 1843 年探讨德国的历史道路时，马克思甚至明确要求联系"副本"（德国的国家哲学和法哲学）、而不是联系"原本"（德国的现状［status quo］本身）来作出分析。之所以如此，是因为"这一探讨是联系德国进行的"，而"德国的法哲学和国家哲学是唯一与正式的当代现实保持在

---

① 参见费彻尔，第 28—29、69 页。

同等水平［al pari］上的德国历史"。①

从前述的整个讨论中可以看到，马克思的历史道路理论实质上包括两个主要方面。其一是关于世界历史进程之诸阶段的若干概说；其二是一个必须贯彻始终的具体化承诺。前者是一些必要的抽象，后者是对具体对象开展出深入现实本身的研究要求，是使这些抽象成为科学之"指引"的根本方法。尤为重要的是，这两者在马克思的历史道路理论中是内在关联、不可须臾相失的要件。如果愿意的话，可以说这两者根本就是一回事。就像没有科学抽象作为"指引"的历史研究会沉没到"僵死的事实的汇集"② 中去一样，脱离具体化承诺的抽象必将沦为用主观思想去强制历史内容的外部反思。因此，比如说，为了真正把握中国历史的发展道路，我们必得借重于某些科学抽象，即一定意义上的一般规定或共同之点。但对于我们的研究来说，仅凭这样的规定根本不足以理解和把握中国独特的发展道路。除非我们同时能够依循马克思历史道路理论的具体化承诺，在本质重要的差别之点上最坚决地深入到中国的社会现实中去，并通过这种深入以实现整个研究的具体化，所谓"中国道路"的历史真相才有可能被揭示着前来同我们照面。

（作者系复旦大学马克思主义研究院院长）

① 《马克思恩格斯选集》第 1 卷，第 2、7 页。
② 同上书，第 73 页。

# 中国哲学的特点与中华民族精神

## 李存山

哲学或宗教是民族文化的核心。在中国文化中，哲学与宗教相比，哲学更占有主导的地位（戴震《原善》卷上云："天人之道，经之大训萃焉"，经书以及子、史、集中讲"天人之道"的"大训"即是中国传统的哲学）。因此，中国哲学的特点更集中地体现了中华民族的主流价值取向，与中华民族精神有着更密切的关系。

### 一

如雅斯贝尔斯所说，在公元前 500 年左右出现了世界历史的"轴心时期"，古希腊、中东、南亚和东亚一些地区的文化实现了"哲学的突破"。中国文化也正是在春秋战国时期出现了先秦诸子，实现了"哲学的突破"。与其他文化不同，中国文化的"突破"不是以断裂的方式，而是以"极为温和"① 的方式，也就是既有连续性又有质的飞跃的方式来实现的。这突出地表现在孔子的"祖述尧舜，宪章文武"，创立儒家学派，"自孔子以前数千年之文化，赖孔子而传；自孔子以后数千年之文化，赖孔子而开"。② 这种"突破"因为是连续性的，所以它也深受"孔子以前数千年之文化"的影响。

由胡适《中国哲学史大纲》（上册）开始的中国现代研究中国哲学史的范式，其特点之一是"截断众流"，从老子、孔子讲起。这一

---

① 参见余英时《士与中国文化》，上海人民出版社 1987 年版，第 46 页。
② 柳诒徵：《中国文化史》，上海古籍出版社 2001 年版，第 263 页。

范式有其长处，因为孔子确实是中国"思想范式的创造者"，而老子则是"原创性形而上学家"。① 但是也有其短处，如梁启超在《评胡适之〈中国哲学史大纲〉》中所说，"若连《尚书》《左传》都一笔勾销，简直是把祖宗遗产荡去一大半"。②

与胡适的《中国哲学史大纲》相比较，梁启超在 1902 年作的《论中国学术思想变迁之大势》可补其缺。此书把黄帝时代至春秋之末称为中国学术思想的"胚胎时代"，把春秋之末和战国时期称为中国学术思想的"全盛时代"。梁启超说：

> 全盛时代，以战国为主，而发端实在春秋之末。孔北老南，对垒互峙；九流十家，继轨并作。如春雷一声，万绿齐苗于广野；如火山乍裂，热石竞飞于天外。壮哉盛哉！非特中华学界之大观，抑亦世界学史之伟绩也。③

这一段"笔端带有感情"的话，形象地描述了中国学术思想在"全盛时代"（亦即中国文化的"轴心时期"）实现的哲学突破，并且指出了这一突破在中国和世界文化史上的伟大意义。而梁启超对于中国学术思想之"胚胎时代"的论述是：

> 中国非无宗教思想，但其思想之起特早，且常倚于切实，故迷信之力不甚强……
>
> 各国之尊天者，常崇之于万有之外，而中国则常纳之于人事之中，此吾中华所特长也……
>
> 凡先哲所经营想象，皆在人群国家之要务。其尊天也，目的不在天国而在世界，受用不在未来而在现在（现世）。是故人伦

---

① 参见卡尔·雅斯贝尔斯《大哲学家》，社会科学文献出版社 2005 年版。
② 《梁启超全集》，北京出版社 1999 年版，第 3986 页。
③ 梁启超：《论中国学术思想变迁之大势》，上海古籍出版社 2001 年版，第 18 页。

亦称天伦,人道亦称天道。记曰:"善言天者必有验于人。"此所以虽近于宗教,而与他国之宗教自殊科也。

他国之神权,以君主为天帝之化身;中国之神权,以君主为天帝之雇役……他国所谓天帝化身者君主也,而吾中国所谓天帝化身者人民也。然则所谓天之秩序命讨者,实无异民之秩序命讨也……

要而论之,胚胎时代之文明,以重实际为第一义。重实际故重人事,其敬天也,皆取以为人伦之模范也;重实际故重经验,其尊祖也,皆取以为先例之典型也。于是乎由思想发为学术。①

这些论述是从《尚书》《诗经》以及《左传》《国语》的史料中归纳出来,是符合中国上古以及春秋时期中国文化变迁之主流倾向的。可以说,在孔子"祖述尧舜,宪章文武"所继承的中国上古文化中有三个主流的价值取向,其一是现世主义的价值取向,即"其尊天也,目的不在天国而在(现世或现实)世界";其二是民本主义的价值取向,即"吾中国所谓天帝化身者人民也",如《尚书》所谓"天聪明自我民聪明,天明畏自我民明畏"(《皋陶谟》),"民之所欲,天必从之"(《泰誓》),等等;其三是道德主义的价值取向,如《尚书》所谓"克明俊德"(《尧典》),"敬德保民","明德慎罚"(《康诰》),等等。

以上三个主流的价值取向在春秋时期得到强化,如《左传》中记载的"夫民,神之主也,是以圣王先成民而后致力于神"(桓公六年),"国将兴,听于民;将亡,听于神"(庄公三十二年),"太上以德抚民,其次亲亲以相及也"(僖公二十四年),"太上有立德,其次有立功,其次有立言"(襄公二十四年),"正德、利用、厚生,谓之三事"(文公七年),等等。

春秋时期在自然观方面亦有新的进展,如伯阳父以"天地之气"的失序论地震(《国语·周语上》),史伯以"五行"论"和""同"

---

① 梁启超,2001,第11—13页。

（《国语·郑语》），叔兴父认为陨星等现象是"阴阳之事，非吉凶所生也，吉凶由人"（《左传》僖公十六年），子产说"天道远，人道迩，非所及也"（昭公十八年），单襄公说"天六地五（韦昭注：天有六气，地有五行），数之常也，经之以天，纬之以地，经纬不爽，文之象也"（《国语·周语下》），等等。

春秋后期"孔北老南"所实现的哲学突破，实际上是以上述主流的价值取向及其演进为背景和基础的。这同我们要探讨的中国哲学的特点与中华民族精神有着密切的关系。

## 二

梁启超说："孔北老南，对垒互峙；九流十家，继轨并作。"所谓"对垒互峙"，表明儒、道两家具有不同的价值取向，但是实际上两家思想在中国哲学的发展中又是协调互补的，它们共同构成了中国哲学的基本倾向。

孔子作为中国哲学"思想范式的创造者"，其突破性的创建有以下几点：

1. 由"礼"进至"仁"。"礼云礼云！玉帛云乎哉！乐云乐云！钟鼓云乎哉！"（《论语·阳货》）"人而不仁，如礼何？人而不仁，如乐何？"（《八佾》）"礼"不仅是外在的仪节典制，而且更应有内在的"仁"的道德意识。"为仁由己，而由人乎哉？"（《颜渊》）"我欲仁，斯仁至矣。"（《述而》）由此，孔子把中国人的伦理道德提升到自由、自觉、自律的"仁"之境界。

2. "仁者爱人"。"樊迟问仁，子曰：'爱人。'"（《论语·颜渊》）此"爱人"是以孝悌为本始，进而扩充，以"达之天下"，即"泛爱众"，爱天下所有的人，也就是"爱类"（如《吕氏春秋·爱类》篇所云"仁于他物，不仁于人，不得为仁……仁也者，仁乎其类者也"）。"仁者爱人"是以爱人为中心，亦可兼及爱物，即孟子所说"亲亲而仁民，仁民而爱物"（《孟子·尽心下》）。

3. "忠恕"之道。"子曰：'参乎！吾道一以贯之。'……曾子曰：'夫子之道，忠恕而已矣。'"（《论语·里仁》）所谓"忠恕"即是"己欲立而立人，己欲达而达人"（《论语·雍也》），"己所不欲，勿施于人"（《卫灵公》）。此即是"仁之方"，亦即实行仁的"一以贯之"的方法。忠恕之道亦可称为"絜矩之道"，其"所操者约，而所及者广，此平天下之要道也"（朱熹《大学章句》）。"所操者约"，即其是人际间最基本的道德规律；"所及者广"，即其是人际间最普遍的道德原则；此所以忠恕之道是人类道德的"金律"。

4. "知人""安民"。"樊迟问仁，子曰：'爱人。'问知，子曰：'知人。'"（《论语·颜渊》）此处的"知人"即是知普遍的人道，而从"樊迟未达"，孔子以"举直错诸枉，能使枉者直"作解释，子夏又以"舜有天下，选于众，举皋陶，不仁者远矣；汤有天下，选于众，举伊尹，不仁者远矣"作解释，可知此处的"知人"又与《尚书·皋陶谟》的"知人则哲，能官人；安民则惠，黎民怀之"有着思想上的联系。"爱人""知人"就是"仁且智"，此为君子贤圣必须的修养。"子路问君子，子曰：'修己以敬。'……'修己以安人。'……'修己以安百姓。修己以安百姓，尧舜其犹病诸！'"（《论语·宪问》）此即是以"修身"为本而"内圣外王"。

总结以上几点，可以说孔子所创立的中国哲学"思想范式"就是确立了以"仁者爱人"为宗旨、以"智者知人"为中心，虽然孔子尚没有建构起"性与天道"的形而上学，但是以后儒家的"推天道以明人事"，如《中庸》所谓"思知人，不可以不知天"，《易传》所谓"明于天之道，而察于民之故"，都是以"仁者爱人"为宗旨、以"智者知人"为中心。

雅斯贝尔斯对孔子所创立的"思想范式"有如下评价：

孔子坚持着他自己的使命，要在世间建立一种人道的秩序。

在他的思想中，引导他的是人间社会的统摄理念，只有在这样的社会中，人才能成为人。孔子热爱世间的美、秩序、真诚以及幸福，而这一切并不会因为失败或死亡而变得没有意义。

孔子把他的思想限制在现世的可能性之中，是因为他客观冷静的性格所致……他保持节度，并时刻修身以待，真正能打动他的并不是对权力的冲动，而是真正自主的意志。

孔子的性格乐天知命、开放、自然。他拒绝对他个人的任何神化。

简而言之，苏格拉底所走的乃是思想者之路，这可以看作是人类理性之路……佛陀想要通过毁灭现存的意志来消除这个世界。孔子则希望建立一个新世界。而耶稣可以说是世界的危机。①

与苏格拉底、佛陀、耶稣创立的思想范式相比，孔子创立的思想范式之最大特点在于：他要在"这个"世界（世间或现世）"建立一个新世界"，这是一个"天下有道"、德福一致、人与人之间以及人与自然之间相和谐的世界——此即是"中国的精神"。

老子作为中国哲学的"原创性形而上学家"，其突破性的创建有以下几点：

1. "道"是天地万物之"根"。在老子之前，"唯天为大"（《论语·泰伯》），老子原创性地提出"有物混成，先天地生"（《老子》二十五章），"玄牝之门，是谓天地根"（六章），"道冲而用之或不盈，渊兮似万物之宗"（四章）。从老子所说"道生一，一生二，二生三，三生万物"（四十二章）看，老子讲的是"宇宙论"。但从"道"是天地之"根"、万物之"宗"看，老子讲的又是"本体论"。"道"不仅是天地万物的总根源，而且是天地万物的总根据。正如张岱年先生所说："关于宇宙哲学，西方分为'本体论'和'宇宙论'两个部分……老子提出的'道'有这两个方面的含义，两者是相互结合的。"② 实际上，本体论与宇宙论的结合，不仅老子哲学是如此，而且这也成为以后中国哲学的普遍模式。

2. "孔德之容，惟道是从"（二十一章）。在老子哲学中，"道"

---

① 卡尔·雅斯贝尔斯，2005 年，第 144—145、192 页。

② 《张岱年全集》第 5 卷，河北人民出版社 1996 年版，第 488 页。

与"德"是统一的。老子说："天得一以清，地得一以宁……万物得一以生，侯王得一以为天下贞。"（三十九章）这里的"一"就是"道"，而天、地、人、物之"得一"就是有了"德"。"道"与"德"的关系，相当于后来儒家所讲的"天道"（天命、天理）与"性"的关系。"天命之谓性"（《中庸》），"性与天道合一"（《正蒙·诚明》），"性即理也"（《程氏遗书》卷二十二上），这也成为以后中国哲学的普遍架构。"道"或"理"是超越的，而"德"或"性"则是内在的，中国哲学的"内在超越"由老子哲学而奠定。因为是"内在超越"，所以中国哲学和文化可以靠自力（其来源于"自性"）来追求和建立"一个新世界"，而不必祈灵于外在的救赎。

3. "万物莫不尊道而贵德"（五十一章）。"尊"与"贵"都是彰显价值的语汇，老子的"道德经"不是纯粹理性的思辨，而是要"推天道以明人事"，落实到人"应该如何"的价值观。所谓"道生之，德畜之，物形之，势成之"，是讲本体—宇宙论，而由此推出的就是"万物莫不尊道而贵德"，"道之尊，德之贵，夫莫之命而常自然"（同上）。此后，《中庸》讲的"思知人，不可以不知天"，《易传》讲的"明于天之道，而察于民之故"，乃至宋儒周敦颐的《太极图说》从"无极而太极"最终推衍出"圣人定之以中正仁义而主静，立人极焉"（"人极"即人的最高价值标准），都是采取了"天道如是，故人道不可不如是"[①]的论证方式。

4. "反者道之动，弱者道之用"（四十章）。老子所创建的"形而上学"，深具辩证法的思想。万物都朝相反的方向变化，这是一种客观的规律，而"弱者道之用"则是对这一规律的把握和运用。因为"物壮则老"（五十五章），物极必反，所以老子主张"保此道者，不欲盈"（十五章），"去甚，去奢，去泰"（二十九章），从而为事

---

[①] 王国维曾说："夫老氏道德政治之原理，可以二语蔽之曰：'虚'与'静'是已。今执老子而问以人何以当虚当静，则彼将应之曰：天道如是，故人道不可不如是……由是其道德政治之说，不为无据矣。"（《王国维文集》第3卷，中国文史出版社1997年版，第44页）

物的发展留有充分的余地。因为"人之生也柔弱，其死也坚强"（七十六章），所以若要保持旺盛的生命力，就要居守"柔弱"，而"守柔曰强"（五十二章），"天下之至柔，驰骋天下之至坚……吾是以知无为之有益"（四十三章），"守柔"是效法自然、知常而无为的一种体现。因为物极必反，且又总有"否极泰来"之时，所以人们在最困顿、最危难时也永不绝望，虽临大难而不惧，虽百折而不挠，总是希望在前，抱着转危为安、时来运转、衰而复起的坚定信念，此所以中华民族有着永不服输、坚韧不拔、柔韧持久的精神。

老子与儒家持有不同的价值取向，所谓"大道废，有仁义"（十八章），"夫礼者，忠信之薄而乱之首"（三十八章）。但从老子主张"绝仁弃义，民复孝慈"（十九章）等看，这又透露出老子与儒家有着某种相同的价值取向，即其所批判的只是仁、义、礼的虚伪和强制，是儒家道德在君主制下发生的一些"异化"现象，而其主张"忠信"之厚、"孝慈"之实则是与儒家相同的。老子虽然说"天地不仁"、"圣人不仁"（五章），但又说"天道无亲，常与善人"（七十九章），"圣人常无心，以百姓心为心"（四十九章），这说明老子所主张的"自然"在本质上仍是向善的，老子所推崇的"圣人"仍是以民为本的。荀子曾批评"老子有见于诎（屈），无见于信（伸）"（《荀子·天论》），但老子的"贵柔""大直若屈""进道若退"与儒家所推崇的刚健有为、积极进取实亦形成一种互补的关系，这两者正是中国文化的"一阴一阳"、"刚柔相济"，亦即《易传》所说的"君子知微知彰，知柔知刚，万夫之望"。

雅斯贝尔斯对老子哲学有如下评价：

　　从世界历史来看，老子的伟大是同中国的精神结合在一起的……在任何的苦痛之中老子保持着乐观的心境。在这一心境之中，人们既不知道佛教轮回给人构成的威胁，因此也没有想要逃出这痛苦车轮的内心的强烈渴望，也没有认识到基督教的十字架，那种对回避不了的原罪的恐惧，对以代表着成为人类的上帝的殉道来救赎的恩典的依赖。中国既没有印度人以及西方人在世界历史中的存在观，也缺乏非自然和不合理的东西，就好像这些早期的中国人很幸运，逃脱了恐怖幻想诸形态的摆布，而这些幻想是可能在中国人自然性的范围之中得以表现的。

跟人类社会上所有最伟大的哲学家一样，老子并没有把自己的思想囿于已知的事物上，而是从统摄中捕捉着思考的源泉。他那延伸至最深远处的思想真可谓无所不包……老子的道乃是在超越了所有有限性时达到最深层次的宁静，而有限本身，只要它们是真实的、现实的，也都充满着道。这一哲学思考便活在了世间，进入了世界的根源之中。

对于中国精神来讲世界乃是自然生起现象，生机勃勃的循环，静静运动着的宇宙。所有对全体道的偏离都只是暂时的，瞬息即逝的，终究还是要回归至不朽的道那里去。

虽然两位大师（孔子与老子）放眼于相反的方向，但他们实际上立足于同一基础之上。两者间的统一在中国的伟大人物身上则一再得到体现，这并不是通过系统地统摄这两种思想于一体的哲学而予以反映，而是存在于中国人那乐于思考而又富于自我启发的生命智慧之中。①

雅氏所说孔、老"立足于同一基础之上"，"老子的伟大是同中国的精神结合在一起的"，我理解，这里的"同一基础"和"中国的精神"就是孔、老不同于佛教和基督教的价值取向，他们都是要在"这个"世界（世间或现世）"建立一个新世界"。庄子说："自其异者视之，肝胆楚越也；自其同者视之，万物皆一也。"（《庄子·德充符》）我们可以说，从中国哲学内部视之，孔、老思想是"对垒互峙"，犹如"肝胆楚越也"；而从世界哲学的眼光观之，孔、老思想又是统一互补的，它们共同奠定了中国哲学的基本倾向。

梁启超说，在孔、老之后，"九流十家，继轨并作"。这是符合中国哲学发展之实际的，无论是司马迁父子所评述的"六家"，还是

---

① 卡尔·雅斯贝尔斯，2005 年，第 844—845、149 页。

《汉书·艺文志》所著录的"九流十家"，他们都是"继"孔、老思想之"轨"而又有所创作，其创作虽然也丰富多彩，但并未脱离孔、老的思想轨道，而只是这一轨道的进一步延伸以及各种错综复杂的交汇融合。此所以司马迁说先秦六家"直所从言之异路"，但都是"务为治者也"（《史记·太史公自序》），而《汉书·艺文志》也说九流十家都是出于"王官"，不过是各引"王道"之一端，"其言虽殊，辟犹水火，相灭亦相生也；仁之与义，敬之与和，相反而皆相成也"。不仅先秦如此，而且秦以后的"独尊儒术"和"儒道互补"也不外于此。当然，魏晋以后又增加了新的因素，即佛教的东传，形成儒、释、道三教鼎立的格局。

雅斯贝尔斯说："就好像这些早期的中国人很幸运，逃脱了恐怖幻想诸形态的摆布，而这些幻想是可能在中国人自然性的范围之中得以表现的。"诚然，宗教是人类生活中的一种普遍现象，这种现象在中国上古的文化中就有所表现，只不过其表现得"与他国之宗教自殊科"或其与人文政事结合得更加紧密而已。汉代儒学为了节制君权，提出了"屈君而伸天"（《春秋繁露·玉杯》），这使得儒学中的宗教因素有所提升和发展，但是这种倾向也受到"合黄老之义"（《论衡·自然》）的自然哲学的抑制，至魏晋则转以玄学的"自然与名教"为主题。两晋之际，情况有所变化，"八王之乱"，几个少数民族入主中原，衣冠南渡，至过江而佛大盛，从老庄思想衍生出来的道教也相应而兴。中国固有的思想虽然以人文主义为主要倾向，但是并不排斥宗教。而且，正因为是人文主义而非一种宗教独尊，所以中国文化可以涵容多种宗教，而没有一元宗教的排他性。"教"之本义在中国文化中就是"教化"（如《尚书·皋陶谟》所谓"敬敷五教"，《孟子》所谓"谨庠序之教"，等等），不同的宗教也是在"教化"的意义上被理解和接纳的。无论何种"教"，只要它能满足一部分社会成员的精神需求，不对社会造成危害，它就有存在的理由。佛教就是这样被中国文化所接纳的，它丰富了中国文化，而其自身也在与中国固有文化的磨合中被逐渐中国化，如禅宗就把佛教的"涅槃寂静"演变成"勿离世间上，外求出世间"（《坛经》）的生活的艺术。六朝至隋唐，三教各有胜场，而宋代新儒学的兴起，则基本稳定了中国哲学和文化是以儒学为主的三教鼎立的格局。

综合以上发展历程，可以归纳中国哲学的特点。张岱年先生在《中国哲学大纲》中曾指出中国哲学之特点，重要的有三，即"合知行"，"一天人"，"同真善"；次要的有三，即"重人生而不重知论"，"重了悟而不重论证"，"既非依附科学亦不依附宗教"。① 金岳霖先生在1943年用英文写成的《中国哲学》一文中亦曾提出中国哲学的特点是："逻辑和认识论的意识不发达"，"天人合一"，"哲学与伦理、政治合一"，"哲学家与他的哲学合一"。② 这里的"一天人"或"天人合一"可以说是中国哲学最主要的特点，而"天人合一"亦可说是中国哲学的基本架构，即其"推天道以明人事"并且主张"性与天道合一"。

笔者认为，中国哲学的特点还可表述为以下三点：

1. 本体论与宇宙论的合一。除了佛教哲学讲本体之实与现象之幻的"自然之两分"外，中国哲学的本根论"讲本根与事物的区别，不在于实幻之不同，而在于本末、原流、根支之不同。万有众象同属实在，不惟本根为实而已"。③ 这里的"本末、原流、根支"的关系，实就是把本体论与宇宙论结合起来。若无"本体论"的意涵，则"本根"不足以成为"人事"的根据；若只讲"本体论"而没有"宇宙论"之生生的意涵，则"万有众象"即非实在，而"人事"亦为幻，又何必"明"之？正因此，除了佛教哲学外，中国哲学的各家各派对本体论与宇宙论或有侧重（如汉代哲学主要讲宇宙论，

---

① 张岱年：《中国哲学大纲》，中国社会科学出版社1982年版，第5—8页。

② 金岳霖：《中国哲学》，中译文载《哲学研究》1985年第9期。从金先生所提中国哲学特点的第一条，可见他对认识论和逻辑的重视，此可与张岱年先生所提"重人生而不重知论"、"重了悟而不重论证"合观之；金先生所提的后三条，可与张先生所提的"合知行""一天人""同真善"合观之。

③ 张岱年，1982年，第9—10页。

而魏晋玄学主要讲本体论），但并无把本体论与宇宙论截然二分者。[①]
正是因为把本体论与宇宙论结合起来，中国哲学的"推天道以明人
事"才有意义。如《中庸》所谓"诚者天之道也，诚之者人之道
也"，其前提即肯定了天与人的实在性，人道之"诚之"就是要在这
个实在的世界中努力做到道德的真诚，所谓"立天下之大本，知天
地之化育"是把本体论与宇宙论结合起来。《易传·系辞上》说：
"易有太极，是生两仪"，"天地变化，圣人效之"，如果说"太极"
是本体，那么"两仪"或"天地"就是本体所"生"者，只有这样
才能保障"天地变化"的实在性，而"天地变化"若非实在，圣人
又何必"效之"？魏晋王弼的贵无论，强调"以无为本"，而他说
"母，本也；子，末也"（《老子注》五十二章），"仁义，母之所
生"，"守母以存其子，崇本以举其末"（三十八章），这也是把本体
论与宇宙论结合起来，不如此则其不足以讲"安者实安"，"存者实
存"，"天地实大"，"仁德实著"（《老子指略》）。至于宋明理学的开
山之作《太极图说》，其把本体论与宇宙论结合起来更不待详说。

2. 性与天道合一。自老子提出"孔德之容，惟道是从"，《中
庸》提出"天命之谓性"，还有郭店楚简所谓"性自命出，命自天
降"（《性自命出》），孟子所谓"知其性则知天"（《孟子·尽心
上》），中国哲学即有了"性与天道合一"的特点。人性在中国哲学
中即是指人之与生俱来、生而即有的本性，它源于天道（《荀子·性
恶》亦云："凡性者，天之就也"），又内在于人，故而人性论成为天
道与人道相交接的枢纽，是中国哲学"推天道以明人事"的一个关
键环节。如张载所说："天人异用，不足以言诚"，"性与天道合一存
乎诚"（《正蒙·诚明》）。在"性与天道合一"的形而上学中就已标

---

[①] 汤一介先生在分析玄学家王弼的"万物皆由道生"时指出："有说此
'生'只是说逻辑在先，而非谓时间在先。我想，这正是我们受西方哲学影响而
有的一种诠释。我国古代哲学家或并无此说。我在讨论中国诠释学的论文中，
曾说《系辞》本身很可能包含两个系统，一个本体论系统，一个宇宙生成论系
统，而这两个系统在《系辞》中同时存在，《系辞》作者并不认为有什么矛
盾。"（汤一介：《魏晋玄学论讲义》，鹭江出版社 2006 年版，第 137—138 页）

示了天道与人道的实在性，由此而可以推明"人事"应该如何。

3. 人性论与价值观合一。人性论是讲人之本性"是"什么，在这一事实判断中就已蕴含了人"应该"如何，此即如老子所说"道生之，德畜之"，此中即蕴含了"尊道而贵德"的价值观，《中庸》说"天命之谓性"，此中即蕴含了"率性之谓道，修道之谓教"的价值观，而朱熹则明言"天命之谓性……性便是合当做底职事"，"性即理也，当然之理，无有不善者"（《朱子语类》卷四）。不仅性善论如此，而且非性善论也如此，只不过其讲人应该如何是基于对人之本性的一种矫治或改变。如荀子讲"人之性恶，其善者伪也"（《荀子·性恶》），"性者，本始材朴也；伪者，文理隆盛也"（《荀子·礼论》），在他对人性恶的界定中就已蕴含了人必须"积思虑，习伪故"，"必将有师法之化、礼义之道"，然后才能"出于辞让，合于文理而归于治"的价值主张。在荀子看来，"性善则去圣王，息礼义矣。性恶则与圣王，贵礼义矣。故檃栝之生，为枸木也；绳墨之起，为不直也；立君上，明礼义，为性恶也。"（《荀子·性恶》）可见荀子所主张的"与圣王，贵礼义"或"立君上，明礼义"，是以其性恶论为理论基础的，二者是合一的。至于韩非子说的"夫民之性，恶劳而乐佚"（《韩非子·心度》），"夫安利者就之，危害者去之，此人之情也"（《韩非子·奸劫弑臣》），这也成为法家主张"用法之相忍，以弃仁人之相怜"（《韩非子·六反》），"明赏设利以劝之"，"严刑重罚以禁之"（《韩非子·奸劫弑臣》）的人性论基础。法家的"以法为教，以吏为师"，因秦帝国的二世灭亡而被历史否定。"汉承秦制"，而荀学虽然已早发儒学与秦制相整合的先声，但是秦以后的儒家稀有持性恶论者，此中原因在于儒家毕竟主张"以德治国"，而性恶论意味着仁义道德是对人之本性的违逆，如孟子对告子的批评："将戕贼杞柳而以为桮棬，则亦将戕贼人以为仁义与？率天下之人而祸仁义者，必子之言夫！"（《孟子·告子上》）董仲舒以"中民之性"论人性，他也否认人之性善，"谓民性已善者，是失天意而去王任也"（《春秋繁露·深察名号》），在强调圣王教化的意义上董与荀是一致的，但是董仲舒说"天生民，性有善质而未能善，于是为之立王以善之，此天意也"（同上），虽非性善但是有善质，这就为儒家的"任德不任刑"和"德主刑辅"提供了人性论的依据。"性三品"说盛行于汉至唐，而宋代新儒学又提出了"天命之性"与"气质之性"，此说"有功于圣门而惠于后学也厚矣"（朱熹《孟子或问》卷十一），其所以有如此高的评价，是因为它更符合儒家"以德治国"的政治理念，也更符合儒家"修己以敬""变化气质"的修养工夫论。

中国哲学作为中国文化的核心，其具有如上特点，尤其是它的理论架构、基本倾向实际上都是旨在讲明"人事"应该如何的价值观，此所以它更体现了中华民族精神。

## 三

关于中华民族精神，它是与中华民族在近代的觉醒和对"民族国家"的自觉相联系的。孙中山在其三民主义中首倡"民族主义"，他说"民族主义就是国族主义"，[①] 所谓"国族"就是对"民族国家"的自觉。他认为中国在近代之所以"一落千丈"，此中最大的原因"就是由于失了民族的精神"，"我们今天要恢复民族的地位，就先要恢复民族的精神"。他主张继承和发扬"中国固有的道德"，"首是忠孝，次是仁爱，其次是信义，其次是和平"，"我们固有的东西，如果是好的，当然是要保存，不好的才可以放弃"。比如"忠"的观念，"我们在民国之内，照道理上说，还是要尽忠，不忠于君，要忠于国，要忠于民，要为四万万人去效忠"。他又说："把仁爱恢复起来，再去发扬光大，便是中国固有的精神。""中国更有一种极好的道德，是爱和平"，"这种特别的好道德，便是我们民族的精神"。"中国如果强盛起来，我们不但是要恢复民族的地位，还要对于世界负一个大责任"，"担负这个责任，便是我们民族的真精神"。[②]孙中山

---

① 《孙中山全集》第 9 卷，中华书局 1986 年版，第 185 页。
② 同上书，第 242—247、253—254 页。

对中华民族精神的论述，至今仍有重要的意义。

在中国现代哲学家中，从哲学与文化的高度来阐发中华民族精神的是张岱年先生。他在 20 世纪 30 年代不仅写出了《中国哲学大纲》，而且发表了一系列哲学论文，并且精辟地指出：

> 惟用"对理法"（按即辩证法），才能既有见于文化之整，亦有见于文化之分；既有见于文化之变，亦有见于文化之常；既有见于文化之异，亦有见于文化之同。①

所谓"整"与"分"就是文化的系统性与文化发展中的可析取性，所谓"变"与"常"就是文化发展的变革、阶段性与继承、连续性，所谓"异"与"同"就是各民族文化的特殊性与存在于各民族文化中的世界性。依据这一文化的辩证法，张先生指出：

> 文化有世界性，然而也有民族性，即地域上的差异，虽在同一发展阶段，甲民族与乙民族的文化仍可有其不同的。其不同之点，即其独特的贡献；其特色的地方，即其独立的创造。
>
> 中国文化是世界中伟大的民族文化之一，是世界中伟大的独立发达的文化之一。以汉族为主的中国各民族，发挥其伟大的创造能力，在东亚的大陆上独立地创造了自己的文化。
>
> 文化在发展的历程中必然有变革，而且有飞跃的变革。但是文化不仅是屡屡变革的历程，其发展亦有连续性和累积性。在文化变革之时，新的虽然否定了旧的，而新旧之间仍有一定的连续性。②

在张先生看来，中国文化在现代必然要有所变革，但是"变中有常"，此文化之"常"就是我们要继承和发扬的中国文化的优秀传

---

① 《张岱年全集》第 1 卷，第 248—249 页。
② 同上书，第 230、153 页。

统，这一传统也就是中国文化的特殊性或民族性。对此，张先生指出，与西方文化相较，"中国文化对全世界的贡献即在于注重'正德'，而'正德'的实际内容又在于'仁'的理论与实践……从根本上说，'仁'是动的，是自强不息的。'仁'是在现实中体现理想，在日常生活中达到崇高的境界。中国古代哲人所苦心焦虑的就是如何使人们能有合理的生活，其结晶即'仁'"。"中国人固有的崇高理想，考察起来，主要有三个：一是生活的合理，二是参赞化育，三是天下大同。"① 这里所说的注重"正德"、"仁的理论与实践"、"中国人固有的崇高理想"，实也正是中华民族的精神。

张先生明确提出的问题是："中国文化中，是不是有些特点，并不只是农业文化的特点，而是一种根本的一贯的民族的特殊性征"？他对此作了肯定的回答："本来，在同一资本主义时代之中，英国文化与法国文化不同，法国文化与德国文化不同，英国有其英吉利精神，法国有其法兰西精神，德国又有其日耳曼精神。如无其特殊的精神，则其文化顶多只是一种别国文化附庸而已。中国文化，如是一种独立的文化，是应该有其独立的精神。"② 这个"独立的精神"就是中华民族精神。

张先生在30年代对中华民族精神的论述还比较简略，但他在晚年（80年代）对此更有新的阐发，并且最终确立了"中华精神"集中表现在《易传》的两句名言中，即"天行健，君子以自强不息"，"地势坤，君子以厚德载物"。张先生说：

　　哲学是文化的核心，是在文化整体中起主导作用的。
　　中国文化的基本精神来自儒家哲学，来自儒家所提倡的积极有为、奋发向上的思想态度。
　　"中华精神"集中表现于《易传》中的两个命题。《易传》讲"天行健，君子以自强不息"，自强不息就是永远努力向上，

① 《张岱年全集》第1卷，第155—156页。
② 同上书，第232页。

绝不停止。这句话表现了中华民族奋斗拼搏的精神，表现一种生命力，不向恶劣环境屈服……《易传》中还有一句话："地势坤，君子以厚德载物。"就是说，要有淳厚的德性，能够包容万物，这是中华民族兼容并包的精神……

近代西方国家都宣扬自己的民族精神。如法国人民鼓吹法兰西精神，德国人民提倡日耳曼精神等等。中华民族必有作为民族文化的指导原则的中华精神。古往今来，这个精神得到发扬，文化就进步；这个精神得不到发扬，文化就落后。正确认识这个民族精神之所在，是非常必要的。①

张先生晚年对"中华精神"的论述颇多，以上只是择其要者。我认为，如果把张先生早年与晚年的论述结合起来，那么可以看出，张先生早年所说中国文化特重"正德"，而"正德"的实际内容在于"仁"的理论与实践，"从根本上说，'仁'是动的，是自强不息的"，"仁"是在现实中体现理想，在日常生活中达到崇高的境界，中国人固有的崇高理想"一是生活的合理，二是参赞化育，三是天下大同"，这些论述与其晚年用"自强不息"、"厚德载物"来集中表达"中华精神"，在思想上是一致的。这种一致性也可以说"中华精神"就是要在"这个"世界（世间或现世）"自强不息"地建立一个"天下有道"、德福一致、人与人之间以及人与自然之间和谐相处的理想世界。

"自强不息""厚德载物"的精神，如果抽象地说，似乎它也被其他民族所具有。但是具体而言，它源自中国哲学的"推天道以明人事"，即"天地变化，圣人效之"，有了"天行健""地势坤"，君子效法之，才有了"自强不息""厚德载物"的精神。此中所包含的一个哲理是，中国哲学肯定了"天地变化"以及万物化育、人的生活世界的实在性，由此才有了中国哲学和文化的"道不远人""极高明而道中庸"。中华民族不是把"这个"世界看成一个虚幻的世界，

---

①　《张岱年全集》第 6 卷，第 33、62、168、223、225 页。

也不是把"这个"世界看成一个侨寓的场所而要在另一个"彼岸"的世界寻求解脱。因为只有这"一个世界",而且这个世界在本质上是一个"万物并育而不相害,道并行而不相悖"的世界,① 所以中华民族就是要在这个实在的世界中"自强不息"地追求和实现人生、社会的理想,以人为本,崇尚道德与和谐,宽容博大,兼容并包,与时俱进,生生日新。这种精神就使中国文化成为中华民族生生不息、团结奋进的不竭动力,它不仅指导中华民族创造了辉煌的古代文化,而且激励中华民族在近现代衰而复起,实现中华民族和中国文化的伟大复兴。

(作者系中国社会科学院哲学研究所研究员)

---

① 董仲舒《春秋繁露·循天之道》:"中者,天地之所终始也,而和者,天地之所生成也。夫德莫大于和,而道莫正于中……天地之道,虽有不和者,必归之于和,而所为有功;虽有不中者,必止之于中,而所为不失。"张载《正蒙·太和》:"有象斯有对,对必反其为;有反斯有仇,仇必和而解。"

# 中国当代哲学中的乌托邦思想

马里奥·文宁 文 王歌 译

## 一 东西方乌托邦思想

乌托邦思想基于这样一种设想，社会以及生活其中的个体可以且应当有本质上的改进。文学的乌托邦大约如莫尔所描绘的样子，哲学的乌托邦却完全不同，后者关乎建构一个想象的乐土，人尽安乐，别无他求。它旨在从哲学上构想一个本质上更善好的社会，使人对建立正义和善好生活的可能性更加敏感，这个目标肇始于柏拉图。马丁·泽尔（Martin Seel）对乌托邦的定义是："时间与空间上都无法达到的状态，但可以且应当将其思考为可以实现的。"[1] 若是我们还想继续使用这个粗略的词语，那么西方的乌托邦思想在冷战之后就已经被消耗殆尽了，至少在形式上自相矛盾，以现实乌托邦的方式延续着。与之不同，这个概念在中国当代哲学中意义非同一般。[2] 儒家文化的政治哲学具有一种独特之处，即对有效的社会秩序孜孜以求，这些秩序在时间与空间上都无法达到，但被思考为可以实现的。蒋庆和慈继伟等哲学家都有这种乌托邦构想，思考从根本上别样的——蓬勃而出的更好的——社会秩序。本文就以这些哲学学者为对象。这种乌托邦

---

[1] "Drei Regeln für Utopisten", in M. Seel, *Sich bestimmen lassen*, Frankfurt am Main: Suhrkamp, 2002, pp. 258 – 269.

[2] 罗尔斯在《万民法》中构想了一个现实的乌托邦，参见 J. Rawl, *The Law of Peoples*, Cambridge MA: Harvard University Press, 2001。华世平有一部关于中国现代乌托邦思想的导论，参见 Shiping Hua, *Chinese Utopianism*, Washington: Woodrow Wilson Center Press, 2009。

思想的出发点是认为现实存在的社会危机四伏，且已十分严重，中国精神危机和信仰危机的说法不绝于耳。乌托邦思想意在危机中寻求生机，探索出路。在欧美文化圈，对完美社会的探索与反思几近灭绝，充其量在现实存在的乌托邦中存活下来，然而它在中国的政治哲学中却经历着复兴。在西方，乌托邦思想被斥为要么极权主义，要么远离现实，在中国，它却成为哲学奠基的介质，来重新发现并继续拓展社会与政治的可能性空间。

在《令人忧心的中国》中，黄乐嫣（Gloria Davies）强调从 80 年代发展出的忧患意识。[1] 出于爱国的忧患意识，人们提出一个症候性的问题：中国到底怎么了？与此相关的还有一个规范性的计划，即考量中国社会与国家应该何去何从。只有通过激烈的对策，才能回应社会危机激发出来的忧患。因此，对中国过去、当下与未来的忧患是反思性的，它由乌托邦的动机承载，要在中国独特文化传统的基础上构想出更好的全新的社会秩序。鉴于中国社会、政治和生态上的弊端，中国当代哲学家中以乌托邦为导向的忧患意识提出了另外的可能性，与西方主流的后乌托邦时代的危机话语迥然不同。[2]

在众多特质上，中国当代哲学的乌托邦理论都与晚清与民国时期的改良派相契相似。诸如康有为和梁启超等新儒家在 20 世纪初倡议，以实现"大同"理想为框架，将儒家提升为国教。[3] 他们诉诸西方乌托邦传统与进化论。然而，是否存在着具有中国特殊性的乌托邦呢？乌托邦学者克利杉·库玛（Krishan Kumar）的结论是，中国的乌托邦思想乃是"来自真正乌托邦主义的遥远呼声"。关于康有为这位乌托邦改良派，他这样写道：

---

[1]　G. Davies, *Worrying About China*: *The Language of Chinese Critical Inquiry*, Cambridge MA: Harvard University Press, 2007.

[2]　弗雷德里克·詹姆逊在"乌托邦政治"一文中探讨了西方乌托邦思想的消亡。F. Jameson, "The Politics of Utopia", in *New Left Review* 25, 2004, pp. 25 - 54。

[3]　康有为：《大同书》，人民出版社 2010 年版。

一种比初级的儒家进步理论发展得还要充分的进步理论并不等同于乌托邦……如此看顾传统当然在乌托邦中有重要一席之地，但不能与之混为一谈……康有为提议回到原始儒教的原则。可是这种威尔斯科幻小说似的天下大同的乌托邦被个体原子的能量所驱动，恰好再清楚不过地揭示出，西方思想与实践如何浸淫了中国知识界。凭借启蒙教育的实践，《大同书》提出了进步的性别政策和种族政策，尤其是对科技的顶礼膜拜，凡此种种都以一种不容混淆的调式地宣告，中国乌托邦亦是西方乌托邦。①

基于欧洲中心主义的乌托邦概念，库玛忽略了一点，通过结合儒家与西方元素，一种乌托邦思想的特殊的全新杂交形式在中国形成了。② 如果说康梁所代表的中国第一批知识分子的开放浪潮多数拜西方列强殖民所赐，那么当下的忧患与乌托邦反思则原生于一种期待，作为21世纪与美国比肩的第二超级大国，中国不仅在经济上，而且在政治和文化上将具有长远的影响力。

乌托邦忧患的爱国主义与中国以何种形式重返国际舞台意见相左，但是结合中国传统并着眼于未来转化传统的努力，是他们一致努力的方向。伴随着乌托邦思想发展所开启的空间，现代化进程摧毁的中国传统得以重新开发，成为未来政治的选项。西方政治乌托邦的古典传统始于柏拉图的"理想国"，在地理和文化上都是不确定的。最迟从现代开始，完美社会被置于开放的未来，那时过去和当下的问题都已被置于身后。与这个乌托邦相反，中国的乌托邦思想根植于历史与文化中。中国本土传统具有独特的普世化潜质，对抗西方现代性的阐释模式。除了与西方经验的现代性相区分，我们也有可能设想一种与中国当代社会不同的道德转型。根据这种设想，只有在经历社会和

---

① K. Kumar, *Utopianism*, Buckingham: Open University Press, 1991, pp. 34 – 35.

② 张隆溪支持该论点，即便融合了西方理论模型，中国依然拥有自己的乌托邦传统。Zhang Longxi, "The Utopian Vision, East and West", in *Utopian Studies*, Vol. 13, No. 1, 2002, pp. 1 – 20。

精神重塑之后，真正的中国传统才能释放它的规范性和乌托邦潜力。

新的中国左派主导着知识界的危机话语与乌托邦话语，他们几乎众口一辞，认为将西方所理解的自由主义天真地移植到中国并不可取，中国有其特殊的文化视阈与历史经验。他们认为，若是尝试如法炮制，后果难以预测。与西方自由主义划清界限，日益成为乌托邦思想的具有约束力的要素。他们批评西方，在依靠军事与经济强权撑腰的殖民主义之后，才开始使用自由主义的思想财产，以便继续贯彻其特殊利益。尽管欧洲开启的理性化进程取得的科技成就一如既往地得到拥簇，但与此同时一再被重申的是，中国精神在发展过程中不应丧失其特殊的文化与道德认同。众所周知的"体—用"说，战略性地区分了为我所用的西方技术（用）——包含西方文化技术——和理应保存的中国精神（体），这个讨论可以追溯到 19 世纪晚期和 20 世纪早期的维新变革。① 这是初次尝试部分拿来、同时保存自我主体的尝试，也符合在变革后的全球秩序中希望世界承认中国作为文化民族的渴望，在新的全球秩序中，继 19 世纪中叶之后，中国重新回归其世界重要角色的地位。在精神上重新改造自我认同，不仅需要与过去和当下建立关系，还格外需要着眼于未来。

通过不同地点、不同时间重新激活传统——尤其是儒家传统——的尝试，开启了一种将其付诸实现的可能性。这里与之前的改革派也有诸多平行之处，前者设计了超出历史畛域的国家乌托邦的蓝图，为这样一个理想国度的建制勾勒了理论轮廓。

汉语国家地区政治哲学的新态势与乌托邦话语的深化一致，尤其是儒家的乌托邦潜质被调动起来，用以应对当代中国社会。儒家的规范性力量不是来自自由主义的不可转让的价值以及从中演绎出的普世正当性原则。取而代之的是"礼"，为交往方式和行为方式提供定

---

① C. R. Hughes, "The Enduring Function of the Substance/Essence (Ti/Yong) Dichotomy", in W. A. Callahan and E. Barabantseva (eds.), *China Orders the World: Normative Soft Power and Foreign Policy*, Washington: Woodrow Wilson Center Press, 2001, pp. 118 – 142.

位，而合乎"礼"的实践彰显道德高洁的君子。

默尔嘉德（Eske Mollgard）强调儒家礼乐的渊源，正是它使得源于传统的宇宙论和规范性乌托邦要素以特殊的方式被结合在一起。

> 儒家礼乐既特殊，又普遍；既传统，又有乌托邦性质。一方面，礼乐被认为是一种传承自西周的特殊文化形态。……另一方面，礼乐又被看作是圣人所作，即礼乐反映了世界的内在规范性秩序，体现了高雅文明的乌托邦愿景，与所有流俗习俗截然不同。作为规范制度的礼乐，使得人人得其人之本性，因而是特殊的，但又被提升到了普遍的地位。①

通过激活儒家礼乐乌托邦的普世潜能来抵制市场机制的甚嚣尘上，抵制毛泽东意识形态的式微产生的"精神空虚"，这样的尝试仰仗一种认识的和道德实践的乐观主义：寄托于一个理想的同时又植根于中国传统的社会秩序，它期望由神话先帝缔造的礼乐重新获得正当性。道德之"心"向精英昭示，什么对于"天"和天下之人乃是善的。在这个意义上，圣贤并无任何首当其冲的"主体"目的，他无非是"媒介"或者共振装置，只有借助普遍道德真理——"德"与宇宙规律——"道"方能找到表达方式。自由主义批评者默兹克（Thomas Metzger）在这些知识与道德精英的核心立场中看到了儒家传统中的反民主的遗产。② 道德精英们笃信其认识和践行的不容置疑，这与一个基于分权制度和怀疑论方法的公民社会无法兼容。这些精英的信念由此产生了这样的后果，任何形式针对统治精英的反抗都被看作质疑普遍秩序的反抗，不仅有忤于民，亦有悖于事态本身——可以译成有悖于"道"。

---

① E. Mollgard，"Can Confucians Universalize Themselves？"unpublished manuscript，p. 13.

② T. A. Metzger，*A CloudAcross the Pacific*，Hong Kong：The Chinese University Press，2005.

儒家的理想主义是否必然反动？这种基于礼乐和道德政治精英主义的社会乌托邦是否具有普遍性？儒家传统的乌托邦思想在何等程度上有助于给一个愈发被理解为合法性危机的社会危机提供准确且政治上有效的阐释？认识和道德实践的乐观主义与乌托邦主义的多种形式选项之间的关系如何？我在下文中要探讨上述问题。对此，我将引述两位中国当代哲学家，他们都尝试在中国发展乌托邦思想，而且都独具匠心。蒋庆和慈继伟两人都将社会危机的分析与儒家传统的乌托邦潜质结合在一起。

蒋庆和慈继伟都属于马克思主义训练出的一代哲学学者。蒋庆受中国古典文献、基督教和马克思早期文本影响。他近期的作品转向将中国古典传统现实化，设计了政治儒学和儒教宪政。此外，他极力在中国教育体系中推行书院形式的儒学教育。与主要在中国大陆发挥影响力的蒋庆不同，慈继伟在香港大学任教，参与社会哲学和正义理论的西方讨论的内部中去。两位思想者的交集所在是他们都结合了危机话语与批判乌托邦的思维。蒋庆主要集中于设计一个社会和国家之乌托邦，而慈继伟则为中国自身在正义理论及善的乌托邦框架中探讨道德行为的必要条件。

## 二　蒋庆的儒教乌托邦

在复兴儒家传统的开路先锋中，蒋庆在中国大陆大约是最具知名度的，尽管也备受争议。他倡议重新激活儒学，使其成为国家哲学和社会哲学，因为"中国古代圣贤早已建立了恒久不变的合法性原则"。[1] 在蒋庆眼中，尽管无法历史地实证古老的乌托邦状态，但是这个假设不可或缺。除此之外，他也强调儒学的新动力和开放性。与毛泽东的平等承诺、柏拉图的哲学王治国安邦、抑或最后的基于人权信念的自由主义乌托邦不同，德治的儒家乌托邦能证实它是可实现

---

[1]   Jiang Qing, *A Confucian Constitutional Order：How China's Ancient Past Can Shape its Political Future*，Princeton：Princeton University Press，2013，p. 42ff.

的，因为在神话传说的古代，尧舜禹汤文武周公等圣王早已将其付诸实现。这些道德和政治的典范构成了古代的治国理想，为历史上难辞其咎的不再完善的政府提出了使命、任务，即便不再是圣贤为王，起码明智的官员和学者也要担当道德楷模，以身作则，实现贤士统治。

蒋庆的乌托邦以"王道"为依止，他设计了一套儒家宪政。这套儒家社会秩序的成功与否，必须以"政道"（"三重合法性"），而不可单单以"治道"（政治人物的政治决断）来衡量。一个合法政体的中国特殊性在于，它可以跨越巨大的时间维度，保持和谐平衡。不同合法性形式通过维系这种平衡，可以逃脱西方民主的颓败现象。西方政治哲学中，由于合法性原则——人民主权的合法性原则——是被绝对设定的，因而也就损害了这种和谐。蒋庆完全承认民意的合法性原则，除此之外，他又辅以另外两个合法性原则。除了人民主权的民意，还存在神圣的天道、历史文化的合法性。合法性的正当与否来自这三重合法性，需要与之协调一致，以便确保一个稳定而合法的社会秩序。

文化历史的合法性对于儒家社会秩序的休戚至关重要，因为它能够使本土的规范化传统在中国发挥作用。神圣天道的合法性同时也表达出了对自然的敬重。宇宙不只是满足人类利益的资源，而是被视为具有内在价值的。民意、天道与历史的"三重合法性"符合儒家的宇宙论，人与世界都是天道的部分，相交和谐。圣人参与三个畛域之中，力求维系或重建三者之间的和谐。

我们如何理解这"三重合法性"之间的相互关系呢？蒋庆谈到三维平等、三维等级，还有三维和谐。然而平等、等级与和谐难道不相互排斥吗？他认为，只有从西方单向度的人民主权观念的视角，它们才会显得相悖。从谱系的角度，蒋庆认为欧美人民主权观念是中世纪上帝信仰的转译。对一个更高存在者的信仰被保存下来，只不过对象被调换了而已。在世俗化进程中，那个规定一切的上帝被置换为一个在发生学意义上被削减的，执着于现在时段的"人民的意志"。与民主信仰的纯粹理想性不同，"王道"既有理想维度，也有历史维度。他所说的"政道"在历史上首先是绝对的（被神话圣王所践履），之后部分被实现，然而"政道"的规范潜力尚未被穷尽，而是成为使命。这里，对远古神话的原初状态的设想与基督教天堂观念的平行之处不容忽视，而不同之处在于，蒋庆援引的中国经典中没有失乐园的观念，也无由此而生的原罪。当下与未来的使命不在于罪与罚为奠基的伦理实践，而在乎审时度势，拾取正道，从危机中破茧而出，蜕变为一个良性社会。

对于蒋庆而言，民主政体只是实现"三重合法性"的一种可能性。基于民主的人民主权若是被绝对化，则会导致"极端世俗化、契约主义、功利主义、自私自利、重商主义、全面资本化、庸俗化、享乐化、平庸化、现世化、生态缺失、历史缺失及道德缺失"。[①] 为了对付这些症候，需要旨在政治平衡的分权系统。蒋庆的乌托邦在这个意义上是相当具体的，它包含一个在相互监控基础上和谐分权系统的建制设计。在"三院制"中必须有儒者把持的"通儒院"，以确保"天道合法性"；民主选举出的"庶民院"体现"民意合法性"；"国体院"由宗教和学术界代表构成，体现"历史合法性"。

蒋庆乌托邦的各个要素——诸如从孔子后裔遴选"通儒院"大儒——是否是深思熟虑的要求，并不十分清楚，也不排除乌托邦传统中的某种尝试，通过矫枉过正来给当下中国照照镜子，以便更好地直视当下社会的流弊。政治表象和想象的能力可以通过言辞激烈被激发、被拓展。尽管如此，蒋庆认为他的有关新儒家政体的乌托邦思想实验至少是可能的。他相信"中国将再次出现历史的奇迹性扭转"[②]，这只是一个时间问题。目前这种奇迹性扭转可能性甚微，因为这个乌托邦理想与当下状况格格不入。若是中国文化不能再次全面转向儒家，若是儒家的哲学王不能显现，若是儒教方法无法进入中国宪法，这些反思就停留在乌托邦之中。

很多人反对蒋庆的乌托邦观点——若是读者倾向于严肃对待这个

---

① Jiang Qing, *A Confucian Constitutional Order*: *How China's Ancient Past Can Shape its Political Future*, Princeton: Princeton University Press, 2013, p. 33.

② Ibid., p. 68.

由生僻概念构建起来的设计，而不是将其斥为儒教的空中楼阁、异想天开的话。与众多乌托邦类似，新儒家宪政没能涉及从危机重重的当下社会到乌托邦的过渡期。摆脱危机，进入行之有效的社会秩序的道路被交付典范贤人的出现和神秘转型。此外，与"三重合法性"呼应的"三院制"也引发许多问题。例如蒋庆有关神圣"天道合法性"的说法当如何理解、如何实现，还有待澄清。我们始终需要不仅深谙儒家经学的儒者，还需要在对这些经典的政治阐释中遵循道德目的的人，而后者能够服务于一个满足"三重合法性"的稳定社会。蒋庆的一位批评者白彤东认为，将儒家经典神圣化为儒学制造了一个文本中不存在的超验之物。而蒋庆真正关心的是，针对日益推广的基督教及其提出的普世要求，给出一个真正的中国超验形式。[1]孔子在《论语》中倡导人道，反对对"天"进行一种超验视角的阐释，孔子发问："天何言哉？四时行焉，百物生焉，天何言哉？"[2]

除了儒家典籍神圣化的问题之外，蒋庆的本质主义的文化概念也极其成问题。儒教乌托邦基于儒家的一种特定理解，同时也基于对西方自由主义的批判，这显然无法应对儒家丰富复杂的传统。而且自由主义和自由民主也被缩略，成为纯粹的应用战略和对人民主权的盲目信仰。蒋庆系统性地无视民主和自由主义对自身限度的自我批判，比如托克维尔对美国的民主所展开的思考。另一方面，仅凭对道德知识精英优越性的信念，他也漠视了儒家的民主限度。再有，蒋庆对文化的本质主义理解也有错失现代多元社会与多元传统的潜在动力和潜在批判性的危险。自从西方强国殖民中国与马克思主义影响中国之后，要将儒教设定为囊括一切动力的国家宗教，就变得十分可疑。蒋庆忽略了中国在跨文化学习过程中已经产生并将继续产生的规范性维度。中国历史一直就是一个复杂的适应和融合过程，例如印度佛教在中国

---

① Bai Tongdong, "An Old Mandate for a New State: On Jiang Qing's Political Constitutionalism", in Jiang Qing, 2013, pp. 113 – 128.

② 参见郝大维（David L. Hall）和安乐哲（Roger T. Ames）的阐释：*Thinking Through Confucius*, Albany: State University of New York Press, 1987, pp. 204 – 208。

经历了分支繁复、富有成果的转化，产生了诸如真正具有中国特质的禅宗。儒家若能不断地汲取并创造性地转化其他传统的要素，乃是实力的展现，而非错误。为什么在自由民主传统和当前儒学之间就不能展开这样一个学习过程？①

现代社会是多元的，具有混杂结构。要想让中国从 19 世纪末开始并通过马克思主义和资本主义推进和强化的混杂现代化进程中抽离出来，将外来要素从中国精神中完全析出，不免力不从心。② 蒋庆的设计是创造性杂交的一个很好的例子。这里仅列举一个维度：蒋庆意图以分权制度来限制民选众院因自由主义而带来的危险，以便避免人民主权的原则绝对化。他提出回归古典教化，提出抗衡大众民主的必要性。这里他借用了孟德斯鸠和施特劳斯对现代性的批评，将其运用到中国国情。蒋庆的混合式乌托邦也证明，在全球视野的哲思中，完全可能在不失却其特殊文化认同的条件下，拿来国外的影响。只有这样，才能将其他传统的精华纳入到自我和他者文化的转型中去。③

若是以本质主义的方式理解儒家思想，并以此定位中国古典传统，来对抗被化简为西方意识形态的自由主义，这些对于分析日益多元和混杂结构的社会无济于事。只有考虑了毛泽东的遗产和资本主义要素，才有可能恰当描述一个危机重重的中国当代社会的多元和杂糅图景。混合的理论模型若是能够结合儒家、自由主义和马克思主义的方法，或可有助于诊断中国目前的政治和社会动态，在它们相互博弈中滋生出具有批判性的——以及自我批判性的——规范性。

---

① 在与蒋庆展开苏格拉底式的对话中，贝淡宁（Daniel Bell）试图设计一个"具有中国特色的民主"：*East Meets West*：*Human Rights and Democracy in East Asia*，Princeton：Princeton University Press，2000，pp. 277 – 336。

② K. - H. Pohl，"Identity and Hybridity：Chinese Culture and Aesthetics in the Age of Globalization"，in A. V. den Braembussche，H. Kimmerle，N. Note（eds.），*Intercultural Aesthetics*：*A Worldview Perspective*，Springer，2009，pp. 87 – 104.

③ S. C. Angle，"Chinese Philosophers and Global Philosophy"，于 2015 年 10 月 27 日下载。

### 三 慈继伟和善好乌托邦

在社会哲学学者慈继伟的作品中，我们可以看到对中国当前危机趋势的复杂分析。蒋庆期望通过重新解释儒学、设计儒教国家乌托邦方案，勾勒另一种中国现代性，与他不同的是，慈继伟试图剖析后毛泽东时代中国特殊的自我生成。在对中国当代道德危机的深刻解剖中，他给出了一个中国当下社会的反乌托邦图景。尽管中国的经济发展不容置疑，中国的道德危机给中国的"几乎所有东西都蒙上了永远幽暗的阴影，将一种难以名状的整体性的错咎，一种腐蚀性的氛围，弥漫到其他所有原本值得庆祝的好的东西上"。[①] 慈继伟给中国社会的极度危机下了诊断，在这样的危机中，考虑克服危机的机制的可能性微乎其微。依照他的观察，危机意识已经常态化，若是能免除进一步恶化的机制，便已经算有所改善了。

慈继伟描述的中国自身既有毛泽东的要素，也有儒家传统的要素。后毛泽东时代出现了善恶危机。为了阐述中国过去几十年的特殊失望情绪，他使用了英美政治哲学对"善"和"正当"的通用区分。如果说"善"的危机会令人质疑道德欲望的对象，那么"正当"的危机则会导致基本原则的实效，只有后者才能平衡相互冲突的不同目标。自由主义集中于正义问题，将善恶的决定交给特殊传统和个别判断所塑造的个体。与西方截然不同，中国还不熟悉源自自由主义的善恶悬置与将道德判断交由个人的原则。中国的自我对善恶的理解还没有把它看作"私事"。受儒家影响的自我依然在大量个体中找寻善的范本。国家机制如果失去了信任，有潜在道德行为能力和意愿的公民与他们周边的国家机制之间的关系被打破了。正如我们在蒋庆的宪政乌托邦中所看到的那样，儒家传统对统治者素来有道德要求。然而后毛泽东时代，腐败就发生在儒家认为应当体现道德范本的那些职位

---

① Jiwei Ci, *Moral China in the Age of Reform*, Cambridge: Cambridge University Press, 2014, p. 12.

上。儒家社会建立道德自我需要与道德典范认同，面对如此发展已经不再可能。若是独善其身，与道德高洁的领导人物脱离认同，那么道德行为的动机将会受到损害。

慈继伟将这场危机的前史描述为乌托邦主义（以毛泽东时代平等理想为形式的共产主义理想）历史演变的结果，此外完全由市场机制和不平等的消费行为主导的当下社会带来了幻灭的虚无主义直至享乐主义。① 毛泽东缔造的乌托邦承诺了基于平等原则的公正社会以及小康社会。这种承诺随着"文化大革命"而被祛魅，随着改革开放而被完全摒弃。发展的后果是，与毛泽东理想的真理诉求关联的道德动机消失了。建立道德共同体所必须的"不怕苦、不怕累"被"享乐主义"所代替。②

当下政治的问题在于要维持现有政治秩序合法性，与此同时，这种秩序的内容在毛泽东时代曾是平等承诺，而如今渐渐被确保新中产阶层的物质财富的稳定和增加的承诺所化解。慈继伟对当今社会危机的谱系叙述是否可信，取决于他的理论是否在毛泽东的平等主义乌托邦丧失了崇高感之后依然有效。重新回到毛泽东的乌托邦不仅不太可能，而且它在改革过程中由于日益增加的个体自由而遭到摒弃。慈继伟清楚，毛泽东时代的精神也好、儒家精神也罢，都已无法挽回地逝去了。很少有中国人愿意用新获得的享乐主义自由空间，去兑换乌托邦式的平等承诺——抑或完全由儒家礼乐建构的社会。城乡差别与日俱增，机会平等和结果平等日益减少，由此产生了越来越多的合法性赤字，这是物质财富和社会地位提升的承诺都无法弥合的。这个空档启动了对乌托邦的渴望，但是这些乌托邦在目前可能变成意识形态，可能被滥用，反而用于维系危机始作俑者的那些机制。③

只要道德行为继续被定位于模范个人行为，那么对善的渴望和追

① cf. Ci Jiwei, *Dialectic of the Chinese Revolution: From Utopianism to Hedonism*, Stanford: Stanford University Press, 1991.

② Jiwei Ci, 2014, p. 27.

③ Ibid., pp. 73 – 75.

寻就将在后毛泽东时代中国的道德文化中延续。与此同时，占据中心位置的个人和机构无法再满足这种期待。慈继伟对后毛泽东时代的自我诊断如若是正确的，那么这里恰好指出了中国自我与西方自由社会的主要差异。"在中国的各种特质中，善具优先性"，[1] 慈继伟提出善在序列上的优先性。这种优先性在西方已经被扬弃，因为善早已被私人化。在后毛泽东时代的中国，善虽然出现真空，但是作为要求，它还一直存在（我们不时也能听到来自共产党的道德要求）。中国的道德状况虽然不再被平等的共产主义信念所塑造，但是对于善的信仰被保存下来，尽管这个位置当下付之阙如。慈继伟的论证多数是分析式的，一旦提到卓越的道德力量，他则显得带有预言家的气质。他能够让世界重新看到，中国将"善"的观念优先于"正当"的观念。在对中国后毛泽东时代道德状况剖析的结尾，慈继伟表达了克制的乐观主义，同时呼吁政治想象力。

蒋庆和慈继伟都格外强调当下政治哲学的表象力与想象力。乌托邦思想可以表达出一个不可能的社会理想，而把它思考为可能的。蒋庆找到的是被这个社会淡忘的合法性来源，而慈继伟则强调乌托邦的阴暗面。理想状况下，乌托邦思想不仅可以提升可能性思维，还可以完成另外的任务：可以警示我们因"善"而生的错误观念，不论在西方，还是在中国。

（作者系澳门大学哲学系教授）

---

[1] Jiwei Ci, 2014, p. 217.